YUWEN JIAOXUE ZHONG DE
PIPANXING SIWEI PEIYANG

语文教学中的批判性思维培养

易 晓　王秉蓉　主编

四川大学出版社
SICHUAN UNIVERSITY PRESS

图书在版编目（CIP）数据

语文教学中的批判性思维培养 / 易晓，王秉蓉主编. — 成都：四川大学出版社，2022.10
ISBN 978-7-5690-5681-5

Ⅰ.①语… Ⅱ.①易… ②王… Ⅲ.①中学语文课—教学研究—高中 Ⅳ.① G633.302

中国版本图书馆 CIP 数据核字（2022）第 180138 号

书　　名：	语文教学中的批判性思维培养
	Yuwen Jiaoxue zhong de Pipanxing Siwei Peiyang
主　　编：	易　晓　王秉蓉

选题策划：唐　飞
责任编辑：王心怡
责任校对：卢丽洋
装帧设计：墨创文化
责任印制：王　炜

出版发行：四川大学出版社有限责任公司
　地　址：成都市一环路南一段 24 号（610065）
　电　话：（028）85408311（发行部）、85400276（总编室）
　电子邮箱：scupress@vip.163.com
　网　址：https://press.scu.edu.cn
印前制作：四川胜翔数码印务设计有限公司
印刷装订：成都金阳印务有限责任公司

成品尺寸：170 mm×240 mm
印　　张：22.25
字　　数：419 千字
版　　次：2022 年 12 月 第 1 版
印　　次：2022 年 12 月 第 1 次印刷
定　　价：78.00 元

本社图书如有印装质量问题，请联系发行部调换

版权所有 ◆ 侵权必究

扫码查看数字版

四川大学出版社
微信公众号

编 委 会

顾　问：段增勇　张　伟
主　编：易　晓　王秉蓉
副主编：袁　文　王华美　凌　虹
编写人员：

易　晓	王秉蓉	袁　文	王华美	凌　虹	龙　尧
杜红梅	孙阳菊	刘春兰	赵　琳	谭　洁	章　松
李雪梅	蔡丹梅	冯小琼	张　歆	蒋红云	孙雪梅
鄢娇媛	焦晓宇	张　雪	白　兰	熊　梅	王贞鹏
廖　翙	母红梅	刘海波	彭　建	罗　俊	张　俐
何佳艺	戢　雁	雷婷婷	陈　露	李　秦	刘君梅
朱　虹	蒲静雯	何诗妮	刘　琴	童　珺	张　黎
赵漫铃	王　蓉	徐哲超	何　锋		

序言

批判性思维培养：洞开进步与发展的文明之门

犹然记得20世纪80年代中期，刚刚走上讲台的我，无意中读到了《当头棒喝——如何激发创造力》，一种别开生面、别有洞天的感觉，让我对于思考、思维、创造性思考、批判性思维等产生了浓厚兴趣。然而那时，偏僻的小县城，尚未完全与世界接轨的中国教育语境，加上愣头青的浅薄无知，所能感受到的那分鲜活，那分激情，却也陷入一种迷茫的怅惘中。所能深刻认识的，便是"思考·动脑筋"及"思维·讲逻辑"在学习和成长中的重要作用。于是，我开始寻找逻辑方面的书，寻找有关思维方面的书，而这些寻找大多以无所获得而告终。闭塞、偏远，虽没有消解求知的渴望，但现实的窘迫随时都在煎熬着力求有解的叩问，精神上的那个黑洞仿佛灼伤了自己的脑洞。到了1990年，我决意了对于语言和思维的一种结合，这也是1987年所接受的语境理论的一次新的嫁接。

1997年我到了省城，开始了都市教育的人生经行，也开始了心门和脑门渐渐大开的精神之旅与思想之旅。《批判反思型教师ABC》的阅读，像是一记响雷，惊醒我开始对于自己教师身份的自我质疑和求证，开始了课堂教学自觉自主自为的一些改变和探索。随着21世纪的到来，我参与并主研成都市"十五"教育科研课题"中学生批判性思维能力培养研究"。而这个时候，这样一个具有前瞻性的、极有意义和价值的探索，因为基础性准备不足，虽有明确的认识，却也显得无能为力，做得不是不好，而是很不好。心向往了远方,行动却停滞不前,也只能恍兮惚兮了一些似是而非的、自我感觉性的沉酣。这也是我执教 15 个年头的一种状态。至今回想起来,唯一可喜的是没有放弃思考和选择,没有止步于既得的声名而沾沾自喜,总是感觉到自己深重的"不足",其实也是深重的缺陷。明明知道脚下有路,却并不知道如何走上自己所向往和憧憬的那条路,方向和道路也成为自己一个时期里的心理情结。"总该有另一番境况""总该有另一个样儿""总该有另一种姿态",这些叩问和嘀咕,既是自己生命的"活法"问题,也是自己站立讲台的"教法"问题。在不断的质疑和叩问里,也像是给自己的一种催征号角,努力去教出语文应有的气象,努力去做成一个像样的语文教师。

2000 年高考结束后,我也就急急匆匆了自我的一些了断,了断自己不应该有的那种亦步亦趋的套路化教学,了断自己瞻前顾后而切切于应试的无以摆脱。其实,自从 1990 年以来,我已经不再是只有应试的教学追求了,却也一直苦恼和忧闷,因为更好的教学路径并没有被自己寻找到。都市三年的教学,我在一种夹缝中收收放放,既约束着自己,也放飞着自己,有一种大开大合的跌宕起落,并非一如既往了自己内心的坚定和坚持。随着三年都市教学经历的体验和沉浸,我决意必须明确自己的教学方向和教育持守。思前想后,终究是把自己规定在"语言—文化—人"的认知框架里,开始推动我的语文课堂教学,而这个"文化"层面的内涵,便也涵盖了"思维"和"审美",教育的根本方向是指向"人的教育",也就是人的存在、成长和发展。

这样的一个轨迹回述,也就是想廓清自己如何在努力去做一个清醒、轻松、快乐的语文教师的生命诉求,走过了一个怎样的摸索过程。想活得明白一点,想做得实在一点,想让自己的生命过得有些意义和价值,想让自己的追求真正能抵达蔚蓝色的彼岸。而这一切的设计或者设想,都因为思考、思维、逻辑、思辨等因素的影响,也才让自己渐渐享有了一些富有自己特色和状态的表达。但这不是什么成功的个人案例呈现,而是从混沌走向清醒,从迷茫走向澄明,从随顺走向独立的一个必经过程,那就是独立思考和批判精神。无论怎样的成功,相比之下无不是一种世俗性价值判断的确定,而真正从生命存在的觉醒或者精神的独立上看,如此成功的向往和追求,依旧甚为寥寥。如今,在教学上注重对于思维能力和逻辑能力的培养,对于思辨阅读的聚焦,对于批判性思维的探究,也算是一个新的教育时代的开启,未来的进步和发展会求证这一

序 言

批判性思维培养：洞开进步与发展的文明之门

点的无量功德。

与易晓老师的缘分，是因为阅读。2004年的秋天，相互间关于阅读和关于思考的一些话语至今也还有着一种温暖和明亮。一个阅读的人，一定会沉浸于思考的状态，阅读也会因此而越来越有趣味，有意义，有价值。而思考，总是能把人带进一个意义再生和价值重建的广阔天地，不囿于成见，不拘于偏见，当视野融合的境界不断攀越，从眼光到眼界，从胸怀到情怀，从见解到见识，一个人的精神样儿或者精神气象，便也成为生命世界的"这一个"，也就真正活成了自己。如此看，易晓老师也是在这样成长和完成。而后的易晓名师工作室，让易晓老师享有了一个无比坚实的平台，同时也是团队建设的一个植根田野的根据地。从深度阅读的课题研究到思辨读写课题研究，聚焦批判性思维培养，这一步步走来，在阅读和写作上的探索，走向了更为广阔、纵深、高远的领域。

易晓老师及其团队所走的每一步，我似乎都能看见，那是一点一滴、一丝一缕、一步一个脚印走过来的，植根课堂田野，经营课堂讲台，着眼于阅读和写作，着力于能力和素养，紧紧围绕语文的根性和特性，密切关联团队的每一个个体的潜质和特色，让每一位团队成员都能在一个共同的研究领域各自发挥自己的长处，展示自己的风采，同时也让每一位成员都能找到自己的教学自信力，发挥自己的个性魅力。在本书中最能体现团队成员个性存在价值的，便是下编"案例与分析"部分的课堂教学案例，涉及单篇阅读教学、群文阅读教学、整本书阅读教学、写作教学指导等方面，既是一种常态的课型呈现，又无不渗透了批判性思维能力培养的架构和指向，在具体的阅读教学和写作教学中充分展示思维支架的搭建、思维渠道的开掘、思维情境的设置、思维高度的攀越、思维深度的推进、思维层次的凸显、思维方向的引领及思维活动的展开。事实上，一堂课也仅仅是一堂课，而这一堂课却是教育理念和教育思想的一种展开，更是每一位执教者的教学研究力和教学执行力的聚焦性呈现。这里的每一堂课，都是值得思考和琢磨的，对于一线教师的指导性和引领性，也是极其鲜活的。

环顾当下的基础教育，思维、思辨，甚或批判性思维，无不是一个个热点和亮点，大有"言必称思维"的热潮热浪掀涌。在这样的状态下，如何保持一颗清醒和冷静的心，如何能够按捺住紧随潮流的奔涌，仍然需要的是独立思考和批判精神。历史、现实和未来的时间流动里，总有不计其数的昙花一现，或者如流星一样划过天际，而相比于其他，我依然认为有关思辨或者批判性思维的探索，一定是永无止境的，也一定是大有可为和大有作为的。把思辨和批判性思维引入基础教育，既是时代的需要，也是未来进步和发展的需要，更是人类文明得以不断鲜活而长足发展的需要。有关思维和批判性思维的诸多理论建构，当前大多还是舶来品，真正富有中国文化特质和中国本土根性的相关理论建构还不多。这也是这个课题和问题的广阔空间，如何在中国文化的层面让思辨的品质和批判性思维的精神发挥出应有和必有的价值意义，同样需要在理论上进行开拓性和建设性的努力。

本书在上编"理论与实践"部分对于批判性思维的理性认识和价值追求的分析阐释或归纳概括，所涉猎的文献资料很丰富，而在表达上极尽客观，对自己所知能知，都很质朴地阐述己见，没有夸大其词的矜炫，让阅读者能较为清晰明了地感受和理解。尤其是对批判性思维的精神特质，即求真、独立、开放、公正和能力要素即洞察力、分析力、判断力、反省力的概括，精要而精准，富有独见和创见。在批判性思维培养的突破点的探究上，所明确的具体路径"理解与质疑、关联与整合、论证与评估、反思与创生"，对于教学实践的操作性指导也是很有价值的。在具体的阅读教学和写作教学方面，针对一些课例探究和具体教学流程中的实际表现，适时适度地分析评价，并进行相应的方式方法的概括性提炼，以及路径思维的策略提供，意在指导和引领一线教学，把理论和实践能够具体结合起来，简括而精当。在批判性思维课程开发及评价反思方面，编写者也努力做了一些探索和建设，在可操作性层面提供了很多有价值的原创量表及原创设计。

批判性思维的培养，指向于价值理性的培养，指向于人的理性精神的培养，指向于人的成长和发展所具有的创造性能力的培养。所以，求真的认知力，尚美的审美力，向善的判断力，爱的宽容精神，希望的文明薪火，这样的五个层面，应当成为批判性思维培养的一种旨归。易晓老师及其名师工作室坚守"享受语文，建设语文；自度度人，成己成人"的教育宗旨，坚持"以培育理性的现代青年为己任，希望未来的青年学子可以成为负责任的现代公民，因而致力批判性思维的内涵和特质、学科化培养策略和路径、区域思辨读写课程系统研究与建设，以实际行动促进批判性思维的培养"，努力"尊重人、爱护人，还要懂得人、发现人、成全人，更要致力于人的精神世界的成长"，而这一切的指向，在我看来也都是在指向"真、善、美"和"爱与希望"。

教育是关乎生命存在和成长的，是关乎国家民族的进步与发展的，一切的指向也都当指向于唤醒和催生人对于自己生命的关爱和善待，指向于国家民族的振兴和发展。而人的发展是根本，让人成长为人，成长为文化的人、精神的人、思想的人，成长为人类文明的发现者和创造者，成长为国家民族的建设者和奉献者。批判性思维培养所致力的，正是人的思考力、思辨力、判断力、反省力和创生力，这条路拥有前方和远方，是面向未来的光明大道。教育，既是对于受教育者的一种责任，也是对于教育者自身的一种责任，教育的生长意义和成长意义，对于师生是一种相互性的成就，致力于教育研究的一切努力，同样是对于教师自身的一种完成。易晓老师及其工作室成员，以及我们，行走批判性思维培养的探索之路，是我们的责任，也是我们的使命。前路漫漫，我们存在着，我们努力着。

四川省教育科学研究院　段增勇

2022.10.9

目 录

上编　理论与实践

第一章　批判性思维的理性认知 …………………………………（3）
　第一节　批判性思维研究概况 ………………………………（3）
　第二节　批判性思维的内涵与构成 …………………………（7）
　第三节　批判性思维培养的路径和关键 ……………………（16）

第二章　批判性思维培养的价值追求 ……………………………（30）
　第一节　培育理性思辨的现代公民 …………………………（30）
　第二节　致力改革语文教学之痼疾 …………………………（35）
　第三节　提升思辨性阅读与表达水平 ………………………（41）

第三章　聚焦批判性思维培养的阅读教学 ………………………（46）
　第一节　问题导向的批判性阅读教学 ………………………（46）
　第二节　多样化的思辨阅读教学形态 ………………………（53）

第四章　聚焦批判性思维培养的写作教学 ………………………（69）
　第一节　发展思辨能力：议论文写作教学的关键 …………（69）
　第二节　设置任务专题：思辨性读写创生的尝试 …………（79）

第五章　聚焦批判性思维培养的课程建设 ………………………（92）
　第一节　聚焦批判性思维培养的课程建设概略 ……………（92）
　第二节　聚焦批判性思维培养的特色课程开发与实践 ……（98）

第六章　聚焦批判性思维培养的评价与反思 ……………………（111）
　第一节　构建发展批判性思维的综合评价体系 ……………（111）
　第二节　促进批判性思维培养的评价实践与教学反思 ……（119）

下编　案例与分析

品《祝福》，话悲剧
　　——《祝福》教学案例 …………………………………………（137）

识套·破套·解套
　　——《装在套子里的人》教学案例……………………………（147）
茫茫大海中的孤独硬汉
　　——《老人与海》人物探究教学案例……………………………（156）
苏轼的"多情"
　　——《念奴娇·赤壁怀古》教学案例……………………………（166）
狂欢与悲凉
　　——《将进酒》教学案例…………………………………………（173）
深思慎取，大胆质疑，分析求证
　　——《石钟山记》思辨阅读教学案例……………………………（179）
"王道"与"霸道"
　　——《寡人之于国也》教学案例…………………………………（188）
我该如何存在
　　——"从《人是一根能思想的苇草》读开去"教学案例…………（195）
纵横思悟看"侠义"
　　——"侠之大者"群文思辨阅读教学案例………………………（202）
谦狂有度，谦狂有道
　　——"谦冲与疏狂"群文阅读教学案例…………………………（209）
困境突围，生命超越
　　——群文思辨阅读教学案例………………………………………（217）
一种乡思，别样情语
　　——"现代人的精神安放"群文思辨阅读教学案例……………（224）
鲁迅笔下的国民性
　　——鲁迅作品群文阅读教学案例…………………………………（233）
聚焦思维，多元互动
　　——"剪不断的生命脐带"教学案例……………………………（238）
爱在山河书海间
　　——"家国情怀"群文阅读教学案例……………………………（245）
直面《活着》的意义
　　——《活着》整本书阅读教学案例………………………………（252）
开启理性探索之旅
　　——《乡土中国》整本书阅读指导起始课教学案例……………（260）

品《论语》,说"孝道"
　　——"《论语》之孝"教学案例 …………………………………… (267)
"钗黛合一"话《红楼》
　　——《红楼梦》中钗黛形象对比探究教学案例 ………………… (276)
读红楼,悟宝玉
　　——《红楼梦》整本书思辨阅读教学案例 ……………………… (282)
荒唐言中寻真味
　　——整本书阅读之《红楼梦》导读教学案例 …………………… (289)
分析角度明论点,质疑反思强论证
　　——新闻短评写作教学案例 ……………………………………… (296)
观点的辨识与表达
　　——"如何写好议论文的中心论点"教学案例 ………………… (305)
聚焦因果思维,矫治议论弊病
　　——"论证过程中的因果思维"教学案例 ……………………… (314)
深思·明辨·慎取
　　——"'丁真现象'评与写"教学案例 ………………………… (323)
磨砺思维,锤炼语言
　　——聚焦批判性思维培养的作文评改教学案例 ………………… (330)

后记　培育理性而温暖的现代青年 …………………………………… (338)

上编
理论与实践

第一章 批判性思维的理性认知

批判性思维培养已成为当今教育研究的热点之一。如何有效地培养学生的批判性思维，切实提升学生的思维品质，是教育者必须面对的重要课题。本章将简要阐述批判性思维的发展源流，批判性思维的内涵、品质特征和能力要素，批判性思维培养的路径和着力点等基本问题，以期明晰教育教学行为的方向，突出对育人实践的指导性。

第一节 批判性思维研究概况

关于批判性思维的认识、主张，古已有之。经过不断发展，西方的批判性思维研究在 20 世纪走向繁荣。近年来，"批判性思维"在国内教育界已成为一个热词。

一、西方的批判性思维研究

西方的批判性思维研究的源头可以追溯到古希腊的苏格拉底，其"助产术"可谓批判性思维培养的典范。苏格拉底认为自己本来没有知识，他教授给人的知识并不是由他灌输给人的，而是人们原来已有的。他就像一个"助产婆"，帮助别人获得知识。通过"苏格拉底提问"，人们澄清自己思考或研究的目的和意思，区分相干和不相干的信息，然后检验其可靠性和来源，质疑自己和他人所言包含的假设，从不同的视角进行推理，探查自己和他人所思考内容的后果，整理他们知道或以为知道的内容的理由和证据，并也对证据和理由保持敏感。通过提问，揭示习以为常的信念背后的假设所包含的不一致性，以探求新的可能。① 亚里士多德的《工具论》一书系统论述了如何清楚、明白地表达自己的意思，以及如何对谬误进行辩驳。

文艺复兴之后，欧洲学者对众多领域的问题进行了批判性思考，他们的思想、观点、经验、方法等与批判性思维密切相关。例如，英国哲学家培根关注人们的思维谬误，指出在学习时要带着观察的眼光，摒弃不良的思维习惯，如"剧场假相""市场假相""洞穴假相"等。法国的笛卡尔提出"我思故我在"，他在《探求真理的指导原则》一书中指出，人们应该具备系统的思维方法。为此，他发展了一套基于怀疑规则的批判性思维方法，认为思维必须清楚、准确，我们应该对思维的每一部分都进行质疑并检验。②

1910年，美国哲学家杜威出版了《我们怎样思维·经验与教育》，书中倡导"反思性思维"（Reflective Thinking）。他指出，反思性思维是根据信仰或者假定的知识背后的依据以及可能的推论，来对它们进行的主动、持续和缜密的思考。③ 杜威的反思性思维始于对问题的确定，问题通常指向如何理解某一现象的发生。先提出假设，然后设计系统的观察和实验来检验这些假设，对实验结果进行定性或定量的分析和解释。

此后，批判性思维研究者越来越多，逐渐形成潮流。20世纪80年代以来，西方学者就批判性思维的定义、层级结构、测量工具及培养模式等问题展开深入探讨，批判性思维的教学实践也从大学延伸到中小学阶段。美国共同核心州立标准（CCSS）就强调要培养批判性思维能力（Critical-Thinking、分析问题的能力（Analytical Skills）、解决问题的能力（Problem-Solving）。如小学六年级阅读能力标准，要求学生分析文章表达的意思，引用文中的例证支持自己的分析和推论；分析故事或者戏剧中的某一个元素如何与其他部分互相关联；找到文章的主题或者中心思想，并且分析文章的发展，客观地写作文章的摘要。④

二、中国的批判性思维研究

"批判性思维"这一概念在我国流行的时间并不长，但与其相近的观点和做法在历史上并不罕见。春秋战国时代，百家争鸣中就有批判精神的体现。儒

---

① 武宏志. 批判性思维：语义辨析与概念网络 [J]. 延安大学学报：社会科学版，2011（1）：5—17.
② 笛卡尔. 探求真理的指导原则 [M]. 管震湖，译. 北京：商务印书馆，1991.
③ 杜威. 我们怎样思维·经验与教育 [M]. 姜文闵，译. 北京：人民教育出版社，1991.
④ 杨瑶瑶. 美国K学段《州共同核心标准》研究 [D]. 北京：中央民族大学大学，2020.

释道的传承在批判中走向融合。孔子的"毋意，毋必，毋固，毋我"，孟子的"尽信书，则不如无书"，《礼记·中庸》中的"博学之，审问之，慎思之，明辨之，笃行之"，《资治通鉴》中的"兼听则明，偏信则暗"，陈献章的"学贵知疑，小疑则小进，大疑则大进"，王阳明的"破山中贼易，破心中贼难"等，均在一定程度上体现了对批判性思维的要求。但中国封建社会历时漫长，在文化传承上长期追慕圣贤、推崇读经，片面强调教师传道、授业、解惑，在写作中"代圣人立言"，一定程度上阻碍了批判精神的发展。

自20世纪80年代"批判性思维"被引入国内，国内批判性思维研究与实践从零星开展到日益兴盛，取得了一定的成果。近年来，国内翻译出版了多本批判性思维研究著作，如查菲的《批判性思维》（1989年），布朗、基利的《学会提问：批判性思维指南》（2006年），保罗、埃尔德的《批判性思维：思维、沟通、写作、应变、解决问题的根本技巧》（2006年），法乔恩的《批判性思维：思考让你永远年轻》（2013年），保罗、埃尔德的《批判性思维工具（原书第3版）》（2013年），白琳、巴特斯比的《权衡：批判性思维之探究途径》（2014年），卡比、古德帕斯特的《批判性思维与创造性思维》（2016年），布鲁克菲尔德的《批判性思维教与学：帮助学生质疑假设的方法和工具》（2017年），亨特的《批判性思维实用指南——决定该做什么和相信什么》（2017年）等。

在国内出版的著作中，董毓的《批判性思维原理和方法：走向新的认知和实践》（2010年）、《明辨力从哪里来：批判性思维者的六个习性》（2017年）、《批判性思维十讲：从探究实证到开放创造》（2019年）等作品，系统论述了批判性思维的原则、方法和途径。吴格明的《逻辑与批判性思维》（2003年），介绍了逻辑是批判思维的精髓，以及命题逻辑和涵项思维、关系逻辑和关系思维、模态逻辑和可能世界、非形式论证、谬误等内容。武宏志、刘春杰的《批判性思维：以论证逻辑为工具》（2005年），包括导论、论证的本性、论证的语言、论证的结构、论证的评估、演绎论证、归纳论证、合情论证、论证的构建、论证的运动、批判性思维检测等内容。谷振诣、刘壮虎的《批判性思维教程》（2006年），介绍了理性的声音、主张与断言、问题与主张、理由与正当理由、澄清意义、演绎论证、归纳论证、批判性写作等内容。周建武、武宏志的《批判性思维教程》（2012年），从批判性思维的技能和方法训练的角度出发，讲述了逻辑和批判性思维的基础知识和原理。谢小庆的《审辩式思维》（2016年），主要介绍了什么是审辩式思维、审辩式思维的理论基础、审辩式思维的价值和意义、审辩式思维的形态辨析、审辩式思维的培养及审辩式思维的测量工具，并且列举了 24 个审辩式思维论证案例。张萍的《批判性思维：理论与实践》（2019 年），从界定批判性思维入手，深入考察批判性思维的理性基础、核心问题与思维过程，系统分析了批判性思维过程中涉及的论证的辨别与分析、概念意义的澄清、理由与证据、隐含假设及各种类型论证的理解与评价，并把批判性思维理论与日常生活实践相结合，从形式与非形式角度研究了各种类型的谬误。王彦君的《批判性思维》（2020 年），介绍了批判性思维的特点与作用，断言、定义与批判性阅读、论证与推理，批判性写作，批判性思维与知识创造等内容。

在中学批判性思维教学方面，余党绪的《祛魅与祛蔽：批判性思维与中学语文思辨读写》（2016 年），指导学生通过现有教材文本和补充文本进行批判性阅读，并通过批判性思维的方式指导学生写作。余党绪、张广录的《中学语文批判性思维教学案例》（2017 年），聚焦于批判性思维与语文基础教育的结合，提供了丰富的实践案例。欧阳林的《批判性思维与中学语文学习》（2017 年），其内容包括什么是批判性思维、澄清概念、演绎推理、因果推理、归纳推理、类比推理、隐含的假设、溯因推理、图尔明论证模型、反驳与立论、批判性思维阅读教学案例和批判性思维写作教学案例。欧阳林的《批判性思维与中学语文阅读教学》（2019 年），论述了国内外批判性思维研究概况、国内阅读教学现状及分析、批判性阅读教学的策略及意义，分别从小说、散文、诗歌、论述文及传统文化经典等方面分析了批判性阅读教学的应用现状及问题，并提供了一些优秀的课例。徐飞的《批判性思维与中学学科教学融合研究》（2020 年），其内容包含基础理论、学科融合和实践案例三部分，基础理论部分阐述高中批判性思维培养的理论和实施策略；学科融合部分对批判性思维在高中各学科教学中的教法进行思考与总结；实践案例部分提供了一批经过实践检验、具有可操作性的教学案例。2019 年，国内出版了两本面向中学生的批判性思维通识性读物：赵国庆的《批判性思维》以中学生学习生活中常见的问题和场景作为引入点，提供生动有趣的案例和详细入微的讲解指导，让中学生通过有意识、有方法的科学训练，理解批判性思维的应用场景，把握批判性思维的标准，掌握批判性思维能力，提升核心素养，对事物有更加清晰、准确、理性和具有逻辑性的认知；徐飞的《给中学生的批判性思维书》分"初级篇：懂一点逻辑""中级篇：学习批判性思维""高级篇：走向卓越理性"，介绍了逻辑的力量、辨谬、推理、论证，以及为什么需要批判性思维、锁定论题和论点、考察论据和推理、挖掘前提和假设、合理质疑、探究因果、寻找最优、直面理性自身的局限等内容。

总体而言，国内批判性思维研究以理论探讨居多，研究内容主要涉及批判性思维的概念、意义、评估、培养等方面，而基于实证及数据统计的量化研究较少。① 有研究者指出，尽管我国批判性思维研究取得了长足进步，但仍存在研究重心上浮、研究方法单一、研究对象重合等不足之处。非实证性研究有助于增进人们对批判性思维的了解，但思辨性方法随机性较大，在一定程度上会影响研究成果的信度和效度。在实证性研究中，大多数量化研究主要通过问卷调查方式来完成，质化研究则主要采用访谈方式，数据收集方式略显单一，借助现代化技术进行研究的还很少。测评工具大多是从国外翻译过来的，有的对部分内容进行了修订。虽有不少研究者自己编制测评工具，但在信度、效度方面都有所欠缺。② 高校批判性思维培养实践和研究相对较多，基础教育阶段重视程度有所提高，但还缺乏系统性构建。

第二节　批判性思维的内涵与构成

"批判性思维"这一概念如今已被广泛使用，但学界对于批判性思维并没有统一的定义。查阅相关文献，在多种定义中寻求共识，明确批判性思维的基本内涵及其构成，是探究如何培养批判性思维的基础。

一、批判性思维的内涵阐释

有人认为批判性思维就是批评责难，否定他人，怀疑一切。这种看法主要源于对"批判"一词的误解。"批判性思维"中的"批判"译自英文单词"Critical"，意为根据标准或价值对人或事物给予理性评价。

关于批判性思维的定义有很多，现摘取几种有代表性的说法：

批判性思维是合乎逻辑的有关质疑和推理的方法，以及运用这些方法的技能。（格拉泽尔）

批判性思维是不偏颇，准确、深邃、真实，指向抽象性、一贯性、实践性

---

① 王瑞霞，郭爱萍. 国内近三十年批判性思维研究：现状、思考、展望 [J]. 太原师范学院学报（社会科学版），2011（5）：149—151.

② 王雪松，左丹云，郝杰. 国内批判性思维研究（2000—2017）可视化分析与反思 [J]. 教育现代化，2019，6（77）：268—271.

的思维。（李普曼）

　　批判性思维是对观察、交流、信息、论证的有技巧的和主动的阐释和评价。（费舍尔、斯克里芬）

　　批判性思维是合理的、反思性的思维，其目的在于决定我们的信念和行动。（恩尼斯）

　　批判性思维是一种对思维方式进行思考的艺术，该艺术能够优化我们的思维方式。（保罗、埃尔德）

　　批判性思维是面对相信什么或者做什么而做出合理决定的思维能力。（谷振诣、刘壮虎）

　　批判性思维是指对于某种事物、现象和主张发现问题所在，同时根据自身的思考逻辑地做出主张的思考。（钟启泉）

　　20世纪90年代，美国哲学学会组织哲学和教育领域的专家对"何为批判性思维"进行了研究。专家们提交的共识声明中指出，批判性思维是有目的、反思性的判断过程。这个过程对相关证据、背景因素、探究方法、知识标准及概念进行合理运用和考察，以便决定相信什么或者做什么。[①] 这一共识与恩尼斯的定义基本一致，目前被普遍采用。

　　在诸多定义中，有的侧重评估已存在的成果，而有的认为批判性思维会创造成果；有的注重技能，有的强调态度，有的两者兼顾；有人主张批判性思维在一些方面是普遍的，也有人认为在不同领域批判性思维有所不同。"从不同学科视角和研究路向来定义批判性思维，这不仅不能被看作是该概念的界定混乱，反而应该理解为有益于认识批判性思维的多维性质。""可以通过多种办法，比如概括共同因素方法、德尔菲方法、基准方法、家族相似方法和其他经验方法等，获得批判性思维定义的普遍共识。"[②] 理解批判性思维这一概念"可以借助'批判性思维的大三角形'，即'批判性（怀疑性）、合理性（逻辑性）、反思性（反省性）'来思考"[③]。

　　除了简要界定批判性思维的内涵外，许多学者都详细分析了批判性思维的构成要素。总的说来，批判性思维涵盖了思维技能和品质特征两个层面。批判性思维是对各种思维的思考，涉及多项思维技能，但比技能更为重要的是态

[①] 范西昂，都建颖，李琼. 批判性思维：它是什么，为何重要 [J]. 工业和信息化教育，2015 (7)：10—27, 41.

[②] 武宏志. 批判性思维：多视角定义及其共识 [J]. 延安大学学报：社会科学版，2012 (1)：5—17.

[③] 钟启泉. 批判性思维：概念界定与教学方略 [J]. 全球教育展望，2020, 49 (1)：3—16.

度。杜威曾说:"倘若在个人的态度或与逻辑推理原则的知识及其技能两者之间必选其一的话,那我们就应当选择个人的态度——幸好我们不必做这样的选择,因为个人态度与理解方法并不是对立的——把两者编织起来形成一个整体,才是我们所需要的。"[1]

在批判性思维的品质特征方面,格雷瑟、恩尼斯和范西昂等人的主张有以下共同点:①思想开明;②心态公正;③寻求证据;④尽可能地了解全面、充分;⑤关注他人的观点及其理由;⑥信念与证据的程度要相配;⑦愿意考虑替代选择和修正信念。[2]《德尔菲报告》中批判性思维者的人格品质包括:①探索真理;②思想开放;③分析性;④系统性;⑤自信;⑥好奇心。[3] 刘儒德认为批判性思维包含六大要素:①独立自主;②充满自信;③乐于思考;④不迷信权威;⑤头脑开放;⑥尊重他人。[4] 以上观点大同小异。

批判性思维牵涉众多思维技能。恩尼斯曾提出一个批判性思维清单,包括14种倾向和12种技能,93个子类,他最新的批判性思维技能清单仅二级子类就有70个左右。[5]《德尔菲报告》中提出批判性思维包含6项核心技能和16项子技能:①解释(Interpretation)——归类、阐明重要性和澄清意义;②分析(Analysis)——审查理念、发现和分析论证其成分;③评估(Evaluation)——评估主张、评估论证;④推论(Inference)——质疑证据、提出猜想和推出结论;⑤说明(Explanation)——陈述结果、证明程序的正当性和表达论证;⑥自我校准(Self-regulation)——自我审查和自我校正。[6] 保罗、埃尔德认为批判性思维包括:①提出关键性的问题和难点;②收集和评估相关的信息;③运用抽象概念有效解读信息;④得到合理的结论和解释,用相关标准和规范进行检测;⑤运用不同的思维体系进行重新思考、辨别和检验;⑥思考自己思考的质量;⑦有技能的、负责任的思考有助于做出正确的判断,因其善于感知,依靠标准和自我修正。[7] 刘儒德指出,批判性思维必须以

---

[1] 杜威. 我们怎样思维·经验与教育[M]. 姜文闵,译. 北京:人民教育出版社,1991.
[2] 希契柯克,张亦凡,周文慧. 批判性思维教育理念[J]. 高等教育研究,2012(11):58-67.
[3] 李剑锋,刘桂珍. 论批判性思维训练的途径及其问题[J]. 西北师大学报(社会科学版),2006,43(3):63-67.
[4] 刘儒德. 论批判性思维的意义和内涵[J]. 高等师范教育研究,2000(1):56-61.
[5] 武宏志. 论批判性思维的核心元素——论证技能[J]. 延安大学学报(社会科学版),2016,38(1):5-20.
[6] 李剑锋,刘桂珍. 论批判性思维训练的途径及其问题[J]. 西北师大学报(社会科学版),2006,43(3):63-67.
[7] 保罗,埃尔德. 批判性思维工具(原书第3版)[M]. 侯玉波,姜佟琳,译. 北京:机械工业出版社,2013.

一般性思维能力（如比较、分类、分析、综合、抽象和概括等）为基础，同时还要具有一些特定的批判性思维技能：①抓住中心思想和议题；②判断证据的准确性和可靠性；③判断推理的质量和逻辑一致性；④察觉出那些已经明说或未加明说的偏见、立场、意图、假设及观点；⑤从多种角度考察合理性；⑥在更大的背景中检验适用性；⑦评定事物的价值和意义；⑧预测可能的后果等。①

整合国内外研究成果，结合语文教学实践，我们认为：在品质特征上，批判性思维主要表现为求真、独立、公正、开放等理性精神特质；在能力要素上，批判性思维主要包括洞察力、分析力、判断力、反省力等。求真、独立、公正、开放等品质是运用批判性思维思考和解决问题的基础，而洞察力、分析力、判断力、反省力等要素是批判性思维能力的内核（见图1-1）。思维品质与思维技能紧密结合，共同促进批判性思维的提升。

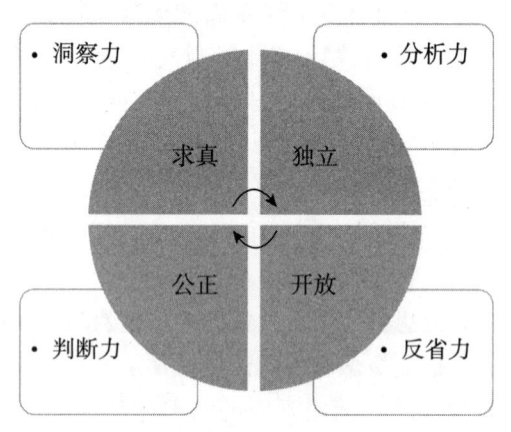

图1-1 批判性思维的品质特征与能力要素

二、批判性思维的品质特征

批判性思维的品质特征是指进行批判性思维需要具备的意愿、态度、倾向、心理准备状态等个性特征，包含求真、独立、公正、开放等几个相互关联的方面，它们是合理运用批判性思维技能的前提。

（一）求真

亚里士多德曾言："吾爱吾师，吾更爱真理。"求真是批判性思维的核心要

---

① 刘儒德. 论批判性思维的意义和内涵[J]. 高等师范教育研究，2000(1)：56-61.

求。理想的批判性思维者总是不断探寻真相，追求真知，求索真理，抒发真情实感，表达真知灼见，对虚伪和谬误保持警惕并予以反击。面对一切知识、信息，我们首先要判断其真伪。当今网络时代信息泛滥，我们时常会接触到各种错误信息、虚假信息，如不加以辨别，就容易受到误导甚至被欺骗，做出错误的选择。对于自媒体信息、商业宣传，尤其要细心甄别，去伪存真，对于权威言论，也不可盲目相信。

求真，需要秉持实事求是的态度，拥有强烈的求知欲和探究精神，以较真的态度和担责的勇气，敢于挑战习以为常的看法。全面了解，认真推究，耐心查证，细心辨别，深思慎取，真实地了解自己和世界。在求真的过程中，要养成追问的习惯。面对纷繁芜杂的信息，我们应考察信息源的可靠性，分析叙述的可信度和样本的代表性。董毓提出的"考察信息来源"的"五条标准"（能否核实？来源可靠吗？如何获得证据？来源有偏向可能吗？来源的专业性？），以及"衡量信息质量"的"五条标准"（相关性和重要性；记录的细致、准确、完整性；信息的客观性和全面性；与其他记录和常识知识的一致性；时间性）[1]可资借鉴。面对林林总总的观点，不妨多听听不同的声音，分析各方立论的立场，挖掘其隐含假设，评估论证的质量。

孔子说："知之为知之，不知为不知，是知也。"求真，还需要反观自己，检视自身错谬，避免先入为主的刻板印象。眼见不一定为实，有图未必有真相，一定要基于事实和逻辑，尽力克服情感、利益和偏见的影响。表达时必须真诚，有一分证据说一分话，不以偏概全，不夸大其词，不无中生有，不主观臆断，不做谎言的制造者和谣言的传播者。

（二）独立

独立是人之为人的基本权利，也是个体成熟的重要标志。陈寅恪在纪念王国维的碑文中写道："惟此独立之精神，自由之思想，历千万祀，与天壤而同久，共三光而永光。"精神独立是个人实现自身价值、追求思想自由的关键。唯有通过独立思考，才能形成真正属于自己的思想，建构起自己的精神家园。

独立思考，就是不盲从、不迷信，不受他人左右，敢于挑战权威，有意识地对专家意见、传统定论进行重新思考，怀疑、思索、辨别既有知识和他人见解，善于发现问题，敢于提出问题，乐于钻研问题。

独立思考，需要树立信心，坚持自己认为正确的见解，对他人的意见理性

---

[1] 董毓. 批判性思维十讲 [M]. 上海：上海教育出版社，2019.

质疑，同时保持谦逊，虚心听取异见。独立绝不是盲目自大，自以为是，故步自封，抱残守缺，而是尊重他人，在与外界积极沟通的基础上做出恰当的判断和抉择，在交流与反思中不断提升自我。独立思考，还要真诚融入集体，和他人友好协商，主动分享，求同存异。在独处时，也不妨设置虚拟论敌，从不同角度看问题，使自己的思考更为合理、完善，体会独立思考的价值，养成独立思考的习惯，提升独立思考的能力。

（三）公正

公正是伦理学的基本范畴，意为公平正直，没有偏私。当权者公正与否，可能直接影响他人命运，普通人是否公正则影响社会舆论和社会风气。从思维的角度看，公正是指任何结论都必须经过全面深入的思考而得出，需要足够的理据和严谨的论证来支撑，运用同样的标准做出公平合理的评价。不公正的思考和评判，不仅影响他人利益，也会造成自我设限、自我蒙蔽。

在思考的过程中，要始终保持求实、负责、谦逊的态度，全面收集信息，了解事实真相，辩证地分析和评价，思考和表达做到清晰、一致、具体，努力追求思考的公正性。为此，应努力扩大视野，开阔胸怀，尽量突破亲疏好恶，摒弃偏见成见，克服自身局限，基于事实和逻辑对事物和观点做出公正评判。不盲目追捧，也不因人废言，要听得进不同的意见，在多方权衡与比较之后再做判断。要知道，自己未必正确，他人未必错误，即便有错误也不见得没有可取之处。要发现和更正偏见成见，根据事实适时改变自己的观点。

在产生争论时，不简单站队、立场先行，要明辨分歧的焦点，考察证据链和推理过程，谨慎对待各方观点及论证，在换位思考、综合考虑之后再行评判。若证据不足，或者分歧无法消除，可延迟判断，留待将来解决。比如，对新闻事件进行评论时，不要预设结论，而要尽可能地全面了解真相，倾听各方声音。再如，对他人的某项言论，我们要还原真实语境，切忌断章取义。

（四）开放

开放，主要指心态。保罗指出，"强势批判性思维"思考者与"弱势批判性思维"思考者的分水岭就在于"开放心态"。"开放心态"即在自己与他者的思考之间公平地穿梭，是"对话性交流"，其归根结底是指在重建与发展新的自我、新的社会而生发的心态。[①]

---

① 钟启泉. 批判性思维：概念界定与教学方略 [J]. 全球教育展望，2020，49（1）：3—16.

世界丰富多彩，事物不断发展变化，但个体总是有局限性的，人与人之间的认识难免存在差异。"仁者见仁，智者见智"，从不同角度看，就可能得出不同的结论。而且真理是有适用条件的，不存在一成不变、放之四海而皆准的"绝对真理"。封闭自我，必将落伍。

在信息时代，获取信息极为便利，要谨防"信息茧房"的形成。人们往往相信自己愿意相信的东西，在自由选择时更多关注自己感兴趣的东西，加之原本就有所学专业、成长经历、个人风格等限制因素，比较容易产生自我遮蔽。封闭的圈子、狭隘的视界、固化的观念、自负的心态，让我们离真理越来越远。

因此，我们要相信理智的力量，不断突破自我束缚，乐于接受新知识、新事物、新观点。保持开放状态，把自己视为外部世界中的一员，和他人良性互动，在与他人的交往、交流中更新自我，不断吸纳合理的知识和观点，重建知识结构和"信念体系"。克服"自我中心"的局限，打破认知舒适圈，丰富兴趣爱好，增加生活阅历，在交流中取长补短，反思自我，进而完善自我。

三、批判性思维的能力要素

在教学实践中落实批判性思维培养，需要解析批判性思维的能力要素。根据国内外研究成果，批判性思维蕴含着洞察力、分析力、判断力和反省力等要素。

（一）洞察力

洞察力是指在复杂情境中，积极调动多种感官全面地观察事物，敏锐地发现问题，透过现象识别事物本质，把握发展规律，预见发展动态的能力。具体而言，阅读文本，能读懂作者创作意图，读出文本深层意蕴；倾听他人意见，能理解他人真实意图和言外之意；观察生活，能辨明真伪，分清是非，抓住主要矛盾，把握问题实质，进而提出解决方案。"世事洞明皆学问"，拥有洞察力，我们能免受蒙蔽和欺骗，迅速发现问题，进而解决问题，在看似寻常处发现趣味，把握工作和生活的主动权。

观察是洞察的基础。要通过多方面、多角度的仔细观察，了解事物全貌，关注重要细节。但仅此还远远不够，还需由表及里，由此及彼，见微知著，知晓表象背后的本质，快速、准确地把握问题。由此可见，洞察力其实包含了分析和判断的成分，可以说洞察力实际上是一种综合能力。

欲练就一双慧眼，洞若观火，首先要积淀丰富的知识，见多识广，进而融会贯通。其次要保持好奇心和敏感，主动地观察、体验、发现，敏锐地抓住问题，通过细致研判，得出结论，采取行动。最后要养成聚焦专注，横向联系，纵向挖掘，深入探查的习惯。如果只是浅尝辄止，或者孤立地看待事物，是难以探知事物的真相和实质的。有的人看似不假思索就能得出深刻见解，不过是熟能生巧而已。

（二）分析力

分析力是指把事物、问题分解成若干部分，或提取其构成因素，辨析各部分、各因素之间的关系，联系其所处背景，具体研究其原因、利弊、影响、解决措施等的能力。如事实分析，主要是辨别真假，确定类型，区分主次，厘清利弊，梳理事情的来龙去脉，分析事物各要素关系及与相关事物的关系，明确解决问题的优先次序等；再如价值分析，主要是辨明善恶，把握事物性质，剖析其对于个体和社会的意义，关注其直接影响和长远影响，进而做出正确选择。在生活中，我们常常面对因果分析，由因推果，或由果溯因。事物的因果关系是复杂的，一因一果、多因一果、一因多果、多因多果，有偶然，有必然，有大概率也有小概率，并可能存在复杂的因果链。要尽量全面罗列原因，分析主要原因和次要原因，自身原因与外部原因，主观原因与客观原因，表面原因与根本原因……从单一事件看到其普遍性，挖掘个体心理、社会制度、历史文化、发展趋势等造成的影响。

语文课堂上经常要进行文本分析，分析文本的题材和体裁，分析其整体和局部，分析各部分之间的关联，分析内容和形式，分析主题和意义，分析文本不合常理的地方，分析文本最具特色的地方……在议论文写作中，需要对现象或事件进行分析，分析是说理的核心。

理性分析，可以避免主观臆断和经验主义。看似复杂的问题，经过理性思维的梳理后，由分析到综合，为科学决策、问题解决提供基础。通过分析、比较多种观点或方案，可从中选出最合理的观点或方案，也可再次进行优化。分析要讲求根据，经得起辩驳和考验。既要全面考虑，做到结构化、系统化，又要突出重点，抓住主要的、可控的因素。以辩证法为指导，用全面、联系、发展的眼光看问题，具体问题具体分析，避免以偏概全、乱贴标签。

（三）判断力

梁启超曾呼吁："最要紧是养成我们的判断力。"判断力是评判是非真假、善恶美丑、价值大小、优势劣势、合理与否，评估断言及其论证过程的可信度等的能力。正确的判断是采取恰当行动的前提。好的判断力从何而来呢？首先是谨慎的态度。判断难免受主观因素的影响，但应尽可能地让判断客观、公正、科学，避免感情用事，警惕经验主义、教条主义。仔细观察，深入思考、分析，审慎做出判断，犯错的可能性就更小。主动寻找和审视证据，基于事实与逻辑做出理智判断，得出合理结论。除了谨慎的态度，足够的知识（包括生活常识和专业知识）、经验和能力也是必备基础。生活中的事物有时黑白分明，容易判断，但若情况错综复杂，就更考验判断力了，此时必须全面考察，仔细权衡，调动智慧，做出合适的判断。

我们要独立判断，也要听取他人意见。一方面，树立自信，在缜密思考、理性分析后评估决断；另一方面，突破自我局限，尤其要在判断失误后不断反思。一般情况下，思考成熟后，就要及时做出判断，不可犹豫不决，贻误时机，"当断不断，反受其乱"。情况紧急时，在有了一定把握后也要果断做出相对合理的判断。但情况不明朗且关涉重大结果时，应延迟判断。当发现原有判断错误，应及时修改，采取补救措施。遇到新情况、新问题，对之前合理的判断也需要重新审视、修正。能够在复杂的问题面前做出明智的抉择，坚持合理的判断，追求判断的恰到好处，可以说是批判性思维培养的重要价值所在。

（四）反省力

《荀子·劝学》有言："君子博学而日参省乎己，则知明而行无过矣。"英国画家瓦茨说："反躬自省是通向美德和上帝的途径。"古希腊哲学家苏格拉底甚至说："未经省察的人生没有价值。"反躬自省是古今中外伟人、哲人加强自我修养的重要途径之一。

自省，需要克服自以为是、自我满足、自高自大甚至自欺欺人的弊病。认识自我的局限性，明晰自己的不足，甚至承认自己的无知，意识到自己的观念和行为可能是错误的，换个角度看问题，心平气和地思考反对者的声音。通过一番思辨和验证，让自己祛除遮蔽，逐渐走向理性。

自省，其实是自信的一种表现。自卑的人总是看到自己的问题，而自负的人看不到自己的问题，自信的人则既肯定自己的优点及自己付出的努力，也不害怕面对存在的问题，听得进逆耳的批评。自省，不等于盲目自责、陷入消极悲观，也不意味着纠结迟疑。自省应当是建设性的，指向改进和优化，通过自省得出合理性意见，同时找出自身不足之后，积极寻求解决办法，自我激励，自我完善。

自省不是简单的自我批评和检讨，而要挖掘深层次的问题，科学评估自己的思维，并适时修正，反思非理性言行，察觉并走出思维定式。很多人在归因时简单片面，看问题角度单一，充斥着成见、偏见，小有成就时沾沾自喜，处于逆境时怨天尤人，这其实是缺乏反省力的表现。自省作为理念容易被接受，但真正坚持深度自省是困难的。古希腊德尔斐神庙上早就铭刻着"认识你自己"这一箴言，中国古代哲学家老子在《道德经》中告诫人们："知人者智，自知者明。"认识自我，在反省中前行，是长期的过程。现代人要在忙碌和喧嚣中沉静下来，养成自省习惯，在持续的自省中提升反省力。

第三节　批判性思维培养的路径和关键

当下，我国教育改革已进入新的阶段，理性思辨能力、创新能力等关键能力成为关注重点，提升学生批判性思维成为基础教育的重要任务之一。批判性思维培养要常态化、系统化，将批判性思维培养融入学科教学，围绕课程的设计与实施开展。与此同时，学科教学中着力培养批判性思维，也会促进课程与教学的有益变革。

批判性思维涉及的因素较多，而学科课程与教学也是复杂的系统，二者应该如何融合呢？明晰批判性思维培养的路径和关键，纲举而目张，有助于提升批判性思维培养的实效。

一、学科化：批判性思维培养的主要路径

国际非形式逻辑和批判性思维协会创始人希契柯克主张："任何教育系统都应该包含这样的目标：传授批判性思维的知识，发展批判性思维技能，以及培养具有批判性思维态度和习性的批判性思维者——一个在适当的时候愿意并且善于进行批判性思维的人。""尽管多数人都会在日常的成长过程中，尤其是在接受学校教育的过程中，或多或少地发展一些批判性思维的习性和技能，但一个专门强调批判性思维者的知识、技能和态度的教育会使他们得到明显提高。"[1]

长期研究批判性思维的董毓指出："批判性思维的培养，根子在基础教育。批判性思维能力要真正成为学生的素质，就要从思维习惯定型的时期开始培

---

[1] 希契柯克，张亦凡，周文慧. 批判性思维教育理念[J]. 高等教育研究，2012（11）：58-67.

养：从基础教育，从小学、中学开始。"[1] "尤其是习性，只能在基础教育阶段形成"，因此"批判性思维教育的第一战场在基础教育，在课堂"，"但现实情况是，基础教育方面开展批判性思维教育比大学还少，基础教育和高等教育之间基本没有有效的衔接与配合"[2]。

从国内外研究来看，批判性思维培养的方法可以有多种：一般方法是开设专门课程，注入法是在学科教学中明确批判性思维教学目标，浸没法则在学科教学中不明确该目标，混合法则是以上三种方法之结合。[3] 从我国基础教育现状看，受教学理念、现实局限等影响，批判性思维课程尚未普遍开设。"基础教育阶段的性质、任务和学生特点决定了这一阶段学生的批判性思维培养必须走学科融合之路，以隐性目标为主，使培养意图'浸没'于具体学科之中。"[4] 应该说，采取融合模式，在学科教学中融入批判性思维策略、技巧、习性和态度培养，将批判性思维培养与学科教学有机地结合起来，是中小学培养批判性思维的主要路径。教师要将培养批判性思维这一目标与学科固有教学目标进行整合，自觉为之，长期坚持。

批判性思维与学科教学的融合，主要体现在教学内容和教学方法两个方面。在教学内容上，要基于学科特点，适当融入批判性思维的思维方法，注意学科间的配合，注重学以致用。在教学方法上，要转变教学观念，重建课堂教学范式，通过营造情境、激发兴趣、设计任务、设置问题、提供资源、搭设支架、恰当评价等一系列教学行为，保证独立思考时间，提供讨论交流机会，促进学生自主、理性、深入思考，在学科学习中获得知识与能力，同时学习思维方法，提升思维品质，培养批判性思维人格特质。

当然，最为根本的还是提高教师自身的综合素养和批判性思维能力。"批判性思维教学法不仅仅是教学技巧的运用，它代表着对认知和教育根本观念的变化。它意味着教师要学做批判性思维的模范——理性，开放，要以身作则，以自己为案例来展示、影响和激励，让学生自我发展，迎接挑战。"[5] 教师要整体把握课程要求，熟练驾驭课堂教学，在圆满完成学科教学任务的同时，将批判性思维培养落到实处。

---

[1] 董毓. 角逐批判性思维 [J]. 人民教育，2015（9）：12-19.
[2] 董毓. 批判性思维的第一战场在课堂 [N]. 中国教师报，2017-11-08（4）.
[3] 高瑛，许莹. 西方批判性思维研究：回顾与反思 [J]. 外语学刊. 2014（5）：1-6.
[4] 徐飞. 批判性思维与学科教学融合——以高中语文为例 [J]. 课程·教材·教法，2018，38（7）：61-66.
[5] 董毓. 批判性思维的第一战场在课堂 [N]. 中国教师报，2017-11-08（4）.

二、突破点：批判性思维培养的关键

批判性思维蕴含求真、独立、公正、开放等品质特征和洞察力、分析力、判断力、自省力等能力要素，在教学实践中，这些品质特征与能力要素紧密关联，无法一项项割裂开来。适宜的培养策略要基于具体的教学内容和学情实际，既全面观照，又有所侧重，重点关注，以寻求突破。

（一）理解与质疑

我们通过感官感知外在事物、知识、资讯、作品等，信息输入大脑有一个加工的过程，各种信息和既有认知结构发生交互作用，进而对外来信息有了或深或浅，或正确或错误的理解。面对这些信息，若自己有不明白的地方或发现其存在问题，就会产生疑问。理解是质疑的基础，即使抱着质疑的态度，也要先理解别人说的究竟是什么，批判性思维倡导的质疑，其目的在于求真。

1. 理解

理解的对象不仅限于文本，也包括图片、音频、视频，乃至鲜活的人、广阔的生活。批判性阅读首先需要实现对阅读对象的准确理解。从阅读的角度看，首先要把握文本的真实意思，了解其主要内容，然后由表及里，深入文本，领会其意蕴、旨趣，探究作者的创作意图。理解既需要相应的语言文字基础、文体知识和生活常识，也离不开多种思维活动的参与，既有整体感知感悟，也有分析综合、鉴赏评价、质疑探究，在阅读过程中的深度理解是高阶思维的体现。

正确的、深层次的理解是主动建构的结果。传统鉴赏者的取向寻找、品析文本的妙处，学生因智性活动的减少和思想的程式化而逐渐失去批判精神，失去思考力、判断力。深层次理解强调尊重文本（或其他信息载体），深入文本，全面把握，深刻剖析，从多个角度审视文本。伊格尔顿指出："当我们所有的历史意义和假定的'视界'与作品置身的'视界'融合时，理解事件就发生了。就在这一时刻，我们进入艺术作品的生疏世界，但同时又将其带入我们自己的王国，从而达到对于我们自己的更加全面的理解。"[1] 通过辨识、分析、比较、归纳、概括、阐释等一系列思维活动，学生能在理解文本的过程中获得多方面的收益。

---

[1] 王荣生. 语文科课程论基础 [M]. 上海：上海教育出版社，2003.

理解是否正确、深入取决于阅读者的素养，也在于阅读过程中的思维和情感活动的质量。对于具备一定阅读能力的读者，把握文本的字面意思并不是难事，阅读的困难往往在于背景知识的关联整合和对隐含意义、深层意蕴的领会。作品的字面意义有时和作者的真实思想并不完全一致，需要读者审慎分析文本的思维路径与行文措辞，发现文本的言外之意。理解既需要直觉思维，也需要合理的推断，尽管读者有时并没有清楚地意识到这个过程。实现好的理解，要保持客观、冷静、求真、开放的阅读心态。对于内容复杂深奥、阅读难度大的文本，暂时不理解或产生误读并不可怕，真正值得警惕的是一知半解却自以为是。

2. 质疑

理解文本并不是阅读的最终目标。阅读者不应被文本局限，而要在走进文本之后又走出文本，超越文本。对于文本和他人见解，应独立思考、审慎判断。爱因斯坦曾说："提出一个问题往往比解决一个问题更重要。"在阅读中及与他人的交流中，甚至在日常生活中，要善于发现问题，敢于提出问题。

质疑是在理解的基础上发问，指向矛盾、破绽、不足、弊病等。质疑是理性审视，而非全面否定。质疑的前提是不唯书，不唯师，不盲从，不自傲。大胆怀疑，不设禁区。"波普尔认为，人类的认识由于人类本身的种种局限性，总是'可错的'。任何的问题都不存在'唯一的'或'终极的'解释。任何的解释都有待于进一步的批判。"[1]对待文本及他人解读，哪怕是经典之作和权威意见，都要用自己的头脑去辨别、思考、怀疑、评判。不迷信权威，不浅尝辄止，发现问题不轻易放过。很多时候，提不出问题，是因为缺乏深入思考和严谨治学的态度。教师要善于"逼"学生提问，互相启发，尝试解答，或者抛出一些有价值的问题，引导学生提出更多的问题。如苏轼的《石钟山记》，这篇流传甚广的文章是弘扬理性精神的范本，但仔细推究文本，就会发现苏轼的推论也是有局限性的。引导学生分析苏轼的驳斥和立论，发现文本可能存在的问题，可以增强学生思考的兴趣和信心。

从更高的要求来看，我们还要关注质疑的质量。质疑不是无端猜疑，需要一定的理由作为支撑。质疑应抓住有价值的问题，而不是在细枝末节上纠缠。发现问题后，要对问题进行深入分析，包括构建假说、寻求证据、推出结论、预测后果等。质疑不能止步于怀疑和否定，还要去求证和改进，自行求解或与

---

[1] 石中英. 教育哲学导论 [M]. 北京：北京师范大学出版社，2002.

他人合力解决，并在质疑、求证的过程中构建观点与思想。此外，质疑的表达要得体，不要居高临下、咄咄逼人，否则非但不能解决问题，还可能增加新的矛盾。质疑他人，也要接受他人的"反质疑"，通过真诚交流或激烈争辩，得出相对合理的结论。提出疑问，深入探究，还可诉诸笔端，积极开展争鸣性、商榷性写作。

增强质疑意识，提高质疑水平，是培养批判性思维的重要抓手。例如，面对新闻事件可以思考：事件真实吗？报道全面客观吗？新闻背景是什么？媒体立场是什么？新闻意义何在？面对文学作品可以思考：符合生活逻辑吗？自相矛盾吗？有代表性吗？创作意图是什么？文本价值是什么？面对他人观点可以思考：概念一致吗？观点正确吗？论据可信吗？论证充分吗？隐含前提是什么？对立观点有道理吗？……熟练掌握提问的基本框架，有利于迅速发现问题。

（二）关联与整合

孤立地看问题往往得出偏狭的见解，因此要开拓思维广度，联系有关文本、事件、背景信息，倾听不同的声音，经过求同、求异、找关联，生成更合理的认知，同时识别并修正谬误。在关联以促进广度、厚度的基础上，还要加以整合，去伪存真，去粗取精。关联、比较、权衡、整合，先发散后聚合，由少到多，由多到精，系统思考。《普通高中语文课程标准（2017年版2020年修订）》指出："能比较、概括多个文本的信息，发现其内容、观点、情感、材料组织与使用等方面的异同，尝试提出需要深入探究的问题。"这表明关联、比较、整合能力作为信息时代必备的关键能力，已成为当今高中语文教学的重点之一。

1. 关联

阅读某一文本、看待某一事物、分析某一问题，要尽可能地将它与相关文本、相关事物、相关问题联系起来思考，由此及彼，举一反三。关联可以从横向（不同领域、地域等）和纵向（不同时间、阶段、不同层面等）不同维度展开，甚至打破既定边界，跨文体、跨媒介、跨学科、跨时空实现。

当前备受关注的群文阅读，注重文本之间的关联。将异质或同质文本组合为"群文"，寻找其间的关联，比较异同，这样有利于阅读和思考走向深入，形成合理性意见，这也是思辨创生的有效路径。教学时可采取"1+X"模式，由某一文本关联多个文本，如学习《鸿门宴》时，可结合项羽生平事迹，将司马迁、刘邦、杜牧、王安石、李清照、毛泽东等对项羽的评价放在一起，比较分析他们选取的视角，学生通过联系历史背景，做出自己的理解和评价。此外，还可运用议题统领的"多篇互文"模式，如以"古代文学作品中的女性爱情悲剧"为议题，将《诗经·卫风·氓》《孔雀东南飞》《杜十娘怒沉百宝箱》等文本相关联，联系《红楼梦》整本书阅读，并选取现当代作品、外国文学作品中的代表性文本作为参照，在比较中加强学生对这一主题的认知和建构。

在阅读中注重关联，有利于把书读"厚"、读"活"。可联系时代背景，联系作者生平，联系相关作品，联系他人评论，联系现实生活，丰富阅读内容，开拓思维视域，打通不同文体，读写互相促进。如阅读鲁迅的《记念刘和珍君》一文，可联系"三·一八"惨案的史实介绍，还原历史真相；联系当时作家如周作人、林语堂对这一事件的评论，可联系石评梅的《痛哭和珍》，体会不同的视角和观点；还可联系鲁迅《无花的蔷薇》《为了忘却的记念》等作品，感受鲁迅的思想和写作特色。关联的另一个体现是新旧联系和单元贯通。学习苏洵的《六国论》，可以复习贾谊的《过秦论》和杜牧的《阿房宫赋》，还可推荐苏辙的《六国论》，以"历史兴亡"为议题，结合相关评论，实现思辨创生。这样的关联，可以有很多组合方式。不过课堂学习时间有限，学情有别，要根据教学目标和实际学情进行精选，不可一味求多求新而失之偏颇。

关联也包含了比较：比较立场、比较观点、比较正误、比较优劣等，通过多重比较，对事物的理解更全面、更透彻，思维更加开阔。如对于"网络文学"这一现象，学生交流原初体验和感受后，可阅读《网络文学二十年及其走向——以"中国网络文学20年20部作品"榜单为样本》《重新界定网络文学》《让网络文学走向人民》《网络文学首先是个文化问题》《网络文学何以有效对接文学传统》《网络文学与青少年面面观》等文本，回溯发展历程，明确其内涵，分清主流与支流，透过现象看本质，仔细权衡利弊。通过阅读、思考、讨论，学生对关于网络文学的不同观点等会有更全面、更深刻的认识，批判性思维也由此得到发展。

写作中重视关联与比较，有利于分析事物异同，挖掘问题根源，由小及大，由此及彼，使文章内容更丰富和通透。如谈论生死观，由屈原自投汨罗江联想到文天祥、谭嗣同等为国家、为大义甘愿牺牲的人物，还可联想到为理想、为事业忍辱而活的司马迁，看似不同的选择，实际反映的都是伟大的人格，还可以由伟人、名人联系到普通人，进而思考：人应该为什么而活着？经过关联和比较，逐渐走向思维的广度和深度。

2. 整合

当下，"整合"一词在多个领域使用，意义有所不同。从思维培养的角度谈整合，主要是指信息、知识和方法的统整。突破限制，增加内容，而后删繁就简、以简驭繁，达到结构化、系统化、条理化。从生命成长的角度来看，个体在感知世界、体验生活的过程中，需积累与整合各种信息、知识、经验，不断生成智慧，促成精神成长。

信息的整合，是在明确方向及搜集、筛选信息的基础上，合并、分类、排序、重组，由繁杂到简明、由零散到集中、由混乱到清晰的过程。整合要准确、全面，不遗漏重要信息，不无中生有、添枝加叶。"筛选并整合信息"是高考的一个常考点，也是信息社会必备的信息素养之一。从操作层面看，掌握笔记策略、信息转换策略、比较阅读策略、理解监控策略等，对于筛选整合能力的提升有一定帮助。[1]

知识的整合，需要打通学科和版块的壁垒，加强联系，转换视角，触类旁通，融会贯通。整合不是简单相加，而要把握各要素的内在关联，抓住关键，留主舍次，进而综合各部分内容，构建丰富而简明的认知。从教学实践来看，不同的知识要采用不同的整合教学策略。"陈述性知识的整合学习目标在于让学生领悟，聚焦认知，在信息的关联中形成深入理解。程序性知识教学追求的是学会如何做，其整合教学要为学生熟练行动和产生体验搭台，引导学生进入具体实践，产生理想的价值感受和意向。"[2]

方法的整合，则是基于目标和现实条件，选取多种恰当的方法，相互配合，积极尝试，灵活运用，提高效率，达到最优化的效果。在问题解决方面，整合体现为充分考虑多方面制约因素，积极调动各种资源，发挥各方力量，把握相关信息和知识，提出多种假设及可行方案，经过论证和实践不断优化，运用多种方法和策略，最终高效地解决问题。

绘制思维导图，可以让思维活动显性化、条理化。常见的思维导图包括圆图、鱼骨图、泡泡图、树图、括号图、流程图等类型，可以手绘，也可以使用一些便捷的软件。运用思维导图，将单调的信息转换成色彩丰富和高度组织化的图式，有助于形象具体地表现事物之间的内在联系，有步骤、有逻辑地表现知识的生成过程。"借助思维导图这一可视化思维工具，学习者带着他们记忆中已有的各种图式来面对新的学习任务，把新知识汇入到原有的知识结构中，从零碎、片段的机械式学习转变为注重逻辑关系的有意义学习。"[3] 经常训练，

---

[1] 赵慧. 高中生语文文本信息筛选与整合能力调查研究 [D]. 南充：西华师范大学，2020.
[2] 李晓文. 整合课怎么"整" [J]. 人民教育，2015 (1)：54—56.
[3] 闫守轩. 思维导图：优化课堂教学的新路径 [J]. 教育科学，2016 (3)：24—28.

积累经验，有助于关联和整合等思维能力的提升。

（三）论证与评估

论证，即基于逻辑，运用论据证明和阐释论点的过程。在学习、工作和生活中，我们经常会通过论证让他人知晓并认同自己的观点，或者针对他人的观点和论证做出相信与否的决定。而自己或他人的论证是否恰当、说服力如何、有无缺漏错谬、怎样改进，都需要进行评估。经过理性评估之后，对于信什么、做什么才更有把握。

1. 论证

论证是在求真、独立等理性精神引导下，灵活运用知识和方法来分析、说理的过程。论证技能是批判性思维的核心元素，事实与逻辑则是论证的两大基石。观点正确与否，要用证据来说话。事实胜于雄辩，论证应该从事实出发，遵守基本的逻辑规则。好的论证，首先体现的是论证者的理性态度和思维能力。我们要站在培育现代社会理性公民的高度，重新认识论证的价值，高度重视论证训练。

论证者自身正确的思想认识是有效论证的基础，自己想清楚才可能说明白，切不可将论证视为论辩术甚至诡辩术，一味追求说理技巧。生活中的论证往往是针对问题具体分析，深入探究，由列举的理由得出相应结论，而不是先下结论，再强行证明。有的问题争议较大，或者人们认识尚不明晰，不妨先搁置结论。论证讲求以理服人，而不是以势压人，不讲道理则违背了论证的初衷。把个人想法转化为公共说理，尤其需要独立审慎思考，严肃认真对待，秉持公正立场，加强论证意识。能得到有效证明的主张，才会赢得他人的认同。

论证可分为简略论证和详细论证。口头论证，如课堂发言、与同学讨论交流、日常发表看法，多为简略论证。但尽管是短论、微论，也要遵循论证的基本规则。而议论文写作一般是详细论证，应当有完整的论证过程，揭示论据与论点之间的逻辑关系。部分学生在议论文写作论证方面存在诸多问题，如论证思路不清、缺少论据或一味堆砌事例、论据错误、论证思维不严谨、论述理由不充分等。为避免这些弊病，议论文写作应在论证的明晰性、条理性、严密性、充实性、针对性等方面下功夫。首先要明确观点，观点要正确、集中、有价值，必要时对关键概念做出清晰界定，且概念内涵前后保持一致。确定观点后，要广泛收集证据。论据与论点要高度契合，论点要有足够的论据支撑。所举事例要典型，考虑样本的代表性，选取大概率事件，摒弃孤例，重视反例。此外，要落实议论分析，分析背景、原因、结果、措施等，追求事理逻辑的合理性，把问题分析透彻，阐述清楚。分析是中学生议论文写作的薄弱环节，要防止将议论文写成"名人开会，名言荟萃"，一味堆砌材料而缺乏内在联系，或者乍一看像模像样，仔细琢磨却思维混乱，强词夺理，缺乏理性。因此，要合理安排论证结构，做到论证思路清晰，论述语言准确、简明、有力，论证态度温和、谦逊，同时包容异见。

论证有驳论和立论。驳论，要有针对性，抓住对方的问题，一一予以反驳。立论，要假想论敌的反应，考虑竞争性意见，主动寻求漏洞和不足，进而做出弥补。构建论证思路，可借鉴图尔敏论证模型，该模型由6个相互关联的部分组成：①数据或根据，这是用来论证的事实证据、理由；②断言，即结论，是要被论证的观点；③保证，是用来连接证据和结论之间的普遍性原则、规律等；④支撑，是用来支持保证的陈述、理由，它不是直接支持结论的，而是支持保证，表明这些普遍原则或关系是真的；⑤辩驳，是对已经知道的反例、例外的考虑、反驳和说明；⑥限定，对保证、结论的范围和强度进行限定的修饰词，常常是因为有了对反例的考虑，从而对结论进行限定。① 图尔敏论证模型影响广泛，在论证中灵活运用该模型，可以使论证更严谨，有助于实现有效论证。

如果从更高的要求来看，论证还应追求价值性、发现性和说服性。"价值性，侧重于选题，立论与说理也有价值性问题；发现性，侧重于立论，选题与说理也有发现性问题；说服性，侧重于说理，选题与立论也要考虑说服性问题。价值性，要通过发现性、说服性来兑现；发现性，要有价值性、说服性为保障；说服性，要有价值性、发现性作前提。"②

2. 评估

广义的评估，除了对观点和论证的评估，还包括对事物和信息真假、好坏、善恶、利弊、优劣，以及能力高低、价值大小等的评判，此处重点阐述论证评估。论证评估的核心是论证的有效性。提出观点并进行论证，并不意味着观点一定成立，还需要对论证进行分析和评估，判断论证质量如何。其实，论证和论证评估是紧密相连的，写作时以论证为主，阅读时以评估为主，但论证要确保有效，则少不了自我评估，而在阅读、评估中形成自己的观点、思想后，还需要论证和再评估。

评估要依靠理性分析，经过阐释、关联、比较、整合、推论等一系列思维

---

① 董毓. 批判性思维原理和方法——走向新的认知和实践[M]. 北京：高等教育出版社，2010.
② 潘新和. "议论文三要素"的重构[J]. 语文建设，2012（6）：15-19.

活动得出恰切的评估结论。和论证一样，评估也需要言之有据。但评估有时难免带有主观色彩，对此，评估者要有清醒的认识。有的评估，尤其是非正式评估，需要在短时间内得出，而有的评估则需要较长时间，搜集相关信息，依据评估标准逐项评判，提交各方讨论。即便有针锋相对的观点，也要寻求基本共识。平等理性的交流，有助于评估的顺利推进，允许对方提出反驳意见，根据对方意见进行阐述、补充，自己再评判是否调整先前的评估意见。

论证是否合理，不能仅凭经验评判，更不能被自己的成见和立场局限，而要通过严谨细致的评估来确认。评估的具体对象，需与论证所包含的各要素相对应。首先要弄明白他人的观点是什么，然后分析论证者是如何论证的，隐含的前提是什么，反映了怎样的思想、观念、态度，论证有无说服力等。如教学司马迁的《鸿门宴》一文，关于"项羽为什么不杀刘邦"这一问题，学生提出了不同观点后，不能以仁者见仁、智者见智简单收尾，可以让学生书面阐述和论证自己的观点，然后互相交流，大家来评判谁说得更有道理，接下来再结合教师和同学的评价重新审视自己的观点及论证。通过讨论交流，合理评判，不仅能得出更为客观的结论，也训练了学生的批判性思维能力和表达能力。

对论点的评估，要分析论点的内涵是什么，论点是否鲜明，论点是怎么得出的，论点的适用范围，是否存在偏见，有哪些相关的观点，有哪些不同的意见，自己对该观点是全部同意、部分同意还是不认同，理由是什么等。其中，务必注意不要歪曲他人论点。对论据的评估，主要考察论据的真实性和典型性，如表述是否准确、对论点的支持度、有无反例等。对论证过程的评估，主要看论证隐含的前提是什么，论点有无论据支撑，是否随意下论断，论据能否推出论点，论证是否符合逻辑和事理，对简单枚举法、比喻论证和类比论证的效力保持适度怀疑等。评估中要警惕思维陷阱，如格言陷阱、隐喻陷阱、事实陷阱、价值陷阱、升华陷阱。[1] 注意识别谬误，如偷换论题、不当预设、肯定后件、选言误推、假二择一、轻率归纳、不当类比、强加因果等。[2] 谬误可能是无心之过，也可能是刻意为之，后者也称为诡计。《批判性思维工具（原书第3版）》中列举了44种诡计，如滑坡谬误、诉诸权威、诉诸经验、诉诸恐惧、诉诸怜悯、攻击他人、要求完美、虚假两难、稻草人谬误、回避问题、忽视证据、简化问题、改变论据、转移举证责任、诉诸统计、双重标准等。[3] 识

---

[1] 余党绪. 说理与思辨：高考议论文写作指津 [M]. 上海：上海教育出版社，2017.
[2] 徐飞. 给中学生的批判性思维书 [M]. 南京：江苏凤凰教育出版社，2019.
[3] 保罗，埃尔德. 批判性思维工具（原书第3版）[M]. 侯玉波，姜佟琳，译. 北京：机械工业出版社，2013.

别陷阱、谬误和诡计,才不会让自己受到误导和欺骗。

评估应当严谨、客观、公正和开放。调整好心态,仔细阅读或倾听,进入特定情境,又适当拉开距离,尝试转换视角,尽量克服主观好恶和成见偏见,少受外部因素影响,综合考虑不同的观点,最终得出结论。在评估过程中,注意自我监控、自我校正,不望文生义,不断章取义,不主观臆测。

(四)反思与创生

批判性思维的"批判",不仅指向他人,也指向自己。没有自我反思与调整,对事物和观点的评判很可能出现问题,正确的决策和行动也就没有根基。批判性思维是创造性和建设性的。创生,即创造、创新和生成、生长。对内,生成新见识、新思想,实现精神和心灵的成长,成为更好的自我;对外,产生新的产品、作品、技术、方法,生成观点、言论和问题解决方案等,为社会发展贡献自己的智慧和力量。自我反思和创造生成难以分割。自我反思,让自己的观念和行动朝着正确的方向发展,也就是自我生长。经常自我反思,善于自我反思,本身就是精神和心灵成熟的重要标志。可以说,反思是创生的基础,创生是反思的结果。

1. 反思

反思,指回过头思考、反过来思考的意思。《论语》中"吾日三省吾身:为人谋而不忠乎?与朋友交而不信乎?传不习乎?"主要是从品德修养方面来说的。人贵有自知之明,善于反思,对为人处事大有益处。而从认知和行动角度看,反思是回顾认知和行动过程,分析结果与目标的差距,汲取经验教训,发现存在的问题,找出其中的原因,制订相应的对策。从思维本身来看,反思是保证思维方向正确、得出正确结论的必备条件,也是提高思维能力、改善思维品质的重要途径。

反思批判性思维的全过程,理解、质疑、关联、整合、论证、评估,其实都离不开反思。同时,反思并非脱离其他认知、思维、行动的抽象化思考,而是和具体内容、活动紧密结合的具体化思考。钟启泉认为,"反思"具有传统意义上的反省、审察的意思,更重要的是"具备应变的能力、从经验中学习的能力、立足于批判性立场展开思考与行动的能力"。能够对自己思考的过程展开反思和审视,以便不断地调整和完善自己的思考,是一种既敢于否定又能够肯定、既消解又重构的批判性认知。[①] 巴尔扎克说:"自满、自高自大和轻信,是人生的三大暗礁。"就普遍意义而言,个人总是有局限性的,为了避免各种因素给自己带来的偏见、局限和迷失,我们要培养反思意识和习惯,让反思自觉化、常态化。如写反思笔记,尝试使用任务表格或自我提醒单等,有助于将反思与调控显性化,反复巩固,由量变到质变。

有了反思是否就一定能达成预期效果呢?自我反思受人生观、世界观、价值观统领,受所处时代、社会和生活环境等的影响,自我反思也可能是偏狭的、扭曲的、不恰当的。不恰当的反思,可能让人陷入消极悲观。因此既要看到自己的不足,也要看到自己的优点,更要看到自己的进步,以理性的反思行为促进后续的思考和行动。自我反思不是自我检讨,外部不利因素在短期内难以改变,那就要发挥自己的主观能动性,沿着正确的方向一点点前进,积跬步而功成。长时间的自我反思有时反而会导致封闭,难有根本性改变。个体生命需要通过学习、体验、历练,打破原有认知结构,使个人能在突破瓶颈后,跃升到新的阶段,进而实现新的反思。另外,坐而思不如起而行,光有反思,没有行动,反思的效果也就大打折扣。有了反思,还要有基于反思的自我调控、自我改变、自我完善和积极的社会参与,反思才能对个体生命产生积极的、持续的作用。

鲁迅说:"我的确时时解剖别人,然而更多的是更无情面地解剖我自己。"自我解剖,也就是自我反思。自我否定,有时是痛苦的,需要勇气和韧性。从反思具体言行到剖析自我信念和思维障碍,反思者需要破旧立新,重建内心平衡。有价值的反思,需要目光长远的见识、奋发向上的激情、自我改造的勇气、求真开放的理智、脚踏实地的行动和锲而不舍的坚持。

自我反思,自我对话,还可以构建"反思场",与他人积极沟通交流,站在对立面思考问题,吸纳他人合理意见,相互启发,相互监督。思考产生对话,对话也能产生思考。倾听不同的声音,有利于触发反思、推动反思,提升反思质量,进而步入反思、交流与行动之间的良性互动。例如,教师可以通过提问促进学生反思,"为什么你是这么思考的呢?""你为什么相信这一点呢?""你是如何看待这种对立的观点的?""下一步我们该做什么?"师生交流触动思考,从而促进学生批判性思维的发展。[②]

[①] 钟启泉. 基于核心素养的课程发展:挑战与课题 [J]. 全球教育展望,2016,45 (1):3-25.
[②] 钟启泉. 课程的逻辑 [M]. 上海:华东师范大学出版社,2008.

2. 创生

创造、创新、生成、生长，是批判性思维培养的最终目标，也是批判性思维培养的必然结果。培养批判性思维，不仅要质疑、否定，还要建设、创生。在阅读、思考、交流、创作活动中，创生见解，创生文本，创生行动方案，进而生成思想，完善人格。

陶行知曾说："处处是创造之地，天天是创造之时，人人是创造之人。"教师要树立创生的信心，还要明确创生的策略和方法。在个体产生创生的强烈愿望之后，运用批判性思维可以更好地实现建构，而通过成功建构，也就必然同时发展了批判性思维。[①] 具体说来，运用批判性思维能摒除创生障碍，为创生奠定坚实的基础。善于发现问题，分析问题，解决问题，合理看待既有观点、方案，广泛吸纳合理意见，在创生过程中自我反思，确保思考和行动合理，能突破思维定式，形成新思想、新观念、新方案、新产品，同时也可改善固有认知，拓宽眼界和胸怀，培养良好习惯，实现洞察力、分析力、判断力和反省力的提升。

以阅读为例，萨特曾说："阅读是被引导的创造。"阅读者主动选择，深入文本，思考辨析，质疑求证，关联整合，独立做出判断，吸取有价值的东西，并将其扩大与深化，同时发现文本的不足，匡正文本的谬误，最终实现对文本和自我的双重超越。一方面，阅读者在文本中有所发现，并通过口头或书面的方式准确表达阅读心得和发现，读与思、读与说、读与写融为一体，阅读思考和表达能力得到提升；另一方面，好的阅读使人超越时空，在更大更远的视野中认识自然、认识他人、认识社会，反观自我、设计自我、塑造自我，在阅读中丰富学识，开发潜能，学会思考，形成思想，生成智慧，获得心灵解放与精神享受。对于中学生而言，物化成果创生只是显性的层面，更重要的是精神、心灵、人格的成长。

再如写作教学，作文教学不仅是引导学生写好一篇篇文章，更不是单纯为了获取好看的分数，而是要自觉引领学生享受创生的乐趣。高品质的写作必然包含创生的元素，教师应引导学生观察社会，体验生活，思考问题，反观自我，以我手写我心，端正文风，琢磨更好的表达，最终生成有价值的文本，同时提升思维能力和表达能力，也经由写作促进自我精神成长。此外，在作文交流和讲评阶段，学生通过互评、讨论、思考，取长补短，在借鉴他人作品和师

[①] 蔡伟仁. 批判性建构主义：一种教育学的新思路 [J]. 全球教育展望，2004（7）：17，34-37.

生建设性意见基础上认真修改，生成新的文本，亦可促成隐性的生长。

　　从教育教学的角度来看，"授人以鱼不如授人以渔"，教师激发学生的兴趣，教给学生知识和方法，学生自能读书、自能写作、自能思考、自能解决问题，走上良性循环的创生之路。要重视培养创新意识，尝试新领域，运用新方法，追求观点的独到、思维的创新、表达的创意。为此，要转变教学观念，真正落实自主、合作、探究学习。如讨论交流，不是简单的各抒己见、见仁见智，不加倾听的各执一词，也不是非要说服谁，而应在尊重不同意见的前提下，辨别谁的意见更有道理，各自有何不足，在交流中不断修正自己，从不同意见中吸纳合理成分。平等、开放的观点交锋和思想碰撞，可能激发出思想的火花，形成有价值的共识，或者在质疑和反思的基础上建构新的判断。在这一过程中，教师要始终倡导学生自主建构，自我反思，以思维唤醒思维，以发现催生发现。教师在创造创新方面的示范，在教育教学中顺应学生天性的作为，将激发学生创造的热情，滋养主动探索的精神，对促进学生的创生起到重要作用。

主要撰稿：王华美、易晓

第二章 批判性思维培养的价值追求

批判性思维不仅是基于独立精神和自由意志，以追求理性和真相为旨归的思维方式，更是对理性、自由、独立、尊严等人格价值的体认和捍卫。从我国基础教育的发展历史来看，批判性思维培养对于人的价值确认具有重要的作用，对于互联网时代的社会建设意义重大。从当下的语文教育教学情况来看，批判性思维对于改变语文教学的痼疾、探索语文教育的新范式、发展学生的核心素养、提升学生的思辨读写能力等具有重要的价值。

第一节 培育理性思辨的现代公民

一、基础教育目标与国民素质养成

我国现代意义上的基础教育，兴起于晚清"西学东渐"的大背景之下。面对西方现代教育思潮的冲击，有感于国贫民弱的社会现实，在以梁启超、严复等为代表的先驱人士的倡言与呼吁下，以仕进为导向注重培养治术人才的传统教育逐渐向立足于现代国民素质养成的现代教育演进。

（一）社会转型推动教育目标的变革

晚清以降，面对外来文化的强大冲击，中国社会开始经历前所未有的结构性巨变。在教育领域，1904年清廷颁布了我国历史上第一个接驳现代教育体系的《奏定学堂章程》。该章程打破了儒家经典一统天下的局面，建立了统一的教育行政体系，奠定了我国现代教育的基础。1905年清廷废除科举，标志着在我国延续了1300多年的科举制度和以仕进为目标的传统基础教育体系正式终结。

在数千年未有之大变局中，保守势力虽然节节败退，但依然表现出了其顽固的一面。如晚清洋务运动代表人物之一的张之洞，他一方面主张废科举、兴学堂，推行洋务，另一方面又强烈坚持"中学为体，西学为用"的指导思想，其主张的教育革新也依然未能彻底摆脱传统臣民意识的束缚。他在《重订学堂章程折》中提出："至于立学宗旨，无论何等学堂，均以忠孝为本，以中国经史之学为基；俾学生心术壹归于纯正，而后以西学沦其知识，练其艺能，务期他日成材，各适实用，以仰副国家造就通才，慎防流弊之意。"①

辛亥革命后，帝制瓦解，共和初立，南京临时政府致力于推动社会各方面的破旧立新。在教育方面，临时政府首任教育总长蔡元培认为："忠君与共和政体不合，尊孔与信教自由相违。"②他主持制定了《大学令》和《中学令》，强调要把大学和中学建造成健全国民的学校，即"注重道德教育，以实利教育，军国民教育辅之，更以美感教育完成其道德"③。这一教育宗旨异于传统教育，强调发展"德智体美"等健全人格。在之后的新文化运动中，发展国民共和精神，倡导国民个性解放，塑造国民健全人格等观念被不断提及，并日渐成为主流认识。新文化运动的领袖之一胡适认为，中国社会最大的罪恶莫过于摧折个人的个性，使其无法自由发展。因此现代教育要培养的就是具有独立个性、批判精神和自由意志的现代国民。近代我国基础教育的发展虽然经历了较多的波折与起伏，但塑造健全人格和培养现代国民的目标追求已然成为共识，亦是新时代教育的重要标志。

（二）教育现代化：彰显"人"的价值

新中国成立之初，受特殊时代和特定社会环境的影响，在很长一段时期里我国基础教育的价值定位和教育目标追求缺乏相对独立的地位和完整的价值表达，个人的思维理性与批判精神被忽视。改革开放以后重新确立了解放思想、实事求是的思想路线，教育也逐渐回归"人"的常识，基础教育的目标开始重新注重个人本体的发展和思维品质的提升。进入21世纪后，我国又提出了以培养学生创新精神和实践能力为重点的素质教育，更为注重学生综合素质的发展与提高。

近年来，我国基础教育的目标不断发展与完善。2014年，教育部出台了

---

① 陈青之. 陈青之中国教育史（下）[M]. 长春：吉林人民出版社，2013.
② 璩鑫圭，童富勇. 中国近代教育史资料汇编：教育思想[M]. 上海：上海教育出版社，2007.
③ 璩鑫圭，童富勇. 中国近代教育史资料汇编：教育思想[M]. 上海：上海教育出版社，2007.

《关于全面深化课程改革　落实立德树人根本任务的意见》，强调了中小学基础教育要从单纯重视知识和技能向全面育人、综合育人转变，注重发挥学科教育的育人功能，把培育和践行社会主义核心价值观融入国民教育全过程，促进学生"德智体美劳"全面发展。2019 年，中共中央、国务院印发了《中国教育现代化 2035》，提出了推进教育现代化的八大基本理念：更加注重以德为先，更加注重全面发展，更加注重面向人人，更加注重终身学习，更加注重因材施教，更加注重知行合一，更加注重融合发展，更加注重共建共享。对如何推动我国成为学习大国、人力资源强国和人才强国做出了新的思考和部署。

面对信息化、全球化的时代大势和多元文化交流碰撞的社会大环境，如何进一步顺应时代的变化，从而进行有效的价值整合，传承优秀民族文化精神，是教育工作者需要持续思考的问题。单就教育目标而言，需要继续保持对"人"的尊重，对个体的独立价值及批判精神和思维理性的尊重；继续延续"全面育人""综合育人"的教育精神，在社会主义核心价值观的指导下，为未来社会培养符合当代文明价值标准的现代公民。

（三）基础教育应致力培养公民意识

公民拥有独立的人格，视自己和他人为拥有自由、尊严的人，同时也致力于成为自由、尊严等人之为人最基本权利的捍卫者。公民追求公正，保持理性与独立判断，能够自由选择并承担自我决策的后果，拥有审视和反省的能力。公民积极参与社会公共事务，对国家具有作为主人翁的责任感和使命感、权利观和义务观。

我国基础教育作为造就人才和提高国民素质的奠基工程，承载了国家的教育方针和教育思想，肩负着立德树人和为社会培养合格公民的重任。语文教育作为基础教育中的重要组成部分，由于其学科性质和教学内容的特殊性，在我国现代社会建设和现代公民意识养成的过程中，具有不可替代的基础性作用。

二、批判性思维与现代公民意识

当今移动互联网技术的发展将社会生活的方方面面纳入网络之中。从某种意义上来说，互联网已经与人们的生活现实紧密联系在了一起，成为社会的常态连接方式。互联网的普及一方面让信息变得更加多元、自由，海量信息扑面而来，另一方面高速流动的信息也让"信息场"变得更加纷繁复杂，难以分辨。互联网在改变人们获取信息方式的同时，也深刻地影响着人们的思维方式、表达方式及社会生活方式。可以说，互联网正在经历从技术应用工具到多元价值交流载体的蜕变。

（一）互联网时代的理性危机

互联网时代的信息传播方式和速度较之前有了显著的变化，与之相应的是人们获取信息的方式和个人精神世界的建构也产生了巨大的变化。以信息获取为例，最明显的变化就是人们的信息输入变得更加碎片化、浅表化。为了追求信息输入的新锐度与效率，人们的阅读更习惯停留在信息的表层。同时，网络让个人信息的输出也变得更加简单、快捷。丰富多元的信息交流平台，在拓宽个人表达渠道的同时也降低了公共表达的门槛，人人都可以成为信息的发布者或传播者，人人也都可以成为公共事务的见证者和意见表达主体。

今天互联网作为信息载体的权威性和严肃性被不断挑战和消解，其空间的多中心化和平民化色彩固然带来了知识和信息平等的积极意义，但与此同时，也带来了泛娱乐化的混乱及过分注重传播效应而忽视内涵的集体理性危机。例如，在网络上针对一个现象或话题，相较于深入的理性思辨及尊重逻辑、尊重常识的理性表达，观点先行、故意夸大、罔顾事实、二元对立、刻薄抬杠，甚至恶意诋毁的表达往往更有市场。

（二）批判性思维与现代社会建设

语文教育如何在互联网时代有所作为，为国家培养合格的时代公民？这就需要批判性思维。在语文教育中重视发展学生的批判性思维，有利于学生在语文学习活动中面对复杂信息时慎重鉴别、筛选和运用，保持客观而理性的认知，勇于挑战固有观念和权威结论，进而形成追求真理、真相、公正的思维方式和独立人格。作家狄马说："一个人如果真的养成了独立、自主、理性和思辨的习惯，那他已经是个现代公民了，语文教育的任务也就完成了大半，甚至是最重要的部分，知识的多少和观点的对错反而不那么重要了。"[①] 在语文教学中发展批判性思维，不仅可以提高一代人在互联网时代独立思考的能力，而且有助于塑造未来社会公民的价值观和人生态度，促进现代社会的形成与发展。

在语文教学中发展批判性思维对于学生——未来社会公民的价值观和人生态度，主要有以下几个方面的意义。

---

① 狄写，余党绪. 学生阶段培养出的批判性思维能力可用受终生——关于"批判性思维与写作教学"的对话[J]. 语文学习，2014（10）：4—10.

第一，有助于提升学生尊重常识的意识，使之成为独立的思考者。

常识是一个文明社会为大众所接受的普遍观念与行为准则。在一个文明的现代社会，常识是不言自明且为公众所普遍认可的，如民主的意识、法治的意识、权利的意识、对弱者的保护与尊重、个人的自由必须以不侵害他人为前提等。在一个批判性思维发达、大多数公民都拥有独立思考习惯的社会，反常识的言论和做法将无法盛行，垄断权力的野心家也无法通过扭曲常识、否定常识和垄断对常识的解释权来包装和粉饰自我。批判性思维的提出正是基于对常识的理解和尊重。从某种意义上来说，与批判性思维相对的单一性思维、绝对化思维、对立性思维、封闭性思维等思维方式则是对常识的淡化与漠视。

一个社会的常识水平体现了该社会公民的知识储备水平。同时，社会的常识本身也会随着全社会认识水准的提升而提升，而这些都和公民的独立思考习惯及批判性思维的意识和能力密切相关。

第二，有助于提升学生明辨是非的能力，使之成为公正的评判者。

批判性思维指向理性与公正，是一种内省式的思维方式。它有助于学生面对问题时明辨是非，做出公正的判断。受过良好教育的现代公民面对一个社会事件，既不会盲从于舆论的喧嚣，也不会迷信权威的结论，而是立足于个体理性与公共常识，以事实为判断依据，以逻辑为思维基础，遵从公德和良知的法则，做出独立、明确、公正的是非判断。在互联网时代，信息驳杂，众声喧哗，拥有明确、公正的是非观，是现代社会公民必须拥有的基本思维品质。

第三，有助于提升学生解决问题的能力，使之成为现代社会的参与者。

在现代文明社会，公民是一种具有社会性意义的身份。只有在相关社会生活中参与公共事务及针对公共事务做出相应的表达，才是真正实现了公民身份的社会性内涵。互联网时代的到来，使权力的分散和分享成为现实。在网络空间中，公民与公民之间，公民与政府之间，共同参与公共事务处理正在成为新的现实。在公共事务中，如何让公民的参与变得更有价值和意义？如何让参与本身成为对现代社会有价值的建设？这依然和批判性思维密切相关。批判性思维不只是认识问题的逻辑起点，也有助于分析问题和解决问题，为解决问题提供路径与契机。拥有批判性思维的公民在参与网络和现实中的社会活动时，更容易抓住问题的关键。而保持理性、公正、共享和协作的态度，则有利于在多元主体的互联网时代凝聚松散的个体，培育公民的公共精神，提升公民参与公共事务的积极性，自觉维护社会的公共利益。

第二节　致力改革语文教学之痼疾

一、语文教育问题的历史讨论

自20世纪80年代以来，我国中学语文教育在改革中不断发展。其间，围绕语文教育的本质与目的、观念与方法、技术与手段等话题，教育界与社会多有讨论与争鸣。这当中发生于20世纪末的关于语文教育问题的大讨论尤为突出。在这场大讨论中，针对语文教学和语文学科提出的诸多问题和进行的诸多反思，在今天看来依然具有一定的现实意义。

（一）讨论的主要话题

在这场关于语文教育的大讨论中，媒体扮演了重要的角色。1998年，《中国青年报》开辟专栏就"语文，该怎样教"的话题进行了系列讨论；《中国教育报》也以"调查报道"等栏目，刊载了"对中小学语文教育现状的调查与思考"的系列报道；同时，人民教育出版社和《光明日报》合作开辟了"语文教改"专栏，进行了接近一年的讨论和争鸣。在讨论中，人们针对语文教育提出的问题主要有：

（1）语文教育的根本目的不明确、不完善，不重视学生个性发展，缺乏对人性、人文精神的关怀，忽视文学教育和美育。（2）语文教育指导思想僵化，缺乏时代精神，固守极"左"时代遗留下来的陈旧思想，用统一的思维模式扼杀学生个性和创造性的发展。（3）教学方法机械呆板，课堂教学长期只有以教师为主的串讲式或启发问答式等一两种方法，忽视了学生的主体需要。（4）教学手段存在严重弊病，现行教材、教学参考书的内容十分陈旧、落后，不适应时代的要求。（5）教学评估不科学，标准化考试存在严重问题，有的甚至说这是造成语文教育问题的罪魁祸首。[①]

（二）讨论的意义

这场讨论，一方面，从传统的视角对语文教育进行了多方剖析，指出了长

---

① 曹洪顺. 语文教育漫论[M]. 北京：中国海洋大学出版社，2003.

期以来语文教学体系的根本欠缺。如重知识传授轻能力培养、重规范形成轻创新意识、重烦琐分析轻整体感悟、重逻辑理性轻人文熏陶、重教学方法轻学习能力、重课堂课本轻课外活动等弊端;另一方面,也试图找到新世纪语文教学改革的方向,以建设性的态度对未来的语文教学提出看法与建议。当时的这场大讨论,确实围绕语文教学指出了一些问题,厘清了一些概念,形成了部分共识,也引发了学界相关人士对语文教学现状的自觉反思。也正是这一次大讨论,推动了语文教学改革的步伐,并且取得了一定的成果。最明显的标志是修订和颁布了《全日制普通高级中学语文教学大纲(试验修订版)》,在语文学科性质和功能的定位方面有了突破性的进展。大纲明确指出:"语文是最重要的交际工具,是人类文化的重要组成部分。""在语文教学中要重视学生思维方法的学习、思维品质和思维能力的发展,尤其要重视创造性思维的培养。"同时,大纲还强调了语文教学中要以学生的发展为本;要加强实践,重视积累,致力于学生语文素质的整体提高;把"语文素养"作为课程的核心概念,强调语文必须重视全面、综合的素养;要改革教学评估制度,以保证语文教学改革的顺利进行等。

二、语文教育困境的现实审视

在语文教育的世纪大讨论二十多年后的今天,时代特征与社会环境已经较当年有了明显的变化,互联网时代、信息时代已经成了显著的时代标签。社会的发展对人才的培养也提出了新的要求,培养具有创新意识与批判思维的人才成为基础教育关注的热门话题。在时代的深刻变化中,语文教育的制度设计和教师的教育观念、教学手段等也一直在发展和变化之中。如在《普通高中语文课程标准(2017年版2020年修订)》中,首次凝练和明确了以"语言建构与运用""思维发展与提升""审美鉴赏与创造""文化传承与理解"为主要内容的语文核心素养;更新了语文的课程目标与课程结构;提出了"学习任务群"视域下的"整本书阅读"等教学内容;进一步强调了情境创设与任务解决。但也应该看到,语文教育在持续追求进步的同时,不断发展的社会也在对语文教育提出新的要求。语文教育面临尚未完全突破旧问题,同时又不得不面对因时代发展而产生的新问题的复杂处境。

(一)新时代的语文教学问题

今天的语文教学在诸多方面依然存在不少的争议与困惑。如以单篇教学为主,教师通过讲授、提问、讨论等方式向学生传递知识的语文课堂教学模式依然占据主流；教学过程与方式的同质化问题依然突出，语文课堂"千篇一律""千课同构"的问题依旧较为严重；语文课堂教学不能很好地满足学生在思维广度和深度上的发展诉求，思维培养浅表化、学习任务零碎化依然较为明显。

进入新时代以来，语文教育又出现了许多因社会发展与教育环境改变而产生的新问题。甚至因为技术手段的进步，曾经存在的旧问题在今天出现了更深程度的异化。在语文教学中，搭上了互联网时代大数据便车的应试教育，教学机械化、工业化、模式化的倾向较之以往更加明显。因此，如何在语文教学中培养学生的想象力和批判性思维，依然是值得深思的话题。

（二）语文教学思维品质不足

语文教育的问题在今天依然显得异常复杂，解决问题的道路也依然充满曲折。究其原因，一方面是有的问题并非语文教育本身所能解决的，它和整个大环境有着千丝万缕的联系，不可能在较短的时间内得到彻底的改变。另一方面也和长期以来师生在语文教育与学习方面思维品质的不足有较大关系。在师生思维品质的短板中，教师教学思维品质的欠缺是具有前提性和主导性的。因此，改善语文教学中思维品质不足的问题，教师负有更大的责任。

教师语文教学思维品质的不足，主要体现在以下两个方面。

首先，是学术理性的不足。教师的教学活动是一种创造性的活动，它的很多方面都与科学研究具有共通性和一致性。因此，在教师教学的过程中，从教学内容的确定到教学方式的选取，都应该包含对学术理性的追求与敬畏。所谓学术理性，即一切学术的结论都需要根据可靠的资料与文献，并经由严密的逻辑和理性的推断而来。在语文教学中，教师往往因为学术理性的缺失，带来教学内容的偏差和过程与结论的双重失当。如有的教师在解读古人作品时，完全抽离作品应该有的时代背景，违背"知人论世"的基本学术原则，从今天的价值观出发，机械地解读古人作品，如此势必会消解作品基本的文学价值。

其次，是思辨教学的缺失。长期以来，我们习惯于迷信名家大咖和权威定论，对于教学中真正应该落实和大力拓展的思辨教学存在较多不足。迷信权威可能是某种社会文化长期训诫和浸染的结果，也可能是自我思维惰性，惯于表象化、一元论思维方式的结果。教师往往会将自我对权威的迷信灌输给学生，或者通过种种教学策略与手段，将自我变成学生眼中的另一个权威。从问题的提出到过程的讨论再到答案的生成，往往都在教师的预设与掌控之中。这样的课堂，看似秩序井然，气氛热烈，成果突出，但依然是思维品质不足的课堂。

与"教学相长"相反，教师与学生思维品质的不足往往会造成"教学相害"的后果。教师长期的科学理性和思辨思维的缺失，势必会影响学生在理性思维和批判性思维方面的发展，造成学生不敢质疑权威，容易以偏概全，缺乏求真的意识与自我反省的能力等后果。

三、思维：语文教学变革的切入口

特级教师于漪曾说："现在的老师不缺教学技巧，而是缺思想与批判性思维。"[①] 余党绪也指出："批判性思维的引入，让我的教学焕然一新。以前零星的、自发的、偶然的教学行为，通过批判性思维的介入，得到了有效的整合。"[②]《普通高中语文课程标准（2017年版2020年修订）》则明确提出："提升思维品质。自觉分析和反思自己的语文实践活动经验，提高语言运用的能力，增强思维的深刻性、敏捷性、灵活性、批判性和独特性。"可以说，以批判性思维作为切入口，是突破当前语文教学现实困境的有效途径之一。

（一）厘清语文课程性质的逻辑起点

长期以来，对于语文课程的特质，议论蜂起，莫衷一是。有一性说，即语文是一门工具性的学科；有两性说，语文既有工具性的一面，又有思想性的一面；有三性说，认为除了工具性与思想性，语文学科还有文学的属性；此外，还有多性说，认为语文学科具有工具性、思想性、实践性及综合性；或者把语文学科的性质分为工具性、基础性、思想性等基本性质和文学性、知识性、社会性等从属性质。如此等等，不一而足。《普通高中语文课程标准（2017年版）》则将语文课程的特质总结为语文课程是"一门学习祖国语言文字运用的综合性、实践性课程。工具性与人文性的统一，是语文课程的基本特点。"

今天的语文教育不仅要思考语文学科的特质，更应从思维层面去理解和定义语文学科的教学，使其更好地与现代教育理念契合。语文应当是以立德树人为总目标，以发展学生的语文核心素养和终身发展能力、培养能较好适应现代社会的公民为具体目标的一门课程。语文教学应当聚焦的点不仅是课程，还有个体生命的发展；语文教学的重点也不只有知识与能力，还应有思维与人格。在语文教学中，与思维培养和人格养成有关的内容都可以成为语文教学的相关资源。发展批判性思维，重新审视语文学科，有助于重新确立语文教学的重点

[①] 于漪. 思维才有力量 [J]. 语文学习，2016 (5)：4—7.

[②] 余党绪. 祛魅与祛蔽：批判性思维与中学语文思辨读写 [M]. 北京：中国人民大学出版社，2016.

和教学的基本范式。

（二）建设具有思辨价值的语文课程

以知识和课时为中心的课程观念依然深刻影响着当下的教育教学实践。在这种观念的影响下，一方面，语文课程被视为相关语文知识的载体，不同的知识以物理组合的方式累积叠加，进而形成所谓的学科知识体系。具体而言，主要就是通过一篇又一篇课文的累积，实现对语文课程体系的架构。另一方面，教师在教学过程中，也主要将教学目标的设定聚焦于具体的篇章和课时上。于是，以知识传授为主要取向的教学模式成为教师教学的必然选择，又因为对课时和篇章的过分关注带来了教学目标的短视和对课程整体价值目标追求的不足，造成学生知识学习、能力培养和素养养成的割裂。多年的教学事实证明，过分关注碎片化知识、轻综合性能力和思维训练的语文课程无法有效促进学生语文核心素养的形成。《普通高中语文课程标准（2017年版）》将"阅读与鉴赏""表达与交流""积累与整合"等内容整合成18个学习任务群，可以看成是语文课程标准对此做出的变革尝试。

为了改变上述语文课程目标落实中的现实困境，建设具有思辨价值的语文课程也是有价值的尝试之一。《普通高中语文课程标准（2017年版）》将语文学科的核心素养界定为"语言建构与运用""思维发展与提升""审美鉴赏与创造""文化传承与理解"四个方面。直观来看，思辨似乎只和"思维发展与提升"有关，但在语文实践过程中，四个方面各有侧重却不可割裂。因此，建设具有思辨价值的语文课程和课程标准要求与当下教学困境的解决思路具有内在一致性。更加重视在课程标准的基础上通过批判性思维将核心素养各版块融会贯通，从思维发展的角度对便于学生进行独立思考和价值判断的教学内容进行深度关联与整合。让学生经历从搜集材料、提炼观点，到比较分析、综合归纳的完整学习过程，从而形成对问题的深度理解，促进语文课程价值取向的转变。

（三）构建蕴含思维张力的教学范式

批判性思维的核心要素包含洞察力、分析力、判断力、反省力等，多种思维能力的碰撞促成新的创生。批判性思维有助于师生聚焦真问题，展开真讨论，真诚对话，自由思考，共同进步。在批判性思维的基本原则下，理性质疑、追求最大的合理性是需要共同达成的目标。

批判性思维也有助于建设生成智慧的动态课堂。引入批判性思维的课堂，师生可以自由表达，小心求证，在不断的质疑中打破所谓"标准答案"的桎梏，在课堂形成广阔的对话空间和思考空间。教师对学生单向的知识灌输变成了师生对话、生生对话中的共同生成，对知识与技能的刻意重复、巩固及以追求应试模式下最小容错率的功利指向，变成了对问题的不断求证和思考，追求思维深度和广度提升的空间。

批判性思维引导下的理想课堂，试图用问题帮助学生唤醒自我，师生广泛、深入地思考问题，从而享受语文学习的过程。学生在理性的表达和沟通中，对有价值的话题保持高度敏感，在质疑中合作，在思辨中提升，不断完善自我的思维，达成对问题的正确理解和有效解决。

（四）促进语文学业评价标准的转变

在当前的教育实际中，教师少有以发展的眼光整体评价学生的学习效果，多采取的是对学生学习过程中某个孤立的横断面进行评价，如侧重于知识和技能评价的标准化考试。从学生的角度来看，因为这样的评价往往并不关注个性和创新，所以也只把获得最优分数、排名等可量化目标作为学习的内在动机。

这种评价标准的单一和僵化，一直为人所诟病和批判。单一化的评价维度与语文本身包含的多维价值空间具有内在的矛盾性。僵化的评价标准与语文对思维活性的追求也相互抵牾。由于语文的评价机制往往服从于更高级别的考试选拔机制，因此，虽然人们很早就认识到语文评价标准的不足，但一直缺少改变的动力与契机。有的时候，语文教育从业者也存在盲目信奉固有评价机制，甚至主动削足适履的行为，这些无疑都进一步削弱了评价机制转变的动力。对评价标准的单一性和可量化数据的追求，在本质上是对语文学科性质的异化，如果不对此进行纠正和转变，语文教学所面临的种种问题也将难以得到突破与解决。

批判性思维的引入，将有助于语文教学评价标准的转变。批判性思维本身包含的理性与多元，将有助于语文教学对现有评价机制的突破。用批判性思维的视角不仅可以重新评价学生语文课堂学习的过程，也可以更好地关注语文学习的成果，从过程性评价与形成性评价等多个维度建立更加合理的语文教育教学相关评价标准。

第三节 提升思辨性阅读与表达水平

一、思辨性读写与批判性思维

在以往的语文教育中，思维训练尤其是逻辑思维训练一直没有得到足够的重视，导致学生逻辑思维能力的普遍匮乏。在我国目前的中小学语文教育中，逻辑思维的培养依然是教学中无法忽视的短板。在此背景下，《普通高中语文课程标准（2017年版2020年修订）》将"思维的发展与提升"作为语文学科的核心素养之一，指出高中语文课程要"发展学生逻辑思维，提升思维品质"，要求学生"运用批判性思维审视语言文字作品，探究和发现语言现象和文学现象，形成自己对语言和文学的认识"。在"思辨性阅读与表达"学习任务群中也提出："引导学生学习思辨性阅读和表达，发展实证、推理、批判与发现的能力，增强思维的逻辑性和深刻性，认清事物的本质，辨别是非、善恶、美丑，提高理性思维水平。"这体现了课程标准对发展学生逻辑思维能力和提高学生思辨性读写水平的重视。

就学科本质而言，课程标准中的"思辨性"是"批判性"更具体、更通俗的呈现，二者在思维方式、思维品质和价值追求上具有内在的关联性和一致性。发展学生的批判性思维水平是提升学生思辨性阅读与表达水平的必要前提。同时，开展思辨性读写教学活动，也是提升学生实证、推理、批判、发现等逻辑思维能力的重要途径和手段。

二、培养学生思辨性阅读能力

语文教育视野下的"思辨性阅读"要求学生运用批判性思维审视语言文字作品，理解作者阐述的基本观点和逻辑，探究和发现相关语言文字现象和文学现象，形成自己对作品内涵和形式的完整认识。当然，思辨性阅读的对象并不局限于议论类的阅读文本，还包括文学性作品及新闻、时事评论等相关阅读文本。

（一）思辨性阅读的基本前提

根据思维与语言同步发展的基本原则，学生思维品质的提升和语言的建构与运用有直接的关系。发展思辨性阅读需要一定的前提和基础。首先，需要具备一定质量水平的语感，语感是一种不需要刻意组织就能自然识别和判断的直觉，具备一定质量水平的语感是提升学生阅读思维品质的基础。其次，需要有一定数量的语言积累和语言运用经验，具备一定数量的阅读积累和语言表达经验是思辨性阅读的前提。此外，思辨性阅读还受学生已有语言习惯、阅读品质及知识结构的影响。良好的语言习惯对提升思辨性阅读水平有积极作用，而不好的语言习惯则对其有负面影响。因此，提升思辨性阅读水平还需要学生具有吸收外部思想，改善已有知识结构、不良阅读习惯和思维习惯的主动意识，始终秉持理性和开放的阅读原则，注重分析质疑和多元解读。

（二）思辨性阅读的必备意识

语文教学中推动思辨性阅读，有助于培养学生的实证、推理、批判与发现能力，增强学生思维的逻辑性与深刻性，提高学生的理性思维水平。具体到阅读教学而言，需要培养学生准确把握文本表达的内容和叙述逻辑的能力，综合理解、整合阅读资源的能力，以及突破成见、读出创见的理性发现能力等。

为了更好地提升学生的思辨性阅读水平，在开展相关教学活动时，需要具备以下几个方面的意识。

第一，关注语言的意识。所谓关注语言，就是在阅读中通过文本语言直抵作者表达的核心与本质，理清作者表达的情感逻辑、事理逻辑与文学逻辑。阅读中一切有关文本的结论都必须以文本为依据，从文本语言出发，在文本、作者和读者之间建立联系，以达到更好地认知文本、解读作品的目的。准确把握文本语言是思辨性阅读的开始，是避免阅读偏见、歧见和误解的前提，也是进一步分析质疑和多元解读的基础。

譬如，在高中语文教学名篇《荷塘月色》中，细心的读者会发现，作者在描写荷塘周边环境时写到了不少树。作者提到这些树时几乎都没有具体的名字，带给人的也并非愉悦的感受，如"阴森森""峭楞楞如鬼一般"等，但杨柳是一个例外。作者写到杨柳时——"弯弯的杨柳的稀疏的倩影，却又像是画在荷叶上""但杨柳的丰姿，便在烟雾里也辨得出"。作者在提到杨柳时，有意将其与一般的树木区分开来，用了完全不同于表现一般树木时使用的词语，给人以特别的美感。对此，应当如何理解？这就需要通过关注文本语言，准确把握作者表达背后的情感逻辑。朱自清面对社会和生活的现实，内心倍感惶惑矛盾，始终无法平静，文章表达了想寻找安宁但又不可得，幻想超脱现实但又无法超脱的复杂心情。在这种心理背景下，对于不符合梦幻、柔美审美特征的荷塘周围的树木，作者自然不会有更好的观感，而杨柳却是一个例外，因为它的柔弱、妩媚与月下荷塘的美感特征具有内在的一致性，所以作者将杨柳区别对待也就不难理解了。因此，紧扣语言有助于洞察作者幽微的内心世界，感受作者的情感世界。

第二，整体把握的意识。思辨性阅读要求在理解文本的基础上，进一步对文中表达的情感、态度、观点及文本价值做出公正理性的评价。阅读评价包含文本的主旨分析和价值评判，这对学生的分析力、判断力、反省力，以及论证和评估能力都提出了更高的要求。进行评价时，一方面需要注重对文本细节的分析和质疑，另一方面也需要具有整体性、批判性的阅读意识。

譬如，对于《孔雀东南飞》中刘兰芝的死亡，应当如何做出恰当的价值判断？有人习惯将她的自杀看成是对忠贞爱情的殉难，是以死明志、以死明情的体现，是对忠贞爱情至死不渝的永恒追求。然而，通观全文可以发现在刘兰芝的世界中，除了情义和婚姻之外，她更坚持和在意的是自己的尊严和美丽。爱情和婚姻并非她生命的唯一追求。她看重自己的教养，看重自己的才华，她不肯做一个依附于婚姻和爱情进而失去自我的弱女子。所以，当改嫁无可避免的时候，她不会在改嫁之前就走向死亡，因为这意味着怯懦。而是让一切结束之后，自己再一次昂首成为众人瞩目的美丽的新妇之后，才决意"我命绝今日，魂去尸长留"。从文本的整体叙述和更宏大的文化视野来看，我们发现刘兰芝不是为爱情和婚姻而殉葬的弱女子，她是为个人尊严和女性美丽的坚持而殉葬。从文本中的细节到文本中的形象、意蕴，进而延伸至古今文化河流中的代表性和典型性，整体把握、思辨分析，有助于实现深度的阅读。

第三，突破成见的意识。在思辨性阅读中，部分作品因其本身的价值成为广受认可的经典作品。伴随经典作品一同流传的还有对经典的固有解读，我们称之为"成见"。这其中许多观点与看法都是研究者们严肃的学术研究成果和权威结论。但经典解读中也有部分结论，可能因为研究者所处时代的影响或所持理据的差异，如今已经显得不够恰切和准确。如果我们在文本的解读中，一味地唯成见定论是从，唯名家大师是从，那么很有可能会遮蔽可能出现的新看法和新见解。

当然，经典作品解读中的成见和创见，二者并不是简单的对立和矛盾的关系。成见不一定都是旧而失当的，创见也并非都是新而合理的。创见可能是对成见的否定和怀疑，也可能是在成见基础上的新的拓展和深化。因此，经典作品的思辨性阅读，关键不在于观点的新旧，而在于是否在文本分析中追求最大的"合理性"。

值得注意的是，经典文学作品本身具有丰富的文学性和高超的艺术性，对其文学意义"合理性"的探讨，应该是没有止境的。所以，对经典的解读应该是常读常新，随着阅读对象、时间、空间的变化而不断发展。成见可以成为文本解读中的重要参考和提示，但成见永远不能成为文本解读的终点。因此，在文本解读和阅读教学中，能否时刻关注以文本为据，充分留意文本的细节，理解作者于字里行间隐藏的暗示，能否充分还原作者表达的本意，不懈质疑，包容异见，审视成见，读出创见，是实现对经典文本思辨性阅读的重要考量。

三、发展学生思辨性表达能力

所谓思辨性表达，指的是以批判性思维为基础，以阐述清晰且符合逻辑、思想深刻而有独创性为目标的书面或口头表达。思辨性表达的重点在语言准确、论据恰当和逻辑合理，讲究思维的理性，注重实证与推理。思辨性表达既可用于对个人观点的表达与阐发，也可用于对他人观点的辨析与反驳，还可用于日常的探讨与辩论。

在如今的社会公共空间中，人们习惯了被动接受铺天盖地的信息与结论，既难以辨别也懒于辨别，人们正面临独立思想被时代浪潮裹挟的风险；温和、理性、多元的声音极易被极端、狭隘、偏执的声音所掩盖。在此背景之下，有识之士倡导批判性思维是推动社会进步和革除语文教学痼疾的良方。余党绪认为，从价值层面看，批判性思维与多元、平等、公正、合理联系在一起；从工具层面看，批判性思维强调事实、尊重逻辑、主张审慎的推断与选择。在语文教学中，表达与思维具有可分析性、可整合性与可操作性。[①] 他这里强调的思维就是批判性思维，所说的表达就是思辨性表达。

（一）思辨性表达的基本前提

思辨性表达首先要考虑的是表达是否公正，是否有价值。即确定针对一个什么样的特定话题，提出一个什么样的观点，该观点是否公正，具有怎样的启发性，有哪些意义等。我们也必须注意到，在确立观点的时候要避免落入"二元对立"的陷阱，避免陷入"非黑即白"的对抗性表达之中。例如，针对短视频博主李子柒火爆网络的热点事件，有人从她"征服"了世界网友的角度，称其为"文化英雄"，因为她向世界展现了一个多元而美丽的当代中国。也有人认为她体现的并不是传统文化，只是一个"理想镜像"，在虚拟的镜像中，满

[①] 余党绪，张广录. 中学语文批判性思维教学案例［M］. 上海：学林出版社，2017.

足了大多数人对"逃离都市"的想象，不具有"文化英雄"的光环。从思辨的角度来看，这两种看法都有其合理之处，但又都可能失之偏颇。李子柒短视频的价值和意义，我们可以从个人追求、时代发展、传播学特质、文化根源等角度做出更全面和宏观的讨论，无须各执一词，相互对立。世界是丰富多彩的，简单化的论断本身就是违反思辨性表达原则的，同时也是批判性思维所反对的思维方式。

批判性思维是一种尽力追求合理性的思维方式，借助批判性思维提升表达逻辑的自洽与合理，是思辨性表达的应有之义。批判性思维反对虚妄、片面、妄断与诡辩的思维方式，因此基于批判性思维的思辨性表达应当具有逻辑的自洽性与合理性。

（二）思辨性表达的发展路径

一般而言，思辨性表达有三个方面的内容：一是有逻辑地表达和阐述个人观点；二是用实证和推理来反驳别人的观点；三是就某个有争议的话题与他人展开有价值的讨论或辩论。发展学生的思辨性表达，教师可以围绕上述三个方面的内容，通过相关情境的创设，引导学生实现思辨性表达能力的发展与提升。

在新的课程理念之下，思辨性表达不仅是与课程相关的内容，也是教师的教学方式和学生的学习方式。思辨性表达也并非局限于论述类文本的学习、议论文的写作及口语交际训练，也是学生逻辑思维能力和思维品质的培养路径之一。因此，对于思辨性表达发展路径的思路不应过于狭隘，而要将其置于思维发展与提升的大背景之下。紧紧围绕提高学生思辨性表达能力这个教学目标，通过相关情境的创设、相关学习项目的确立，让学生在具体的语言运用环境中，完成特定的学习任务，促进其综合表达的深刻性、敏捷性、灵活性、批判性和独创性等思维品质的提升。例如，在论述类文本的学习中，教师可以结合现实生活中的热点事件，勾连文本中的某个观点，组织学生开展一场讨论或辩论。将文中作者的观点、社会公共事件、学生个人体验等都纳入教学视野，进一步丰富教学的资源和形态，让思辨性表达的教学能真正走进日常的教学之中，让学生的思辨性表达能力得到真正的提升和发展。

主要撰稿：龙尧、易晓、何锋

第三章　聚焦批判性思维培养的阅读教学

阅读是语文课程的重要组成部分之一,《普通高中语文课程标准（2017年版2020年修订）》确定的18个学习任务群均和阅读有关。语文教学中的批判性思维培养要充分依托阅读教学这一主阵地，通过具体的课堂教学实践，促使学生在阅读与思考中发展求真、独立、公正、开放等批判性思维品质，在真实阅读、自主阅读、理性阅读中提升洞察力、分析力、判断力、创生力。这既需要从思维层面突出问题导向的阅读教学策略，以有价值的问题为学习的起点，以问题为核心组织学习内容，让学生围绕问题寻求解决方案，从而使学生在思维品质和思维能力方面实现增长；也需要从宏观层面建构立体多样的阅读教学体系，以多元开放的课程样态激发学生的学习潜能，通过阅读中的质疑、关联、整合、创生等学习行为，充分提高学生的语文学科素养，促进学生的精神成长。

第一节　问题导向的批判性阅读教学

《普通高中语文课程标准（2017年版）》强调，"语言文字运用和思维密切相关，语文教育必须同时促进学生思维能力的发展与思维品质的提升""语文课程还应当适应当代社会的发展需要，为培养创新人才发挥重要作用。要引导学生在语言文字运用的过程中发现问题，培养探究意识和发现问题的敏感性，探求解决问题和语言表达的创新路径"。提高学生的问题解决能力，促进学生基于真实的阅读体验质疑和发现问题、分析和解决问题，是有效的批判性阅读教学路径。

一、以问题为导向实施阅读教学

信息时代知识更新迅速，社会问题纷繁复杂，对复杂问题的解决能力要求更高，学校教育应注重教会学生掌握、应用、发现知识的方法，并通过一系列的问题来促进学生的批判性阅读，引导学生积极思考，形成良好的思维品质，提升批判性思维能力，促使阅读教学走向深入。

（一）基于学情产生有价值的问题

有价值的问题能激发学生的学习兴趣，促进批判性思维的发展；偏离学情、缺乏思维含量的问题则难以促进批判性思维能力的提升。学起于思，思起于疑。善于质疑问难，是有效实现批判性阅读的前提。

问题从学情出发，应当是首要原则。问题的产生要源于学生对阅读文本的真实感知，紧扣学生阅读中的认知障碍，关注学生的阅读兴趣和发展点，贴近学生的"最近发展区"。预习阶段的自主阅读和课堂阅读所产生的原初问题、学生自以为知道而实际并未深入思考的问题，都是问题的重要来源。

问题要有思维含量和探索空间。在原初问题的基础上，通过问题的辨识、聚焦，寻找问题的根源。教师要致力建立新旧经验的联系，引发思维矛盾，激发兴趣和求知欲，引导学生进行深入思考，为学生探究做好准备。问题应尽可能有足够的思维空间、一定的难度和合适的梯度，让学生充分思考，然后通过方法点拨，平等交流，观点碰撞，及时肯定，让学生的洞察力、分析力、判断力和创生力得到提升。

问题要在理解的基础上提出，不唯书，不唯师，不盲从，不自傲。任何人都可能自我遮蔽或者被他人误解，对待经典作品和权威意见，要善于辨别、思考，教师要引导学生质疑已有观点，寻找合理依据，进而产生新的发现。好的问题是思辨性的，具有质疑问难的价值和启发新知的作用，能使阅读者在思考中走向理性的建设。

教育要培养独立的思考、自由的精神，要重视培养学生的问题意识，鼓励并尊重学生的思考。不要轻易否定学生的问题，要善于引导学生提出经过思考的问题，并努力寻求问题解决的途径。启思导疑，在学生原初认知的基础上优化问题设计，批判性思维、创造精神之光自然会在课堂教学中潜滋暗长。

以《氓》的教学[①]为例。读懂诗文大意后，学生基于自我的阅读体验，提

[①] 成都市锦江区嘉祥外国语高级中学杜红梅老师执教。

出了如下问题：

(1) 为什么叙述者为女主人公，标题却是"氓"？
(2) 为什么前面说"子无良媒"，后面却"秋以为期"，私订终身？
(3) 为什么白头到老的心愿，会让女主人公产生怨恨？
(4) 为什么文中要反复提到淇水？
(5) 为什么兄弟要嘲笑女子？
(6) 现实中也有男子为爱痴迷的，为什么这里要说男子在爱情中可以脱身？
(7) 为什么女子之前没有看清男子虚伪的面目？
(8) 最后一章女子对男子究竟是怎样的态度？
(9) 全篇似乎都是女子的抱怨，好像她没有一点错误，这种一面之词可信度有多大呢？

以上原初问题，既包含对诗歌题目、意象的理解，也有对文本细节、人物形象及其意义的探析，教师如果能充分尊重并实现结构化问题设置，进而很好地以问导学，就可以有效推进《氓》的阅读理解与发现。

（二）以问题为核心组织学习内容

问题是教学的起点，也是教学推进的支架。将学习置于复杂的、有意义的问题情境中，通过让学习者自主或合作解决问题，学习隐含于问题背后的知识，有助于培养学生在生活中解决实际问题的能力。以问题推动思辨阅读，主要包括：前置学习发现问题，主问题引导、推进学习，情境创设促进深度思考。

前置学习阶段，教师要以任务驱动，激励学生课前自主预习，根据要求完成适当的前置学习任务，提出问题，尝试自主解决问题。首先，初步感知，对学习内容有整体把握和初步理解。其次，自主质疑，能提出自己的问题。最后，交流互助，能相互交流并尝试解决提出的问题。通过质疑、释疑，激发学生主动思考，积极调动已有知识经验，建构新知识，提高思维能力，培养学生的自主学习能力。

课堂推进阶段，教师要围绕主问题展开有层次的学习。主问题是相对于繁杂、零碎、肤浅的提问而言的，它着眼于整体，能对教学过程起到主导及支撑作用，能从整体参与性上引发学生思考、讨论、理解、品析、创造重要问题。在这一环节中，可以由教师预设主问题，然后以此为核心分解为若干子问题，引导学生逐层深入思考；也可以由学生自主质疑提出问题，在教师指导下聚焦生成主问题并深入探究。总之，课堂围绕问题而展开，教师经由问题创设任务、组织教学，学生通过问题获得新知、提升能力。

恰当的问题情境有助于课堂教学的实施。教师要创设开放的教学情境以激发学生的问题意识，保护学生的好奇心，围绕学习任务群设置学生能深度参与的学习情境，以问题解决为核心，让学生在学科认知情境、生活体验情境、交流互动情境中积极地探究问题、解决问题，并能提出新的问题。作为课堂的主体，学生往往需要经历类似学科专家的活动过程，合情推理、试误探究、检验证明等，并不断重组新的常识和经验，在过程体验中提高问题解决能力，获得新的生长。

以《荷塘月色》教学[①]为例。

前置质疑：第7段"忽然想起"六朝采莲旧俗，内容上与上文关联不大，不知是何用意，可否删去？

课堂追问：文章题目是"荷塘月色"，写了月光下的荷塘、荷塘上的月色、荷塘的四周，为什么还要写江南采莲的事呢？

交流分析：

生1：我觉得这是一种联想。由"荷"及"莲"，联想自然，可以丰富文章的内容。

生2：我觉得这样写可以使行文富有变化。因为采莲展现的是一种热闹的场景，而荷塘月色这个部分展现的是一种宁静的场景，内容上截然相反，富有变化。

生3：这样写更能表现作者内心的苦闷。表面上写得很热闹、美好，但它不是现实。作者只能在回忆中过把瘾，这不就更体现了作者内心的焦虑吗？

生4：我觉得这不是焦虑，这恰恰是作者心灵的释放。朱自清到荷塘来就是为了排解内心的忧郁，但是文中说"但热闹是它们的，我什么也没有"，可见此时的作者内心是没有得到排解的，现实依然不自由，但是忽然想到采莲的事情，多少还是让作者的内心有了那么一丝丝的排解吧。

生5：我不同意这是心灵的释放，我觉得这是对作者内心不宁静的又一次渲染。后面有一句"这令我到底惦着江南了"，说明作者内心一直很排斥对江南的惦记。为什么要惦记江南呢？我们知道朱自清是江苏扬州人，祖籍浙江绍

[①] 成都市锦江区嘉祥外国语高级中学杜红梅老师执教。

兴，而这个时候他在北京教书，但是工作和家庭的很多琐事让他内心很不愉快，所以他内心是怀念江南的，但是又克制自己不去想，故而才有开头所说的"内心颇不宁静"，而这里再次渲染了这种不宁静。

问题解决：这个部分的内容不能删掉。它在行文上的确有宕开一笔的效果，而且手法上由实入虚，写采莲的热闹嬉戏，表达了作者对美好与自由的向往，然而嬉戏的光景、有趣的事情"现在早已无福消受了"，作者用反衬手法进一步抒发"心中的不宁静"，表达现实中的苦闷。至于到底是因为什么而苦闷，众说纷纭，难以定夺。但苦闷的情绪由此散发开去，进一步牵动出"这令我到底惦着江南了"的无奈。

由此教学片段可知，执教者在尊重学生质疑的基础上展开教学，学生以此问题为核心推进思考，最后在问题解决中逐层深入，问题情境的创设有效地促进了学生对经典作品的深度理解和批判发现。

（三）以问题为基点寻求合理发现

问题导向的阅读教学，强调通过学生自主发现、合作探究，在持续质疑、反复求证的过程中实现对问题的透彻理解，甚至产生新的问题。这种求证、求真的过程就是一种批判、思辨的过程。

查阅资料，小心求证。教师可针对问题提出假说，然后引导学生围绕问题查阅相关资料。资料的查证可以来自教材相关材料，如课内文本、文本注释、课后习题等，也可以是学术文献、其他相关著作等。这一求证的过程，也是严谨的论证和评估。以《游褒禅山记》教学为例，当讨论到这篇游记的创作意图时，有学生认为：王安石借助游山探奇所经历的曲折历程，表达了变法路上的艰辛与变法失败的无奈。对此，有学生质疑：王安石写作此文时还没有变法，又何来表达变法路上的艰辛与无奈之说？那么，王安石是否用这篇文章来抒写变法的不得志呢？师生可共同就写作时间进行考证。结合文章结尾"至和元年七月某日"与注释，以及漆侠《王安石变法》的相关内容，可以得出结论：王安石写作《游褒禅山记》之时是宋仁宗至和元年，他还没有被宋神宗受命实施变法，因而不存在变法失败之说。这一问题的解决，不是凭借经验主义的盲目判断，而是基于事实的多方查证。

深入文本，分析论证。夏丏尊先生说："学习语文，就要引发一种对语言的敏感。"这种敏感就是要从言语中窥见更深刻的思想和意蕴。文本分析，正是基于对文本的细读，即引导学生通过对语言的分析和咀嚼，品出文字之美，悟得言外之意。以《琵琶行》教学为例，如何理解"东船西舫悄无言，唯见江心秋月白"这两句诗的内涵呢？从字面意义来看，这两句诗是典型的环境描写，描绘了岑寂的氛围。结合前后语境可知，这是琵琶女演奏之后的情形，寂静的环境、江心的秋月衬托了琵琶女高超的技艺。再从诗人与琵琶女的邂逅与相通来看，江州司马已然被琵琶女的音乐打动，同病相怜，身世、性别的差异全都放下，江月成为人心沟通的见证，生命的感慨融注在字里行间，因而使诗行具有深沉的感染力。无疑处生疑，有疑处来回，在不断的质疑求解中，思考会逐渐走向深处，基于事实和文本分析的论证与发现，因此意味无穷。

关联拓展，思辨创生。批判性思维能力的培养不应只停留在课堂内，教师还应该鼓励学生带着问题向课外延伸。问题驱动，质疑求证，推论发现，创生问题，思辨意识会随着新的问题的产生和由此发生的关联学习不断发展。如学习《游褒禅山记》时，学生可能会产生对王安石其人的探究兴趣，关联阅读《兴贤》《桂枝香·金陵怀古》《王安石传》等作品，学生一定会有更全面、更深刻的认识。又如《老人与海》节选，有学生质疑：该题目是否可以换成《老人与鲨鱼》？从课文内容来看，"老人与鲨鱼"的确是文中的主要矛盾，但是如果关联整本小说，就未必如此。文中的"大海"一方面呈现出安详、宁静、祥和、波澜不惊的状态，另一方面却蕴含着无穷无尽的力量，它暗含着无数的艰险，如凶残贪婪的大鲨鱼。阅读文中老人独自在海上看日升日落、观月隐月现，与鱼鸟作伴，和风水对话等内容，可以进一步感受老人不仅有"硬汉"的一面，也有"柔情"的一面。可见"大海"比"鲨鱼"的内涵更为丰富，以"大海"为题更能引发读者深沉的思考。善于横向与纵向、局部与整体的关联拓展，问题将更具有思辨张力。

二、以问题的解决培养理性阅读者

作为国家课程的重要载体，教材发挥着育人的独特价值。要使阅读教学发挥更有价值的作用，我们需要贴近语言的根脉，关注思维、审美、文化，以恰切的路径和策略使教材价值得到充分彰显，以培养真实的阅读者、自主的阅读者、理性的阅读者。

将教学置于真实问题情境中，通过发现问题、探究问题、解决问题来学习知识，习得解决问题的方法，形成解决问题的能力，这也是培养学生求真、独立、公正、开放等理性精神特质，洞察力、分析力、判断力、反省力等能力素养的重要途径。

（一）真实阅读，形成原初体验并发现问题

阅读教学最忌讳的是教师强烈的控制意识，满堂灌或满堂问，使学生沦为学习的配角。课堂看似热闹，实则聒噪，缺乏学生对文本的亲近过程。要实现阅读课程的优化，首先要注重课堂教学重心的转移，重视学生的主体地位，在课堂上给学生更多时间去安静地阅读，深入地思考，充分地表达，确保让学生有更多机会直面文本、思考文本，进而生成自己的问题。教师要力求让阅读真实地发生，让学生边读边勾画、批注，然后通过多种方式了解学生初读后的感受、见解、收获，作为后续教学的依据。

（二）自主阅读，自我调控并能选择阅读策略

教学中要弘扬理性精神、反思意识，落实洞察、分析和评估的思维过程，要以问题为导引，分析还原、批判建构、不断质疑，帮助学生形成和选用阅读策略，促使学生主动解决问题，合理寻求依据，创生发现文本。具体可以采用以下几种方法。

情境还原法。抓住文本的关键语句，借助相关资料，发挥想象，尽可能还原作品所涉及的具体情境。例如，如何理解《再别康桥》中徐志摩对康桥的一片深情，可以联系作者生平等基本情况和写作背景，结合徐志摩写康桥的其他作品，了解作者在康桥的成长历程和人生追求，还原作者写作时的内心世界，进入诗歌所营造的特定氛围之中，而不是概念化、符号化地泛泛而谈，更不能与一般的惜别混为一谈。

具体分析法。具体情况具体分析，分析问题时尽可能有依据、有角度，涉及多个因素和多种可能，而不是简单化、符号化、标签化。

反向假设法。例如，有人说《雷雨》的结局太悲惨，那么这样的结局有必然性吗？你可以设计出一个不一样的结局吗？如何看待造成这场悲剧的原因？再如《荆轲刺秦王》，荆轲刺秦如果成功，燕国能保住吗？刺秦成功还是失败，会影响我们对荆轲的评价吗？荆轲这一形象对后人而言，价值在何处？

关联对比法。在进行探究时，可结合同一作者、同一主题、同一时代等相关的作品，或是类似的人物与事物，引入相关评论性文章，把文本放在更大的范围中审视，探究文本的普遍性与特殊性。如将刘兰芝、窦娥、祥林嫂、鲁侍萍等女性悲剧形象相联系，探究其共同点与不同点。

(三) 理性审视，常读常新实现批判性解读

熟悉的文本可不可以有新的发现？常读常新，充分发现经典作品蕴含的文化价值，可以涵养性灵，养护身心，对于成长中的学子也具有积极的生命建构意义。所以，教师和学生面对文本，要善于深度理解、发现，边阅读边评判，边理解边质疑，边沉浸边反省，以独立的姿态、质疑的眼光和思辨的过程建构作品的意义。

要发展学生的好奇心理、问题意识，促使学生敏锐感知文本，带着疑问走进文本，又从文本中读出疑问，尽可能多地提出问题，然后筛选整合，确定有价值的问题，最后深入思考，想方设法去解决问题。要善于不断追问，引发学生深刻思考文本。可于悖谬处追问，发散处追问，歧义处追问，困惑处追问。通过多种追问方式，发展学生的反思能力，寻找他们对问题产生的不同看法，并巧妙地引发他们之间的争论，引导他们在争论中探究真理，提出创新性见解。如《深刻与伟大的另一面是平和》，萧红笔下的鲁迅和《纪念刘和珍君》中的鲁迅反差很大，萧红笔下的鲁迅形象是真实的吗？萧红为什么要展现这些？萧红的人生经历是怎样的？在阅读中不断追问，有助于学生循着思维的发展路径逐渐走向对文本的深刻理解与发现。

培养理性阅读者的过程，一定是通过师本、生本、师生、生生多重对话深度发生的过程。教学时要充分重视通过课堂对话解决问题，或者生发新问题。教师在对话中，要始终处于点拨、引导的角色，不断唤醒学生、激发学生，让学生在新的发现中逐渐走向思维的澄明。师生对话本质上是一种沟通与合作的活动，教师的适当点拨，可促进教师、学生、文本三者之间共鸣、共振的良性互动，促使学生向阅读理解和发现的深处有效前行。在以语言性沟通和语言性活动为基本方式的阅读教学中，聚焦核心、价值置问，启发补白、激活思维，搭建支架、学术引领等师生对话行为，能使语文课堂产生一种强烈的感染力与吸引力，引领学生不断走向思维深处。

第二节 多样化的思辨阅读教学形态

发展学生的批判性思维，要立足国家课程的优化、地方课程的开发、校本课程的建设这一系统的阅读课程体系，在多样化的阅读教学中创造性地发展学

生的思维品质。就当前阅读教学而言，既要充分重视单篇文本的阅读，在常态化的阅读教学中引导学生养成质疑、分析、探究的习惯，提升思辨阅读能力；又要善于整合资源，通过群文关联阅读、整本书思辨阅读，在比较、整合、探究、创生中发展学生思维的深刻性、灵活性、批判性、独创性，提升学生的洞察力、分析力、判断力、创生力。

一、质疑—求证—发现：走向深度思考的单篇文本精读

如何充分发展学生的洞察力、分析力？基于中学语文教学的常态，必须充分重视一篇篇文本的常态化学习，通过质疑—求证—发现，使学生能深度感受和思考文本，围绕文本精读，并提出语言、思维、审美、文化等方面的有价值的问题，然后结合文本本身及相关资源，尽可能地分析问题的根源，寻找合理的解释及证据，进而找到解决问题的途径或方法。

（一）大胆质疑：批判性思维的介入

质疑意识是批判性思维的生发点，也是单篇文本阅读教学的起始点。质疑，意味着作为独立主体的自觉，拥有独立的思考。

民主、平等、和谐的师生关系有利于创设良好的质疑氛围，激发学生求知探索的欲望，引导学生多维度思考。单篇文本质疑的维度主要有两方面：一是从作者经历、创作背景、文化源流等文本外部去关联思考，二是从文章标题、文本内容、体式特征等文本内部去挖掘文本的反常处、矛盾处等，大胆质疑。

抓住文体特征质疑。如小说重点关注要素，即人物、情节、环境和主题，诗歌重点关注形象、语言、情感和手法，戏剧重点关注戏剧冲突、人物台词、舞台说明，新闻则重点关注新闻背景和新闻事实。例如，学生在预习《飞向太空的航程》时，根据新闻的体裁特点，提出了如下问题：①为什么主体部分不是描述"神五"发射的新闻事实，而是叙述中国的航天历史？②新闻背景的内容太多会不会冲淡新闻事实的报道？第一个问题关乎新闻结构，第二个问题关乎新闻背景，这两个问题都是该单元学习的重点，学生的质疑很好地体现了新闻文体的特点。

紧扣标题思考质疑。题目犹如文章的眼睛，往往具有总括内容或点明主旨的作用，好的标题不仅意蕴丰富，还能激发读者阅读的兴趣。如学习《烛之武退秦师》时，学生围绕标题中的"退"提出如下问题：①为什么退？②怎么退？③退的结果是什么？这三个问题分别对应文章的三个层次，有助于准确把握文章的主体内容。

从文本反常处质疑。文学来源于生活，而又高于生活，它遵循生活逻辑，但有时会进行艺术加工，故意违背生活情理。正是这些反常处独见匠心，具有深刻的思想内涵和独特的艺术价值。如毛泽东在《沁园春·长沙》中说"漫江碧透，百舸争流"，而王勃却在《滕王阁序》中说"潦水尽而寒潭清"，同样是深秋之江水，一个说"漫江"，一个说"潦水尽"，这是为什么呢？回归常识，"江水春涨秋消"是一种自然规律。毛泽东为什么要违背常情，用"漫江碧透"来形容秋江之水呢？学生带着这样的问题去阅读和思考，相信对诗歌会有更加深入的理解和思考。

（二）小心求证：批判性思维的形成

质疑产生假设，假设推动求证，求证的过程就是释疑解惑的过程。当然，求证不是无据无序的展开，而是基于阅读文本和逻辑推理的科学探求。只有基于此，方能达成对问题本真的释疑解惑，也才是批判性思维得以发展的有效途径。

例如，在王羲之《兰亭集序》一课中，学生对"古人云：'死生亦大矣。'岂不痛哉！"提出质疑并大胆猜测：古人之语是否引发了作者对时光流逝的痛惜呢？对此，我们不可凭空定论，还需要借助文本，查证文献，推理求证。首先，我们借助注释知道了"死生亦大矣"出自《庄子·德充符》；接着，我们要进一步查阅与之相关的文献，了解《庄子·德充符》的主要内容及创作意图，同时精准地找到与"死生亦大矣"相关联的文段；最后，推理发现，对搜集的材料进行判断与分析、关联与整合，最终得出合理化的解释。

该教学案例[①]具体如下：

师：同学们通过信息搜集，有什么发现？

生1：我发现这句话虽然出自《庄子·德充符》，但是是孔子与常季在评价鲁国兀者王骀时说的一句话，原话是"死生亦大矣，而不得与之变；虽天地覆坠，亦将不与之遗；审乎无假而不与物迁，命物之化而守其宗也"。这几句话颇具道家色彩，但我没想通为什么要借孔子之口来说。

师：这个发现不错，孔子乃儒家圣贤，为何在此大发道家言论？有同学能尝试回答一下吗？

生2：在张荣明的《孔子在中国历史上的七种形象》这篇文章中，作者梳

[①] 成都市锦江区嘉祥外国语高级中学杜红梅老师执教。

理了"孔子"在不同时期、不同作品中的形象特点，其中作者认为在庄子笔下的孔子是"矮化"了的，在《论语》或《史记》中的孔子是"圣化"了的。由此，我想说在庄子笔下的孔子已经褪去了儒者特性，倒像是庄子的化身一样，所以说出来的话颇具道家色彩。

师：看来我们的思考更进了一步，"矮化"孔子的实质又是什么？

生3：表面上是在"矮化"孔子，实际上是庄子对儒家学说持有质疑的态度。

师：非常好，那么王羲之为"死生亦大矣"而痛，又有何意呢？

生4：原来王羲之是在否定庄子"死生亦大矣"的观点，就是说他不赞成庄子说的。

生5：太厉害了，王羲之在此还借鉴了庄子在《庄子·德充符》的写法，有点"一箭双雕"的感觉。

师："一箭双雕"？能解释一下是什么意思吗？

生5：庄子否定了孔子的儒家学说，而王羲之又否定了庄子的道家学说，这不就是"一箭双雕"？

师："一箭双雕"虽然形象，但是解释得不太准确，是否定儒家和道家学说吗？应该怎样表达更为科学呢？

生6：我觉得应该是不赞同儒家和道家学说中关于"生死"的看法。因为文章主要针对的是"死生亦大矣"这句话。

师：同学们，还记得儒家和道家的生死观是怎样的？

生7：儒家重生轻死，孔子认为死是个体生命的结束，精神可长存；道家认为生和死无非是一种自然现象，"生死气化，顺应自然"；王羲之的生死观和两者都不一样，应该是重死轻生。

师：王羲之在此是要表达轻生吗？

生8：我认为不是轻生，应该是既重视死，又重视生。

师：你怎么得出这样的结论？

生9：文章第1、2段主要写的就是活着的快乐，而且第3段中说"当其欣于所遇，暂得于己，快然自足，不知老之将至"，说明作者还是肯定了活着的美好。

生10：我想补充一下，之前在翻译"岂不痛哉"时，我们在"痛"这个字的翻译上，有点拿不准，是"痛苦"还是"痛惜"呢？但听了同学的发言之后，我觉得"痛惜"更好一些。快乐转瞬即逝，人生活着不易，更要珍惜当下，而这在当时的东晋，无疑是一股清流。

师：是的，在"朝代更迭，礼乐崩坏"的东晋，名士多消极避世，或谈玄说理，或纵情山水，如王羲之这样能清醒、通透地认知生命的人真是难得啊。

在以上教学活动中，教师始终围绕为什么作者说"古人云：'死生亦大矣。'岂不痛哉！"这个问题，引导学生利用课本注释、搜集课外资料，就质疑的问题寻求证据。教师鼓励学生积极发言，在思维碰撞中，对搜集的材料进行分享、交流，在不断的质疑与求证中，寻求材料之间的关联和文字背后的潜在信息，从而得出合理的推论，使学生在新的发现中逐渐走向思维的澄明。

（三）发现创生：批判性思维品质的提升

发现即在反思自我已有的思维中赋予原有问题以新的认知或思考，这可以是一个新的问题或一个新的观点，或者问题解决的新路径等。创生则是创造性地生发，其生发形式既有显性形式又有隐性形式。书评、读后感、文学创作等可视为一种显性的创生；而思辨能力的提升则是一种隐性的创生，如洞察力、分析力、判断力、反省力，在此基础上形成求真、独立、公正与开放等具有稳定特征的人格特质。如学完《答司马谏议书》后，学生对王安石及其变法有了一些新的认知并撰写成文，用"论坛"的方式进行交流，现摘录如下：

一楼说"（王安石）改革派为了达到目的而不择手段"，但又说王安石过于"妇人之仁"，岂不是有点冲突？改革本就是一个艰难、痛苦、找毛病的过程，没有一个改革是毫无瑕疵的。王安石变法的确不是一个成功的变法，但不能全盘否定。就像我们某些科目没有考好，但不能说我整个学习过程都是错误的。

——成都市锦江区嘉祥外国语高级中学　贺绮芸

我赞成一楼所说的王安石变法是失败的，但我不太赞同一楼"变法过程依旧是失败的"这一观点。据我了解，王安石变法在一定程度上达到了富国强兵的目的，变法期间北宋社会经济实现了发展，不能够全盘否定王安石的努力。我们以后人的眼光去评价他主张的变法会发现其中的失误，但是换位思考结果或许大不相同。

——成都市锦江区嘉祥外国语高级中学　高京

以上两段摘录的文字固然存在一些不足，但也可发现两位同学都能敏锐地发现问题并指出对方观点的不合理性，并且从不同角度阐发自己对该问题的新的认知。其中第一位同学在分析问题时运用类比法，表达对变法的辩证思考；而第二位同学则结合历史背景进行判断，求证王安石变法的时代意义。这些思维方法的自觉运用，体现着学生批判性思维品质的提升。

二、关联—整合—创生：议题统领下的群文结构化阅读

在群文阅读中，学生可能面对的是一组不同风格、不同体裁、不同地域、不同国别的言语材料。这些言语材料组合成一个新的言语场。和单篇文本不同的是，群文文本形成的言语场具有复杂性和不确定性，阅读走向具有散乱性与多维性，需要以"议题"为核心，重新建构学习资源，并通过比较、整合、融通、思辨等方式，对相互关联的互文性多文本展开学习，在学习中不断发现问题、思考问题、解决问题，进而在内部思维结构、外部言语生成等方面获得创造性发展。

（一）议题驱动：催生文本关联性

在对多文本进行全面理解的基础上，基于可议性和开放性的原则，选取最具有讨论价值的话题，供师生展开议论，这个话题就是群文的"议题"。在"议题"的任务驱动之下，群文之间产生某种关联，这种关联使相对独立的各个文本形成一个有机的整体，从而让阅读具有了一定的方向性和明晰性。

一组文本具有相互的关联性，实则是说这组文本在主题、体裁、价值、艺术创作等方面具有一定的同一性。如郭汶童老师执教群文阅读课"困境下的青春突围"，选择了史铁生《我二十一岁那年》、余华《十八岁出门远行》、梁晓声《少年初识悔滋味》三篇文章，组合成一个文本群。这三个文本从不同角度记录了"我"在青春时期所面临的困境及困境带来的苦涩滋味。郭老师以"青春"为话题，使文本之间在主题上产生关联性，这样的关联方式有助于学生对"青春"有更加深入的理解。

当一组文本很难在主题上进行关联的时候，我们可以从文章的体裁、语言、艺术手法等方面寻找突破。如苏格拉底《临终辩词》、鲁迅《未有天才之前》、林肯《葛斯底堡演说》、莫言《优秀的文学没有国界》、卢新宁《在怀疑的时代依然需要信仰》这五个文本虽涉及法庭辩词、文化评论、政治宣言、学术交流、典礼发言，但在体裁上具有同一性，以"言语的魅力——演讲词赏鉴"为任务驱动，使五篇文章在体裁上形成关联，这样不仅有助于学生较为全面地了解不同类型演讲词的特点，而且也有助于培养学生欣赏、创作演讲稿的能力。

文本间的关联也可以聚焦文学作品中的某一个点（人物、叙事、语言等），从而形成艺术价值的关联，有助于对某种艺术形式或艺术表达形成更深刻的认

知。如我们选择汪曾祺《岁寒三友》、宗璞《琥珀手串》、聂鲁达《害人郎中》三篇文章，如果从"人物塑造"的角度寻求关联，可以是人物形象塑造的方法，也可以是人物形象的特点，还可以是人物形象塑造的意义。哪一个角度更具可议性呢？通读完文章，我们发现这三篇文章，背景宏大，具有时代性，且人物多集中于市井民众。作者正是通过对一群小人物的塑造，让我们看到了时代的缩影，故以"从'社会众生相'看小说的价值与意义"为议题，有助于学生更深入地理解和认知人物形象及其背后的时代特征。

文本关联，还可以跳出文本，从作家的维度去思考其关联性。将同一作家的作品以创作时间为轴，进行专题式的阅读和研究，这样更有利于全面认知该作家的思想和创作历程。所选作品或同一时段，或不同阶段，前者立足于横向关联，后者立足于纵向关联。如以"田园何处——由陶渊明的诗歌探究中国隐逸文化的内涵"为议题，精选陶渊明《归园田居（其一）》《始作镇军参军经曲阿作》《与子俨等疏》《杂诗（其五）》《拟古（其八）》等作品，组成文本群，引导学生走近真实的陶渊明，探求其归隐文化中的审美境界。

王荣生曾说："阅读理解策略，是阅读中所使用的策略。"[1] 教师也可以根据选文特点，围绕某个阅读策略，关联不同文本，展开教学。如精选李广田《第一站》、宫玺《最后的飞翔》、牛汉《汗血马》、曾卓《悬崖边的树》和朱光潜《谈美（节选）》构成群文，以"意象，情感的象征——如何读懂现代诗"为议题，可探讨如何通过解读意象来理解现代诗歌的情感和主旨。

（二）结构整合：彰显阅读建构的逻辑性

结构化建构是群文阅读教学走向深入的关键。目前，常见的建构模式是"1+X""X+X"两种。这其中，"1"与"X"之间，"X"与"X"之间，遵循一定的逻辑规律，从而使相互关联的文本之间具有某种稳定的结构。具体而言，文本之间的逻辑建构有互补、互证、对比、递进、衍生等多种模式。

互补式建构指关联性的文本之间在文本内涵、文本样式等方面互为补充，共同完成对议题内涵的诠释。如围绕议题"东西方文化中的爱情"，选择刘禹锡《竹枝词（其一）》、鲁迅《伤逝（节选）》、洛夫《因为风的缘故》、莎士比亚《罗密欧与朱丽叶（节选）》、夏洛蒂·勃朗特《简·爱（节选）》、叶芝《当你老了》六个文本，这些文本从选文上横跨中外、纵贯古今，在体裁上涵盖小说、剧本、诗词，选文聚焦"爱情"，彼此互补，具有巨大的张力，文本之间

---

[1] 王荣生. 阅读策略与阅读方法［J］. 中国教育学刊，2020（7）：72–72.

的互补性使学生对中西文化背景下的爱情观有了更加丰富的体悟和认知。

　　递进式建构指文本之间在难易深浅上具有一定的梯度，需要对文本进行重新组合，形成层递式的阅读，进而达到对议题的深入理解。如陈雪老师围绕"个人与国家"这个议题，选取了《大学章句（节选）》、《忠孝（节选）》、钱穆《中国人的国家观念》、霍布斯《利维坦（节选）》四篇文本。所选文本多古今哲学论著，学生理解起来比较困难。陈雪老师基于学生已有的认知和理解，将四篇文章进行重组，确定研读顺序，即《中国人的国家观念》—《大学章句（节选）》《忠孝（节选）》—《利维坦（节选）》，从而使学生对"个人与国家"的理解逐层深入。

　　对比式建构指选文之间在主题内涵、艺术表达等方面具有鲜明的反差性，阅读文本需要在对比分析中，完成对议题内涵的诠释。如张黎老师围绕"项羽何以败给刘邦"这个议题，选择了《早期的刘邦》《崛起与胜利》《楚汉相争》和《项羽的崛起》四个文本，其中《早期的刘邦》和《项羽的崛起》分别对刘邦和项羽的出生、成长环境、为人处世等方面进行了介绍，且二者形成鲜明对照。通过对比阅读，学生能更深刻地认识二人成败的原因。

　　衍生式建构指在对已有议题进行探讨的过程中，通过增补文本，使新文本和原文本之间构成新的逻辑关联，从而衍生出新的议题。如朱虹老师在《剪不断的生命脐带》群文阅读执教过程中，学生在探讨"剪不断"与"脱离"是否矛盾时，有学生以《哈姆莱特》为例，论述了即使孩子脱离父母，这份爱依然剪不断。也有学生列举了余华的《许三观卖血记》、史密特的《陪我走到世界的尽头》、哈珀·李的《杀死一只知更鸟》，这些作品中所展现的爱已经超越血缘与生死，跨越种族和国界。基于此，可以衍生出新的议题"跨越山川异域的爱"，探讨"爱"更深刻的内涵。

　　《普通高中语文课程标准（2017年版2020年修订）》明确提出了18个学习任务群，其中"跨媒介阅读与交流"作为一个单独的任务群被提出。群文文本的建构也可以突破媒介之限，实现跨媒介建构。如群文阅读《百变孙悟空》，为了体现悟空形象百变的特点，教师采用跨媒介的方式分别选取古典小说《真假孙悟空》、连环画《真假猴王（节选）》、歌曲《悟空》、动画电影《大圣归来》、学术论文《孙悟空形象在媒介中的增值》等，旨在通过对不同媒介材料的阅读和欣赏，概括悟空形象在不同媒介中的特点，寻找"变化"的规律，并积极引导学生思考不同媒介与形象之变的关联，进而培养学生的媒介批判素养。

（三）创生实践：促进思维的批判性创造

群文阅读重视学生的学习体验，主张在具体的活动参与中提升学生的思辨能力，促进学生的创生表达。有三个环节要特别重视。

1. 重视前置学习任务单设计

学生课前根据任务单上所设置的任务，结合自身阅读情况，形成反馈信息，通过书面表达的方式呈现出来，教师再根据任务单反馈，初步了解学生在阅读中的思维局限或亮点。由此，前置学习任务单在师生之间架起一座交流和沟通的桥梁，也关联着未来课堂教学的方向。

如何有效地设计群文阅读的前置学习任务单呢？

第一，围绕议题设计。前置学习任务单要体现"群"的概念，围绕议题设置阅读任务，用表格、思维导图等形式完成对多文本相关内容的梳理与整合。

第二，结合文本设计。前置学习任务单中所设置的学习任务要尽量扣住文本而设计，如内容梳理、佳句摘录，目的是促进学生真实的阅读。

第三，以任务为驱动。前置学习忌讳简单问题的叠加，要以任务驱动的方式寻找多文本的关联，使学生能有层次地阅读和思考。

第四，重视学生质疑。前置学习是学生与教师在教学前关于教学内容的沟通，允许学生就文本相关问题提出质疑，鼓励学生将自己阅读的所思所想表达出来。

例如，张黎老师根据学生已有认知（高一已经完成《鸿门宴》的学习）和高二学生的学情特点（具有一定的思辨和论证的能力），精选五篇文章，围绕议题"项羽何以败给刘邦"展开教学。为了达成教学目标，特设置了如下前置学习任务单。

示例："项羽何以败给刘邦"群文阅读前置学习任务单[①]

任务一：翻译与疏通（略）

任务二：整合与梳理

比较阅读《早期的刘邦》《崛起与胜利》《楚汉相争》《项羽的崛起》，按要求完成下列表格。

[①] 张黎老师及本节中引用的案例执教者郭汶童、张雪、胡春梅、朱虹老师，均为成都市锦江区嘉祥外国语学校老师。

情节概括	刘邦形象	情节概括	项羽形象

任务三：思辨与探究

（1）刘邦和项羽对待义帝的态度不一样。项羽从"详不用其命"到最后杀死义帝，而刘邦"闻之，袒而大哭。遂为义帝发丧，临三日"。如果你是项羽身边的谋臣，你会劝谏项羽怎样对待义帝？这样做的原因是什么？请对此加以诠释。要求：观点鲜明，逻辑清晰，且符合当时的历史背景。

（2）沛县是汉高祖刘邦徒手起家之处，根据《高祖本纪》记载，刘邦当初实是偶然当上沛县县令并走上起兵抗秦的道路。然而，他开启戎马生涯之后，先是从西路破关入秦，接着又在楚汉之争中胜出，最终建立了一世王朝。由刘邦的事例，你认为是时势造就了英雄，还是英雄改变了世界？任选角度说说你的看法。要求：体现你的思考、权衡与选择。

该任务单既重视基础性阅读，也重视思辨读写任务设计，较为全面地引导学生对相关文本进行了初步建构。

2. 重视教学推进问题链创设

问题具有引导学生思维的作用，好的问题更能激发学生探究的欲望。群文阅读教学本身就是一个围绕议题、群体参与、积极探讨的教学过程，故而有意识地围绕议题构建问题链，有利于为学生搭建思维的支架，激发其思维的潜能。

如精选《熵的定律》《人和宇宙》《对动物的恻隐之心》《人工智能的伦理挑战》《罗素—爱因斯坦宣言》五篇文章组成文本群，围绕"科学伦理"这个议题设置如下问题群：

（1）你怎样理解"科学"与"伦理"？
（2）你还接触过哪些与"科学"或"伦理"相关的话题与文章？
（3）在学过的课文中，与这两个话题有关的文章有哪些？
（4）我们可以从哪些角度讨论"科学伦理"的话题？
追问①：人类追求科学进步与伦理规范的意义在哪里？
追问②：科学与伦理的关系是怎样的？
（5）今天的人类社会究竟面临哪些科学与伦理的困境？

该组文本理论性很强，科学、哲学术语较多，对于高二的学生而言，阅读难度较大。教师在教学设计中有意识地避开对概念的阐释，调动学生的已有认知和生活体验，紧紧扣住"科学"与"伦理"，巧妙设置问题，从当下到未来，从现象到本质，从感性到理性，层层递进，学生对议题的认知在循序渐进的思考中逐渐深刻。

3. 重视学生思辨读写能力发展

群文阅读教学可以培养学生的批判性思维品质和批判性思维能力，提升学生的阅读能力和表达能力。以读促写，以写促读，有利于学生在感受理解、辨识分析、探究发现、生成表达中发展思辨读写能力。

如胡春梅老师以《大堰河——我的保姆》为基础文本"1"，精选老舍的《我的母亲》、米斯特拉尔的《母亲的回忆》、里柯克的《我们是怎样过母亲节的》、舒斯塔克的《宝贝，就是这样爱你》等多篇文本"X"，组成"1+X"文本群，探讨"母爱"这一议题。

教师围绕议题，引导学生感知母爱表达方式的丰富性，深深体会母爱的伟大不分国别，不分种族。在充分感知母爱后，教师进一步引导学生理性思考：如何看待伟大的母爱？大部分学生歌颂母爱的伟大，有同学创作以"母爱"为主题的诗歌，也有一些同学提出质疑：母爱一定是伟大的吗？其中一位同学这样写道："母爱是伟大的，这点似乎毋庸置疑。但是我们也应该认识到，超越边界的母爱不一定是伟大的，它甚至可能成为一种伤害。最有名的就是《左传》中的《郑伯克段于鄢》，武姜偏爱共叔段几乎到了一种极端无理的地步。例如，她千方百计阻挠，非要让武公立共叔段为太子，在庄公即位之后，又强制性要求庄公将制邑这个易守难攻的风水宝地赐给共叔段，甚至后来与共叔段里应外合，妄图造反，殊不知这一切尽在庄公的掌握中，将共叔段的军队一举歼灭，迫使他只得远离郑国，逃到共国。可见这样的母爱实在不值得赞扬。"胡春梅老师在教学中对思辨意识的强化，有助于学生从感性体验上升到理性思辨，阅读输入与思想输出实现有机融合。

三、发现—思辨—递阶：专题化情境下的整本书思辨阅读

"整本书阅读与研讨"是《普通高中语文课程标准（2017年版2020年修订）》设置的18个学习任务群之首。整本书阅读与单篇阅读、群文阅读一样，都是以学生的能力提升和品质培养为目标，是"在相对集中的时间里，以完整的一本书为阅读单位，以更接近生活阅读的学习情境组织阅读活动、完成学习

要求，从而扩大学生阅读量，培养学生阅读能力的一种阅读"①。整本书阅读教学活动的推进，需要在师生的共同参与下，以"专题"或"任务"的形式，引导学生在阅读中根据不同的文本类型和阅读目的，探寻阅读整本书的策略，把握整本书丰厚的内涵和精髓。

（一）体悟探究：文学类整本书思辨递阶阅读

文学作品是作者采用文学的笔法，综合运用记叙、描写、抒情、议论等多种表达方式，旨在通过塑造文学形象传达作者的人生体验，表达对社会、人生的认识和思考的作品。《普通高中语文课程标准（2017年版）》要求"在指定范围内选择阅读一部长篇小说。通读全书，整体把握其思想内容和艺术特点。从最使自己感动的故事、人物、场景、语言等方面入手，反复阅读品味，深入探究，欣赏语言表达的精彩之处，梳理小说的感人场景乃至整体的艺术架构，理清人物关系，感受、欣赏人物形象，探究人物的精神世界，体会小说的主旨，研究小说的艺术价值"。这里明确了阅读的类型是"长篇小说"。高中阶段教师可引导学生选择一些经典的文学名著，如《红楼梦》《家》《平凡的世界》《堂吉诃德》《悲惨世界》《战争与和平》等进行阅读。那么如何开展文学类整本书阅读呢？可借鉴余党绪的"三题定位"观点，按照"母题—议题—问题"阅读策略，进行母题引领下的专题思辨研究，从基础性阅读走向发展性阅读。

确立母题。"母题的价值在于确定思考的方向与范畴。一部宏大的作品，往往包孕着多元的认知意义与教学价值。"② 通读全书，明确全书旨要，围绕小说人物，提炼出最具文本价值的话题，如青春、爱情、死亡、苦难、救赎……例如，托尔斯泰的《战争与和平》，以1812年的俄国卫国战争为背景，展现了在"战争"与"和平"这两种不同环境中库拉金、保尔康斯基、罗斯托夫、别祖霍夫四大贵族的思想与生活，而尤以四大家族的主要成员安德烈、皮埃尔、娜塔莎的命运贯穿始终，他们在"战争"与"和平"的大环境中，快速成长，实现人生的蜕变。以小说中主要人物的成长为切入点，确立母题为"成长与蜕变"，教师可引导学生通过梳理人物经历，分析人物性格，探究人物命运及思想转变，体悟托尔斯泰在书中所流露出来的人道主义思想，从而把握《战争与和平》的思想精髓。

---

① 郑桂华. "整本书阅读与研讨"任务群：理念细究与实施推进 [J]. 语文建设，2019（5）：5.
② 余党绪. 整本书阅读教学中的母题、议题、问题——思辨需要方向、框架与抓手 [J]. 语文学习，2018（9）：11.

生发议题。议题就是具有讨论价值的命题，它具有明确的指向性，以判断和分析为其主要特征。议题的讨论不是目的，每一个议题的探讨均指向对母题的探究。一个母题下面至少有两个议题，议题之间有机关联，它们或并列，或递进，或相互对立，或互为因果……例如，在《月亮与六便士》中，围绕"现实与理想"的母题，确立了如下几个议题：

议题1：疯狂的逐梦人——斯特里克兰德
议题2：世俗女性的爱情——三个女人的爱情故事
议题3：卑微的守护者——施特略夫
议题4：人性敏锐的洞察者——走进毛姆

以上议题虽然探讨的角度不一样，但都聚焦"理想与现实"的思考，聚焦对人性的矛盾及人生内涵的复杂性的深入探索。议题1梳理斯特里克兰德的人生经历，分析其人生中的疯狂之举，从人物言行中探寻疯狂的根源，体会其在世俗中的孤独存在和对理想的执着追求，批判性地看待斯特里克兰德的人生选择。议题2则通过女性视角探讨"现实与理想"。斯特里克兰德太太爱得理性，追求世俗名利，与丈夫在精神层面难以达到"琴瑟之和"；施特略夫太太爱得热烈，妄想把他牢牢捆在身边，结果适得其反，斯特里克兰德无情离去，而她选择了自杀；艾塔爱得卑微，爱得伟大，从不干涉他的任何决定，甘愿为斯特里克兰德付出一切，即使他贫病交加，也不离不弃。通过分析这三名女性的爱情结局，展现出人性中的美与恶，有助于更深刻地理解小说的创作价值。

设计问题。紧扣议题，以人物为切入口，综合故事情节，围绕人物关系等去探寻人物的精神世界，从而体会小说的主旨，探究小说的价值。好的问题既能聚焦文本的主要内容，进而实现对议题的有效分析、论证与判断，也能引导学生在阅读中进行有价值的探究和思考，从而有序推动整本书阅读的开展。以《骆驼祥子》整本书阅读为例，确定母题"挣扎与堕落"，生发议题"无产者的挣扎与堕落""有产者的挣扎与堕落""社会的挣扎与堕落"。在探讨"无产者的挣扎与堕落"时，可首先梳理祥子和小福子的人物经历，并制作人物名片。通过比较形象的异同引导学生思考：①祥子和小福子的人生轨迹有何异同？②从不同的人生轨迹看，祥子和小福子形象的差异是什么？是什么导致了这样的差异？③小福子可以不死吗？为什么？④造成祥子悲剧命运的根源到底有哪些？……问题指向明确，既有横向的求同存异，也有纵向的归因溯源。问题之间相对独立，又相互关联，紧扣议题，聚焦母题"挣扎与堕落"。

由此可见，先母题，再议题，后问题，逐层推进，从宏观到微观，从模糊到具体，有利于阅读教学的有序展开，使整本书阅读教学不是一座"空中楼阁"，而是能让学生在真实的阅读中，积累阅读经验，掌握阅读方法——聚焦人物，关联情节，细品语言，从而在体验他人的人生经历中完成审美鉴赏，实现跨时空的人性感知。

（二）梳理探究：学术类整本书思辨递阶阅读

学术论著是研究者在某一学科领域内进行科学研究后，将形成的成果撰写成的理论著作，它展现了研究者对自己研究领域的学术思考、探索和发现，其学术观点的提出和论证具有科学性、层阶性和逻辑性的特点。《普通高中语文课程标准（2017年版）》要求在阅读学术著作时，做到"通读全书，勾画圈点，争取读懂；梳理全书大纲小目及其关联，做出全书内容提要；把握书中的重要观点和作品的价值取向。阅读与本书相关的资料，了解本书的学术思想及学术价值。通过反复阅读和思考，探究本书的语言特点和论述逻辑"。同时在"学术论著专题研讨"这一学习任务群中，也提出了"体验学者发现问题、探索解决问题的途径，以及陈述学术见解的思维过程和表述方式"的要求。可见，学术类整本书阅读应当遵循由浅入深、由表及里、由粗到细的原则，围绕以下几个方面来展开。

第一，理解要旨观其大意，总括其纲；理解概念，把握基本观点。

学术论著具有很强的逻辑性，拿到一本学术论著可以通过阅读书名、前言、后记等大致了解该论者主要的学术成果、作者的观点立场等；然后通读目录，大致了解学术论著的基本结构。如阅读上海人民出版社的《乡土中国》，可以首先通过阅读封面了解书名、作者、出版社；其次阅读出版前言和费孝通写的重刊序言及后记，了解成书经过和整本书的大致内容、作者的创作意图和出版意图；最后快速浏览目录和章节内容，梳理整合成五个主题：乡土的社会本质（《乡土本色》《文字下乡》《再论文字下乡》）、差序格局（《差序格局》《维系着私人的道德》）、家族及两性（《家族》《男女有别》）、礼治秩序与权利结构（《礼治秩序》《无讼》《无为政治》《长老统治》）、乡土社会的变迁（《血缘和地缘》《名实的分离》《从欲望到需要》）。

学术论著类的整本书阅读必然会涉及一些重要的概念，概念的使用既保证了论述的逻辑性和论证的严密性，也保证了学术论著的学术性和专业性，但是对于学生而言，这些学术概念也造成了阅读上的障碍，所以在阅读学术论著时，梳理并理解概念就成了关键的环节。如《谈美书简》中提到的"美""美学""美感"等美学概念和"浪漫主义""现实主义"等文学概念；又如《乡土中国""礼俗社会""乡土社会"等表示社会特征和形态的概念,"差序格局""团体格局"等表示社会结构基本特性的概念,"血缘""地缘"等表示人际关联的概念,"人治""法治"等表示社会治理模式的概念……理解相关学术概念的内涵和外延,梳理概念之间的关系,对概念进行对比和分析,有助于进一步把握并理解作者的观点。如《乡土中国》第九篇《无讼》,可以通过比较"无讼"与"诉讼"的内涵与外延来理解"无讼"和"诉讼"的社会意义,进而把握作者在文中的观点和所持的态度。为了使分析过程更加清晰,可以借助思维导图等形象的方式对概念进行梳理、整合,采用圈点勾画、摘录批注的方式对作者的观点进行整理和点评。

第二,价值分析——局部细读,质疑思辨,探究学术观点的价值和意义。

就某一章节进行文本细读的过程中,可对作者的某些学术观点或论证提出质疑,并尝试结合相关知识或生活实际解决疑惑,从而获得对该观点深刻的理解。如朱光潜《谈美书简》由十三封关于"美"的书信构成,探讨了有关"美"的范畴等问题,对文学的审美特征、文学的创作规律及特点也进行了论述。其中,在第九封信《文学作为艺术语言的独特地位》中,开篇就艺术是什么做了一番考证:

"(Art)(艺术)这个词在西文里本义是'人为'或'人工造作'。艺术与'自然'(现实世界)是对立的,艺术的对象就是自然。就认识观点说,艺术是自然在人头脑里的'反映',是一种意识形态;就实践观点说,艺术是人对自然的加工改造……所以艺术有'第二自然'之称。"

为什么朱光潜一开篇要谈艺术?因为文学是一种独特的语言艺术,不说明白艺术是什么,有哪些分类,就难以说清楚文学艺术的特殊性。当我们对作者的论证产生了质疑,就会提出如下疑问:为什么一定要从西文的释意说起?如果对朱光潜个人学术研究进行简单的梳理,就会发现这样的表达实际是其个人风格的体现。李泽厚曾将宗白华与朱光潜相比较,说"朱先生的思维方式是推理的,宗先生却是抒情的;朱先生偏于文学,宗先生偏于艺术;朱先生更是近代的,西方的,科学的;宗先生更是古典的,中国的,艺术的;朱先生是学者,宗先生是诗人"[1]。可见作为我国现代美学的开拓者和奠基者之一的朱光潜对西方文化研究的深厚。

第三,转化运用——关联现实,创生价值,让学术更好地与生活、社会相融。

---

[1] 珊慧君. 心怀诗意 美如神灵 [N]. 天津日报,2021-04-25(6).

阅读学术专著不应只是停留于对概念的理解和分析、对观点的筛选和评价，还要有举一反三的能力，能将学术和生活、理论和实践联系起来。如《乡土中国》第九篇《无讼》，一方面可以与教材联系，如重读《红楼梦》《祝福》中的相关情节，理解"无讼"对乡土社会的影响；另一方面还可以关联现实，搜索新闻热点，思考法律在现实社会中是否达到了积极的惩戒效果。从学术到生活，再从生活到学术，积极引导学生将搜集到的信息进行筛选和整合，从而得出结论：在现代社会中"诉讼"不是万能的，"无讼"也不是无效的，应该辩证地看待"无讼"在法治社会的意义。在"依法治国"的今天，"无讼"可能会导致个人、社会的权益得不到有效维护，但是它能从道德层面促进公民守德自律，减少违法事件的产生。将学术著作与现代社会相关联，运用学术观点解疑释惑，是学术论著更重要的意义所在。

主要撰稿：杜红梅、李雪梅、易晓、袁文

第四章 聚焦批判性思维培养的写作教学

写作教学是语文教学的"半壁江山",长期以来,由于教学难度大、作文评分主观性强等原因,没有得到应有的重视和落实。从学生作文看,或审题偏差、立意不当,或内容单调、材料陈旧,或人云亦云、缺少独立思考,或穿靴戴帽、有"套作"嫌疑,或书写潦草、卷面不整、错别字多……诸多问题中最突出的是思维问题,如抓不住材料关键,打不开思路,文章各部分缺少逻辑联系,材料不能支撑观点,看问题以偏概全,随意下论断,思考流于表面,表述不严谨等。学生作文的问题折射出写作教学的缺失:教学内容陈旧、散乱,教学方法简单、低效,甚至以考试作文代替写作教学。

聚焦批判性思维培养的写作教学,应既关注写作内容、写作方法,又关注思维能力和写作心理,将作文与做人有机结合,引导学生基于事实与逻辑形成合理见解,并能通过交流与反思进行修正完善,使表达走向完整、严谨和深刻,更具创造性价值,在序列化的写作课程和教学中发展思维能力,提升思维品质,培育良好人格。

第一节 发展思辨能力:议论文写作教学的关键

议论文写作的关键在于说理,议论文写作教学要着重培养学生基于事实与逻辑说理的能力。从育人价值看,议论文写作教学不仅要让学生掌握文体写作要求,还要落实立德树人的任务,培养批判性思维,促进学生成为理性的思考者和言说者。具体说来,要引导学生独立思考,勇于质疑,遵循逻辑,包容异见,培养洞察力、分析力、判断力、反省力等能力和求真、独立、公正、开放等品质。

《普通高中语文课程标准(2017年版2020年修订)》指出:"学习表达和

阐发自己的观点，力求立论正确，语言准确，论据恰当，讲究逻辑。学习多角度思考问题。学习反驳，能够做到有理有据，以理服人。"在写前指导、写后批改和讲评环节可主要从观点正确而有价值、思路清晰而有逻辑、论证合理而有力量、评估理性而有修正四个方面着手，构建起着力发展思辨能力的教学序列。

一、观点正确而有价值

唐代李翱说："义深则意远，意远则理辩，理辩则气直，气直则辞盛，辞盛则文工。"① 清代刘熙载云："古人意在笔先，故得举止闲暇；后人意在笔后，故至手脚忙乱。"② 立意的深浅、观点的正误往往关乎文章的成败。源于真实生活的自主作文，观点必须符合事实，体现正确的价值观。而完成作文训练或考试中的命题作文、材料作文，首先要准确理解题干、材料，符合特定情境和任务要求，辨明写作指向。在此基础上，努力实现更高追求，即有思想、有意义、有说服力、有独创性。

（一）观点表达正确

1. 符合题意

即抓住题干和材料关键信息，多维分析，辨明其价值指向，发掘信息间的逻辑关联，形成自己的见解，提炼出符合题意的观点。如何评判观点是否紧紧围绕材料，是否符合题意呢？不妨进行三个方面的追问。

（1）观点是否贴合材料的主体对象。

作文材料如有多个对象，立意的基点应是最主要的对象、最核心的概念；若抓住细枝末节进行思考，观点也将走向偏颇。

（2）观点是否符合材料的价值取向。

写作题目往往没有限定的主题，留给学生一定的思考余地，有时允许见仁见智。但主题不确定并不意味着可以随意发挥。如材料："鲁国法律规定，如鲁国人在国外沦为奴隶，有人出钱赎回后可由国家报销赎金。孔子的学生子贡在其他诸侯国赎回了一个鲁国人，事后却拒领国家支付的赎金。大家都交口称赞，孔子说：'唉，从此不会再有人替鲁国人赎身了。'"孔子的点评暗含着对子贡做法的批评，如果立意时反而为子贡高唱赞歌，则会偏离价值取向。

---

① 李翱. 李翱文集校注 [M]. 北京：中华书局，2020.
② 刘熙载. 艺概 [M]. 北京：朝华出版社，2018.

(3) 观点是否切合题干的具体要求。

多数作文题干包含材料、写作任务和行文要求三部分，完全符合要求的观点（立意）方为合题。学生拟出观点后，应及时对照题干要求仔细检查，避免偏题、跑题。

2. 恪守底线

在契合题干要求的前提下，还要符合事实、规律、道理或某种公认的标准。写作不仅是个人事务，也是社会交往、公共表达的途径，必须遵守国家法律和法规，遵循社会伦理和规则。

如材料："苏轼是王安石变法的激烈反对者，这极大影响了苏轼的政治命运。而在'乌台诗案'时，王安石上书说：'安有圣世而杀才士乎？'被贬黄州四年后，苏轼路过江宁拜访早已退居的王安石。二人相聚甚欢，同游数日，尽论文章学术。"有学生由材料得出观点"情谊高于原则"，这就背离了基本的社会公理。

(二) 观点具有价值

有价值是在"正确"的前提下的更高的追求，主要体现在有思想、有意义、有说服力。"有思想"强调独立思考，深入思考，从熟知走向新知，从浅知走向深知，从伪知走向真知；"有意义"是指观点对他人有启发、有正面影响，着眼于观点的独创性；"有说服力"是指观点的形式和内涵形成强大的表现力，能动之以情，晓之以理。

1. 理性审视

作文材料往往取材于纷繁复杂的社会生活，折射现实社会的问题，应本着求真的精神，遵循严谨的态度，细致辨析。区分核心信息和次要信息，将核心概念放在材料所给语境中进行审视，厘清核心概念的含义，对其内涵和外延进行准确界定，明晰论述的重点。诸多信息或相似，或相反，或相关，要揭示信息间的内在逻辑关联。囿于个人认知和思维的局限，还要对自己的观点进行大胆质疑、小心求证，在质疑求证的过程中走向合理。如发现观点经不起推敲，就需要进行修正。

2. 力求独创

议论文要表达自己的想法，深思明辨，独立分析，不随波逐流，得出恰当的观点。如过多地汲取甚至依赖别人的思想，就限制了自己思辨能力的发展。运用发散思维和逆向思维，学会换一种角度思考问题，努力寻找新颖的角度。

对待问题，不止于表面现象、熟知观点，而要继续思考，突破成见，挖掘问题背后更深层次的原因。力求独创强调的是独立思考，重要的是独立的态度、思考的深度，而并非标新立异。

3. 保持开放

具有开放心态的人能欣赏不同的风景，尊重不同的人，并善于倾听、理解不同的观点，以兼容并包的姿态充实自己，以博大的胸襟投入丰富多彩的世界。拥有开放心态的作者，能使观点逐渐从狭隘走向广阔，从偏执走向平和，从残缺走向完善。在立意过程中，开放的视野可以引导作者透过表面现象看到背后的本质，也能使作者从个体的价值取向看到集体、社会甚至国家民族的价值观念，引导作者穿越现实，回顾历史，展望未来。

得出有价值的观点，需要多种思想的交流和碰撞。如探讨"你认为《流浪地球》是一部好电影吗？"这一问题，有学生认为特效是该片成功的最大亮点，大城市遭遇冰封、木星撞击地球等大场面相当壮观；也有学生指出，电影远远不及原著，剧本表现的亲情矛盾、英雄人物拯救地球等内容落于俗套。学生在论辩中相互启发，适当吸纳和反思，产生深刻的思考。

二、思路清晰而有逻辑

"清晰"强调思维路径的明晰，要求结构清楚、层次分明；"逻辑"强调条理性、关联性、严密性。议论性写作不仅要重视整体思路，还要恰当运用概念解释、因果探究、条件分析等方法，由此及彼，由表及里，使内容丰富而严谨有序。

（一）注重谋篇布局

写作思路首先体现在整体的谋篇布局，文章各部分内容围绕中心论点，按照事理逻辑展开，先后顺序合理，环环相扣。其次观点与材料、各层次之间有较强的逻辑关联，保持一致性、连贯性、相关性，不自相矛盾，不颠三倒四，不旁逸斜出。

论述文常分为引论、本论、结论三个部分。引论作为开头部分，提出观点，明确"是什么"；本论是主体部分，具体分析问题，阐明"为什么"或"怎么样"；结论是全文的高度概括或拓展深化。本论部分主要有两种写作思路，即横向展开和纵向展开。

1. 横向展开

横向展开论述，即围绕观点，从一个标准分出不同的角度展开论述。不同角度之间是并列关系，可以是分论点的并列，也可以是论据的并列。它们平行展开，互不交叉；同时互有关联，互为补充，严谨周全地证明观点。横向展开使说理全面，条理清晰，具有匀称的结构美感；同时还能使议论气韵酣畅，给人留下深刻的印象。

2. 纵向展开

纵向展开论述，即围绕观点，按照事物的内在逻辑，或由浅入深，或由表及里，步步推进，直抵问题的核心。如同劈柴时看准纹路，斧到柴裂，轻松不累；剥笋时竖着划刀，剥得快捷，直至笋心。这种写作思路层层深入，思维缜密，往往能体现思维的深度与广度。

（二）搭设思维支架

议论文写作不能局限于论据堆砌，而要遵循逻辑规律，具体分析，深入探究，阐明道理。在写作中可运用概念解释、因果探究、条件分析等方法，为论述展开搭设合理的支架。

1. 概念解释

"概念"指观点中的关键词，从"是什么"的角度解释关键词，明确其内涵和外延，提炼出呈并列或递进关系的分论点，并加以论证，使内容充实，层次清晰。

如《胸怀决定高下，格局决定未来》（四川师范大学附属中学学生习作）：

> 漫画家丰子恺曾说："人生应有三层楼。底层住物质，二楼住精神，三楼住灵魂。人应不断更上一层楼，才能扩大自己的格局，开阔自己的胸怀，丰富精神世界。"
>
> 我感慨于司马光"赞人之贤"的胸怀。……
> 我还感慨于王介甫"知人之贤而不嫉之"的胸怀。……
> 我更感慨于苏东坡"乐观豁达、逍遥山水"的胸怀。……
> 是故，伏惟诸君，胸怀决定高下，格局决定未来。

作者紧扣"广博的胸襟"，从"'赞人之贤'的胸怀""'知人之贤而不嫉之'的胸怀""'乐观豁达、逍遥山水'的胸怀"三个角度解释其内涵，内容丰富，条理分明。

2. 因果探究

把观点作为"果"，从"为什么"的角度，去追溯产生这一"果"的

"因"。我们可从不同角度去追溯"因",也可在诸多因素中探寻本质原因。

如苏洵的《六国论》:

引论:六国破灭,非兵不利,战不善,弊在赂秦。

本论:(1)赂秦而力亏,破灭之道也。(2)不赂者以赂者丧,盖失强援,不能独完。

结论:为国者无使为积威之所劫哉!

文章中心论点"弊在赂秦"与分论点形成内在的因果关系,作者将六国分为"赂者"和"不赂者"两种情况,分别加以阐释。最后借古讽今,对当朝统治者发出警醒,使人信服。

3. 条件分析

从"怎么办"的角度,理性挖掘促使结果达成的"条件"。这些条件可以是并列式,也可以是递进式。

如《燃起心中文明的火种》(四川师范大学附属中学学生习作):

小长假是娱乐休闲的美好时光,人们纷纷放下工作,走进景区,既荡涤了胸怀,又有益于身心,其乐也融融。然而一些不文明行为也给"美丽的风景"带来了巨大的损害:破坏文物、污染自然、乱扔垃圾、胁迫消费……相对于历史的庄严肃穆、自然的天然纯美、生活的五光十色,映照出公民意识的缺失,甚至人性的扭曲。欲解决这一问题,须从根子上想办法。

让责任成为一种导向。……

让自律成为一种习惯。……

让舆论成为一种助力。……

生活就像一面镜子,既照出黑暗的一面,又照出闪亮的一面。人类向文明迈步的过程中,总须经历光明与黑暗、崇高与愚昧的较量。文明的种子一经种下,必然会生根发芽,甚至花团锦簇,就如星星之火,终会成燎原之势。

文章指出不文明行为的背后是公民意识的缺失,接着从"怎么办"的角度提出了三个建议。横向设置三个并列式分论点,纵向选择"揭本质、提方法、论影响"三个角度深入说理。

三、论证合理而有力量

议论文写作重于说理,强调对事物或问题进行观察、比较、分析、综合,论点要以充足的理由作为支撑,做到论据与论点统一,在论证过程中运用恰当的论证方法，具体问题具体分析，逻辑严密，语言准确、简洁、有力。这就要求写作者具备理性精神，提升思辨能力，以负责的态度展开议论，表达真知灼见，重视论证的有效性，真正做到以理服人。

（一）合理选用论据

论据是支撑观点的理由和依据。论据用得恰当，不仅可以增强论述的力量，同时也能体现写作者丰厚的学识和缜密的思维。

1. 判断，去伪存真

选用论据要谨慎判断，去伪存真。论据务必真实可靠，表述准确，经得起推敲，不能杜撰，也不能似是而非，否则会影响论述的可信度。论据来源应考察公信力，稗官野史不足信，街谈巷议、网络流言更要警惕。如果是数据，应注意信息的完整性，慎用网络数据，特别是自媒体数据。如果论据虚假、存在谬误，就谈不上论证的力量。

2. 辨别，去粗取精

大千世界，可用的素材繁多，我们易被泛滥的信息"绑架"，写作者必须做到明辨，对掌握的素材进行筛选，辨别不同素材所蕴含要旨的差异。围绕观点选择典型的论据，根据观点和论证需要进行取舍，不可貌合神离。如若一个事例传递的信息过多，应遵从论点，突出重点，去除无效部分，使论据更集中。

3. 分析，深思慎取

论据的运用存在一定条件，离开了一定的使用条件，论据就失去了本来的效用。名言警句、谚语、俗语等，能增强作文的感染力，因此常受到写作者青睐。但这些广为流传、深入人心的语句，有其成立的前提条件。如"知识就是力量"，需要思考知识是否正确？是否过时？怎样学？怎么用？又如"近朱者赤，近墨者黑"与"出淤泥而不染，濯清涟而不妖"是千古流传的名句，其中蕴含的道理却截然相反，孰对孰错，很难脱离具体语境进行讨论。在援引这些名言时，应进行必要的补充说明。

（二）加强说理分析

说理分析是联系论点与论据的桥梁，是增强文章论证力的关键。如果能在论证过程中运用恰当的论证方法，推理过程清晰而有逻辑，论证就富有逻辑力量。如果更进一步，做到论证语言有力，就能使文章具有强烈的冲击力和说服力。

1. 援事析理

援事析理，可归纳为"引述＋分析＋说理"。事实胜于雄辩，但事实本身并不能说明道理，需要依托具体事例来分析、说理，叙议结合，说清楚结论是如何推导出来的。引述要指向明确、简明扼要，然后从原因、影响等角度加以具体分析。如以下文段：

近日，某超市大规模丢弃临期食品一事引发网络热议。我对商家保障食品安全的行动表示理解，但大规模丢弃临期食品并非理所应当，而是筹谋不细。该商家是否进行市场预期？预期是否准确？所谓"市场是一双无形的手"，这手纵有随机性，亦有可预测性。有人或许要推托于时下的消费主义文化，部分年轻消费者摒弃了节约的美德，也让商家无法简单精准推断需求，但无论如何，商家还是应当做好调研，制订预案，尽量避免大规模的浪费。

2. 辩证思考

事物的多样性、问题的复杂性决定了议论分析不可单一化、绝对化。辩证思考强调用全面、联系与发展的眼光看待世界与人生，其核心是"矛盾分析法"。关注对象内在矛盾的运动变化，从各个方面的相互联系中进行思考与分析，以便从整体上、本质上完整地认识对象。分析时要抓住材料的本质，全面辨析而又有所侧重。例如，运用"吃得苦中苦，方为人上人"这一论据时，可作如下辩证分析：

吃苦中苦没有问题，想做人上人也没问题。但如果把吃苦中苦和做人上人强行连在一起就是问题了。"人上人"应该是一种修养，一种境界，以及较大的社会影响，而不仅仅是一种地位。而吃"苦中苦"则是为了提升人格，实现理想，否则就是一种人性的异化。与其说"吃得苦中苦，方为人上人"，不如说"吃得乐中苦，方为人上人；享得苦中乐，方为人中仙"。

非此即彼、非黑即白的二元对立思维模式，要么过分夸大，要么全盘否定。这样的思维失却客观性、辩证性和包容性，使论证缺乏力量。教师应引导学生用全面的、运动的、转化的眼光看问题，避免思维陷入狭隘偏执的窠臼。

3. 多维分析

可运用因果分析，抓住事实，推求形成原因，从不同维度多问几个"为什么"。如对"部分青年人面对《后浪》的集体沉寂"这一话题的论证分析：

为什么部分青年人对宣传片《后浪》集体沉寂？沉寂源于缺少共鸣，共鸣缺失的重要原因则来自——不真实。《后浪》不真实，年长一辈对年轻一代的态度不真实，羡慕与认可是少数，指导与掌握才是主流；描述的年轻一代的生活状况不真实，自由旅游、闲适午后、随意选择是例外，风口挣扎、奋力进取是常态；对年轻与不再年轻的人们定位不真实，强化了年龄与时代界限，却淡化了一代代人之间联系紧密且不断延续的事实……如此种种，如何让人心生亲切？乌托邦是美好的，但现实才是人们寻找诗与远方的地方，脱离了社会实际的《后浪》让人欢呼的大概只剩下那华丽的视频效果与制作技术。衣裙虽美，但内涵尤重。

可运用比较分析，通过比较，凸显论点，厘清道理。如作文《雪却输梅一段香》将"成都老奶奶卖梅遭质疑"和"东北雪乡坐地起价"进行对比：

与雪乡那利欲熏心之辈相比，成都的梅花奶奶尤显可爱。古人说"雪却输梅一段香"，而雪乡与梅香相比，鸿沟之距无可计量。这不关乎自然环境，而是当物质生活高速发展，精神文明却跟不上其脚步的落差带来的结果。恍惚间，我看见了梅花奶奶闪耀的人性光辉，眺望到东北雪乡的温厚再度出现，我瞥见了人世间的风光正好。

可运用假设分析，假设材料中能达到某种结果的条件不存在，将会出现什么样的结果。如以下文段：

一个时代有一个时代的英雄。我们生活在和平的年代，需要的恰恰是日常生活中的真心、正义、勇气、担当。万州公交车坠江事件中，倘若有英雄挺身而出，及时制止司机和乘客的冲突，悲剧也许就不会上演。在一个英雄匮乏的时代，我们呼唤更多的英雄出现！

四、评估理性而有修正

文章成型，并不意味着观点成立，论证有效，还需要对整个论证进行分析和评估，判断其质量如何。评估前，做好相应知识储备，明确评估标准；评估时，尽可能地严谨、客观、公正、开放；评估后，及时进行针对性的修改和完善。写作后进行反思与交流，明确缺漏所在，通过多次修改解决问题，这是提升作文水平的重要路径。

（一）评估理性

评估分为自评、互评两种形式。以往的作文评价，多由教师完成，角度单一，泛谈居多，针对性不强。理性评估主要关注的角度包括：论点是否恰当而有价值，论据是否准确典型，论证思路有无漏洞，论述语言是否精准等。每次评估可以聚焦某个点，不必面面俱到。可将训练点再细分为具体的达成标准。学生完成写作后，先根据评价量表完成自评，接着是同学间互评，最后再由教师点评。

如《明辨是非，抗击谣言》一文中，"如此种种，皆为媒体盲目引导舆论"，这一判断从何而来？是否经得住事实检验？再如"现在的小学生平均每天看1小时电视——过去这些时间是用来阅读和进行体育活动的。这就可以解释为何现在的小学生更胖了"。仔细审视这个论断，可发现其谬误：其一，把复杂原因简单化，小学生发胖原因很多，不单单是运动减少；其二，数据来源不可考证。又如"最近的研究成果显示，成功的管理者都掌握大量词汇。所以如果你想事业成功的话，建议你尽可能增加词汇量"。这是什么研究成果？是否可信？"大量"具体是多少？"事业成功"与"词汇量"有必然联系吗？

就大学生掏鸟窝获刑十年一事，有学生写道："在这样的情况下，关于量刑是否过重的讨论就显得意义不大了。客观上，小闫与其同学逮捕野生珍稀动物燕隼并将其卖出，以此获利，构成了犯罪事实。同时，整个过程又是完全主动的，并未受到任何人的引诱或指示。小闫的罪名之实，已是不可否定的客观存在，则依法律程序判刑十年完全合理。关于量刑轻重，法律面前人人平等，万万不可因'青春''大学生'等人情话语而网开一面，失掉了法律的公平性。"教师可引导学生从以下几方面进行评估：我们看到的是事实的真相吗？判决的合理与否由哪些因素决定？事件为什么引起争议？事件的社会影响是什么？我们还可以做什么？

（二）修正及时

批判性思维并不是简单地指向怀疑他人，而更重要的是反思自己，对自我思考进行再思考。与他人深入交流和持续自我反思，有利于形成正确、有价值的思考。写作教学不仅要关注"写"的过程，还要关注"改"的过程。组织学生充分交流，取长补短，共同进步；依据标准互评作文，发现不足，提出修改建议；倾听他人意见，选择性吸纳，认真修改；修改之后，还可继续交流，推敲逻辑，优化表达。不断追问，修改锤炼，近可打磨好"这一篇"，远则磨砺思维，提升写作水平。

例如，以下文段表达不够严谨：

如果说合作学习，拥有共赢观念是二人共同创业的基础，那么二人能够走向成功的根源还在继承与发展。从古时便已经开始的丝绸之路贸易，至今仍是长盛不衰，茶叶也从中国走向西方再到世界。赵颂华和哈瓦之所以会成功，正是因为具有民族特色与文化传承的商品极有经济市场，想想如今故宫博物院的文创产品，由乾隆题字书签到手机壳，无一不彰显着今天的传统文化是多么吸引眼球。只要我们合理开发，再次创造，未必不能变成创业成功的源泉。

可完善修改为：

正如丝绸之路打开了古老中国经济和文化开放的大门，赵颂华和哈瓦之所以会成功，还在于他们能将各地具有民族特色与文化传承意味的商品利用起来，促进贸易往来，并在此基础上注重文化交流，开发出新的作品。试想一下，古老的笔墨纸砚带着中华文明的气息成为中东家庭的座上客，中东的异域文化成为我们的向往，这不是一件皆大欢喜的事吗？故宫博物院可以有乾隆的题字书签，也可以有现代的手机壳；丝绸之路可以从陆地延伸到海上，从过去绵延到今天。拥有共赢观念是共同创业的基础，文化互补，产业创新，世界会因此更多彩。

第二节　设置任务专题：思辨性读写创生的尝试

写作教学应引导学生理解写作与生活的关联，明确努力方向，回归真实写作，体会思考的乐趣和写作的价值，解决教学杂乱无序、思辨品质不足、读写教学割裂等问题。通过对关键能力的有效训练、读写融合创生的专题教学，实现写作内容、写作方法、写作文化心理的综合发展，以使学生提升思维品质，创生优质表达。教师可基于学情，合理设置情境和任务，搭设支架，在有质有量的写作实践及全程指导中引领学生走向可持续发展。

因此，我们围绕"人与自然""人与社会""人与自我"等维度，设置了一系列读写结合专题，以"读·思·创"为基本任务，引导学生思考外部世界，探究内在自我，实现思辨读写的融通发展。

一、思辨读写专题教学序列

思辨读写，读中有写，写中有读，相互交融，相互促进。基于中国学生发展核心素养中人文底蕴、科学精神、健康生活、责任担当等方面的要求，可从

"人与自然""人与社会""人与自我"三个维度展开多主题的读写专题学习，引导学生扩大关注视野，丰富阅读体验，思考外部世界，完善提升自我。

针对高中生写作难点，我们尝试在零散练习的基础上进行整合，构建了以提升思维、训练表达、积累素材为目标，文体分类、话题组合相交织的思辨读写专题序列（见图4-1）。

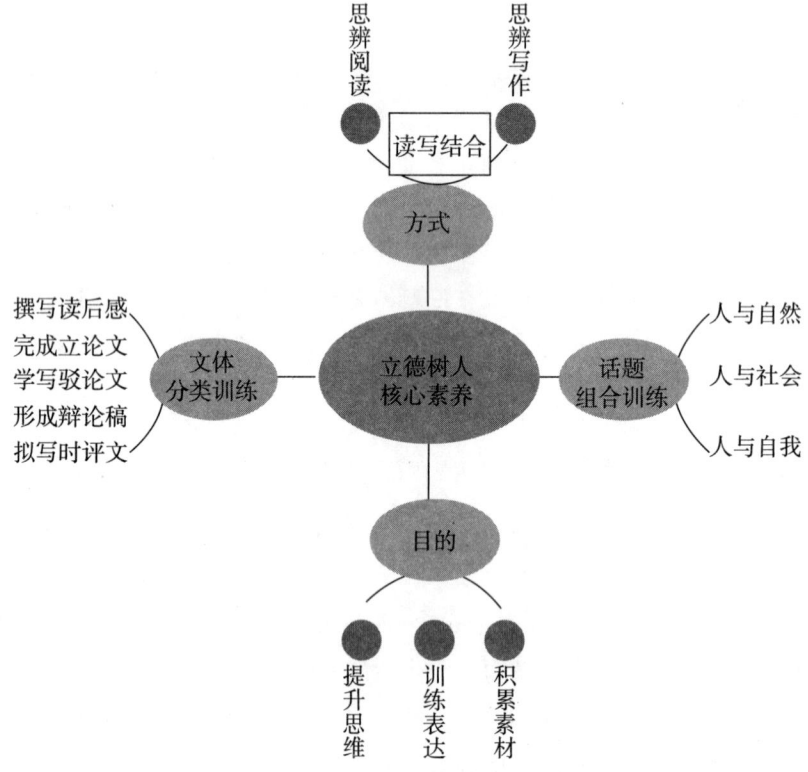

图4-1 思辨读写专题序列示意

（一）文体分类训练序列

1. 专题一：撰写读后感

研读古代经典的论述类文本，加入具有思辨意味的时文，引导学生把握论述思路和逻辑，分析观点与论据的关联，评估论证的有效性，发现论述的不足之处，将研读的所思所得转化为思辨性表达。此处的读后感不再局限于对文本的理解和感悟，而是强调在吃透文本的基础上，发表有创意的见解。要摆正阅读的姿态，既需要对经典的敬畏，也要倡导独立思考、质疑反思，认同而不崇拜，反对而不偏激。

2. 专题二：完成立论文

立论，即提出对某一论述对象所持的见解、主张和态度，进而证明自己见解、主张的正确性、合理性。写立论文应力求观点正确，语言准确，论据恰当，讲究逻辑。可以通过阅读揣摩规范的立论文，帮助学生了解立论文的概念和常见写作方法，同时辅以必要的逻辑知识。在写作中不断尝试和校正，逐步实现立场公正开放，论点有价值，论据恰当而丰富，思路清晰，逻辑严密，语言有分寸，以理服人。

3. 专题三：学写驳论文

驳论，即通过批驳错误观点来确立自己的观点。学生在写作驳论文时往往感到不知从何驳起，无从下笔。可以从帮助学生搭建思维支架入手，通过阅读典范的驳论文，认知驳论文的特点及常见写作方法，了解常见的反驳方法。引导学生梳理对方的观点、论据、理由，发现其中的逻辑谬误、思维漏洞，加以思考与辨析。同时明确自己的立场和观点，在反驳的基础上阐明自己的观点，摆事实，讲道理，做到有理、有据、有节。

4. 专题四：形成辩论稿

辩论稿与驳论文有相似之处，但由于辩论强调针锋相对，争辩来来回回，对于抓住逻辑漏洞、严谨表达的要求更高。可以通过观看辩论视频、阅读高质量的辩论稿，整理辩论双方的论点与论据，寻找引起双方争论的关键点，权衡哪一方更在理，分析其辩驳方法。在明确双方立场和观点的基础上，对辩论的话题及双方表现发表自己的评价，进而针对社会热点和学生兴趣点选定辩题，组织辩论，在实战中提升思维能力和表达水平。

5. 专题五：拟写时评文

时评，即针对当前发生的新闻事件、社会现象等发表自己的见解，或对他人见解表明态度。时文阅读与写作，涉及信息搜索能力、文献获取能力、分清事实和价值判断的能力、厘清逻辑和清晰表达的能力，包含立论、驳论等多方面的要求，有利于培养社会参与能力和理性精神。可以选取近期重要的时评文，引导学生判断作者评说国内外大事或热点问题的立场、观点，梳理理由和逻辑，评估其价值，学习作者评论的方法；引导学生对时事热点进行深度评论，针对多方评论形成客观公正、有启发意义的意见。

（二）话题组合训练序列

通过读写结合，引导学生走进文本世界，观察现实生活，找到现实和文本的连接点，阅读体验、思考生活与发现自我融为一体，从"人与自然""人与社会""人与自我"三个维度开展思辨读写活动。

1. 专题一：人与自然——和谐与博弈

人的生命、力量与自然息息相关。该专题围绕"人与自然"的关系，选取系列话题，结合话题选取阅读篇目，设置写作任务，引导学生在读写结合中探寻生命之源，思考人与自然的关系。

例如，围绕"和谐与博弈"，阅读《山海经》《老人与海》《鲁滨孙漂流记（节选）》《热爱生命（节选）》《人类的大地（节选）》《百年孤独（节选）》《少年派的奇幻漂流（节选）》等文本，完成写作任务：

阅读以上作品，联系生活实际，谈谈你对于人与自然关系的思考。

又如，围绕"乡土文明与城市建设"，阅读费孝通《乡土中国》、陈忠实《白鹿原》、贾平凹《高老庄》等文本，完成写作任务：

城市化进程不可避免地改变了乡土文明的风貌，面对这样的改变，我们究竟是远离乡土还是回归乡土？请结合阅读及生活体验，谈谈你的思考。

2. 专题二：人与社会——个体与群体

人除了自然属性，还具有社会属性。该专题围绕人在社会中的个体存在与集体依存，展开阅读与表达，观察时代特征，思考未来前景，探究个体与群体的关系，明确责任与义务，培养公民意识。

例如，围绕"个人利益与社会责任"，阅读《雪崩之前，没有一片雪花是无辜的》、周国平《救世与自救》、林达《美国〈公民读本〉的第一课："你"》等文本，设置写作话题"个人命运与时代命脉"。再如，围绕"家国情怀与英雄情结"，阅读《金庸斯人已逝，侠义与家国情怀长在》《〈无问西东〉：让青春多一点家国情怀》《金庸笔下，那浓烈的家国情怀》《"一介"书生的家国情怀》后讨论：①四篇文章都涉及家国情怀，分别说说哪里最触动你？为什么？②金庸的武侠作品为什么具有如此大的影响力？如何评价金庸其人？在充分交流后，完成写作任务：

有人说，这是一个英雄辈出的时代；还有人说，这是一个没有英雄只有偶像的年代。在当今时代如何看待英雄？请联系生活实际谈谈你的感悟和思考。

3. 专题三：人与自我——悦纳与自省

认识自己、悦纳自我、不断自省和完善，是阅读与写作的重要内容，更是思维发展、人格形成并不断完善的过程。因此，该专题围绕"人与自我"，引导学生探究内在自我。

例如，围绕"自我认知与生涯规划"，阅读王小波《一只特立独行的猪》、费尔南多《给自己一份好生活》、岸见一郎和古贺史健《被讨厌的勇气》等，批判性地思考如何更好地认识自我，保持独立人格与自由思想，完成写作任务：撰写一份个人三年成长规划。再如，围绕"悦纳与自省"，阅读史铁生《我与地坛》和《病隙碎笔》、卡耐基《人性的弱点》，思考如何正视自我缺陷、人性弱点，从而悦纳自己，然后阅读《论语》有关篇章、巴金《随想录》等，培养自省精神。以"悦纳与自省"为话题，思考自我接纳与自我突破的辩证统一的关系，完成思辨性写作。

二、思辨读写专题教学范式

（一）读：理解质疑，培养洞察力

首先是认真阅读文本，读下去，读进去，理解文本的表层意思和深层意蕴，联系写作背景探究作者的创作意图，联系当下生活思考文本的现实意义。鼓励学生在阅读的过程中用批判的眼光看待文本，在理解的基础上进行拓展、探究，洞悉文本及反映的社会现实，引发新的思考。学会在阅读中关联比较，敏锐地发现矛盾处、反常处，生发有依据的质疑，而这些质疑可增强学生进一步思考探究的动力，也会成为学生的写作源泉。

（二）思：思考探究，强化分析力

在阅读文本的基础上，聚焦关键问题，调动生活经验和阅读经验，联系相关文本和社会现实，展开多角度思考和探究，钻研问题，解决问题。通过思考，形成个人见解，同时确定后续阅读的方向，将自己的思考与同伴积极交流。面对多样化的文本和错综复杂的问题，辨明真伪和主次，挖掘深层次原因，提出可行性建议。阅读和思考相伴相随，更新观念，开阔视野，储备知识，为下一步的"写"做好充分准备。

（三）创：读写转化，形成创生力

创，即创造、创新，强调在阅读的基础上生成阅读心得，有所发现，然后将阅读心得和发现清楚、准确地表达出来，形成有价值的文字。若仅停留在"读"的层面，很难达成深度阅读，"写"是阅读的深化和延伸，以读促写，以写促读，可实现由个性化阅读到个性化思考、个性化表达的闭环。

1."感悟型"读写转化

"感"侧重感性认知，"悟"侧重理性认知。写作过程实际也是对文本的进一步解读，借助语言表达来完善阅读的独特感受。如撰写读书札记，要写出独特、深刻的感受和见解，就要深入原作，反复思考。读完萧红的《呼兰河传》，有学生思考：为什么会给一座小城作传？作者与这条河有何渊源？思考后动笔：

> 呼兰河承载着作者的快乐与伤感，但她将笔尖指向"愚昧"，指向这扎根于社会深层的弊病。在她笔下，愚即是恶，愚导向恶，指向连自己也没有发觉的恶。童年乐园的趣，还有她在第七章中所塑造的一位有些不同的"冯歪嘴子"，这样《呼兰河传》才终于有些像童话了。

该生读出了呼兰河的浪漫，也读出了呼兰河的深沉，这种阅读体验是深刻的，有见地的。

2."模仿型"读写转化

可先确定写作目标和任务，然后为学生提供写作范本，指导学生从借鉴到独创，从模仿到超越。学生在阅读时有的放矢，在关注文本思想内容的同时，重视揣摩结构安排、写作技法、语言表达。例如，《鸿门宴》课本剧创作，可补充阅读《史记》相关篇目及日本作家芥川龙之介的小说《英雄之器》，然后思考：项羽为何败给了条件并不如他的刘邦？项羽失败的原因有哪些？为什么项羽失败了仍被称为"英雄"？同时给学生提供曹禺《雷雨》剧本，让学生借助剧本直观地了解剧本基本知识。有了前期阅读和思考的准备，加之学习范例，创作课本剧就更容易了。

3."专题型"读写转化

聚焦某一专题，查阅资料，大量阅读有关文本，持续思考，广泛交流，最终完成文章。如学生围绕"文化传承与创新"，阅读《春节，代际弥合好时机》《传承中华文化，共筑精神家园》《在继承的基础上创新》《青年要做文化传承与创新的重要力量》后讨论：①四篇文章哪些地方最触动你？为什么？②中华文化博大精深，作为新时代的青年，面对传统文化应该持有怎样的态度？在充分交流后，完成写作任务：

> 提及课间操，你会想到什么呢？四川绵阳外国语实验学校是川剧版课间操，甘肃敦煌中学是敦煌舞课间操，包头市蒙古族中学是最炫民族风课间操，甘肃张掖花寨乡中心学校是腰鼓课间操……

对此，你有怎样的感触和思考？请就此写一段内容充实、有理有据的文字，表明你的观点和态度。

要求：①能从阅读材料中选用素材；②有观点句、例证句、阐释句、结论句；③至少运用两种论证方法；④不少于200字。

学生可由课间操的"创新"和"地域文化传承"相结合的现象切入，思考"文化传承与创新"的宏大主题，发表自己的看法，并从阅读材料中找到相应素材作为支撑。

三、思辨读写专题教学示例

示例一：人与自我——悦纳与自省

《道德经》中说："知人者智，自知者明。"古希腊德尔菲神庙的石碑上，清楚地刻着这样一条铭文："认识你自己。"真正认识自己是困难的。要正确认识自己，需要具备批判性思维。"人与自我"专题读写，不仅训练学生的阅读和写作能力，更是引导学生认识自我、悦纳自我、完善自我。本专题以设置情境、任务驱动的方式展开，在整个高中阶段课内外学习中分步推进。

思辨读写专题教学进程表

	议题	思辨性阅读	思辨性写作
画好你的"自画像"	自我认知 生涯规划	王小波《一只特立独行的猪》、费尔南多《给自己一份好生活》、岸见一郎和古贺史健《被讨厌的勇气》	"人生简历"规划书
	径行直遂 邂逅风景	《傅雷家书》《周国平论人生》	"坦途中的风景"
	困境突围 生命超越	林语堂《苏东坡传》、余秋雨《苏东坡突围》、苏轼《赤壁赋》《后赤壁赋》《念奴娇·赤壁怀古》《定风波》	"困境中的突围"
	悦纳自我 审视自我	史铁生《我与地坛》《病隙碎笔》、卡耐基《人性的弱点》、巴金《随想录》	"价值的困境"
	孤独前行 自我救赎	《百年孤独（节选）》《一个人的朝圣》《活着》	"一个人的朝圣"

认识自我，并非一朝一夕可以完成。高中阶段，学生从青涩懵懂到探寻自我，从壮志满怀到屡屡受挫，从归属集体到寻求自我，从接受本我到追求超

我。这一时期,思想变化大、矛盾多,正好可以通过思辨读写,实现生命的成长和蜕变。

第一阶段——"自我认知,生涯规划"

来到新环境、新起点,如何认知自我、规划未来,是此时面临的重要问题。在此议题中,我们选择了王小波《一只特立独行的猪》、费尔南多《给自己一份好生活》、岸见一郎和古贺史健《被讨厌的勇气》等作为思辨性阅读篇目,提出具有思辨价值的问题,引导学生思考。

例如,阅读《一只特立独行的猪》,思考:"缓慢受锤"的生活是否应该是生活的常态?我们能否摆脱"对被设置的生活安之若素"的宿命?再如,阅读《被讨厌的勇气》,思考:如何看待"讨好型人格"与"自我型人格"?如何能够在繁杂的日常琐碎和复杂的人际关系中获得真正的幸福?学生据此撰写了辩论稿《汝为悦己者容?汝为悦己容!》,思考"悦他"与"悦己"的关系,探索自我存在的意义。

第二阶段——"困境突围,生命超越"

这一阶段着重引导学生思考面对困境时的自我超越问题,以及自我存在的价值。例如,在思考"困境中的突围"时,聚焦困境突围的代表人物苏东坡,选取了林语堂的《苏东坡传》、余秋雨的《苏东坡突围》、苏轼的《赤壁赋》《后赤壁赋》《念奴娇·赤壁怀古》《定风波》等篇目,以群文阅读的方式让学生了解苏轼的"困境与突围",并以读书笔记呈现自己的思考。学生的读书笔记中不乏对苏轼的惋惜与崇敬,也有对自我的思考:

起有道,而落亦有道。何道?苏子云:"人生到处知何似,应似飞鸿踏雪泥。"人生落时境遇难料,但超然淡泊游于失意沉浮之外,或为解愁人生之良策。超然淡泊者固寡。苏子一路南谪,却也能笑怀千古风流人物。杨慎被斥滇南,却也酒饮一杯江渚上,惯看秋月春风,此二者,虽处落时,却也落得沉稳,落得潇洒,自有一股潇洒态度,令人敬仰。然古之令人叹惋亦众。屈平"信而见疑,忠而被谤",心有遗恨,不能自疏,竟投汨罗而死。贾谊屈于长沙,悲从中来,竟也英年早逝,此二者受困于落之逆境,不得自疏,落得伤痛,令人叹息其失道也。

起起落落,人生难料,何必起而大喜,何必落而大悲?面对人生起落这一人生经历,何不葆有"人生只若初见"的心态。范仲淹云:"不以物喜,不以己悲。"淡然处之,身处丰富安静之境界,摒弃内心的诱惑与浮华,在起落之间保留君子之态,达到内心极致之丰富,何不快哉?

——成都市锦江区嘉祥外国语高级中学 杨东霖《起落有道》(节选)

前后《赤壁赋》结合起来读,很难想象那种静谧幽远而温柔的文字是苏轼初历挫折时写下的。因为人在从顶峰跌落后,往往会滋生出一种极猛烈浓郁的痛苦、茫然,再迅速长出满身的倒刺,将自己包裹。但是《前赤壁赋》描绘的场景,却是淡淡的月色,水光接天,连箫声带来的凄凉哀伤也仿佛是融进空气中,随着孤独感逐渐蔓延开来。就像是只有一人纵一苇,在江上饮酒抒怀,自我开解……人都道诗酒年华,酒与诗往往紧密贴合,都是自我表达的形式,但是不是所有美酒都使人愁,也有一只匏樽,带人走向自我解脱,沉醉在晚风中,又是一种真实而清醒的旷达和乐观。

——成都市锦江区嘉祥外国语高级中学 刘莉君《渡洲》(节选)

第三阶段——"孤独前行,自我救赎"

高三也许是最困惑、最迷茫,也最无助的时期。面对学业的压力,面对前路的未知,纵使有师长亲友相伴,但最终仍需面对孤独的修行。此时让学生思考"孤独"的意义,并从"孤独"中寻找自我救赎的力量,对学生的思辨能力培养和生命成长也许都是有益的。因此,我们节选了《百年孤独》《一个人的朝圣》《活着》等经典篇目,以"一个人的朝圣"为写作主题,引发学生思考和表达。学生在作品中叩问、寻找:

人生本是孤独的。

从一个人出生的第一声啼哭开始,就知道这条路必定孤独,并且不可逆转。也就是说,人从出生开始就会孤独地迈向死亡。是以,这样一步一步踏在实地上的日子很少,大多时候踩住的,都是有惊无险的一条条栈道、一根根独木桥。

孤独感的值大多取决于以下几点:一是自我的不认可,二是归属感的丢失,还有最后一点,这也是最根本的一点,那就是来自于人类进化过程中逐层累积的孤独,我称之为"文化孤独"。

先看中国传统文化,古代文人骚客基本上都是内心有郁积的。他们创作的主基调,除了对反抗无力的愤慨及对现实的奋起反抗,其他感受都可与孤独相关联。孱弱的书生在逆流而上、螳臂当车的瞬间,诚然孑孓一身、无依无靠,其迸发的坚决却可以让他们暂时摆脱孤独感。其他时候再看,却大都无法从孤独中脱身。李清照对爱情如此之执着追求,却不幸抱憾终生;杜甫因国家国危难两鬓斑白,但心知自己无力改变;李煜身为前朝之君,江山易主,无力回天。他们诗歌里的一句一行,我们看到的是血泪,也是孤独。况且尽管良辰美景,王羲之还是发出了"悲夫"的感慨,豁达的苏轼背后也有"寂寞沙洲冷"的孤独。这种孤独，只要是中国传统文化熏陶下的人都不会无感。更何况孤独不仅是中国的，还是世界的。我们的近邻日本，从宫泽贤治到川端康成，从芥川龙之介到三岛由纪夫，试问哪一个不是孤独的代表人物？西方文坛还有马尔克斯、加缪、陀思妥耶夫斯基……这些巨擘的作品无限接近于统一：都是浓烈的悲剧主义色彩，都是那或淡妆轻粉或浓墨重彩的孤独。

于是我说"人都是孤独的"，相信大抵不会有人驳斥了吧？从另一方面说，孤独也不一定是一件坏事。人如果总是穷极欢愉，丝毫不感到孤独，那他的人生必不会完整。

人总是要尝试与孤独共处的。这种共处不是假装深沉、假装思考、假装高高在上俯察众生，而是真心体味这种人生感触。世上有不悲不喜的道义，却是几近不可能提出来供常人借鉴的。而有些一味强调人生等同于欢愉、本该无所欲求的人，恕我直言，都是一群愤世嫉俗之徒。当他们一味批评别人不知纵情享受人生、成天还要谈论孤独的时候，殊不知已经错过了人生另一种味道。

我认可人生应该快乐，但我不会赞成人生只应该快乐。孤独就是人生中的一杯酒，我决定不对这种孤独加以抹杀，尽管我也深知，它早已成为我的一种气质。我会拥有很多与酣眠无缘的夜晚。在这些夜晚，我与我的孤独彻夜长谈。

于是等华灯初上之时，我把我的孤独温了，倒在手里，扯一把月的光影洒在杯中，趁着我新鲜的人生刚刚入怀，嚼碎了吃，权且敬了一杯孤独。

——成都市锦江区嘉祥外国语高级中学　蒋秋实《敬一杯孤独》（节选）

示例二：人与自然——和谐与博弈

从人类诞生之日起，人与自然就有了千丝万缕的关系。本专题面对高一学生，设计丰富的读写学习活动，将学生的思维引向深处。为学生提供形式多样的阅读文本，有热播电视剧、剧评、诗歌、小说、时评文等，通过"敬畏自然、感恩自然""顺应自然、改造自然""共生自然、诗意自然"三个阶段，"读文品文""讨论思辨""创生读写"三个环节，引导学生加深对"人与自然"的关系的理性认知及哲理思辨，树立人与自然和谐共生的理念。

思辨读写专题教学进程表

议题		思辨读写活动	核心任务
人与自然	敬畏自然 感恩自然	读文品文	活动一：读诗观叶，体味自然之美 活动二：古今共情，明晰人与自然的关系 活动三：比较阅读，完成有温度的审美体验	（1）阐释观点句 （2）如何看待"限塑令"？
	顺应自然 改造自然	讨论思辨	活动一：回顾热播剧《山海情》第22、23集剧情及故事背景 活动二：探究扶贫干部马德福劝说涌泉村村民整体搬迁取得成功的原因 活动三：举行小型辩论赛 活动四：思考人与自然的和谐博弈	（1）撰写发言稿 （2）如何看待"根文化"？
	共生自然 诗意自然	创生读写	活动一：推荐阅读 活动二：根据材料完成习作 活动三：佳作欣赏	（1）人与自然的最佳关系应该是怎样的？ （2）本专题的学习结束后，你有哪些收获呢？

第一阶段——敬畏自然，感恩自然

一、读文品文

活动一：读诗观叶，体味自然之美

1. 搜集美国诗人加里·斯奈德、中国诗人辛迪的生平背景信息。

2. 鉴赏诗歌：加里·斯奈德《松树的树冠》、辛迪《刈禾女之歌》。

3. 课后补充阅读：徐春捷等《加里·斯奈德生态文学思想对现代生活的启示》。

4. 亲近自然，收集花、草、树叶，制作植物书签，创作树叶画，在树叶上题诗，感悟大自然的美妙。自制专属卡片，选取大自然中的风物，如雨、云、风等，写下对大自然的感悟，300字左右。

活动二：古今共情，明晰人与自然的关系

交流阅读孟子《寡人之于国也》和时评文《人类应该对自然深怀敬畏》的阅读笔记。思考：人与自然有几种关系？（相互联系、相互依存、相互渗透）

活动三：比较阅读，完成有温度的审美体验

阅读迟子建的《额尔古纳河右岸》和沈从文的《边城》，完成下列表格。

篇目	自然风物及特点	主要人物	情节概括
《额尔古纳河右岸》			
《边城》			

二、写作练习

1. 习近平总书记多次强调"绿水青山就是金山银山""要像保护眼睛一样保护生态环境""像对待生命一样对待生态环境""青山就是美丽，蓝天也是幸福"。请选择其中一句话作为中心观点，写一段200字左右的文字加以阐释。

2. 自2021年1月1日限塑令升级以来，餐饮行业各大商家按规定使用纸质吸管等替代餐具，但消费者吐槽不断，如易软化、使用感不好等。一边是严格的限塑令，一边是消费体验打折，作为消费者该如何应对呢？请从人和自然的关系的角度展开分析，不少于200字。

第二阶段——顺应自然，改造自然

一、思考辩论

活动一：回顾热播剧《山海情》第22、23集剧情及故事背景

观看热播剧《山海情》第22、23集，补充阅读陈晓斌《瞄准国内大循环 推动闽宁协作开新局》、杨慧《〈山海情〉：岂止一部扶贫剧而已》。

活动二：探究扶贫干部马德福劝说涌泉村村民整体搬迁取得成功的原因

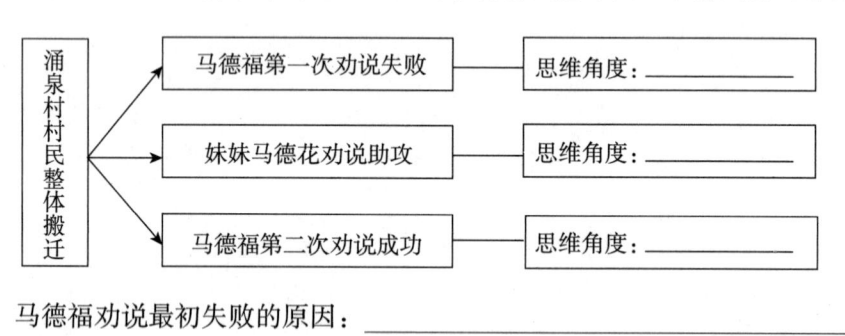

涌泉村村民整体搬迁
- 马德福第一次劝说失败 —— 思维角度：_____
- 妹妹马德花劝说助攻 —— 思维角度：_____
- 马德福第二次劝说成功 —— 思维角度：_____

马德福劝说最初失败的原因：_____
马德福劝说最终成功的原因：_____

活动三：举行小型辩论赛

人类利用科技取得巨大成果的同时，对自然的破坏也达到了相当严重的程度。

辩题：科技是不是自然的敌人？（所持观点明确，辩论有理有据，临场应变发挥得体，团结协作者，可获得优胜）

活动四：思考人与自然的和谐博弈

观察漫画《枪响之后，没有赢家》，阅读《沙尘暴也会给人类带来好处》《老人与海》，思考、讨论：人与自然的博弈，究竟谁会是赢家？

二、写作练习

1. 《山海情》中，村民们同意整村搬迁，水旺爷爷提议举办百家宴跟老村告别。请以村长马喊水的身份，撰写一篇发言稿，告别过往，展望未来，不少于400字。

2. 村民们最初不愿意整村搬迁，反复强调先人们在这里，不能忘了祖宗。请你写一篇文章，从人与自然的关系的角度，谈谈你如何理解"根文化"。

第三阶段——共生自然，诗意自然
一、读文品文

阅读邓喜道《人与自然和谐共生的三重意蕴》、梭罗《瓦尔登湖》、笛福《鲁滨孙漂流记》。

二、写作练习

阅读下面的材料，根据要求写作。

在自然纪录片行业中有一条"永不干涉"原则，即尊重大自然环境下发生的一切事情，工作人员不得对自然环境下的物种活动进行干预。然而某摄制组在南极拍摄帝企鹅时，有约50只帝企鹅被困冰坑，历时两天无法走出困境，出现很多伤亡，濒临"全军覆没"。摄制组经过深思熟虑，用铲子在冰坑周围的斜坡上挖沟成楼梯状，让帝企鹅成功走出冰坑。摄制组的"间接干预"赢得了观众的支持和赞美，当然也有一些反对的声音。

要求：综合材料内容及含意，选好角度，确定立意，明确文体，自拟标题；不要套作，不得抄袭；不少于800字。

主要撰稿：张俐、章松、蔡丹梅、刘春兰、王华美

第五章　聚焦批判性思维培养的课程建设

《普通高中语文课程标准（2017年版2020年修订）》强调要"帮助学生认识自己语文学习的已有基础、发展需求和方向，激发学习兴趣和潜能，在跨文化、跨媒介的语文实践中开阔视野，在更宽广的选择空间发展各自的语文特长和个性"。就教师而言，要"开发语文课程资源，有选择地、创造性地实施课程""建设开放、多样、有序的语文课程体系，使学生语文素养的发展与提升能适应社会进步新形势的需要"。就提升学生的语文素养而言，需要强化课程资源意识，不断生成资源，动态使用资源，在多样化的动态生成的读写教学中创造性地发展学生思维的深刻性、灵活性、批判性、独创性，提升洞察力、分析力、判断力、创生力。

聚焦批判性思维培养的课程建设强调以培育理性的现代青年为价值追求，通过建构国家课程与地方课程相融合，阅读课程与写作课程相融通，显性课程与隐形课程相融贯的"思辨融通"一体化课程来有效培养学生的批判性思维。本章将从聚焦批判性思维培养的课程建设主张、原则及实践等方面展开，以国家课程的优化与重组为基础，以区域特色课程的开发与创生为重点，整理并分析成都市锦江区特色课程创建的案例，提炼其中的经验，供大家参考。

第一节　聚焦批判性思维培养的课程建设概略

课程体系是教学内容和进程的总和，包含课程观、课程目标、课程结构、课程内容和课程活动方式等多个构成要素。突出批判性思维的培养，应以培育理性的现代青年为价值追求，以发展高中生思辨意识和读写能力为课程目标，致力于"思辨融通"一体化课程建设，通过国家课程的优化、区域特色课程的开发等途径，序列化、常态化、全方位地提高批判性思维培养课程质量。

一、聚焦批判性思维培养的课程建设主张

推进教育现代化，建设高质量的思辨读写课程体系，应凸显高远的价值追求，在课程目标取向、课程体系架构等方面整体谋划、科学安排。

（一）课程价值取向：发展批判性思维

批判性思维涵盖主观意识、思维能力和人格特质三个层面。质疑意识是基础，由此生成洞察力、分析力、判断力和反省力四种思维能力，进而形成求真、独立、公正与开放等具有稳定特征的人格特质。

批判性思维源于质疑与明晰。质疑与明晰意味着主体意识的觉醒，是进行思辨探究活动的前提。考问和明辨是批判性思维形成的关键。考问事实和理据，明辨是非好坏，得出合理判断，需要充分了解有关信息，经过阐释、关联、比较、推论等思维活动，对观点的来源、根据、立场、假设、价值等进行追问和评估。反思和整合是批判性思维的完善阶段。反思，意味着祛蔽求真，不断返回起点、反复思考、自我完善。整合，强调在理解、分析的基础上，通过比较与关联，实现综合、融合、创新。个体在感知世界、体验生活的过程中，勇于质疑，勤于考证，善于反思，持续地积累与整合各种知识、经验，有助于自身的精神成长和能力提升。

阅读与写作课程聚焦批判性思维，通过思辨性读写活动综合育人，有助于学习主体发展质疑意识、思维能力和人格特质。例如，学习鲁迅《祝福》时，学生提出如下问题："我"的出场有什么作用？为什么两次提到"我明天决计要走了"？详写"我"与祥林嫂相遇后的不安有何用意？"我"和祥林嫂谈话时为什么感觉比在学校里考试时还惶急得多？小说为什么以"我"为叙述者？"我"的话促成了祥林嫂的死亡吗？"我"为什么含糊回答？写"我"在祝福前夜的心理活动有何作用？通过这些问题可明确探究重点——"我"的形象与作用，学生由此对鲁迅笔下知识分子的启蒙与彷徨有了新的理解，思辨能力和批判精神都会在质疑探究的过程中综合生长。

（二）课程目标定位：发展思辨读写能力

《普通高中语文课程标准（2017年版）》指出："语文课程应引导学生在真实的语言运用情境中，通过自主的语言实践活动，积累言语经验，把握祖国语言文字的特点和运用规律，加深对祖国语言文字的理解与热爱，培养运用祖国语言文字的能力；同时，发展思辨能力，提升思维品质，培育社会主义核心价

值观，培养高尚的审美情趣，积累丰厚的文化底蕴，理解文化多样性。"在语文学习中，"语言运用情境"与"语言实践活动"的载体主要表现为阅读与写作活动，读写是语文教学的主要内容和重要手段，贯穿整个语文教学。思辨性读写教学活动是提升学生质疑、求证、评估等批判性思维能力的重要途径和手段。

聚焦批判性思维的培养，应建构立体多元的读写课程，以"阅读"与"写作"为抓手，通过阅读实践、思维转换、写作表达，在综合发展学生核心素养的基础上，发展思辨读写能力，提升思维品质，提高学生在多元主体的互联网时代理性思考的能力，并以此养成现代社会所需要的思想品质、精神面貌和行为方式，使学生成长为拥有审视和反省能力，能对自己的言行力行担责，并具有创造力的现代青年。这一目标取向与新时代提高国民素质和人才培养质量的新要求呼应，对于改变语文教学的痼疾，探索语文教育的理想模式，具有重要的价值导向意义。

（三）课程架构方式："思辨融通"一体化

要建设思辨性语文读写课程，应在落实课程目标的过程中，对读写教学内容进行深度关联与整合，让学生经历完整的学习过程，实现不同维度的思辨融通，促进思辨习惯养成，提高思辨读写能力，彰显价值理性追求。

其一，国家课程与地方课程相融合。普通高中语文课程具有相对稳定的结构和富有弹性的实施机制，思辨读写课程既包括国家必修课程、选择性必修课程，也包括选修课程。思辨读写课程建设要立足学生视角，以培育学生思辨读写关键能力为目标，在优化国家必修、选修课程的同时，积极探索及建立相应的区域特色课程，同时寻求不同类型课程之间的内在关联，建构思辨读写融通的国家课程与区域特色课程协同体系。

其二，阅读课程与写作课程相融通。语文教育有向内涵育心性、向外以言行事的双重功能。阅读和写作，即吸收和表达，一个是进，从外到内，一个是出，从内到外。构建思辨读写课程体系，要追求阅读理解的通透和写作实践的通达，最终达到阅读与写作的"融合通达"之境。

其三，显性课程与隐形课程相融贯。《普通高中语文课程标准（2017年版）》明确设置了"思辨性阅读与表达"这一专属学习任务群，呈现对思辨价值的显性追求，更加注重对学生思维过程和思维方法的引导，发展学生的辩证思维和批判性思维，关注学生思维的逻辑性。除此之外，语文课程中的其他学习任务群，也隐性地蕴涵了思辨读写的价值。教师要开发课程资源，有选择地、创造性地实施课程，从文本内涵发掘、教学资源创生、阅读思考表达等方面，充分发掘其思辨性元素，实现显性思辨课程与隐性思辨课程的融贯创生。

以整本书阅读《红楼梦》为例，这既是国家课程的学习要求，也可以延伸拓展为区域特色选修课程。如"宝黛爱情"专题学习任务：

> 现存的宝黛结局据传是高鹗续写，以宝钗代嫁、黛玉魂归离恨天、宝玉出家为宝黛爱情的结局。有人认为这个结局虽然是悲剧，但并没有完全表现出曹雪芹的原意。请以话剧的形式，重新为宝黛设计一个结局。你可以根据《红楼梦》中的判词、曲子、谶语、相关故事情节进行设计，也可参考红学家们的相关考证、推测及相关论文。

这一学习任务的实现，充分体现了国家课程与地方课程的融合延续，实现了读写融通、显隐融贯。

二、聚焦批判性思维培养的课程建设原则

聚焦批判性思维培养的课程建设要凸显课程思辨价值，突出系统化设计和常态化实施，直面当前课程建设过程中出现的单一、静态、无序、浅层、碎片化等问题，在国家课程的优质化建构、特色课程的个性化创生、课程实施过程的动态生成、课程内容的文化品质提升与学习方式的转变等方面进行有目的、有计划、有步骤的建设。

（一）从共同基础走向个性创生

思辨性读写课程的建设，要尊重语文教学的客观规律，既注重课程的基础性价值，又注重课程建设的发展性特质。课程内容的选择要从根源上把握教育发展动态，对国家课程进行优化与重组，并结合不同地区特点，设置差异化和个性化区域特色课程，对高中语文思辨性阅读与写作课程体系进行系统研究与建设。基于基础性的国家课程建设，要突出统编教材中各学习任务群的学习，以言语活动为载体，综合发展学生的语文核心素养，重点挖掘其中显性或隐性的思辨要素，以融通性教学发展学生的批判性思维，对思辨性多型态阅读与思辨性写作专题进行序列化建构。基于发展性的特色课程建设，要注意结合国家课程改革政策，尊重学校课程变革主体意愿，差异化、个性化地创生符合国家课程主张的延展性、创新性特色课程。比如，从文学经典、新闻时事、地方文化等领域出发，开展思辨、创生及专题序列化课程建设等，尤其要倡导打破课程壁垒，凸显跨学科、跨媒介的课程融合，以创生更具互动性、参与性、现代

性的个性化特色课程。通过既关注共同性又体现个性化的课程设计，形成必修、选择性必修、选修课程相互融通，建立涉猎广泛、内容分明、序列有秩的课程建设体系。

课程相关评价也要改变唯分数、唯知识、单向度等痼疾，更加注重形成性评价、表现性评价，能在关注整体性评价的基础上，从学习者视角关注其在评价过程中的外显表征与内在思维品质，从时代需求和学生长远发展角度优化评价标准，重构评价机制，多元主体、多种形式相结合，充分发挥评价的导向与促进功能，以开放多元的观念凸显特色课程的个性化特质，促进学生的个性化生长。

（二）从静态呈现走向动态生成

高质量的思辨性读写课程建设，要防止课程实施样态的单一化、思维发展的静态化，突破"一讲到底""满堂灌"等误区，使课程建设呈现动态生成的多样性、丰富性、生长性，充分激发学生潜能，通过质疑、关联、整合、创生等学习行为，在常态化教学中发展思辨意识、读写能力和人格特质。比如，阅读教学可构建包含单篇文本阅读、群文关联阅读、整本书阅读的多元开放的阅读教学样态，通过任务驱动、自主学习、合作探究等方式展开学习，突出阅读过程中的精读细读、关联阅读、专题整合。单篇文本阅读，要注意以问导学，推陈出新，超越陈见，生成创见，突出对质疑思辨能力的培养。群文关联阅读，要以议题学习为任务驱动，寻找多文本之间的互补、互证、对比、递进、衍生等结构化关联，对议题统领的群文进行主题、体裁、作家、阅读策略、能力点等比较，在感受理解、辨识分析、探究发现、生成表达中发展思辨阅读能力。整本书阅读，既要整体把握，宏观建构，也需要以"专题"或"任务"的形式有序推进，通过梳理、归纳、整合等学习行为，全面而有深度地展开阅读。

以"当代文化参与"学习任务群为例，课标指出本任务群旨在"引导学生关注和参与当代文化生活，学习剖析、评价文化现象，积极参与中国特色社会主义先进文化的传播和交流，增强文化自信"。要充分实现课程设置的价值，就要"以参与性、体验性、探究性的语文学习活动为主，增强课程内容与学生成长的联系，通过开放式的学习，引导学生积极参与当代文化生活"。比如，调查、了解当代文化生活，关注、思考当代文化热点，剖析、评价当代文化现象，传播、交流当代优秀文化。理解"当代文化"内涵的多样性，体现"当代文化参与"学习行为的层进性，凸显"当代文化参与"学习样态的创新性。

（三）从割裂无序走向有序联创

构建明确有序的课程内容框架、知识体系框架等，有利于教师和学生实现对课程体系的整体性把握，明确课程的具体内容。对教师来说，系统梳理具体教学内容，有助于明确在各教学阶段要"教什么"和"教到什么程度"的问题；能力训练序列化，有助于明确教学的主次，突出核心能力的培养。对学生而言，课程内容的序列化，有助于明确"学什么"的问题，更加清晰地了解课程学习的目的指向、阶段要求、核心任务，进而更好地把握课程学习的重点，实现有意义的学习。

通过对思辨写作关键能力的突破、读写融合创生的专题建设，解决当前写作教学杂乱无序、思辨品质不高、读写教学割裂等问题，实现写作内容、写作方法、写作文化心理的综合发展，让学生在序列化的写作课程中提升思维品质，发展思辨能力，学会有质量地表达。思辨性写作要运用批判性思维，基于事实与逻辑，形成合理而深刻的见解。删繁就简、强化关键，有助于思辨性写作的实现。因此，可对议论性写作课程进行序列化重构。比如，紧扣写前指导、写后批改和讲评等环节，从观点正确而有价值、思路清晰而有逻辑、论证合理而有力量、评估理性而有修正四个关键能力着手，构建发展思辨品质和思维能力的写作教学序列。为充分实现阅读与写作的融通发展，建立"读·思·创"的学习范式，围绕中国学生发展核心素养，从"人与自我""人与自然""人与社会""人与文化"等多个维度设置读写结合专题，引导学生思考外部世界、探究内在自我，实现思辨读写的有效整合。

（四）从浅表滑行走向深度学习

《普通高中语文课程标准（2017年版）》指出："语言文字是人类社会最重要的交际工具和信息载体，是人类文化的重要组成部分。"为更好地发展学生语文素养，促进学生终身学习和全面而有个性的发展，落实"传承和发展中华文化、增强民族凝聚力和创造力"的理念，课程建设要进一步丰富思辨含量、文化底蕴，注重学习方式的变革，以实现学生的深度学习、思辨创生。

从课程内容看，要凸显课程资源的丰厚性、价值性、引领性，引导学生珍视本民族文化，理解多元文化，拓宽文化视野，养成宽容的文化心态。比如，特色课程的开发与创生可围绕"文学经典""新闻时事"和"地方文化"等学习领域，尽量发掘富有丰厚内涵的课程内容，设置序列化的专题课程，凸显课程精品化建设，保证学生读写思辨的质量。比如，整本书阅读系列，可以整合课内与课外阅读内容，以教材名著阅读及课标推荐课内外读物为主，兼顾部分师生共选课外名著。以成都市锦江区为例，根据四川省《整本书阅读与研讨"共读共研导师制"》推荐书目，师生共同商定选择《诗经》《论语》《红楼梦》《乡土中国》《呐喊》《彷徨》《死水微澜》《战争与和平》《月亮与六便士》《瓦尔登湖》等篇目，目的即通过研读文化经典，关注中国古典文化的精髓，了解现代文学的代表人物，引导学生关注地方文化，并对优秀外国文学作品有基本的了解。

学习方式的变革是课程价值有效实现的重要保证。以学生为主体，立足于学情，以问题为导向，增加课程的思辨含量。"问题驱动—质疑求证—推论发现"，通过思辨性学习驱动环节，变被动为主动，变讲授为引导，变接受为探寻，以有价值的问题为学习起点，以问题为核心组织学习内容，让学生能在复杂情境中深入探究并寻求问题解决方案，进而在深度体验、感悟、发现的过程中发展思维方法、逻辑理性。此外，学习方式的变革，还意味着学习情境、学习样态的新突围。要充分尊重学生的自主权、选择权，激发其参与意识，引导其通过多种样态的学习深度参与、深度发现。如关联性阅读、专题化探究、任务型考查、项目化展示等学习方式，能更好地体现从知识习得到能力建构的过程，建立文本与生活的关联。其整合性的学习内容和学习方式，也能更好地触发学生的内部动机，促进其从旁观者变为学习者、研究者、建设者。学生参与的程度越深，深度学习的实现就越充分，思辨品质的发展也就越突出。

第二节　聚焦批判性思维培养的特色课程开发与实践

高质量的课程建设既要突出国家课程的优质化建构，以满足社会对人才的多样化需求和学生对语文教育的不同期待，确保全体学生都获得必备的语文素养；又要致力于特色课程的开发与创生，以国家课程改革政策为指导，形成基于学校实际的个性化课程，让富有选择性、生动性和发展性的课程激发学生持续学习，帮助学生认识自己的发展需求和方向，提升综合素养，提高思辨意识和读写能力，推进教育质量整体提升。本节将对成都市锦江区相关学校进行的课程开发实践进行剖析，探讨如何在特色课程中更好地培养学生的批判性思维。

一、特色课程设计依据和整体架构

（一）设计依据

普通高中语文课程由必修课程、选择性必修课程、选修课程共同构成，三类课程指向不同课程目标。选修课程在必修课程的基础上进一步拓展、提高和深化，更加关注学生的差异性、发展性和个性特质。选修课程的建设要体现多元开放、灵活有序、有层次提升的特点，既与国家必修课程形成呼应，同时在衔接中呈现体系性和梯度发展态势。

理由如下：其一，《普通高中语文课程标准（2017年版2020年修订）》对于学生的学业质量水平进行了五个级别的划分，在选修课程要达到的学业质量水平五的描述中，对"具有文化批判和反思意识"提出了明确要求。其二，"教学建议"中提出选修课程的教学要突出差异性和层次性，"要进一步培养学生的语言梳理和建构能力、文学作品的个性化体悟能力、科学思维和问题解决能力、文化理解和批判能力"。其三，"评价建议"中建议选修课程的评价"不仅要关注学生外在的学习结果，更要关注内在的学习品质"。要更加关注学生语文学习内容"点"的深度，注意"语文实践活动中思维的严密性、深刻性和批判性"。总之，选修课程对于语文学科核心素养的发展有着更高要求，"发展逻辑思维""提升思维品质""传承中华文化""理解多样文化"等课程目标是选修课程的重要任务。

（二）整体架构

特色课程的开发具有较大的灵活性，要求区域、学校、教师强化课程资源意识，主动发掘本区域、本学校的优质课程资源，并做好特色课程整体序列设计，充分发挥特色课程灵活性高、易聚焦、课型丰富的优势，同时避免随意性，防止出现缺乏总体设计规划、课程目标不明确、课程质量参差不齐等问题。

就批判性思维培养而言，必修课程及配套教材中有着丰富的批判性思维培养资源，但较为零散。受课程目标、课程内容、课程时间、教师认知水准等多种因素限制，语文教学中的批判性思维培养还不够充分。因此，要在充分发掘必修课程中批判性思维培养相关内容的同时，整合区域教育资源，基于学生实际，尝试对聚焦批判性思维培养的选修课程进行整体设计、序列架构。

以成都市锦江区为例，以语文学科核心素养为依据，整体建设和优化了区域特色课程，强化了对学生理解与质疑、慎思与明辨、创生与表达能力的培养。区域在现有课程基础上，整体凸显了"理解""思辨"和"创生"三大学习维度，贯穿了"文学经典""新闻时事""地方文化"三大学习领域，并从"课程目标""课程序列""实施课型"三方面进行了精品化建设，如表 5-1 所示。

表 5-1 区域思辨读写特色课程整体设计框架

	文学经典	新闻时事	地方文化
理解	《红楼梦》	新闻阅读课	锦城游
思辨	《诗经》《月亮与六便士》金庸武侠小说……	时评写作课综合实践课……	锦城人锦城乐……
创生			

从课程框架看，该课程体现了对批判性思维培养的聚焦，目标层层递进，兼顾学习领域的丰富性，实现了阅读、写作、读写结合等多种课程类型的并存、交叉。从课程内容看，该课程涉及地方文化认知、传统文化传承、经典作品研读、社会生活参与等内容，涵盖阅读、交流、实地考察、写作等多种学习活动。从课程侧重点看，该课程根据高中生思维发展的特点，将批判性思维的培养进行了分解，各有侧重，进行分阶段渐进式培养，最终形成了具有可持续性的批判性思维培养路径。

二、特色课程精品化区域整体推进

在各校形成多个课程的基础上，区域精选三大领域的部分课程加以优化，以思辨创生为核心，促进学生精神人格的成长和思辨读写能力的提升。同时，通过微信公众号、跨媒介阅读与交流、校级交流分享等形式，打破课内与课外、校内与校外的界限，取长补短，共建共享，提高区域特色课程的典范化效益。

（一）我以我思读经典——文学经典领域的思辨创生课程

课程定位：文学经典阅读，重在发展学生的文学理解力、审美赏析力、思辨创生力。

示例："金庸的武侠世界"选修课程[①]

1. 课程目标

以金庸武侠小说为主要阅读内容，激发学生阅读兴趣，引导学生进行整本

---

① 成都市锦江区嘉祥外国语高级中学张歆老师等开发。

书阅读；以多种阅读形式，对不同时期的"武侠文学"作品进行梳理，探究武侠文化与"侠义精神"；增强学生对中国传统文化的理解与民族认同感，更好地继承和发扬传统文化。

2. 课程序列

前言一："武侠文化"的起源及其发展

前言二：如何阅读金庸武侠小说

第一讲：《射雕英雄传》故事情节简介及人物形象分析

第二讲：儒侠郭靖——英雄主义的形成

第三讲：《神雕侠侣》故事情节简介及人物形象分析

第四讲：道侠杨过——英雄主义的发展

第五讲：《倚天屠龙记》故事情节简介及人物形象分析

第六讲：佛侠张无忌——英雄主义的发展

第七讲：《天龙八部》故事情节简介及人物形象分析

第八讲：先觉者萧峰——英雄主义的巅峰

第九讲：《笑傲江湖》故事情节简介及人物形象分析

第十讲：隐者令狐冲——英雄主义的反思

第十一讲：《鹿鼎记》故事情节简介及人物形象分析

第十二讲：无赖韦小宝——英雄主义的覆灭

该序列对不同历史时期的"武侠文学"作品进行了梳理，明确了武侠文化的源流发展、"侠义精神"的内涵与现实意义。通过对金庸武侠小说课程资源的开发，对"英雄主义"进行了深度思辨探讨，有助于加深学生对中国传统文化的理解，提升对民族文化的认同感、自豪感，并由此产生符合现代性的新思考。

3. 主要课型

课型一：单文本精读细读课——课例《萧峰之死》。通过对《天龙八部》结尾萧峰之死的探究，体会金庸对萧峰先觉者形象的塑造及对民族融合思想的思考，引导学生体会作品的悲剧美。

课型二：多文本关联阅读课——课例《小说中的物象设置》《侠之大者》。《小说中的物象设置》通过多部小说中物象的设置，引导学生体会物象设置的象征意义和作用，并以此作为教材小说阅读指导的补充。《侠之大者》精选《史记·刺客列传》《史记·游侠列传》、唐传奇《虬髯客传》、文论《金庸古龙武侠小说比较论》、小说《射雕英雄传》《天龙八部》《多情剑客无情剑》（节选），通过群文阅读探究"侠义精神"的内涵、历史局限及现代意义。

课型三：整本书专题阅读课——课例《金庸武侠世界的建构与消解》。这是本课程的核心议题，对金庸武侠世界的思辨性探究贯穿整个选修课程始终。纵观金庸的创作历程，从第一部作品《书剑恩仇录》中宣扬英雄主义开始，在"射雕"三部曲中创设全新的武侠世界，再到《天龙八部》达到英雄主义的巅峰，最后在《鹿鼎记》以颠覆英雄主义结束，金庸亲手构建了一个全新的武侠世界，最后也亲手解构了这个世界。至此，金庸的思想也完成了从"大英雄创造历史"到"小人物推动历史"的转变。正是这种人本主义思想的转变，使金庸的作品超越了普通的武侠小说。

本课程以金庸武侠系列小说为文本，以整本书、群文、单篇深入阅读等多种阅读教学形态，引导学生对武侠文化进行专题思辨探究。课程采用多种课型交互使用的授课方式，动态地呈现教师的引导、学生的关联思辨、整本书的专题整合等教与学的行为，学生的思辨探究意识和能力在真实的学习过程中得以生长。

教学案例：

《萧峰之死》课例片段[①]

师：萧峰已逃到了雁门关，又逼迫辽帝立下永不攻宋的誓言。对于自己，他的人身安全已无碍；对于宋辽两国百姓，他又是一位带来和平的大英雄。那么这样的萧峰，为什么要自杀？萧峰可以不死吗？

生1：我觉得萧峰自杀有阿朱之死的原因。阿朱的死带走了萧峰一半的生命，所以他的自杀有一部分原因是阿朱。

生2：作为在汉人中长大的契丹人，萧峰的身世决定了他既不容于辽，也不留于宋，天下之大，萧峰无处可去。

生3：萧峰之死表现了一种先觉者的孤独。在别人还在坚持"非我族类，其心必异"的时候，他已超越了民族主义的界限，看到了人道的尊严、人性的自由与平等。但在超越时代的同时，他也将自己孤立到了世人之外。真正伟大的人都是孤独的，悲悯世人的先觉者往往得不到世人的理解和悲悯。

生4：萧峰之死是命运悲剧的表现。萧峰一生的经历就像古希腊的命运悲剧一样，从出生就已注定，他越努力调和自己身世的矛盾，就越加深

[①] 成都市锦江区嘉祥外国语高级中学张歆老师执教。

了汉辽两族的矛盾。但萧峰明知往前走会失败，这不是悲剧；明知往前走会失败，却依然要往前，这才是悲剧。萧峰之死正是这样一个悲剧，一个"虽千万人，吾往矣"的命运悲剧。而在这之中，人对生命的尊重，与命运的抗争，都让萧峰之死闪耀着人性的光辉，充满英雄的悲壮！

师：我补充一点，萧峰的形象与古希腊悲剧英雄俄狄浦斯王的形象是相似的，可见金庸的文学创作还向西方文艺理论汲取了营养。

生5：我记得陈世骧先生评《天龙八部》时说"无人不冤，有情皆孽"。而萧峰之死在这样"无人不冤，有情皆孽"的世界中，是对人性的一种救赎。在那个王霸雄图、豺狼横行、群魔乱舞的混沌世界里，萧峰的死正是这部书的真正主题，真正的悲悯和希望。正如叔本华所说："悲剧的真正意义是一种深刻的认识，认识到主角所赎的不是他个人特有的罪，而是原罪，亦即生存本身之罪。"

（二）我以我眼观世界——新闻时事领域的思辨创生课程

课程定位：新闻时事阅读，重心在对新闻事实的把握、对新闻价值的鉴别、对新闻报道的创写，旨在提升媒介素养和社会参与能力。

示例：新闻读写课程[①]

1. 课程目标

关心天下事，养成新闻阅读习惯，能准确捕捉信息，把握新闻事实；了解新闻的社会功用、体裁特点和构成要素，能合理评价新闻的价值；广泛收集新闻素材并加以核实、提炼，尝试新闻写作，提升思辨创生力。

2. 课程序列

第一部分：新闻时事阅读（新闻素材、观点时评、资料链接、阅读思考）

第一章　高铁霸座男

第二章　北京推行讲解员管理制度，禁止导游讲野史

第三章　清华附小苏轼研究引热议

第四章　"男孩危机"与"男生教材"

第五章　人机围棋大战

第六章　微信那些事

[①] 成都市田家炳中学刘君梅老师、张颖老师、黄荣华老师、陈文英老师、虞尚源老师等开发。

第七章　整容低龄化
第八章　人跪狗事件
第九章　"假公益直播"刺痛社会神经
第十章　残忍42秒引发"海啸"：人性需要善意，舆论需要理性
第十一章　网络谣言
第二部分：新闻写作指导（基础理论、思维指导、文章范例、写作题目）
第一章　评论的境界
第二章　评论的角度与批评的价值次序
第三章　审慎与节制：这个时代最稀缺的品质

第一部分时事新闻汇编，收集整理近一年的热点新闻，按照新闻素材、观点时评、资料链接、阅读思考的体例进行编排。第二部分为新闻阅读与写作指导文章，提供新闻写作的理论和思维指导，引导学生以理服人，追求思想的深度，以此遴选出有价值的新闻述评。

3. 主要课型

课型一：新闻阅读课。首先指导学生速读新闻，理清新闻事实；然后批判阅读，生成理性认识，引导学生从直觉、非理性的情绪判断转入理性分析，即"新闻事实—情绪判断—理性分析—生成观点"四个环节。批判性阅读主要体现在问题引导下的质疑、追问、反思过程中。新闻评论依托事实进行深层次的思考与辨析，揭示现象背后隐藏的本质，阐明事实的意义、性质和影响。教学时强调将批判性思维培养渗透在"新闻观点—事实还原—思路解析—评论审视"几个环节中。

课型二：时评写作课。主要从两方面入手：一是重在时评写作思维训练，通过新闻时评文章的比较、鉴别，习得多种思维方法，以利于学生的思维成长；二是强调对新闻及相关评论加以审视，实现"把握新闻事实—分析事件原因—确立评论角度—展开合理评估—得出新的发现"的逻辑演进，进而使学生成为理性的评论者。其中，把握新闻事实力求还原新闻事件真实样貌；分析事件原因强调角度多元客观；确立评论角度强调比较权衡，人无我有，人有我新；展开合理评估并得出新的发现强调有理有据。

课型三：综合实践课。通过课前新闻评述、每周新闻播报、每日新闻陈述等方式，开展新闻专题学习活动，引导学生在具体的综合实践活动中提升自己的批判思维能力。例如，利用自习时间，集中收看新闻类节目，养成每日阅读新闻的良好习惯，既可以增长见识，同时可以发展学生的理性思维。还可以推荐专题类节目如《新闻周刊》《新闻1+1》，这两档节目重在评论，主持人的

评论视角能给学生提供看问题的新角度，对于培养批判性思维大有裨益。此外，还有观看或阅读《新闻调查》《面对面》《中国青年报》评论、调查类文章等。以此促使学生广泛接触新闻资讯和评论，提升其信息分辨能力、审慎质疑能力和独立思考能力。

教学案例：

"清华附小苏轼研究"新闻阅读教学[①]

课前准备：

1. 浏览近日的一份报纸，了解报纸的版面形式及版面内容。
2. 阅读报纸上你感兴趣的一则消息和一篇评论文章。
3. 查阅资料，了解新闻"倒金字塔"结构。

阅读资料：

1.《清华附小学生撰写 23 份苏轼研究报告》（新闻消息）
2.《静待花开，避免研究大跃进》（新闻评论）

教学流程：

一、快速阅读，认清新闻事实

1. 在这则新闻中，作者最希望你关注的一个词或一组词是什么？（要求：快速阅读新闻。以词语或词组的形式填写新闻报道的事实）

明确：清华附小学生 苏轼研究报告 收获点赞 教师指导 家长参与 教育资源 高知家庭 重视探究能力培养 注重教师综合素质 系列活动 大数据分析 分词研究 教育探索……

2. 理解新闻"倒金字塔"结构，并概括快速阅读新闻的方法。

明确1：按重要性递减原则安排新闻事实。将最重要、最引人注目的信息放在前面，以引起读者的关注，要求文字简洁明了。动态新闻、突发事件常采用"倒金字塔"结构，以满足人们急于了解信息的需求。

明确2：很多新闻报道人们都只阅读过其中一部分。人们一般都只能记住新闻报道的主要事实，只有在特定情况下才注意细节。标题和导语应该简洁明了地概括最重要的新闻事实。

二、批判阅读，生成理性认识

1. 你看到这些新闻事实时有什么感触、情绪？（情绪判断）

[①] 成都市田家炳中学刘君梅老师执教。

2. 理性分析。（质疑、分析、求证、反思、表达）

思考1：（质疑）你相信清华附小的学生能写出这样的研究报告吗？（你对这些新闻事实深信不疑吗？你认为这则新闻深度挖掘了全部的新闻事实吗？还有什么新闻事实是你想知道而新闻没有报道的？）

思考2：（分析、求证）清华附小的学生为何能写出这样的研究报告？

明确：清华附小学生出色的能力素养；清华附小得天独厚的教育资源；学校先进的教育理念，重视培养学生探究能力；优秀的家长，以及家长的悉心指导和陪伴……

思考3：小学生搞研究，可不可以复制推广？（小学生搞研究是否拔苗助长？小学生搞研究需要具备哪些条件？）

明确：观点一为清华附小模式恐怕难以简单复制。这些课题研究基于学校的学生特点、优越的教育资源。观点二为其做法不能简单复制，但值得鼓励推广。先进的教育理念、教育方式值得学习借鉴。这种教育方式能弥补当前中小学教育的不足，培养学生独立思考、解决问题的能力。

思考4：以下有几种角色，请你选择一种，谈谈你的做法。假如你是其他学校的教师，读完这则消息，你有怎样的思考和计划？为什么？假如你是国家教育管理者，读完这则消息，你有怎样的思考和计划？为什么？假如你是学生家长，读完这则消息，你有怎样的思考和计划？为什么？（引导学生运用文中信息）

示例：家长——孩子是站在父母的肩膀上看世界的。要想培育优秀的孩子，首先要学做优秀的父母。

三、方法小结

1. 同学们讨论的这些观点和情绪反应，在文中有没有直接体现出来？

明确：没有。但实际上作者是有自己的价值情感倾向的，但是他没有在字里行间表露出来。这则新闻材料是消息，要体现文体特点——零度写作。情感要克制、隐忍，作者应该从容、客观地叙述新闻事实。

2. 总结：回顾并梳理学习和思维过程。认清新闻事实—情绪判断—理性分析—生成观点（板书）。

明确：面对铺天盖地的新闻报道，我们不能满足于做一个信息的容器，只接收、浏览信息。我们也决不能停留在简单的情绪判断阶段，被自己或他人的情绪左右，失去独立思考。世事纷杂，面对信息"轰炸"，我们要不盲从、敢质疑，科学推理，小心求证，这是批判性思维的重要内容。只要坚持独立思考，不懈质疑，我们就会越来越靠近真相。这是一种宝贵的思维品质。

四、课后作业

按照要求和方法指导，阅读新闻评论《静待花开，避免研究大跃进》。

1. 要求与指导：按照评论文章结构快速阅读评论文章，把下列词语依序标注在文章的相应部位。

新闻事实　感想感受　观点　论证　结论　期望

2. 细读观点句：用彩色笔勾画直接表达作者观点的语句。

3. 独立思考、合理接受：你是否认可作者的见解？请说说理由。

高中阶段是学生开阔视野、形成思想的关键时期。高中生不仅是新闻信息的被动接受者，还是新闻信息的评论者和传播者。"新闻读写"选修课程着眼学生人文素养现实情况，引导学生关注社会生活，尝试以公民理性参与社会生活的讨论与改善，有助于学生在读写结合中由反省走向创生。有学生写道："情绪横行的地方，理性就易枯萎。"情与理的结合体现出这一课程实施的价值。

（三）我以我行识锦城——地方文化领域的思辨创生课程

课程定位：引导学生在宏观立体的历史文化场域中，增强文化理解与认同，发展敏锐的文化洞察力，并通过不断质疑与反思提升文化创生力。

示例："锦城游"本土文化选修课程[①]

1. 课程目标

在审美体验中感受本土文化的魅力，激发对本土文化的理解与热爱之情；在文献研读中探究本土文化的精神，促进对文化传承与发展的思辨审视；在社会调研中反思本土文化的发展，引发对弘扬本土文化的创新性建设。

2. 课程序列

第一章　锦绣之城，天府之都

第二章　灿烂的古蜀文明

第一讲：纵目的秘密——三星堆

第二讲：杜鹃的深情——望丛祠

第三讲：对太阳的崇拜——金沙

---

① 四川师范大学附属中学赵琳老师、张俐老师、马晓亮老师等开发。

第三章 蜀地自流灌溉文化

第四章 崇文尚智

第一讲：崇文——石室、琴台

第二讲：尚智——武侯祠

第五章 包容的城市文化

第一讲：故人供禄米，邻舍与园蔬——杜甫草堂

第二讲：江楼千古，江流千古——望江楼

第六章 古典与现代——大慈寺、洛带古镇、宽窄巷子

第七章 综合实践活动：走进"菱窠"——李劼人民俗文化探究

活动一：谁是被忽略的"左拉"？

活动二："菱窠"故居访劼人

活动三：读《死水微澜》，品川西风情

活动四："国际博物馆日"主题活动

该序列以五个历史阶段为纲，以蜀地文化特征为内容核心，按蜀文化的时间先后顺序组织，让学生在知识了解中初步认识成都本土文化历史发展脉络，形成文化观察的历史参照系。在同一时期的众多文化景点中，又注意选择能较典型地反映成都文化某一特征的景点，以期能由点及面，从景点的历史文化走向对整个成都的人文风俗、文化特征、地域思维的认识。如将石室、琴台路、武侯祠放在一章，共同体现成都自汉代文翁兴学以来形成的"崇文尚智"的文化风气。

3. 课程内容版块

（1）材料助读版块。

提供相关景点的文献资料和与之相关联的名篇名章，为学生发展文化洞察力、突破现象深入本质、建立后期认识提供丰富资源。

（2）景点再现版块。

通过教师讲解、视频播放、学生介绍、实地参观等多种形式，梳理成都名胜古迹。引导学生认识景点的历史由来、著名器物、文化意义等。同时注重对传说故事的辨别，注重对不同学术观点进行阐释，注重了解和运用最新研究成果。在知识了解的过程中一方面继续丰富论据，另一方面在不同学术观点的碰撞中学会质疑反思，进而走向独立思考。

如"三星堆消亡之谜"，课程提供视频资料和文字材料对三星堆消亡提出"战争""水灾""封禅遗址""结盟"等几种猜想，让学生在课后针对自己认为合理的结论搜集材料，并鼓励学生到三星堆博物馆实地游览、探寻。另外，三

星堆遗址近期又有新的重大考古发现，学生也可对其持续关注，在获取新信息的过程中不断修正自己的观点，形成新的认识。

（3）文化探究版块。

该版块引导学生透过现象看本质，思考民族共同心理，探究文化底蕴，进行文化追溯。如由杜甫的人生经历体会成都文化的"包容"特质，由"刘禅真的是扶不起的阿斗吗？"引发对三国文化的反思。

4. 课程实施模式

充分挖掘本土丰富的课程资源，形成"知识了解—文化追溯—实地探访—选点探究"的课程实施模式，重视在综合实践活动中培养学生批判性思维能力和思维品质。如开展对三星堆博物馆、金沙遗址博物馆、都江堰、武侯祠、杜甫草堂等博物馆或文化遗址的定向调研，与学校附近的李劼人故居纪念馆共同承办"李劼人的家国情怀主题展"活动，将博物馆"搬进"校园；把课堂搬到李劼人故居旁边的东门市井老茶铺，聆听专家讲座"法国文学作品中的女性观对李劼人文学作品的影响"，组织《死水微澜》读书交流活动等。该课程既体现了语文学科的特点，又充分体现了与其他人文学科的交叉。学生在真切的文化情境中感受和理解本土文化，呈现出较多有价值的思考。

学生习作示例：

以文识"人"

——法国女性观对李劼人文学作品的影响

四川师范大学附属中学高2019级12班　单曦

周末有关李劼人先生的讲座使我收获颇多。讲座从一种特殊的视角，即"法国女性观"来解读李先生的作品，听后深感自己阅读浅薄，由此，先暂作一个"裱糊匠"将讲座收获整理如下。

其一，劼人先生的法国留学经历，使其深受法国文学影响。由于启蒙运动等让人们的思想解放，法国文学展现出一种极其博大与宽容的视野，它退隐了"道德的评价"，进而将人性的真上升为艺术的美。它不顾阅者的心理，不怕社会的非难，敢于把社会底面赤裸裸地揭示出来。如《死水微澜》中蔡大嫂的形象，劼人先生毫不掩饰地将其违背公序良俗的所作所为进行描述，读者惊异于该形象的行为之余，也在心中逐渐描绘出一个泼辣直爽、精明能干、极富个性的女性形象。

其二，劼人先生"真实地"描写一个个人物。先生受法国自然主义小说的影响，他的文字有很多文学上的加工，但很少有艺术上的夸张。如刘三金初见顾天成时，刘三金对顾天成一番从头到脚的打量，细致的语言勾勒出顾天成"土气、胆小、舍得花钱"的形象。劼人先生客观地描写，细致地打量，深入平民文化、市井文化，他以一种参与者而非观察者的身份了解平民百姓的一举一动。

其三，作为亲历"现代"转型的中国作家，李劼人先生把外国近代小说意识不着痕迹地融解在东方文学的趣味和手法之中，从而形成一种开放性的，而又具有民族特色的创作手法。在乡土、民间、平民的广袤土地中，劼人先生一方面脉络清晰地肯定了民间精神的价值，另一方面又抒发了自己的现代追求。

卡尔·波普尔说："人类的具体历史，如果有的话，那一定是所有人的历史，也必然是人类的一切希望、斗争和受难的历史。"小说《死水微澜》极具四川地方特色，劼人先生描画出一个个"小人物"，以他们的视角展现那个时代远离战火纷飞，深居西南一隅的四川在麻木中逐渐苏醒，点点微澜终掀起轩然大波的画面，由此展现辛亥革命时期的四川历史。

有人说：生活世界中总得有某种思想要理解人的具体生活，小说就是这样的思想，它甘愿与一个人的生命厮守在一起，这是小说存在的唯一理由，我非常庆幸能在高中阅读《死水微澜》，因它相识李劼人，因它相见一群性格各异的人，因它相知一段历史。

总之，成都市锦江区批判性思维培养特色课程建设经历了从无到有、从有到优的过程。"我以我思读经典""我以我眼观世界""我以我行识锦城"，客观体现了学校的差异性及学生的实际需求，是区域课程建设的典型案例。

高中语文课程承载着培育理性的现代青年的责任，要始终坚持课程建设"思辨融通"一体化的追求，自觉地在课程资源开发、课程内容选择、课程实施过程、课程评价机制等方面突出学生语文核心素养的发展，有意识地发展学生的思辨读写能力，鼓励学生运用批判性思维审慎鉴别、自我更新，有热情、有智慧地面对社会生活和自我人生，创造性地发展理性思辨力、深度思考力和实践创新力。

主要撰稿：赵琳、张歆、刘君梅、易晓、凌虹

第六章　聚焦批判性思维培养的评价与反思

　　语文教学中发展批判性思维，还需要关注评价这一环节，着眼核心素养的整体发展，构建开放多元的评价体系，从课程建设评价、课堂教学评价和对学生的评价等多个维度出发，关注过程性评价、发展性评价，注重评价主体的多元化、评价方式的多样化和评价内容的综合化。以评促教、以评促学，自我反思，多措并举，催生学生的批判意识，提高思维品质，促进批判性思维能力的持续提升。

第一节　构建发展批判性思维的综合评价体系

　　2020年，中共中央、国务院印发《深化新时代教育评价改革总体方案》，强调改进结果评价，强化过程评价，探索增值评价，健全综合评价。可以说，评价体系建设是课程改革的重要内容之一。当前的基础教育迫切需要构建教、学、考、评一体化的全面培养体系，促使高中语文教学从过度重视高考升学的倾向，转向以育人理念为本，充分发展学生语文核心素养。语文教学中批判性思维培养有机地渗透在教学的各环节，开放多元的综合评价体系建设，有助于以评促教，更好地发展学生的批判性思维。

一、以培育理性的现代青年为评价目标取向

　　随着社会对人才需求的变化，培育理性的现代公民，突出批判性思维与问题解决能力、沟通与合作能力、创造与创新能力等核心素养的培养已经成为全球共识。普通高中语文课程承担着立德树人的重要使命，更应该突出课程的价值取向，坚持语文学科核心素养的培养，提高青年学子的理性思辨能力，使学生成长为拥有审视和反省能力，能对自己的言行力行担责，并具有创造力的现

代青年。

从课程评价角度看，语文课程的学习过程始终伴随着评价的发生，课程资源开发、日常教学行为、学生参与情况、学业水平测试、高考选拔考试等，都是语文评价体系的重要内容。教育教学过程中要充分发挥"检查、诊断、反馈、激励、甄别、选拔"等多种评价功能，在具体的语文学习情境和活动任务中，全面考查学生核心素养的发展情况，以合理的评价手段、多元的评价维度、促进发展的评价标准为依据，构建开放有序的综合评价体系，以更好地实现培育理性的现代青年这一目标取向。

二、注重构建"思辨融通"的综合评价体系

发展学生的批判性思维，要注重建设具有思辨性的语文读写课程，并在课程目标落实的过程中，从"思辨融通"发展的角度围绕课程资源建设、课堂教学实施、学生思维发展状况、学业质量水平等不同方面进行持续性评价，以开放多元、立足过程、注重发展的评价理念为指导，以科学合理的评价指标和方式，促进语文教学的良性发展，助推教师和学生共同成长。

（一）课程资源建设评价

课程资源建设主要解决"用什么教"和"教什么"的问题。"用什么教"要重点突出课程资源的选择、重组与开发，"教什么"强调要根据课程目标、学情等确定有价值的课程教学内容。

课程资源是学科育人的载体，教师要充分开发教学资源，精选教学内容，以恰当的内容和结构化联结有效发挥课程资源价值，以突出学生语文核心素养培养，使教学行为更具价值性。因此，可以从课程资源的典范性、丰富性、新颖性及结构化关联等角度进行评价，以促使教师不断更新，更好地挖掘课程资源，优化教学内容。建设具有思辨性的语文读写课程，尤其应重视在课程目标落实的过程中，从思维发展的角度对便于学生进行独立思考和价值判断的读写教学内容进行适度开发、深度关联与整合，以实现不同维度的思辨融通，催生思辨习惯养成，提高思辨读写能力，彰显价值理性追求。

首先，要优化国家课程资源，审视是否充分发掘其中蕴涵的思辨读写价值。为此，教师要有选择地、创造性地实施课程，从文本内涵发掘、教学资源创生、阅读思考表达等方面，充分挖掘思辨性元素，实现思辨课程显性与隐性的融贯创生。其次，思辨读写课程资源建设还要立足学生视角，积极探索并开发具有思辨含量的特色课程，寻求不同类型课程之间的内在关联，建构思辨读

写融合的课程协同体系。

（二）课堂教学实施评价

课堂是语文教学的主阵地，在有目的、有意识的课堂观察基础上进行教学评价，有利于教师有针对性地改进教学设计，提高教学质量。课堂教学评价要关注教学目标是否恰当、教学内容是否合理、教学环节是否符合逻辑、教学手段和策略是否恰当、学生的参与行为和反馈是否达到预期等。课堂教学评价既要关注教师的预设，更要关注教学的生成。注重发展的课堂教学评价要重点观察教师在课堂上的人文关怀、智慧生成，学生在课堂上的外显参与情况与内在思维变化情况，从课堂教学的人文性、专业性、真实性、生成性、思辨性等角度来审视教学的价值和有效性。

课堂教学评价要注重过程性评价与终结性评价相结合、定性评价与定量评价相结合、表现性评价与激励性评价相结合、自我评价与他人评价相结合。在开展具体课堂教学实施评价中，可通过制订课堂观察量表、课堂教学评价标准等来进行相应的课堂诊断和反馈，以促进教师教学的相应调整。如评价课堂中是否体现了对学生批判性思维的培养，可以聚焦课堂中的问题设置及学生参与状况，对批判性思维的能力要素与品质特征进行观察与分析。教学中是否以有价值的问题为学习起点，是否以问题为核心组织学习内容，是否能让学生在复杂情境中深入探究并寻求问题解决方案，都是课堂观察与分析的重点。

课堂教学评价标准通常采用评价维度、评价指标与评价等级相结合的方法，评价维度包括教学目标设定、教学体系构建、教学手段应用、教学具体实施及教学效果反馈等。根据不同维度的评价指标表现，赋予不同的评价权值，有助于教师通过实证性的评价反馈扬长避短，准确地找出教学实践存在的问题，并有针对性地进行改进。需注意的是，课堂教学实施评价既有普遍性，又有针对性和聚焦性，不同的学习目标、不同的学情、不同的教学内容、不同的课型，课堂教学评价标准也应有相应的调整。

（三）学生思维发展评价

学生评价是根据科学合理的标准，通过一定的技术和方法，以学生为对象所进行的一系列评估和判断。《普通高中语文课程标准（2017年版2020年修订）》指出，"综合发挥检查、诊断、反馈、激励、甄别、选拔等多种功能""评价不仅要关注学生外在的学习结果，更要关注内在的学习品质""注意考查学生在活动中表现出来的参与程度、思维特征，以及沟通合作、解决问题、批判创新等能力，记录学生真实、完整的任务群学习过程""语文教师应提供细致的描述性反馈，提出具有操作性的建议，引导学生通过评价反馈，调整学习过程，梳理学习方法，确定学习目标，制订学习规划"。

学生是学习的主体，日常教学中要注重学生学习参与状况、思维发展水平，对学生课前、课中、课后学习行为及表现进行观察与评价。比如，课前预习质量、课堂应答质量、课堂生成情况、课后学习反馈等，均有助于给予学生有效的指导和帮助，同时站在学生的角度发现教学实践中存在的问题，并根据学情采取改进措施，提高学生参与度和思维含量，促进整体教学水平的提升。

基于批判性思维培养的学生评价，应以促进学生思辨能力提升为指向，通过多种途径和方式，深入了解和评估学生个体或群体批判性思维的意识、能力及外在表现，实现对学生的思维发展评价。具体而言，可结合课堂表现、日常交流、作品情况、测试情况、调查问卷等资料和信息，通过诊断性评价、过程性评价和增值性评价等评价方式具体实施。比如，通过师生互动中学生的口头问答情况、作业完成中的面谈或批语等方式，可观察学生思维的表现，诊断批判性思维培养的达成度。如《祝福》教学中，"祥林嫂是怎么死的？在所有死因中，最致命的是什么？"根据学生的不同回答，可以对学生的思辨意识和能力发展进行具体评判。教师可将批判性思维的要求、方法等融进评价语，将引导、点拨、示范、激励等结合起来，引导学生学会思考，促进学生积极思考。

关于如何评价学生的批判性思维，国内外不少研究者进行了探索，其中比较有代表性的是经济合作与发展组织（OECD）的研究成果。OECD教育研究和创新中心以"培养和评估学校教育中的创造力和批判性思维技能"为主题，在巴西、法国、泰国、美国等11个拥有不同文化背景和教育系统的国家进行了一项为期5年多的国际行动研究，并于2019年10月提出了学生批判性思维技能评价标准[①]。如表6-1所示。

---

① 李谦. 面向全体学生的创造力和批判性思维教学——OECD《培养学生的创造力和批判性思维》概述[J]. 上海教育科研, 2020（3）：51—55.

表 6-1 学生批判性思维技能评价标准

水平	学生作品	任务过程
第4级 杰出	1. 对表述清晰的问题有明确的个人立场 2. 将此立场与学科内外的替代性理论或视角联系在一起 3. 使用良好的证据证明立场的正当性 4. 指出所选立场的主观猜想和局限性 5. 多方面超越了所应掌握的知识和规则	1. 考虑了多种阐释和回答问题的方式 2. 挑战了关于问题的多种常见立场或观点 3. 对已选和替代立场的优势和局限性有清晰的理解 4. 对他人相关的观点、批评或反馈显示出开放的态度
第3级 优秀	1. 对表述清晰的问题有个人立场 2. 将此立场与学科内外的一个替代性理论或视角联系在一起 3. 用一些证据证明了立场的正当性 4. 指出所选立场的主观猜想	1. 多考虑了一种阐释和回答问题的方式 2. 挑战了关于问题的一种常见立场或观点 3. 对所追求的个人新颖性或风险范围有清晰的认识
第2级 新手	1. 对表述不清晰的问题有个人立场 2. 将此立场与学科内的一个替代性理论或视角联系在一起 3. 没有提供证据或仅稍微提到了所选立场的主观猜想和局限性	1. 愿意在最初方法基础上拓展阐释和回答问题的方式 2. 没有清楚地辨别已审查理论或实践的主观猜想及优缺点
第1级 潜力股	1. 对问题拥有普遍接受的立场 2. 使用良好的证据证明了这个立场，但是没有质疑立场的主观猜想或者考虑问题的其他潜在视角	1. 不愿探索除普遍接受的立场或理论之外的其他立场或理论 2. 不愿质疑所选立场、理论或实践

研究和落实这个评价标准，可以提高教师指导的针对性，也能够帮助学生加深对批判性思维的认识，思考自己应该使用哪些方法和策略来满足相应水平的要求。

（四）学业质量水平评价

学业质量水平是检测学生语文课程学习掌握程度的依据，又称成就标准、表现标准或表现水平。开展语文课程学业质量评价，对课程目标达到水平进行具体描述，明确学生在通过一段时间学习后具体达成何种学习状态，能促进课程目标的教学落实；对学生学习的阶段性成果进行详细的描述和考查，能为教师充分掌握学生学情提供依据，促进教师根据实际情况调整教学进度和方法，为教学水平的进步提供保障；在掌握整体学习情况的同时，对每个学生学习质量水平进行详细评价，有助于掌握学生个体的具体学习动态，尊重学生的个性差异，促进教学面向人人的发展；对学生学业质量水平进行阶段性、动态性评价，对每一阶段的学习成果有完整的把握，并制订阶段性教学改进措施，可促进教学水平层进性提升。

《普通高中语文课程标准（2017年版2020年修订）》对高中学生的学业质量进行了基于学科素养的五个级别水平划分，结合具体语文学习内容，对语言建构与运用、思维发展与提升、审美鉴赏与创造、文化传承与理解四个方面的核心素养达成情况进行了水平描述。对于批判性思维的培养要求，在课程标准学业水平描述中亦有相应的体现。以高校招生录取的依据水平4—2为例：

4—2在理解语言时，能准确、清楚地分析和阐明观点与材料之间的关系，能就文本的内容或形式提出质疑，展开联想，并能找出相关证据材料支持自己的观点，反驳或补充解释文本的观点。能比较、概括多个文本的信息，发现其内容、观点、情感、材料组织与使用等方面的异同，尝试提出需要深入探究的问题。能用文本中提供的事实、观点、程序、策略和方法解决学习和生活实际中遇到的具体问题。在表达时，讲究逻辑，注重情感，能综合运用多种表达方式，从多个角度、多个方面表达自己的理解和感受，力求做到观点明确，内容丰富，思路清晰，感情真实健康，表达准确、生动。

这一描述对学生的质疑意识，即理解力、分析力、判断力、反省力等提出了相应要求，突出了质疑与明晰、考问与明辨、反思与整合等思辨能力的培养。因此，要摆脱唯考试唯分数的功利观念，树立教、学、考、评一体化理念，客观认识学业质量水平评价的价值和意义。在教学中，要善于借助纸笔测试，以学业水平测试为依据，客观实现增值性评价，促进学生发展实证、推理、批判与发现的能力，增强思维的逻辑性和深刻性，认清事物的本质，辨别是非、善恶、美丑，提高理性思维水平。

三、把握好有效评价的基本原则

评价体系的建设意在引导教师更好地坚持素养导向，关注育人目的。在高中语文课程"思辨融通"的综合评价体系构建中要坚持评价改革的过程性、评价指向的精准性、评价主体的多元性及测评改革的引领性等基本原则，保障高中语文课程教、学、考、评一体化有机衔接，有效促进批判性思维能力和品质的发展。

（一）注重评价改革的过程性

重分数轻过程，忽略教学实践的过程性，忽略对学生学习与成长、情感态度和价值观塑造的关注，导致只从知识、技能方面进行单一评价和结果评价。为改善这种情况，我们需要注重评价改革的过程性，教师要注意搜集学生在语文实践活动中产生的各类材料，如测试试卷、读书笔记、文学作品、小组研讨成果、体验性表演活动等，建立较为完善的学习档案，形成多样化的学生成长记录，丰富学生的表现性评价，记录学生核心素养的发展轨迹。课程评价时要注意体现语文课程目标的整体性和综合性，从语文读写、口语交际、实践应用、综合性学习等方面全面考查。如在语文读写活动中，不仅要考查学生静态性知识识记能力，还要考查学生在个人体验情境、学科认知情境、社会生活情境中动态辨析和运用知识的能力，观察学生在综合性学习过程中的表现，如是否能积极参与活动，是否能主动提出问题，是否能搜集整理材料、综合运用语文知识探究问题、展示与交流学习成果等方面的情况。

（二）实现评价指向的精准性

在课程评价中，评价指标的设定及评价工作实施要细化分工，明确评价的主次矛盾，评价指向精准化，促进评价目标高效完成。首先，学习教育评价理论，做好前期调研工作，积极搜集相关教学评价的方案、方法，充分结合日常教学实践，总结经验教训，找出教学评价中的常见问题和核心关注点。其次，以详尽的调研资料为依托，从价值性、针对性和可操作性的角度出发，制订合理、科学的课程评价方案，保障评价过程的连续性、评价指标的合理性及改进措施的可实施性，促进教学评价精准解决实际问题。然后，根据课程评价体系及具体实施方案，开展课程评价实施，实施过程中要充分结合教学实践，灵活应用各种评价工具，找出教学实际存在的问题。最后，根据存在的问题，结合语文课程标准，设置定制化的解决方案，提供精准的改进建议。科学合理的评价方案只是做好精准评价的基础，教师应加强评价能力的训练和提升，在评价实践中学会精准评价。建设高质量的注重批判性思维发展的评价体系，尤其应重视从思维发展角度进行评价方案的设计与实施，突出教学内容的深度关联与整合，实现不同维度的思辨融通。在制订各种评价量表或者日常教学指导评价时要关注思辨因素，以学生答问表现和作品分析为主，纸笔测试成绩为辅，聚焦语文读写中质疑和发现问题、分析和解决问题的能力，考查教师是否将提升思辨读写能力的理念融入课堂教学。

（三）坚持评价主体的多元性

在评价实践中，要坚持多元评价原则，设置多个评价主体，采用多种评价手段和方法，多渠道获取信息。评价主体的多元性主要表现在教师评价、学生自评、学生与学生之间相互评价及学习小组互评等，以有效实现教师、学生及学生之间评价的有机融合。以教师评价为基础和指导，强调以教师的专业理论知识和丰富教学经验为依托，保障语文课程必备知识的学习，保障课程评价的合理性和科学性；以学生自评和学生与学生之间相互评价为核心关注点，重在促进学生自我反思和总结提升意识，提高学生评价的参与度，尊重学生的个体差异，让学生成为评价的真正参与者，保障学生的主体地位。此外，还可以设置学生家长、社区、专业人员等评价环节，以项目化成果展示、参与情况观察与作品分析等多种形式丰富语文课程评价资源，建构学习与评价的共同体，汲取多方专业性、全面性、科学性的评价意见，促进学生的全面多元发展。要坚持全面评价和单项评价相结合，口头评价与书面评价相结合，正式评价和非正式评价相结合。考虑学生个体差异，充分尊重学生，激发学生动力，落实评价后的调整，让评价真正助力学生发展。是否能正确认识自我，是否能正确评价他人，是否能客观看待他人的评价，本身就是批判性思维开放、多元、客观、公正等品质特征的重要体现。

（四）重视测评改革的引领性

随着基础教育课程改革的推进，我们应该重视测评改革的引领性，充分发挥诊断、激励及改进、引领作用。首先，要明确测评的目的，这就需要教师充分研究课程标准，明确课程考查重点，同时还要摸透学生学情，关注每位学生的学习重难点，明确学生发展的必备知识、关键能力和学科素养，思考高考评价体系"一核四层四翼"的具体内涵，在这些基础之上设定测评目标。其次，测评要从学生发展的需求出发，以学生发展为本，关注学生的学习状况和情感需求，充分发挥学生在课程评价中的主体作用，促进学生自主发现问题与解决问题，培养学生思辨精神、创新精神。此外，评价不仅要关注学生的昨天，更要重视学生的明天，需要教师具有长远发展的目光，不以成绩下定论，注重学生的成长与进步，利用激励性评价、增值性评价等，增强学生的学习信心和学习兴趣，满足学生的成就感，真正实现以人为本的发展性评价。最后，要积极创新，善于应用先进的测评方法，借助各种测评工具，保障测评内容的全面性、测评维度的合理性、考核分数的科学性，以促进学生全面发展、健康发展。

第二节　促进批判性思维培养的评价实践与教学反思

促进学生独立思考、合理思考和深入思考，提升语文教学质量，培育理性的现代青年，需要积极开展课程建设评价、课堂教学评价及注重发展的学生评价实践，积极探索思辨读写评价机制，以有效的评价为杠杆，推动高质量课程目标的实现。此外，主动积极的教学反思，协同一致的合作机制，也有助于教与学中的自我校准、自我更新，实现师生持续健康发展的目标。

一、促进批判性思维培养的评价实践

语文评价的根本目的是促进学生语文学科核心素养的发展，为充分实现评价的引导和促进作用，我们积极开发评价工具，如课程评价量表、课堂教学观察量表、学生批判性思维技能评价标准及高中生批判性思维观察与评价量表等，对课程资源建设、课堂教学实施、学生思维发展等进行观察与调控，力求从学生发展和教学改进等方面推动学生思辨读写能力的发展。

（一）课程资源建设评价

为更好促进区域特色课程建设和资源开发，我们一方面从"理解""思辨""创生"三大学习维度、"文学经典""新闻时事""地方文化"三大学习领域、"课程目标""课程序列""实施课型"三方面进行精品化课程建设；另一方面注重评价改进，从多个维度采集数据和案例，做出整体性评估和适度调整。课程评价量表设计如表 6-2 所示。

表 6-2 高中语文"思辨读写一体化"课程评价量表

课程名称					
实施年级		实施时间			
评价项目	一级指标	二级指标	评价等级		
			优	中	差
课程目标	课程设计立足于批判性思维培养	1. 课程目标和定位聚焦于批判性思维			
		2. 批判性思维培养的目标具有阶段性			
		3. 与区域其他课程呼应,具有延展性			
课程内容	课程内容丰富,思维含量高,有利于开展思辨读写	1. 文质兼美,符合课程目标和教学要求,具有典范性			
		2. 关注传统文化、社会热点、学生成长,具有丰富性			
		3. 融入新的教学理念,结合教学新工具,具有新颖性			
课程实施	实施环节清晰具体,具有可操作性	1. 读:有充分的思辨性阅读活动设计			
		2. 思:为学生提供丰富的思辨空间,并设计相关活动			
		3. 创:鼓励学生将批判性思维成果转化为思辨性表达,并设计相关表达活动			
		4. 评:有批判性思维培养成果反馈机制和思辨性表达展示平台			
课程效果	学生批判性思维得到充分锻炼,有明显提升	1. 兴趣高,思维活跃,参与面广			
		2. 思维过程遵循逻辑,表达严谨			
		3. 吸纳他人合理意见,自觉反思			
	总体评价				

这一课程评价标准围绕着批判性思维的培养,提炼出"思辨读写一体化"的一级指标和二级指标,对"读、思、创、评"等课程实施环节进行了具体描述。以此为纲领性要求,区域内各校进行校本化理解和创生,并与学校课程推进实践过程结合,以评估促进校本课程的良性发展。

以对成都本土文化选修课《锦城游——成都旅游历史文化》的总体评价为例。

从课程设计理念来说，该课程在区域特色校本课程整体构架中，处于"地方文化"这一学习领域，横跨"理解""思辨""创生"三个学习维度。该课程具有较强的延展性，可随着本土文化资源的开发不断丰富和更新内容，也可就成都本土文化的不同侧面开发成系列课程，如《锦城人》《锦城乐》等。课程目标重在引导学生在宏观立体的历史文化场域中，增强文化理解与认同，发展敏锐的文化洞察力，并通过不断质疑反思提升文化创生力，具有弘扬传统文化、发展学生思辨能力的重要价值。

从课程资源角度来看，"当代文化参与"作为新课标任务群之一，部编版新教材将其安排在必修上第四单元"家乡文化生活"。这个任务群和教材学习内容的完成，有赖于地方课程资源的充分开发。四川师范大学附属中学校本课程《锦城游——成都旅游历史文化》正是与这一任务群和教材相呼应，充分挖掘成都这座历史文化名城的课程资源，体现课程资源的典范性、丰富性。"材料助读""景点再现""文化探究"三大课程内容版块的确定，也为学生用好资源、深度学习提供了有力的支撑。

在课程实施过程中，能充分挖掘本土丰富的课程资源，形成"知识了解—文化追溯—实地探访—选点探究"的课程实施模式。特别是教师能充分利用学校近旁的李劼人故居这一文化资源，将学生带出校门，现场参观，聆听讲解，通过故居现场讲座、读书会等丰富新颖的活动，让学生更直观地感受在地文化，有利于进一步引导学生对本土文化的思辨性探究。该课程有清晰的"读""思""创""评"四环节。每一个文化景点，都为学生提供了助读文字资料或视频资料，也会提供多种有争论的观点，引导学生运用批判性思维辨析探究，并对自己的思考进行梳理整合，进而形成文字，实现批判性读写转化与创生。

实施一轮后，教师对照评价指标发现，课程缺少批判性思维培养的反馈机制和成果交流平台的建设，于是创办微信公众号"之间语文"，为学生在学习课程过程中的思辨性表达提供展示平台，在这一评价反馈方式的刺激之下，课程第二轮实施效果明显增强，学生的学习热情更加高涨。

可见，有明晰的评价标准，在课程设计阶段有助于避免课程设计的盲目性和随意性；在课程实施过程中，有助于根据评价指标不断调整过程诸环节、活动，以确保课程目标不偏移；在课程阶段实施结束后，便于结合课程实施的实际情况，再次对应评价指标，对课程进行调整优化。

（二）课堂教学实施评价

日常课堂教学评价的主要对象是教师的教学行为，教学行为的得当与否关涉教学理念、教师素养，并直接影响学生的学习成长。充分运用课堂教学评价手段，有助于促进团队建设，并实现教师自身的提升。观课议课，是提升教师教学水平的重要途径。

为便于同伴互评，相互学习，相互促进，通过理论研修和案例分析，我们设计了高中语文批判性思维培养课堂教学观察量表（表6-3）等评价工具，定性评价与定量评价相结合，以弥补现有的观察技术缺乏学科内容视角的不足，为诊断和改进语文教学提供技术支撑。在课堂教学过程中，观课教师带着明确目的，运用课堂观察量表，记录观察过程，多方面收集资料，并依据资料进行相应的分析研究，以此协助教师优化教学设计，改善教学效果，为学生批判性思维发展提供强有力的支撑。

表6-3 高中语文批判性思维培养课堂教学观察量表

教学课题		执教者		观察者		执教时间		执教班级	
教学环节	具体教学活动				问题类型			批判性思维发展	用时
		记忆性问题	管理性问题	理解性问题	探究性问题	质疑与明晰	考问与明辨	反思与整合	
导入	方式： 聚焦问题：								
一	问题： 实施：								
二	问题： 实施：								
三	问题： 实施：								
四	问题： 实施：								
评价结果	总分（或等级）								
批判性思维培养的评价要点									
质疑与明晰	1. 引导学生在思辨审视的基础上质疑，不唯书、不盲从，能审视生活、洞察人性 2. 引导学生努力追求真相，明白事件的始末、表象与本质、原因与结果，激发探究欲望								
考问与明辨	1. 引导学生通过摆事实、讲道理，变换角度看问题，识别谬误，做到严谨、公正，注意自我监控 2. 引导学生了解有关信息，理性分析，经过阐释、关联、比较、整合、推论等评估论证的有效性								

反思与整合	1. 引导学生对自己思考的过程展开反思，不断调整与完善自己的思考，提高思考的质量 2. 引导学生在理解分析的基础上，通过比较与关联，实现综合、融合、创生，创生见解、文本、行动
改进建议	

此观察量表从问题类型、批判性思维发展两个维度进行观察、诊断、反馈、激励，重点关注教师是否有效实现了"问题驱动—质疑求证—推论发现"。采用主备课人上课、同伴分任务观察的方式，分工观察教师问题设计的类型、批判性思维培养过程，并在观察和收集资料的基础上研讨批判性思维培养的经验与不足。

以成都市田家炳中学刘君梅老师"基于批判思维培养的新闻读写"研讨片段为例。

观课教师1：我从教师问题类型角度观察，发现教师采用了问题驱动教学，亮点是主要设计了理解性问题与探究性问题。如理解性问题"这篇新闻的事实是什么？"又如探究性问题："小学生搞研究的做法能否复制和推广？"不足在于对新闻知识回顾的时候，记忆性问题设计显得生硬。此外，教师还进行了适时的追问"这位同学的理由合理充分吗？还有没有别的事实或证据支撑你的观点？"教师面对学生、面对文本经常运用这样的提问、追问，引导学生综合评估各方面因素，审慎地得出结论，能有效地培养学生批判性思维能力。

观课教师2：我从教学过程中的批判性思维培养进行观课。在"快速阅读，认清新闻事实"环节，着眼于学生的质疑和明晰能力。学生往往对自己所阅读的新闻报道深信不疑，缺乏必要的质疑精神。教师通过问题设计"你读到这些新闻事实，有没有疑惑和质疑？"引导学生对深信不疑的新闻事实从表层感性阅读引向深层理性思考。在"批判阅读，生成理性认识"这个环节，通过三个核心问题和教师的追问，推进学生思考走向深入。这些问题需要学生综合运用质疑、明晰、关联、整合等多种思维策略，将批判性思维转化成可操作的方法、策略，让提高批判性思维能力变得有迹可循。

以量表为抓手，观课教师方向更加明晰，执教教师也能更有针对性地采集资料，从而使集体研讨更加聚焦、高效。除日常课堂教学评价融入批判性思维培养要求外，还可进一步明确不同课型的课堂评价指标，并以此推动"思辨融通"的综合评价体系建设。如四川省高中群文阅读教学展示课评价标准（2020—2021 年）（表 6-4），根据群文阅读教学的具体特点，从议题设置、文本运用、建构过程、学习效果等方面设置评价维度，而评价指标则包含诸多关涉批判性思维发展的描述，对于提高群文阅读教学品质也起到积极的促进作用。

表 6-4　四川省高中群文阅读教学展示课评价标准（2020—2021 年）

评价维度	评价指标
议题设置	议题具有价值性，指向明确，内涵丰富，有思考和探索空间；议题具有统整性，能有效联结文本，体现不同学习任务群的特点；议题具有驱动性，以问题或任务推动教学，目标指向语文核心素养的一个或多个方面
文本运用	文本选择与运用能充分承载议题，对议题具有阐发价值，有助于丰富议题内涵；尊重文本本身的特质，注重阅读教学的规律，能有效发挥文本作用
建构过程	有效搭建学习支架，创新学习方式，有利于学生更好地参与学习；基于文本本身展开探究与发现，媒介运用得当，学生的读写活动与文本有机结合；师生有效互动，教师在学生阅读和思考过程中给予恰当的点拨与评价
学习效果	学生积极主动地参与阅读的全过程，有思考、比较和探究的学习行为，议题价值实现，教学目标达成。不同水平的学生都能获得不同程度的学习增值，语文核心素养中的一个或多个方面得到明显提升

（三）学生思维发展评价

学生思维发展评价是教育教学评价的重点和难点。从时代需求和学生长远发展来看，研制以批判性思维发展为指向的学生评价量表，明确评价目标，构建评价支架，细化评价过程，收集学生真实而多样的学习表现，尤其是学生思维的外显特征，能使评价从感觉和经验判断到相对清晰化。而通过纸笔测试、作品分析、表现性评价、形成档案袋等途径，广泛收集真实可靠的信息，深入了解和评估学生个体或群体批判性思维的意识和能力，能形成富有价值的判断与发现，促进后续教学的调整和学生的自我反思。

实践中，我们采用多种评价手段，对学生的思辨能力、表达与应用能力、学生成长增值等进行了持续的关注，实施了多措并举的综合评价体系。

1. 学生思辨能力评价

基于对批判性思维的理性认识，我们拟制了高中生批判性思维观察与评价量表（表6-5），从意识、能力、品质三个维度确定了9项评价指标，以此为依据观察学生批判性思维与思辨能力的现状，充分发挥评价的诊断、导向与促进功能。

表6-5 高中生批判性思维观察与评价量表

类目	细目	表现	等级 A	等级 B	等级 C
意识	质疑意识	对未经证明的结论持怀疑态度，积极发现问题并主动表达，不断提出新问题			
能力	洞察力	通过阅读和倾听能理解真实意图，观察生活、思考问题能抓住关键，把握本质			
能力	分析力	理清思路，分清主次，辨别各要素关系，从多角度、多层面剖析问题			
能力	判断力	主动寻找和审视证据，基于事实与逻辑进行理智判断，得出合理结论			
能力	反省力	有自省意识和习惯，能吸纳他人合理意见，反思自身不足，并努力完善			
品质	求真	探寻真相，求索真理，对已有认知及形成过程进行审视，真诚表达			
品质	独立	独立思考，不受他人的暗示和影响，独立地认识现实，寻求解决问题的途径			
品质	公正	客观公正，换位思考，尽量避免主观情绪，平等理性地对待每一种立场和观点			
品质	开放	包容开放，对不同的意见采取宽容态度；善于接纳他人正确意见，学习优秀经验			

基于以上量表，广泛收集信息，可对学生批判性思维品质和思辨能力进行较为准确的评估。在起始阶段对学生的思辨能力现状进行"把脉"，发现学生的个性特点和群体特点，便于在后续教学中真正做到因材施教、因势利导。将多次评估的数据进行纵向分析，还可直观地看出学生的发展轨迹。

2. 学生表达与应用能力评价

为及时关注学生在真实的情境活动中运用知识解决问题的独特表现和发展

变化，我们广泛采取了形成性评价、表现性评价，对学生在语文实践活动中的表达与应用能力进行客观评估和激励性评价。

形成性评价是指在教学过程中，通过持续观察，多方搜集和分析信息，抓住学生思维活动的典型特征和发展变化，及时给出激励性、引导性评价，并提出具体改进建议，推进后续教学顺利开展的评价方式。形成性评价强调发展的主体性、个体性、连续性，在评价过程中教师要善于通过师生互动中的口头评价、作业完成中的面谈或批语等方式，及时肯定学生的优点，增强学生的自信心，培养合作精神，使学生由被动接受他人评价逐步转变为评价的积极参与者。

表现性评价强调关注学生的独特表现。思维和语言密不可分，对学生思维的评价可与对表达的评价结合起来，如以项目推进方式设计演讲、辩论、专题研究等语文实践活动，要注意观察学生在多样化的活动中的表现，彰显学生的亮点，包容个体间的差异（表6-6）。如《雷雨》话剧排演，剧本编排、舞台布景创设、台词改编等，均能显示出学生思辨意识和读写能力的独特性，教师可据此进行记录、分析和指导，促进学生主动建构学习过程。

表6-6 学生批判性思维能力要素、人格特质和表达特征综合评价表

项目等级	能力要素 （洞察力、分析力、 判断力、反省力）	人格特质 （求真、独立、 公正、开放）	表达特征 （准确、清晰、 合理、独特）
A级	具备4种思维能力	具备4种思维品质	具备4种表达特征
B级	具备3种思维能力	具备3种思维品质	具备3种表达特征
C级	具备2种思维能力	具备2种思维品质	具备2种表达特征
D级	具备1种思维能力	具备1种思维品质	具备1种表达特征
评价结果			
亮点说明			

如关于"萧峰之死"，有学生回答："萧峰之死表现了一种先觉者的孤独。在别人还在坚持'非我族类，其心必异'的时候，他已超越了民族主义的界限，看到了人道的尊严、人性的自由与平等。但在超越时代的同时，他也将自己孤立到了世人之外。真正伟大的人都是孤独的，一如被钉在十字架却被民众扔石块的基督耶稣、孤独地在火车站去世的托尔斯泰、希腊神话中为人类盗天火而受到惩罚的普罗米修斯。"该学生发言敏锐而有见地，据此教师可对其思辨能力、人格特质及表达能力进行综合判断，并及时给予激励性评价。

3. 学生成长增值性评价

为实现对思辨读写课程建设的动态评估，我们采用了对比研究、增值评价等多种方式，对学生的学习意愿、思辨能力、表达应用能力、合作创生意识等多方面的增长进行评价和反馈。

如作品评估分析。以习作《高瞻远瞩方能举重若轻》开头段为例。

升格前：

牛顿，一个物理大师，建立了经典力学，为物理学的发展做出了巨大贡献。然而他说："我只是站在巨人的肩膀上。"

牛顿站在了前人的"肩膀"上，做出了更为全面的思考，取得了丰硕的成果。这告诉我们：高瞻远瞩方能举重若轻。

升格后：

生活中，大家往往埋头努力做自己认为重要的事情，但如果能够抬头放眼望去，就会发现还有更重要的事等待着我们。登高可以望远，如果我们能如牛顿般"站在巨人的肩膀上"，瞭望四方，高瞻远瞩，或许就会跳出狭隘的执着，而走向更为全面的思考与建树。

对比发现，同样是由牛顿引出观点，升格前是事实与观点的简单叠加；升格后是建立关联，留有余地。学生的理性思辨能力和表达应用能力实现有效生长。

如纸笔测试分析。我们设计了包括选择、简答、写作等题型的批判性思维测试题分析学生思辨意识和能力，并对常规语文测试中的相关试题进行科学评估与分析，以此对思辨教学的重难点进行有意识的调整。

如主观问答题："结合《鸿门宴》的学习，请分析项羽到底是不是优柔寡断、妇人之仁。"对这一问题的书面回答可以结合 OECD 的学生批判性思维技能评价标准进行客观评价和分析。再以成都市高 2018 级高三语文第一次诊断考试中某学生的得分情况为例（图 6-1）：从知识版块与能力要求对比可以看出，该学生文学类文本阅读得分不理想，分析综合/评价鉴赏能力不足。得分最低的题目为："小说情节内容在现实与过去之间不断转换，这样叙述有什么好处？请简要分析。"由题干要求和学生作答情况可知，该学生在运用叙述学知识进行情感主旨分析方面存在不足，指向分析力、判断力等批判性思维能力的缺失，可由此调整后期复习的重点。

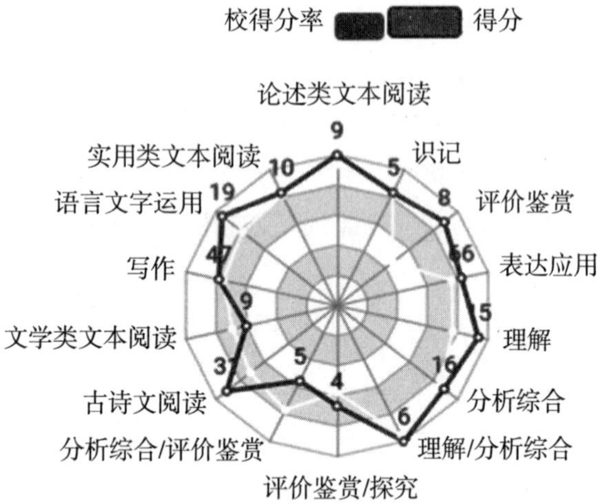

校得分率 ■ ■ 得分

图6-1 某学生语文考试知识版块与能力要求对比

对于学生成长的增值性评价，我们还应重视终结性评价分析，即在阶段学习完成后，根据学业成绩、评估数据等，对相关学校及班级、个体的批判性思维水平进行相应评价。为此，我们加强了对高考试题命制规律和趋势的分析，增强了学业水平试题命制的思维含量，以有效通过"一核四层四翼"的高考评价体系，优化试题质量，客观实现评估，促进学生思辨读写能力的实质性发展。以高考试题中关于"阅读素养"的考查为例，《中国高考评价体系》明确提出："社会不断发展，对人才的要求也在不断变化，如阅读能力虽然一直是高考语文的考查重点，但信息时代对阅读能力的要求发生了变化。因此，高考语文的关键能力之一——阅读能力也相应由注重精读转向强调精读、泛读等各种阅读策略的灵活运用，由注重对文本内容的理解接受能力转向侧重对文本传递的各类信息的审视阐释能力。"[①] 因此，对于信息型阅读、文学性阅读等相关试题的纵向对比分析，能有效考查学生的思辨性读写表达能力，便于教师实现对学生批判性思维的动态评估。

二、促进批判性思维培养的教学反思

聚焦批判性思维的评价体系要充分发挥促进教学改进的作用，离不开教师主动探索的热情和自觉的教学反思。美国作家、教师帕尔默在《教学勇气》一书中指出，只有当教师自己能够清醒地与他的自我意识深层对话，倾听到自己内心深处的真实声音，才能够注意、尊重和默契地回应学生内心深处的声音，

[①] 教育部考试中心. 中国高考评价体系说明［M］. 北京：人民教育出版社，2019：23.

才能够进入学生的内心深处，成为学生的心灵导师。"真正好的教学不能降低到技术层面，真正好的教学来自教师的自身认同与自身完整。"[①] 批判性思维本身就包含反思的成分，一个能以发展学生批判性思维为己任的教师，一定是一个善于自我反思的教师，具备反省性思维，能通过个体的自我反思与集体的互助反思，促进自身成长为思辨型教师，致力于将学生培养成理性的现代公民。

（一）教学反思的关注点

教学反思，指教师能运用理性的力量，对教育教学实践活动及其相关观念进行审视和理性分析，以此总结经验，发现问题和不足，以期进一步提高教育教学水平。教学反思涵盖教学全流程、教师生命全周期。在聚焦批判性思维培养的语文教学中，教学反思主要从教学理念渗透、教学目标设定与达成、教学方法运用、教学评价实施、教学追问设计等方面，反思是否真正落实了批判性思维的培养，是否达到预期目标，以及后续教学如何调整。

1. 教学理念反思

在教学中，教师易受经验主义的束缚，忽视对学生批判性思维的培养，教师应当不断地反思自身教学理念，思考是否做到引导学生增强思维的逻辑性和深刻性，提高理性思维水平；是否"关注与创新密切相关的能力和素养，比如独立思考能力、发散思维、逆向思维等"[②]，以符合学生长远发展的教学理念引领具体教学，让批判性思维培养渗透在教学的各个环节。

2. 教学目标反思

教学目标是课程理念的具体化，是学科核心素养培养的标的，主导着课堂教学的设计与实施。因此，要重点反思教学目标的设计是否科学合理，是否符合文本特点与具体学情，是否有利于发展学生的思辨意识和能力。如《石钟山记》教学目标："了解记叙、说明、议论相结合的写法，认识作者反对臆断、重视考察的观点。"这一目标对于思辨意识和能力的发展定位不足，经过反思调整为："辨析石钟山命名由来，领悟学者深思慎取的精神，发展思辨读写能力。"调整目标后，学生更能注意从文本中搜集材料，进行理解与质疑、论证与评估、独立判断与表达。

[①] 帕尔默. 教学勇气：缓步教师心灵［M］. 吴国珍，等译. 上海：华东师范大学出版社，2020.2.

[②] 教育部考试中心. 中国高考评价体系说明［M］. 北京：人民教育出版社，2019.

3. 教学方法反思

"教学有法，教无定法。"教师应当针对教学内容，运用多样的教学方法，根据反馈信息适当调整教学方法，提高批判性思维培养的实效。

如《窦娥冤》[①]的教学，教师从批判性思维培养方法和实效角度展开反思，提出了自我改进的策略与方向。

在培养分析力方面，通过戏剧学习传承中国戏曲优秀文化、涵养人格，目标达成度好，但因为时代久远，学生对窦娥的精神分析不深刻。可以给学生提供支架，如观看《窦娥冤》戏剧表演视频片段、阅读文章《做一粒响当当的铜豌豆》《关汉卿：一身正气数风流》，通过直观呈现与历史背景分析，引导学生分析窦娥的人格特质。

在培养评价力方面，学生能运用批判性思维评价窦娥性格的复杂性，能感受到窦娥强烈的反抗精神，同时觉得她是善良的野蛮人，她的誓愿"六月飞雪，楚州亢旱"是一种盲目的野蛮的报复。教师应引导学生理性思考，如果不这样处理，寄希望于天地鬼神惩治贪官，恐怕会陷入常规的因果报应的结局，就不会让读者体会窦娥惊天地、泣鬼神的冤仇；戏剧运用浪漫主义手法，创设了浓郁的悲剧氛围，深化了主题，构成全剧的高潮。

4. 教学评价反思

课堂教学评价具有即时性，要求教师灵活驾驭课堂，及时发现学习中存在的问题，有意识地帮助学生弥补遗漏点，及时反馈学生的参与状态、生成状态，通过评价调控课堂教学进程，实现课堂教学优化。教师在评价中要不断反思：评价时机的把握是否及时、评价内容是否准确、评价技巧的运用是否恰当、评价用语是否得体……发掘学生的闪光点，及时给予学生鼓励和表扬，培养学生学习自信心，促进学生思维品质的提升。

5. 教学机智反思

教学机智是教师面临复杂教学情况所表现的一种敏感、迅速、准确的判断能力。如在处理事前难以预料而又必须特殊对待的问题时，以及对待处于激情状态的学生时，教师所表现出的能力。

教学机智常常体现在对课堂教学的追问等方面。教学追问就是追根究底地问，多次地问，是在某一问题回答的过程中或回答后的再次提问。将追问运用

[①] 案例由成都市田家炳中学孙阳菊老师提供。

到课堂教学之中能够引发学生对问题的深入思考，能培养学生思维品质的求真性、独立性，优化学生的洞察力、反省力。教师追问常常存在随意问、浅层问、追问方式单一等问题，对于教学追问进行反思，采取适宜的策略，有助于提升批判性思维培养的实效。

（二）教学反思的形式

1. 个体反思——撰写反思日记

教师可结合自己的关注点，坚持写反思日记，主动对教学活动进行思考，加深对教育本质的理解。通过反思日记，再现教学情境，记录教学的成功点与改进点。反思日记不在于长篇大论、面面俱到，关键是聚焦问题，选择最需要反思的点进行深入反思与改进。

2. 集体反思——在行动研究中改进

在带有研究性质的教学活动中，还需要集体共同反思，促进团队在行动研究中共同成长。在自然、真实的教育环境中，聚焦研究问题，综合运用多种研究方法与技术，教学与研究相结合，使教师作为教学的研究者与反思的实践者进行综合考虑。

在实际教学改进中，个体的自我反思与集体的反思改进往往结合在一起。自评与他评结合，教学实践与案例分析结合，是教师成长的重要契机。

以《荒唐言中寻真味——〈红楼梦〉整本书阅读之思辨性导读教学》[①]为例，该课经过多次打磨，教师在不断的自我更新中成长。

教学思路：

在学生初读《红楼梦》及定点阅读第一回的基础上设计，帮助学生体会小说第一回中交代"石头神话"及甄贾二人人生际遇的艺术价值，理解整本书以"顽石"为起点的叙事架构和全书静观人世的主题背景，体悟"荒唐言"背后的"其中味"，初步确立《红楼梦》"痴迷与觉悟"的文学母题，推动学生对《红楼梦》整本书持续而有价值的阅读。

教学反思：

《红楼梦》第一回在全书中的地位非常特殊。从表面来看，第一回所写大多为虚幻缥缈之事，极有"荒唐言"之特色，与全书围绕贾府展开的主干故事

[①] 本课由成都市教育科学研究院附属中学龙尧老师执教，点评者为锦江区教育科学研究院教研员易晓。

的关联似乎不大，但这恰是作者设置的阅读障碍。从某种意义上说，越过作者在第一回中所设置的语言障碍，方能抵达本书表达的核心。中学生读懂第一回虽然存在不少困难，但在《红楼梦》的整本书阅读中，这部分内容不该回避。

导读课是整本书阅读的基本课型之一，其核心在于"导"，即首先要引导学生亲近文本，激发学生的阅读兴趣，克服阅读整本书的畏难情绪；其次是要给出阅读方法，引导学生从合理的路径进入文本，以收获最大的阅读价值。本课围绕以上两点，主要设置了"初识荒唐言"和"共解其中味"两个教学环节，试图引导学生从文字中去发现、质疑、反思，由疑读、思读再到悟读，明白小说在叙事上的独特构思与艺术匠心，进而理解本书所包含的静观人世的人生哲学及对生命悲剧的深刻体认。

整本书阅读作为一种新的学习任务，教师的"教"和学生的"学"都面临巨大的挑战。对于《红楼梦》这样的鸿篇巨制，更是如此。从执教反思的角度，我清醒地认识到本课所确定的"痴迷与觉悟"的文学母题，只是审视本书价值的一种方向。如何既避免旁逸斜出的散漫，帮助学生从初步读懂内容到实现深度思考前行；又防止因为母题研究方向的确定而给学生多元理解作品带来遮蔽，还需要进一步探索。此外，本课的内在结构及各构成元素之间的内在逻辑可能还有进一步厘清的必要，在学习驱动任务的设计方面也存在一定的不足，课程学习的任务化特征尚不够明晰，以上均值得进一步思考，以催生导读的更大效益。

评课议课（节选）：

从充分彰显整本书阅读的课程化价值，促进学生的发展角度看，本节导读课还有一些地方有待思考与完善。

问题一：母题引领下的整本书阅读，如何有效凸显作品中蕴藏的教学价值？

余党绪老师曾指出，整本书阅读或可成新一轮语文教学改革的发动机。要使发动机能真正马力充足，促进阅读教学品质的提升，教师对整本书教学价值的开掘不可忽视。深入字里行间去发现，前后关联补充、整合教学资源，是教师必须下的硬功夫。比如，以"顽石"为起点的叙述架构，除了第一章相关内容的梳理，能否进一步建立与前五回、小说主体故事的结构化关联，如补充"宝玉摔玉"的细节以佐证"无材补天"，引导学生更深入地领会顽石与宝玉之间的特殊隐喻性？关于甄士隐的人生悲剧，可否对学生提及的《好了歌》及其"解注"这些文本中的相关段落有更多关注，同时引导学生对文中出现的一僧一道进行揣摩？倘能以互文关联的方式进一步丰富阅读资源，加强信息捕捉的敏感度，落实阅读过程中的细读和精读，有价值的文本资源或许会更具张力，学生的发现之旅也会更加真实而生动。

问题二：课程化视域下的整本书阅读，如何进一步增强学习任务的思辨含量？

整本书阅读的课程化，意味着师生既要整体把握，宏观建构，也需要以专题的形式有序推进，通过多种课型有方向、有深度地展开阅读。因此，作品母题的寻找及其母题引领下的专题化推进，还需要关注其核心价值和学生的实际需求，设置有思辨含量的学习任务，以问导学来驱动学生有更多的发现，体会思考的乐趣，感受思想的光芒。

如关于顽石的经历，可否设置为如下任务："文段中提到的'顽石''通灵宝玉''神瑛侍者'和'贾宝玉'，这四者在《红楼梦》中的关系是怎样的？请结合作品进行分析。"经由"关系"的辨析，学生更容易认识顽石和通灵宝玉之间本相和幻相的关系，从而获得更大的思维乐趣。再如关于"荒唐言"的认知，本节课重在体会荒唐故事后的人生感悟，由顽石的经历而认知到"痴迷与觉悟"的文学母题，理解小说警醒世人的价值和意义。但何谓"荒唐言"？第一回中哪些地方体现了所谓的"荒唐"？曹雪芹为何称自己耗尽心血写就的《红楼梦》是"荒唐言"？循疑而思，不断追问，石头来历的荒唐，"无材补天"与"安邦治国"宏大理想之间的荒唐，乐极悲生与万境归空的荒唐，作者透过看似荒唐的语言形式表现的愤激之言、知音难寻的慨叹等，也许可以更有层次、更有逻辑地得到发现。

本次评课以"思辨导读：基于作品母题开启整本书阅读之旅"为主题，执教者对教学目标与过程、达成情况与遗憾进行了反思，观课者在肯定本课"聚焦作品母题确定整本书阅读的出发点，思辨审视中走向对小说价值的深度发现，基于学生视角促进整本书阅读的价值实现"三个主要优点的基础上，通过两个问题的追问指出了课堂教学中还需要思考的问题。这样的自我教学反思和观察者视角的反思能进一步引发思考，教学相长，互助互研，课堂的思辨价值亦将进一步得到彰显。

主要撰稿：孙阳菊、谭洁、王华美、杜红梅、冯小琼、王秉蓉、易晓、赵琳

下编

案例与分析

品《祝福》，话悲剧
——《祝福》教学案例

成都市锦江区教育科学研究院　易　晓

【设计意图】

　　《祝福》写于1924年，收录于鲁迅先生的小说集《彷徨》。小说的悲剧性是丰富的，主人公祥林嫂不仅被剥夺了活着的权利，甚至还需面对死后的恐惧，聚焦祥林嫂的悲剧命运及其根源，能对作品所折射的封建礼教的荒谬、社会集体无意识的残酷、妇女命运不能自己掌握等主题有深刻的领会和感悟。而反思其中的"我"这个彷徨的知识分子形象，思考其在作品中的意义和作用，并与《彷徨》中一系列知识分子建立关联，我们又能更好地了解作者的沉痛、思考与自我突围，理解鲁迅先生在揭示国民性的同时，对于知识分子使命的反思。可以说，《祝福》是一个等待着读者不断阐释和发掘的文本，有助于发展学生的批判性思维，提高学生理解与诠释、探究与发现的能力。

　　从小说的基本特质看，作家往往借助典型环境、典型人物及其命运的虚构和想象来表现典型的意义，作品本身、叙述者及其角度、作者、读者都是值得研究的对象，它们之间相互关联和生发，小说由此呈现出丰厚的张力。因此，为了更好地帮助学生理解和发现作品，教学时可以从作品本身出发，紧扣祥林嫂的悲剧命运，引导学生感受悲剧，理解悲剧，思考悲剧，进而透视与主人公命运相关联的社会环境与文化根源，在真实阅读的基础上，发展学生的理性认知。同时，也可以从叙述者角度出发，审视其中的"我"，进而与作者发生关联，使作为读者的自己获得更为深广的启示。而在文本阅读和分析的过程中，有意识地运用悖论分析、质疑追问等方法，则有助于发展学生的思辨阅读能力，激发学生的责任担当意识，提高学生的分析力、判断力和创生力。

【教学简案】

教学目标：

审视祥林嫂的悲剧命运及原因，思考作品中"我"的形象及作用，探寻作品的深度价值。

教学对象：

成都七中嘉祥外国语学校高中二年级学生。

教学流程：

一、导入

阅读文学作品就像攀登一座山峰，无限崎岖却也风景无限。鲁迅先生的小说，直到今日仍然有触动人心的力量，希望我们今天的文学作品之旅可以走进一片丰美的土地，有无限惊喜、新的发现。

二、感受悲剧，把握主要内容

思考： 本文主人公祥林嫂的故事无疑是一出悲剧，这是怎样的悲剧呢？请根据课文概括小说的主要内容，用一个词语或一句话完成填空"祥林嫂，一个_____的女人"。

提示： 可从命运、环境、个性等角度填空。

示例： 被逼改嫁、夫死子亡、众人厌见、无所依傍、内心恐惧。

小结： 这样的一个女性在众人欢庆的祝福声中死去，生的欢喜更衬出死的悲凉无助，加重了作品悲剧的力量。

三、分析悲剧，体味《祝福》之"悲"

思考："悲剧将人生的有价值的东西毁灭给人看。"《祝福》这一悲剧故事的"悲"究竟体现在何处？结合作品中有关描写，运用悖论分析讨论交流。

示例：

一个女性的命运悲剧。一个能干、勤快、对生活要求极低的女性，想要自食其力而不得，却屡遭不幸，夫死子亡，在众人的厌弃中，在鲁镇人的祝福声中孤独死去，命运令人同情。

一种观念杀人的文化悲剧。祥林嫂的寡妇身份是她悲剧命运的缘起。因为守寡被婆婆卖掉，因为不能守寡被众人厌弃，因为"三从四德"的思想被封建迷信吞噬的女性，封建礼教思想武装了众人，甚至祥林嫂自身也维护着这种观念。

一群人集体无意识的社会悲剧。作品中的鲁四老爷的皱眉、柳妈的打趣和关于阎罗王的锯成两半的迷信思想、鲁镇人的"嘲笑""咀嚼赏鉴"……一群人不自觉地加深了祥林嫂的不幸,使她在夫死被卖、夫死子亡、走投无路之余,又增加了精神的不幸和恐惧,更加走向死亡的境地。

四、审视悲剧,探寻作品价值

思考1:作者为什么要写这样的悲剧?你认为作品的价值何在?

补充资料:

1. 凡是愚弱的国民,即使体格如何健全,如何茁壮,也只能做毫无意义的示众的材料和看客,病死多少是不必以为不幸的。所以我们的第一要著,是在改变他们的精神。(《〈呐喊〉自序》)

2. 我的取材,多采自病态社会的不幸的人们中,意思是在揭出病苦,引起疗救的注意。(《我怎么做起小说来》)

讨论要点:

国民性的反思——直面看客社会、直斥封建思想和礼教、直指人性的愚昧。

思考2:作品中的"我"等于作者吗?这个人物的出现有什么价值?

补充资料:

1. 寂寞新文苑,平安旧战场。两间余一卒,荷戟独彷徨。(《题〈彷徨〉》)

2. 地火在地下运行、奔突;熔岩一旦喷出,将烧尽一切野草,以及乔木,于是并且无可朽腐。(《〈野草〉题辞》)

重点品读第17页"冬季日短……"结尾"我给那些在近旁而极响的爆竹声惊醒……"感受"我"的内心世界和意义。

讨论要点:

启蒙者的立场——"我"即故事的叙述者、见证者,也是祥林嫂命运的同情者,同时还是一个有着软弱性和局限性的知识分子。知识分子寻觅无依、内心孤独的彷徨是本文隐含其间的主题。

"两间余一卒,荷戟独彷徨。"《彷徨》中,鲁迅先生直接描写了知识分子这一群体,直接将主体渗入小说,表面上虽是写他人的故事,实际上是对自己进行"灵魂的"、深刻的剖析与开掘。

五、布置作业

请从下列题目中任选其一写一篇研究性小论文,也可自己就《祝福》中触动你的某一点展开写作。

示例:祥林嫂的悲剧命运和集体无意识

　　　　谈谈"我"的作用和意义

　　　　祝福的环境与悲剧的深刻性

祥林嫂的自我吞噬

围绕祥林嫂的女性群像解剖

板书：

两间余一卒，荷戟独彷徨

悲剧　祥林嫂　祝福　我　启蒙

命运、社会、文化　反思国民性、自我灵魂解剖

【思辨镜头】

镜头一：

师：再到鲁镇，"伤疤"被人嘲笑。祥林嫂，一个夫死子亡，被逼改嫁，想要守节却不能，众人厌弃、排斥、孤独的女人。除此之外，大家还能发现什么吗？

生：我觉得祥林嫂还是一个柔中带刚的女人，夫亡后，她不是柔弱地顺从而是逃出鲁镇，追寻另外的生活，有果决刚硬的一面。

师：很好，祥林嫂还是有一定反抗性的女人，她的反抗性体现在什么地方？有哪几次比较出格的反抗？

生：逼嫁逃婚。

师：大家看到文本。被逼嫁时，她"逃"。还有呢？注意查找关键词。

生："闹"。

师：她"闹"得不一样的地方是什么？嚎、骂、撞。还有吗？请尽量从文本中发现。

生：捐门槛，她以门槛作替身承担罪恶，然后可以坦然地去拿酒杯和筷子。

师：捐门槛是祥林嫂挣脱悲剧命运的一种反抗。在面对现实的时候，她想要好好地活下去。还有吗？

生：质问魂灵的有无。

师：她碰见"我"时询问"一个人死了之后，究竟有没有魂灵的？"她希望得到的答案是什么？

生：是矛盾的。

师：为什么？

生：希望有，可以见到家人；希望无，害怕被锯成两半。

师：探寻魂灵的有无，祥林嫂其实也是在寻找人生的答案。但有反抗性的祥林嫂最终还是被吞噬了。悲剧将人生的有价值的东西毁灭给人看，《祝福》

究竟悲在哪些地方呢？我们能发现多少让人悲哀、悲伤、悲叹、悲慨的地方呢？请大家再思考一下。

生：从社会现象看，小说揭示了社会的冷漠。面对祥林嫂的命运，大家不是援助，而是将她推向绝境。

生：周围的人都不愿意倾听她的故事，这种冷漠促成了她更深刻的孤独。

师：没有人听她倾诉，如同契诃夫《苦恼》中的马车夫，失去儿子的苦痛没有人愿意倾听，人与人的隔膜是深沉的悲哀。

生：从祥林嫂本人看，她意识到自己应该争取自己的未来，但其余人没有这样的思考。这启示我们应该学会认识自我，把握自己的命运。

师：你谈的不是悲剧的原因，而是我们应该如何面对命运而活着。刚才几位同学都提到了祥林嫂的反抗性，我想追问一下，具有反抗性的祥林嫂是把自己往更好的方向挣脱出来呢，还是使自己向悲哀的境地进一步沉降？为什么？

生：祥林嫂努力地想挣脱自己的命运，但意识不够，方向是错误的，捐门槛等没办法帮助她改变命运。四婶在捐门槛之前说："祥林嫂，你放着罢！我来摆。""祥林嫂，你放着罢！我来拿。"捐门槛之后说："你放着罢，祥林嫂。"祥林嫂仍然是不被接受的。

师：请大家关注文本。再到鲁镇，"镇上的人们也仍然叫她祥林嫂"，在所有人的意识中，再嫁都是罪恶深重的。祥林嫂本人要反抗的也是改嫁，只是决定权不在自己这里。如果从内心深处看，祥林嫂要维护的，仍然是不能改嫁的礼教观念。一个人被同化到以反抗的形式自觉维护这种观念，这是小说更深沉的悲哀。

生：我还读到了社会中女性的悲哀。祥林嫂初到鲁镇时二十六七岁，后来随卫老婆子出现的婆婆三十多岁，可是她们却成了婆媳，祥林嫂无法掌握自己的命运，女性在这样的时代是无法自主的。

师：这篇小说有很多女性，四婶、婆婆、柳妈。作者的重点是写祥林嫂，假如她们变成了祥林嫂，会不会是一样的命运？婆婆把祥林嫂卖了，柳妈以祥林嫂的伤疤为乐，四婶最后的"你放着罢，祥林嫂"断送了祥林嫂的希望，造成了祥林嫂的毁灭……小说把祥林嫂的悲剧置于一群女人中，悲剧的意味更加深重。

镜头二：

师：如果要问是谁把祥林嫂害死的，我们还找不出元凶。婆婆、小叔子、鲁四老爷、四婶、柳妈、老女人……她的悲剧是命运的悲剧，也是社会的悲剧、观念的悲剧、文化的悲剧。所以作家丁玲说："祥林嫂是非死不行的，同情她的人和冷酷的人、自私的人，是一样地把她往死里赶，是一样使她精神上增加痛苦。"这也是小说的悲哀之处。刚才大家关注到了很多人，但有一个人还忽略了，那就是"我"。思考一下，作品中为什么要写这一个"我"？"我"这个形象有什么特点？

生："我"与四叔话不投机，是维新派。

生："我"与故乡的人、氛围等格格不入，是故乡的弃子，是永远的异乡人。

生："我"因为祥林嫂而内心惶惑。

生："我"有同情却软弱，想要逃避，以"说不清"逃避责任。

生："我"在祥林嫂的命运面前陷入愤激与沉思，启迪读者思考。

师："我"为什么"明天决计要走了"？从作品看，"我"是小说的叙述者，也是祥林嫂命运的同情者，却又因为软弱而加重了祥林嫂的悲剧。鲁迅先生在《我怎么做起小说来》中提及："我的取材，多采自病态社会的不幸的人们中，意思是在揭出病苦，引起疗救的注意。"启蒙是鲁迅先生一生的事业。这部作品选自鲁迅的《彷徨》，"寂寞新文苑，平安旧战场。两间余一卒，荷戟独彷徨"。面对中华大地如此多的苦难，鲁迅先生又在思考什么？把这篇小说与《彷徨》的其他作品结合起来读，鲁迅先生似乎反映出了在当时社会环境下的知识分子的"众生相"，作品也具有了"自我灵魂的对话与相互驳难的性质"。今天时间不多了，请大家回去研究一下小说中的"我"，思考一下，在《祝福》中的"我"为什么不告诉祥林嫂没有魂灵？"我"的塑造究竟有什么意义？

【教学反思】

经典文学作品是一本打开的书，每一次品读都是一次发现之旅。这不是一次完美的课，"审视悲剧"这一环节并不够充分，尽管我也曾在其他场合完整地呈现出教学设计，并且取得了很好的反响。但这是一节真实的课，有亮色、有遗憾。整理这一课的内容，对于如何改进教学，是可以提供借鉴的。

回顾本课教学，我觉得做得比较好的地方主要体现在以下方面：

1. 主问题设计合理而清晰，能撬动学生走向文本更深处。本堂课的教学主要设置了两个问题：①祥林嫂是一个怎样的女人？②小说中的"我"有什么意义？围绕着问题①，教师和学生展开了对祥林嫂命运的探寻，从人物命运轨迹、性格特质、悲剧缘由等多角度进行了揣摩。围绕着问题②，可从小说叙述者的角度探寻作者的创作意图，从而使作品主题的挖掘更见深度。

2. 悖论分析法发展了学生的理性思辨力。教学中，我从学生对祥林嫂命运的概括中提取了"想……而不能……"的关键词,从而带领学生从人物的命运、性格等不同角度进行了深入而具体的感知:想要逃婚而不能,想要自食其力而不能,想要守节而不能,想要捐门槛改变他人看法而不能,想要寻找魂灵的有无而不能……随着对祥林嫂命运的感知,学生实现了对人物的真实阅读和深层把握,并有了对人物命运的深切同情。

3. 层层追问、不断质疑引发了学生对作品新的思考和发现。对祥林嫂命运反抗性的发现是教学中的难点,也是我教学时的着力点。随着对反抗性的体现、反抗的结局及意义进行有意识的追问,学生既感受到祥林嫂反抗性的可贵,又发现了祥林嫂以反抗维护旧的礼教的悲哀,并由此使作品悲剧意味的分析从命运悲剧、社会悲剧走向了观念悲剧、文化悲剧。而关于女性悲剧的反思,又使课堂呈现出合理而有逻辑的新的发现。

4. 从叙述者角度的关联思考使作品的价值发掘具有更广泛的意义。引导学生思考"我",适当补充鲁迅先生的作品、文字,使小说阅读在局部环节实现了微群文,在关联比较中更能拓展作品的广度和深度。

经过自我反思,我觉得以下方面仍然存在问题:一是教师的"导"较多,学生的自我发现还显不足;二是教学时间分配不合理,前重后轻,以致关于"我"的探讨不够充分;三是"先见"为主,"创建"不足,经典作品的解读和发现还需要有意识地运用一定的批判性思维策略,促进学生的自我创生。充分发现作品的文学、文化价值,促进学生的精神生长,是经典小说教学的主要目的和重要任务,而如何实现在常态教学中发展学生的批判性思维,则是教学路径优化的必然之思。这一节不断追问,试图由文本走向作者创作意图探寻的单篇文本教学,前路漫漫,未来依然任重道远。

【观课者说】

见思维、见批判、见创造

好的文章和好的老师相遇就是学生生命里的一场盛宴。如果说鲁迅先生的《祝福》是一篇思想深邃、充满意蕴的好文章,那么,易晓老师的《祝福》一课,无疑是引领学生挖掘思想、揭示秘蕴、具有思辨色彩的精妙好课堂。

《祝福》是高中语文课本中的经典阅读篇目,"经典阅读,最关键的是要找到经典中最合乎中学生需要的那些独特价值"。鲁迅先生是批判思维的大师,他冷峻、理性、犀利、透彻,三言两语就击中要害。易老师的这堂课给了我们很好的培养批判性思维的示范,引发了我如下的思考。

一、什么才是精要的设问

"培养学生批判性思维最好的方法就是不断提问。"纵观这堂课，我们不难发现，易老师是一个提问的高手。其一，于设问中启发思考。本课以"祥林嫂，一个_____的女人"为起点，将课文聚焦到一个问题上，又据此为抓手，纵览全文，展开一场自由而平等的对话。这个问题牵一发而动全身，高屋建瓴地构建了一个主问题框架，突出了小说的重要的特征——人物形象。其二，于追问下层层推进。当捕捉到一同学说祥林嫂不能按自己意愿来生活时，易老师紧接着追问"为什么祥林嫂不能按照自己的意愿生活？""不能按意愿生活表现在何处？"然后引领学生抽丝剥茧，回归文本细节，去感受人物的命运之悲。其三，于质疑处发展能力。祥林嫂是否具有反抗精神？这是解读《祝福》一课绕不开的一个话题，它本身就具有悖论性质。易老师从学生对祥林嫂命运的概括中提取了"想……而不能……"的关键词，祥林嫂想抗婚而不能，想捐门槛改变他人看法而不能，想寻找魂灵有无的答案而不能，通过悖论分析法，言简意赅、意味深长地让学生自然感受到封建礼教对人的束缚与威逼，迫使有反抗精神的祥林嫂一步步走向死亡，而她反抗的形式竟是自觉维护封建礼教，这恰好是"观念杀人"的文化悲剧这一主题的最好彰显。如果说鲁迅的文章字字带血，那么易老师的讲解句句在理，让学生领悟主题的同时发展了理性思辨能力。

二、如何实现多维对话

苏格拉底说："没有一种方式，比师生之间的对话更能提高沟通能力，更能启发思维技能。"这种开放式却又有聚焦点、自由交互的课堂充满了蓬勃的生命力。

要理解祥林嫂悲惨命运的根源，必须回归复杂的时代背景。学生理解起来非常困难，易老师以生为本，舍得给时间让他们去字里行间寻找发现，不急着给自己的结论，而是耐心听学生的发言，找出亮点不停肯定鼓励，也顺着学生的问题循循善诱，师生平等对话，共同探讨。

易老师把自己的困惑融进了学生的困惑，带领学生精读细嚼，每一次读，都是有发现的读；每一次问，都是有启发的问。师生的智慧激烈碰撞，在碰撞中跨越时代的隔阂，触摸到鲁迅的一腔热血、满腹悲愤、身不由己，产生千古同悲的情感共鸣，实现文本价值与学生心灵同步共振。

三、文本理解可以走多远

部分教师由于学识视野的局限，往往被文本和教学设计牵着鼻子走，对文本价值缺乏有深度的开掘。"教学的任务不是破译文本'说什么'，这是一般人都读得出来的；而是要破译作者'怎么说'，为什么要这么说，要把文本背后一般人看不见的秘蕴揭示出来。"

一般读者可能不会关注文本中"我"的情感的微妙变化，作者设置"我"来讲述祥林嫂的故事，但"我"绝不仅仅是一个事件的记录者和见证人。"我"与祥林嫂的对话，"我"在鲁镇的诧异、惊惶、彷徨、纠结、反思……既充实了小说的内容，又展现出这篇小说主题的多样性和内涵的丰富性。通过"我"，写出当时的知识分子对现有社会状况的不知所措乃至无动于衷。因此，不剖析祥林嫂与鲁镇，无法体会作者揭露社会的深度；不品味"我"，难解鲁迅剖析灵魂的真诚和"立人"的殷切之情。

鲁迅先生对于国民性的反思，站在启蒙者的立场，实际上是对自己进行"灵魂的"、深刻的剖析与开掘。易老师对"我"的探讨与质疑引导学生探究知识分子的使命，培养学生的责任担当精神。在审视悲剧、探寻作品价值环节中，易老师补充了鲁迅先生的《〈呐喊〉自序》《我怎么做起小说来》《题〈彷徨〉》《〈野草〉题辞》等文章，试图通过文章之间的关联，推动学生推断、溯因、寻找异同，进行有意义的思考与建构。不管是作者还是读者都在自我的反思和批判中走向深刻，而学生也在易老师的引领下体味到思考探究的乐趣。

余党绪老师说："聚焦阅读中的思考，这必然走向思辨性阅读。思辨性阅读是理性主导的阅读，是对话式的阅读，是探究式的阅读，也是建构式的阅读。"易老师在这堂课以有价值的问题为学习的起点，以问题为核心组织学习内容，让学生围绕问题寻求解决方案，从而使学生在思维方法、逻辑理性方面得以增长。

掩卷沉思，这一课还有哪些值得发掘的地方呢？笛卡尔说："我在怀疑，我有思想。"我们还可以让学生知道，即便是优秀的文本，在欣赏、吸收、借鉴的同时，也不能没有质疑、反思。"从阅读的本质上说，文本是拿来质疑、误读、批判与超越的。只有这样，才是真正意义上指向表现与存在的有效阅读。"一个社会是否发达、文明、健康，社会制度是否健全，恰好可以从一个女性个体命运折射出来。鲁迅先生选择一个社会底层勤劳善良女性的悲惨命运来写，确实更具代表性，更能引起疗救的注意。鲁迅的文章是强者的突围，一直在否定什么，他告诉我们什么样的生活不能再过下去了，可他没有告诉我们该怎样过下去；鲁迅的文章是匕首、是投枪，他在批判那个黑暗社会的同时也在对自己进行无情的批判。作为教师，还可不可以站在时代之外去看那个时代，引导学生不能一味地沉浸在对人物命运、对那个旧时代的悲慨之中，而应该走出来，思考怎样才能避免重蹈覆辙？也许，我们可以使学生更好地懂得现代公民必须具有的独立人格，保持独立的思考，改变思维的方式。

　　读鲁迅，是一次灵魂的洗礼，它必将刷新、荡涤、激活国人麻木的心灵。时代在变，精神永存！

（成都市第十七中学校　刘春兰）

识套·破套·解套
——《装在套子里的人》教学案例

成都市教育科学研究院　袁　文

【设计意图】

本案例为第三届全国中学语文批判性思维教学现场会暨"中学生批判性思维培养与思辨读写教学实践研究"课题年会的展示课。学术界关于契诃夫其人其文的研究不胜枚举，但对入选高中语文教材的《装在套子里的人》的内容删节、翻译版本、叙事结构、主旨深层隐喻，以及这些问题与学生批判性思维培养的关系，还有待探讨。多重视阈中的《装在套子里的人》显示出丰富的面貌，正是这种多元释义的可能给批判性思维教学带来了空间。

值得注意的是，现行教材中的《装在套子里的人》是删节版，篇幅为4000字左右，而原版小说翻译过来约为9000字。在整本书阅读成为新一轮语文教学改革引擎的背景下，如何在课堂上实现对两个版本的比较阅读和思考，探究小说的主题，引发学生对人性和社会的思考，体味契诃夫小说的永恒价值，是我的一个大胆尝试。在教学中聚焦思维，我引导学生以文本事实为基础，以因果逻辑为核心，以人性社会为参照，合理质疑，对人物形象多元赏读，对小说情节多元猜读，对小说主题多元解读，以呈现对经典文本进行批判性阅读的姿态和方法。

【教学简案】

教学目标：

1. 以脸色描写为切入点，紧扣"识套""破套""解套"分析人物形象及主题。

2. 通过与未删节文本进行比较，体味小说的深层意蕴，发展学生的探究能力。

教学对象：

上海师范大学附属中学高中一年级学生。

教学流程：

一、课前预习

1. 认真阅读课文，标出自然段序号，理解主要内容。

2. 完成以下学习任务：

（1）小说情节可以概括为"别里科夫之生""别里科夫之恋""别里科夫之死"，请在文中划分出来，并分析别里科夫的死因。

（2）数一数别里科夫身上有多少个有形的和无形的套子，思考：从中可以看出人物什么性格特点？

（3）比对未删节版本的文本，思考：如果你是教材选编者，你会删掉这些部分吗？有人说伊凡内奇是契诃夫，有人说他是关于"套中人"现象普遍性的思考者，有人说他是转播视角，转播了整个俄国社会及思想界的情况，还有人说他也是一个"套中人"。你怎么看？有条件的同学课外阅读《装在套子里的人》全文，并查阅相关资料。

二、课堂推进

（一）导入

俄国戏剧家斯坦尼斯拉夫斯基曾指出，契诃夫这一章《装在套子里的人》还没有结束，人们还没有像应有的那样读完它，还没有深刻领会它的底蕴，而过早地把书合上。希望人们重新打开它，钻研它。

思考：别里科夫最突出的形象特点是什么？

提示：别里科夫既有雨鞋、雨伞等实物的套子，也有政府颁布的各种规章、制度、条文，以及思想等无形的套子，套子里是一个封闭、守旧、胆小、多疑的灵魂。

（二）识套

在俄语文化中，"别里科夫"这个姓已经成了一个专有名词，代表"别里科夫性格"，而这篇课文从1963年编入我国中学教材以来，教材的课后练习题对人物形象的分析有一些变化。你更认同哪个观点？为什么？

1979年版：别里科夫是沙皇政府的忠实拥护者，极力维护沙皇帝国的统治。

2001年版：对于别里科夫这个人物，你可能更多地看到他可憎的一面。其实他作为旧秩序、旧传统的自觉维护者，本身也是一个可悲可怜的受害者。

2003年版：有人说他很可憎；也有人说他作为旧秩序、旧传统的自觉维护者，本身也是一个可悲可怜的受害者。

提示："有人……，有人……"更为客观中立。从文中哪些地方读出了别里科夫的"可憎"或"可悲可怜"？（还可以有其他观点）

（三）破套

分析文中关于别里科夫的脸色描写，以及两处删节部分的脸色描写。

①他凭他那种唉声叹气，他那种垂头丧气，和他那苍白的小脸上的眼镜，降服了我们。

②我们动身了，他脸色发青，比乌云还要阴沉。

③别里科夫脸色从发青变成发白。他站住，瞧着我。

④第二天他老是心神不定地搓手，打哆嗦，从他的脸色分明看得出来他病了。

⑤别里科夫心慌意乱，匆匆忙忙地穿大衣，脸上带着恐怖的神情。这还是他生平第一回听到别人对他说这么不客气的话。

⑥结婚的决定好像对他产生了负面的影响，他人变瘦了，脸色更加苍白，他像是更深地陷进自己的套子里去了。

⑦当时，他躺在棺木里，面容温和，愉快，甚至有几分喜色，仿佛很高兴他终于被装进套子，从此再也不必出来了。是的，他实现了他的理想！

别里科夫有没有冲破套子的尝试呢？小说花三分之二的篇幅写别里科夫之恋，这个实际是作为对别里科夫的一场拯救活动而出现的。

思考：为什么别里科夫之恋以别里科夫之死结束？这合乎逻辑吗？

提示：外在冲突和内在冲突导致恋爱以悲剧结尾，所以作者批判的"套中人"，除了有社会批判，还有人性批判。渗透在骨子里的奴性，使得他失去打破套子的力量，一步步远离人性，丧失了普通人的品格和追求，走向了"人的异化"，爱情没能让他穿透套子，得到救赎。

（四）解套

别里科夫的故事是借布尔金之口说出的，而课本正好删掉了这部分。

1. 比对未删节文本，思考：如果你是教材选编者，你会怎么处理？为什么？

2. 了解契诃夫所处时代特点和个人心路历程，进一步发现套子的隐喻义，体味小说的深层意蕴。

他从小受的教育是服从长官、亲吻神甫的手，崇拜别人的思想，为得到的每一小块面包道谢,他常常挨打,外出教书没有套鞋可穿……你写写他吧,写他是如何把自己身上的奴性一滴一滴地挤出去的,他又是如何在一个美妙的早晨突然醒来并感觉到,他的血管里流淌着的已经不是奴隶的血,而是一个真正的人的血。

——《致苏沃林》契诃夫 1889 年 1 月 7 日 莫斯科

契诃夫曾说"再也不能这样生活下去了"。思考:这样的生活是一种怎样的生活?新的生活在哪里?

提示:这篇小说写于 1898 年,是作家晚期作品。这一时期作品中,充满了当年典型的社会情绪。剧作《海鸥》《万尼亚舅舅》《三姊妹》《樱桃园》等都有类似的呼唤。"这样生活"对普通大众来说就是现实背景下的日常生活。它压抑、呆板、空虚,它缺乏爱意、充满背叛,它寡廉鲜耻、没有灵魂……这不是一个简单的讽刺小说,而是作者一以贯之的思考和追问——新的生活在哪里?渴望新生活,挣脱禁锢,排除奴性,放飞心灵,过人样的生活,做有精神追求的人。

(五)作业

小组合作,自选角度或从以下专题中任选一题,展开探究,形成研究性小论文。

1. 小说为什么以布尔金的视角去叙述故事?

2. 装在"套子"里的别里科夫迎来了自己的悲剧,为什么敢于突破"套子"的人如李贽、布鲁诺、贾宝玉也以悲剧收场?为什么要给追求自由的孙悟空加上紧箍咒?

【思辨镜头】

镜头一:

师:为什么契诃夫对别里科夫有"面容温和""甚至有几分喜色"这样反常规的写法?

生:这是一种讽刺。

师:你能不能用一个词形容他?

生:异类。

师:你能诠释一下吗?

生:因为他的行为和思想与正常人不一样。

师:猜想时要顺着文本逻辑来。作者其实用一种漫画式的夸张手法、一种喜剧的外壳,表现严肃的关于人的生存状态的问题。别里科夫想要冲破套子,但他未能破套而出，是因为他身上有太深重的奴性，以至于远离了人的本性，即西方文学中的"异"，人的异化，成了"非人"。

镜头二：

师：还有没有其他同学想要交流一下？

生：我觉得他是顽固保守、害怕变革的人。

师：你从哪里找到证据呢？

生：他不愿意接受新鲜事物。

师：可否具体阐述一下？

生：他总是把自己的思想极力藏在一个套子里，只有报纸上的告示和文章禁止什么，他才一清二楚。

镜头三：

生：我有几个观点，我觉得其中几个观点是可以合并在一起的，因为作者本身就是一个转播视角，套中人也可以包括契诃夫，因为作者没有明写别里科夫是怎么死的，有可能别里科夫变正常了，也可能他在床上躺了一个月幡然醒悟。

师：你的意见是别里科夫已经解套而出，依据是什么？

生：因为伊凡内奇阐述这个故事时，显然很正常，了解得非常清楚，也有可能他是个套中人。

师：老师纠正你的一个误读，这个故事是布尔金讲的，后来是伊凡内奇转述的。

生：啊？我再认真读读。

师：还有没有人要表达自己的意见？

生：我的观点是契诃夫本人，因为伊凡内奇说："我们住在城里，空气混浊，十分拥挤，写些无聊的文章，玩'文特'——这一切岂不就是套子吗？至于在懒汉、搬弄是非的人、无所事事的蠢女人中间消磨我们的一生，自己说而且听人家说各式各样的废话——这岂不也是套子吗？"

师：这一切的套子指的是什么？

生：沉浸在自己的世界里。

【教学反思】

在教学内容的选择上，我根据小说文本特质确定恰当的阅读路径和策略，以基于批判性思维的文本分析和学科核心素养培养为出发点。一方面，实现阅读文本有"厚度"，能充分挖掘选入教材的删节版的原生价值，发挥文本的教学价值；另一方面，实现阅读文本的"广度"，即通过教师的引导，补充契诃夫的其他作品和相关学术研究成果的背景知识。在教学过程中，所有的观点和论述都应该是基于文本、有理有据的。

我一直鼓励学生质疑和挑战被广泛接受的结论，例如，让学生对多种版本教材课后练习题进行分析、评价、补充甚至质疑；让学生尝试以教材选编者的身份，为未选入教材的未删节版本设计一道课后练习题；引导学生依据文本更深入地分析小说，通过对文本空白的挖掘，寻找文本中的亮点或不合理处，促使学生依据文本进行想象和推理，形成判断和评价，达到提升学生思维品质的目标。

基于上述思考，这节课我以"识套"——"破套"——"解套"为主线设计了三个逐层推进的核心教学环节。

第一，结合 1979 年、2001 年、2003 年不同版本教材课后练习题引导学生探讨别里科夫的人物形象。从"可怜""可憎"这两个角度去感受作者对别里科夫这类小人物的同情与批判。展示不同版本的课后练习题，先让学生理解、评估这些观点，再引导学生用多元、理性、温和的态度去评价文学经典中的人物形象。

第二，围绕课文及删节部分的脸色描写，思考别里科夫恋爱时破套而出的尝试及未能成功的悲剧性。在这一部分，主要与学生探讨一个问题：为什么别里科夫的恋爱以悲剧结尾？这合乎逻辑吗？试图让学生在理解、评估教材"可怜""可憎"观点的基础上，建立自己的观点和论证。通过分析别里科夫的恋爱悲剧，引导学生更深层次地思考、体认人物的异化问题，即这篇小说的核心。

第三，通过阅读和对比未删节版本，了解契诃夫所处时代和个人历程，还原小说的双层叙事结构，基于叙事角度的变化，引导学生进一步发现套子的隐喻义及体味小说的深层意蕴。学生实现由一篇经典到一个作者，再到关于人性和生活的思考。课堂则从善读经典，到独善其身，最后引发对生命价值、生命尊严、生存状态的思考。

在执教过程中，通过追问，促使学生不断从文本出发推理分析，找出关系，明确要点，得出结论，做出评价。对多个版本文本互文比较、判断和分析，引领学生进行批判性阅读，促使学生形成深度的理解和建构。激发学生深入探究的欲望，对阅读文本相关问题有独立的观点，让学生在表达观点时诉诸理由与证据，在此基础上允许多种观点并存。当然，批判性阅读不能脱离文本，标新立异，剑走偏锋。因此，当学生产生明显的误读时，教师也要及时引导与纠正。

本节课存在的不足：一是在找准学生的起点与教学目标间的差距和执教过程中适当调整教学目标方面略显薄弱；二是由于借班上课，课前对所给资料的引导阅读不足，部分学生对文本的熟悉度不够；三是虽然关注学生反应并不断追问，尊重学生个体表达，但整节课主问题都是以预设为主，课堂生成不够。

【观课者说】

设计阅读　引发思辨

从世界教育的总体趋势而言，对理性思辨能力、创新能力等高阶思维能力的培育，已经是个人发展与国家发展、提高国际竞争力的重要素养。如何将学生高阶思维能力的培育与学生批判思维品质的提升置于每一节真实的课堂教学之中，融入学生每一篇文本阅读学习之中，这不仅是对教师教学理念的衡量，也是对教师教学智慧的考量。尤其是对语文教材中经典文本的教学研究和设计，更是需要教师自身所具有的批判性思维能力。入选高中语文教材的《装在套子里的人》一文实为高中语文教学中的经典篇目，如何让学生在阅读经典的过程中获得思维品质的提升，尤其是对学生批判性思维能力的培育？袁文老师以批判性思维的文本分析和学科核心素养培育为出发点，从比较阅读的角度设计教学，引导学生对经典文本进行细读，将学生置于质疑思辨的过程，针对学生批判性思维的培养进行了一次大胆的尝试与探索。通观本课例的全部内容，我认为本节课的教学围绕学生思维品质的提升，从教学内容的选择到实施具有其自身的特点。

一、力求体现文本特质，恰切选择教学内容

教学内容的选择最为重要的是依据文本体式的特质，从学生阅读经验出发，进行有目的、有设计的一系列阅读活动，进而获得教学所设定的阅读能力的培养，即文本教学价值的充分体现。作为经典小说的《装在套子里的人》，从教材编写者的意图而言，重在对小说主题与情节的把握，且有意识地教会学生从人物、情节、环境三个方面去理解小说的主题。袁文老师站在教材教学价值的体现与学生批判性思维培育的连接点上，对教材的内容进行了重构。

本案例设计的教学基点是从学术界关于契诃夫其人其文的研究切入，对入选高中语文教材的《装在套子里的人》的内容删节、翻译版本、叙事结构、主旨隐喻等问题，执教者站在学生批判性思维培养这一层面，重视对处于多重视阈之中的《装在套子里的人》的思考，选择适合学生的思考点，着力于批判性思维教学空间构建。比如，执教者在完成文本整体内容把握这一教学环节中，以"识套"为教学引导，不是简单的教材文本浏览，而是给学生提供了一组比对阅读的材料、设计了自主思考的问题情境，让学生自然进入对文本内容的把握，凸显了教学空间的思辨性。不难看出执教者对教学内容的精心选择，她抓住《装在套子里的人》从 1963 年入选中学语文教材后其课后练习题对人物形象分析的变化，从教材版本不同、选择的内容不同这一角度，在课堂上比对小说几个版本的异同，引发学生的阅读冲突与思辨，从比较阅读和思考视角，引导学生探究小说的主题，引发学生对人性和社会的思考，体味契诃夫小说的永恒价值。这样的教学设计，不仅关注了小说这一文本教学的特质，围绕小说教学的关键要素展开，而且阅读过程刻意增大了学生思维的容量，引发学生的质疑与探究，从而促使学生思辨的自然生发。

二、巧妙设计阅读任务，充分卷入思辨过程

学生的阅读经验只有通过真切的阅读过程去获得，这已是阅读教学中公认的学理。在语文教学中唯有设计符合文本特质与学生认知实际的阅读任务，让学生经历个性化的阅读过程，才能获得属于自己的个性化的阅读经验。此处所言的阅读经验并非指固化的某一个答案与结论，而强调的是一种真实的阅读思考的方式，是可以进行迁移的一种阅读思辨的能力。本课例在教学实施中，执教者精心设计了一系列阅读任务，并且在课前的自主学习到文本教学推进的过程中全程贯穿，让学生在完成这些真实的阅读任务时自然进入一种思考的状态，且在思考中进行理解与表达。比如，课前预习中设计的第三个阅读任务，仔细观察这一阅读任务的设计，既有明确的"比对""思考""查阅"一系列阅读任务指令，又有明确的任务实施后的问题分析与表达。袁文老师在设计任务时给出了一个预设的问题空间，以"如果你是教材选编者，你会删掉这些部分吗?"一问将学生植入一个真实阅读的情境，接着连用四个"有人说……"与"你怎么看"将学生置于筛选、辨析、确认的场景之中，引发学生真实的思维冲突，当学生跟随这样的思维路径进行文本的阅读与思考，尤其是一直处于问题的质疑与解说之中，必然促使学生的阅读围绕一个个精心设计的、富有思维挑战性的问题展开，从而激活学生的思维，获得思辨力的提升。

三、努力搭建学习支架，有效引发思维冲突

在语文阅读教学中融入批判性思维能力的培养，必然会促进学生对语文学科的学习理解和学科能力的发展。其关键是教学过程中如何实现这一能力的培育，这是值得我们深入思考和研究的问题。本课例执教者袁文老师不仅尝试着在学生阅读过程中提供相应的补充资料帮助学生理解小说意蕴，而且以连续追问的形式,"逼迫"学生进行深入的思考,以此引发学生的思维冲突。比如,在"解套"这一教学环节的推进过程中,执教者给学生提供了辅助性阅读资料并设计了两个问题,思考:这样的生活是一种怎样的生活?新的生活在哪里?相关资料无疑对理解作者为什么要写作这一小说有所帮助,同时对作品所反映的社会现实的理解有很好的补充作用,当学生在教师的引导之下阅读这些文字之后,再进入执教者所提出的两个问题的思考与分析,必然就触及对小说主题的理解,这就有利于学生深入理解小说的意蕴,以达成教师所预设的教学目标。由这一教学环节的分析不难看出,对学生思辨性思维的培育,关键在于教师对文本资源的重构与问题的生成,如果缺乏真实的、有深度的阅读过程,就不能引发学生的思维冲突,也根本无法实现学生思维能力的培育。

(成都市教育科学研究院　王秉蓉)

茫茫大海中的孤独硬汉
——《老人与海》人物探究教学案例

成都七中嘉祥外国语学校 谭 洁

【设计意图】

2019年秋季，因为两次公开课（成都市级、四川省级），我走进了《老人与海》。事实上，高中从教8年来，因为个人偏好和一定程度上的忽视，我没有很认真地去研究过这篇课文。感谢这两次公开课的机会，让我一遍一遍去走进文本，走进原著，走进海明威，走进关于他的评传和相关文献，去读他、了解他，去体会这部世界文学殿堂级经典名著的魅力，感受作品带给我们的永恒精神力量。

《老人与海》是高中语文必修3第一单元的一篇自读小说。在高中语文的五本必修教材中，学习中外小说只有两个单元，分别是必修3和必修5的第一单元。本单元是高中阶段的第一个小说单元，在整个高中小说教学中占有很重要的地位，它既是初高中小说学习的连接点，又是整个高中小说学习的伸展点。

本单元小说学习的重点，是通过抓住人物形象、品味人物语言来理解小说的艺术内涵和艺术特色。在思考构建这篇文本的阅读路径时，我选取的角度是由文及人，在教学中通过批判性思维的培养和渗透，还原出经典文本的原始魅力。

确定课题后，思考点就在于借助经典名篇的传授，如何达成教学的目标。首先，从语文教育的使命思考文本的阅读取向，突出学生的思想生长。其次，着手搭建思辨阅读路径，实现读者、文本、作者之间的多重对话。那么，又如何适当拓展，使学生可以从文本的表层走向深层，进而有所发现和建构呢？我想用一种守候花开的心态，让学生在阅读过程中反复咀嚼，涵养思悟，理性而睿智地面向未来。

当带领学生一步步找到各种意象的象征意义和价值的时候，学生认识到，桑地亚哥是一个坚强前行的人，我们每个人都是老人桑地亚哥；我们身处的现实世界，就是大海。获得诺贝尔文学奖的《老人与海》具有厚重的力量，它值得用一生去读懂。

【教学简案】

教学目标：
1. 梳理小说的文脉，品读重点文段，深刻把握人物形象。
2. 感受桑地亚哥的硬汉精神，并由此深入探究作者其人。

教学对象：
嘉祥外国语学校高中二年级学生。

教学流程：
一、导入

《老人与海》是一部中篇小说，它曾创造了出版史上的奇迹，相继获得了美国普利策奖和诺贝尔文学奖，是世界文学殿堂级的经典名著。这节课，老师将和同学们一起，通过探究主人公的人物形象去找到解开魅力之门的钥匙。

二、情节梳理看形象

思考1：之前通过前置学习，梳理了老人与鲨鱼5个回合的搏斗。（展示其中一个学生的预习学案）请同学们思考需要改进的地方。

思考2：通过表格项目的比较，从工具、处境、对手的情况对比，你获取了哪些信息？

可以看出，老人与鲨鱼之间，力量如此悬殊。一个疲劳的老人（精疲力竭、年老体衰、手上抽筋、缺乏武器、孤立无援），面对强大的对手（接二连三、成群结队、凶残强悍），表现出非同寻常的勇敢、坚强。一次次搏斗惊心动魄，扣人心弦，每次的胜利都付出了惨痛的代价，到最后遭遇无可挽救的失败，只带回了一副白骨架。

思考3：通过对情节的梳理，在你心中老人是怎样的形象？

明确："硬汉"形象——目标明确，冷静沉着，自信，敢于担当，永不屈服，乐观积极，勇敢坚强，百折不挠，坚韧不屈；让人感动，也让人扼腕。

三、内心对白看形象

小说人物形象的丰富性，不单可从情节去感知。我们看到，文本中有很多次提示语，如"他想……他说……"在迎战鲨鱼之时、之后，都有老人大量的内心独白值得我们咀嚼。请大家寻找触动、启迪心灵的内心独白，默读勾画，并分析从这处独白中你感受到老人怎样的情绪。

提示：可从硬汉、对鲨鱼、对马林鱼、对其他等角度分析。

明确：短暂的犹豫，本能的恐惧，更多的是鲨鱼来临时，明知不可为也要让利剑出鞘的坚强不屈的"柔情硬汉"。

四、环境分析看形象

小说的魅力不仅可从人物形象、情节、内心独白去感受，更大的魅力还在于其置身在一个特殊的环境中——大海。"硬汉"形象是老人为了保护大马林鱼，在与各种鲨鱼的搏斗中生成的。这样看来，作品似乎可以命名为《老人与鱼》。但作品却用《老人与海》作标题，海对于老人，意味着什么？

写大海的篇幅不多，简洁的语言蕴藏丰厚的意蕴。请就此进行分析。

示例：

它是桑地亚哥老人赖以生存的物质世界。大海养育了很多人，鲨鱼、马林鱼、海燕等。独自在海上的日子，桑地亚哥看日升日落、观月隐月现潮涨潮落，与鱼鸟作伴，和风水对话，他也变成了大海的一部分。这时候大海是美好的。

它是老人证明人生价值、勇气、毅力的场所，是他的精神归属。老人和大海相比是微不足道的，大海也是残酷的。也正因为这样，在大海中与鲨鱼搏斗，更为他提供了展示其勇气和毅力的场所。利用大海的一切来衬托老人那勇敢无畏的"硬汉"精神。

五、共性比较，形象合一

大海就是生活，海明威的生活经历和桑地亚哥有着重要的关联。

你了解海明威的个人经历吗？（课件显示关键词）

思考：海明威和老人有何共性？

1. "硬汉"形象。（海明威——"文坛硬汉"）。
2. 人生的困境中，为尊严而战。
3. 都是精神上的孤独者，追求理想，向往美好。

《老人与海》集中反映了海明威的人生哲学，从某种意义上，海明威借助老人完成了自我价值、尊严的回归。

六、主题多义性探究

2019年是海明威120周年诞辰。人们带着虔诚、敬仰和无限的惦念，去读他的作品，去纪念他的人生。这样的一个人物，给我们很多人生的启示。

下编
案例与分析

我试图描写一个真正的老人,一个真正的孩子,真正的大海,一条真正的鱼和许多真正的鲨鱼。然而,如果我能写得足够逼真的话,他们也能代表许多其他事物。

——海明威

小说的指向一定是多角度、富于多义性的。

我们对人物形象的理解越来越丰厚,再读文本,你还能有什么新的认识和发现吗?

人与自然:不是征服和被征服的关系。

人与命运:人的尊严可以毁灭,却不能被打败。

人与自我:一个人的孤独与伟大。

人与社会:其实,大海就是你,是我,是每一个坚强前行的人。我们每个人,都是老人桑地亚哥;我们身处的现实世界,就是大海。

获得诺贝尔文学奖的《老人与海》具有厚重的力量,它值得你用一生去读懂。

【思辨镜头】

镜头一:

师:之前通过前置学习,同学们梳理了老人与鲨鱼5个回合的搏斗。我现在筛选出两个同学的作业,请大家一起关注其中有没有需要完善改进的地方。

生1:第一个同学的梳理全面细致,捕捉细节的能力很强,关注文本的意识很到位。

生2:第一个同学尤其注意了概括性词语的使用,特别是形容一个疲劳的老人时用到了精疲力竭、年老体衰、受伤抽筋、缺乏武器、孤立无援,关注很全面。在他面对鲨鱼的时候,他关注了鲨鱼是接二连三、成群结队、凶残强悍的,是强大的对手。两者对比,直观表现出老人非同寻常的勇敢、坚强。

师:观察得很仔细,那有没有需要改进的地方呢?

生:第二个同学的对比,考虑不够全面,只考虑了老人的情况,如工具、处境等,却忽视了对手的情况。只有在对比中,我们才能感受力量如此悬殊。

师:是的。通过表格的对比梳理,我们能感受到,一次次搏斗惊心动魄,扣人心弦,每次的胜利都付出了惨痛的代价,到最后遭遇无可挽救的失败,只带回了一副白骨架。这里,我给同学们看看黑格尔的名言,"人格的伟大和刚

159

强的程度，只有借矛盾对立的伟大和刚强的程度才能衡量出来"。

生3：更深刻地去理解在对立张力中的伟大。

生4：我们通过对故事情节的梳理，找到了对桑地亚哥老人形象的初步感觉。这是一个"硬汉"形象。

师：这个"硬汉"目标明确，冷静沉着，敢于担当，永不屈服，乐观积极，勇敢坚强，百折不挠，坚韧不屈；让人感动，也让人扼腕。

镜头二：

师：同学们，桑地亚哥老人就只是一个"铁血硬汉"吗？其经典就在于人物形象的丰富性。不是单一，不是单调，更不是平面。请大家找找，文本中有很多次提示语，如"他想……他说……"在迎战鲨鱼之时、之后，都有老人大量的内心独白值得我们咀嚼。接下来，我们一起爬个台阶，请大家寻找触动、启迪心灵的内心独白。默读勾画，并分析从这处独白中你感受到老人怎样的情绪。（学生默读寻找，接龙分享。朗读并感受细节，体会老人内心的情绪和情感）

师：同学们找得很细致，从与文本的对话中我们可以明确，老人的确有过短暂的犹豫，本能的恐惧，然而更多的是鲨鱼来临时，明知不可为也要让利剑出鞘的坚强不屈！

生：他很真实，这不是一个"高大全"的形象。

师：说得真好，是的，这绝不只是一个传统意义上的"铁血硬汉"，还是一个充满爱和温情的"柔情硬汉"。

镜头三：

师：前面，我们从搏斗情节的残酷、内心独白的丰富去感受了小说人物的魅力。我们还可以从什么角度去探究人物形象呢？

生1：小说三要素，我们还可以从环境去探究人物形象。

师：这个同学提醒得很好。其实，小说人物更大的魅力，还在于其置身在一个特殊的环境中。

生2：我觉得这个环境就是大海。我们得出的"硬汉"形象，是老人为了保护大马林鱼，在与各种鲨鱼的搏斗中生成的。

师：思考得真全面。这样看来，这本小说还似乎可以命名为《老人与鱼》。但作品却用《老人与海》作标题，海对于老人，一定意味着什么？请同学们思考并小组讨论，形成意见进行分享。（引导学生在简洁的语言中发掘蕴藏着的丰厚意蕴）

生3：大海的意义在于，它是桑地亚哥老人赖以生存的物质世界。

生4：它是老人证明人生价值、勇气、毅力的场所，是他的精神归属。

师：你们提到了很关键的两点，赋予了大海之于老人的两个重要意义。大海具有复杂的两面性。摧毁人，成就人；打败人，铸就人。我们由此可更深刻地去理解"硬汉"形象的丰富性，这是一个"孤独的柔情硬汉"。

生5：我想补充一点，当小男孩曼诺林离开桑地亚哥老人之后，他一个人孤独地飘荡到大海的深处，即使84天都没有打到鱼，但是他仍然没有放弃，在第85天的时候仍然和往常一样出海捕鱼。

师：老人想从大海中来证明他自己的人生价值。

镜头四：

师：同学们对桑地亚哥形象的认知已经比较全面、立体且丰富了。我们感受到大海就是生活。

师：海明威的生活经历与桑地亚哥有着重要的关联。海明威是"美国历史上最耀眼的传奇作家"。

生1：我阅读过海明威的经历，与大家分享一下……

生2：我还要补充……

师：谢谢你们，我也来给大家补充介绍一下海明威吧。思考一下老人和海明威有怎样的关联？

生3：海明威是"硬汉"形象（被称为"文坛硬汉"）。在人生的困境中，两人都是在为尊严而战。

生4：他们都是精神上的孤独者，追求理想，向往美好。

师：你们从文本中提炼，在咀嚼中感受和提升。我和你们有一样的体会，《老人与海》集中反映了海明威的人生哲学，从某种意义上说，海明威借助老人完成了自我价值、尊严的回归。

镜头五：

师：今年（2019年）是海明威120周年诞辰。

生：120周年！

师：这篇作品历经近70年后，人们还带着虔诚、敬仰和无限的惦念，去读他的作品，去纪念他的人生。这样的一个人物，给我们很多人生的启示。

生1：海明威曾说"我试图描写一个真正的老人，一个真正的孩子，真正的大海，一条真正的鱼和许多真正的鲨鱼。然而，如果我能写得足够逼真的话，他们也能代表许多其他事物"。

师：很好。小说魅力的指向一定是多角度，富于多义性的。当我们对人物形象的理解越来越丰厚，再读文本，就会有很多新的认识和发现。你们从作品中读到了什么呢?

生2:作品与人生,我觉得可以谈到的范围很广。

生3:人与自然,它们之间绝不是征服和被征服的关系。

生4:人与命运,人的尊严可以毁灭,却不能被打败。

生5:我们组讨论到了人与自我,关于一个人的孤独与伟大。

生6:还可以指向人与社会。

师:你们太棒了!多项思辨,打开思想的维度,我们找到了海明威笔下这些意象的象征意义。我们发现大海就是生活。

生7:马林鱼象征梦想、追求。

生8:鲨鱼就是磨难、绊脚石。

生9:梦中的狮子就是人在实现梦想的过程中不可或缺的精神力量。

师:其实,桑地亚哥是你,是我,是每一个坚强前行的人。我们每个人,都是老人桑地亚哥;我们身处的现实世界,就是大海。

师:很享受和同学们的共读时光,你们点燃了我,也点燃了课堂思维的火光。获得诺贝尔文学奖的《老人与海》具有厚重的力量,它值得你用一生去读懂。

【教学反思】

阅读是读者、文本、作者之间的多重对话,语文老师就是"摆渡人",带领着学生向着思想的彼岸无限趋近。

这是一篇精通现代叙事艺术、具有独特叙述视角的外国中篇小说。整部小说结构异常单纯,情节不蔓不枝,形象单一鲜明,集中体现了海明威独特的艺术风格。小说融叙事于自然,化心理于独白,大量使用内心独白、象征手法等,在文字表层之下潜藏着深刻意蕴,诠释了勇气、尊严、坚强、乐观等精神。如何引导学生从文本的表层走向深层,进而有新的解读、发现和建构呢?

1. 逐层深入,搭建思维台阶,帮助学生走向深层理解。在人物形象探究版块,我的教学目标是体会桑地亚哥人物形象的丰富性。桑地亚哥是胜利者还是失败者呢?我着力引导学生从情节、内心独白、环境三个层面逐层深入。第一步,情节梳理看形象。学生感知在实力悬殊的对立张力之中呈现出的伟大,得出"硬汉"形象的初步感受。第二步,内心对白看形象。寻找触动、启迪心灵的内心独白。默读、勾画、分享,进一步感受这个充满爱和温情的"柔情硬汉"形象。第三步,环境分析看形象。从作品以《老人与海》为标题入手,引导学生探究海对于老人的意义，认识到海既是老人赖以生存的物质世界，也是老人证明人生价值、勇气、毅力的场所，是他的精神归属。

2. 巧埋包袱，引发学生对文本的质疑，唤醒其内在需要。经典文本阅读课的批判性思维教学首先关注的是问题质疑，真正的教育具有让人不断提出和探索问题的冲动。理解和分析"硬汉"形象之后，引导学生质疑：老人的形象仅是一个传统意义上的"铁血硬汉"吗？学生的思考因而走向了新的思维层级，意识到经典人物之所以经典，源于其形象的立体而丰富。还可以从哪些角度去探究这个立体的人物形象呢？思维的火花被点燃，学生在课堂上活跃了起来，寻着人物形象探究这条主线，主动发掘，积极探究，对文本的理解越来越丰厚。学生最终实现了与文本对话，更与自己和社会对话，走进文本、深入文本，又跳出文本，连接作品与每个人的人生，达成了对作品现实价值的探究。

总体而言，本堂课实现了对批判性思维的有效培养：既注重一以贯之，又突出了多元融合。在教学过程中，我通过四个维度逐层引导学生探究人物形象，力求多维度解读，想要触及的点位丰富，饱满有梯度。但也正因如此，课堂因为追求全面而有失通透，这是批判性思维培养需要防止和调整的。课后我在思考，对本文教学的设计，能否只着眼一点，一以贯之，尝试通过一点去触及多元，在融合中突破现有的立体框架模式呢？对此我会继续探索与实践。

【观课者说】

彰显经典意蕴　促进思维发展

2019 年有幸在成都七中嘉祥外国语学校聆听了谭洁老师执教的《老人与海》，印象深刻。当时离开一线不久，犹记自己教《老人与海》时，大部分学生都认为本文情节就是与各种大鱼搏斗，缺少波澜，重复乏味，并不喜读。谭洁老师会如何基于学情引导学生想读、会读、深读，并且体认这篇小说的内在意蕴呢？带着这样的困惑与思索，我走进了这节课。

这是一节真实的课，没有太过热闹，然而教师始终围绕文本展开有思维含量的符合文本体式和内在意义的问题，引导学生根据文本推理分析，找出关系，明确要点，得出结论，评价内容，形成自己的见解。教学可谓问题驱动、情境带动、工具撬动、真实互动，课堂则有参与度、亲和度、自由度、纵深度。比如，引导学生从工具、处境、对手的情况，通过信息筛选与整合，让学生体认海明威借矛盾对立来塑造人物形象的伟大和刚强，非常巧妙地搭建阶梯让学生去理解看似"缺少波澜，重复乏味"背后的"静水流深"。可以说，对人物形象的深度多元解读是谭老师的聚焦处、用力处，问题驱动、自主学习、集中研讨，在课堂不断推进的过程中，学生个体对老人的形象认知不断趋于丰满。清晰的教学设计，有质量、有价值的主问题，智慧的追问，巧妙的子问题，层层递进的学习台阶，促进了从个体性阅读走向师生之间共读共享、共思共研的深度探究。

从思维发展的角度看，"我们对人物形象的理解越来越丰厚，再读文本，你还能有什么新的认识和发现吗？"这些教学环节的设计还闪现出批判性思维的光芒。几个主问题的设计山一程水一程，不断丰富学生对内在意蕴的挖掘，五个思辨镜头则彰显着尊重学生个人阅读体验，促进批判性思维培养的教学智慧。教师学识的积淀，学养的涵容，学见的阐发，都以批判性思维为核心，学生的问题意识、多元理性精神、独立思考和判断等理性思维品质得到发展。整堂课的学习是对话、是旅程、是发现、是合作，在反复的、持续不断的深思中，学生与文本深度对话，师生的生命场得到焕发。比如，"老人的形象仅是一个传统意义上的'铁血硬汉'吗？"这个问题的抛出，很好地"打乱学生心理平衡"，引起困惑、发生碰撞。又如，"作品似乎可以命名为《老人与鱼》，但为何却用《老人与海》作标题？"这样有张力的好问题，引导学生通过环境分析看形象，去感受孤独渺小，驾驶一叶扁舟的老人与大海广阔场景描写比对中的审美之美、大海功能之美和心灵震撼之美，教师的引领让学生将理智与情绪、意义与价值、事实与想象融合在一起，师生的思考和表达彰显智慧之美。

这节课也引起了我的一些思考，比如，如此看似缺少波澜、重复乏味的故事为什么成为名著？我们是否可从学生直接经验的情境引起思维活动？也许这样基于学情的更有张力的主问题能牵一发而动全身，有助于探索"硬汉"形象的丰富性与立体性，进而促进学生思考小说的深意。在墨西哥湾流中的看似重复的故事是否说明人生是一个不断过程，连续不断地重复是否隐喻着人生的悖论，老人是否代表着所有人面临的孤独奋战的历程。老师的任务是找出学生最需要的内容，通过"开放阅读"让学生做出合乎逻辑事理的个性思考和解读，如果我们将教师控制与传输的课堂变为以学生的最近发展区为出发点，注重引导与激励的课堂，也许更会给我们带来惊喜。注意课堂时空管理，把握最佳时域，优化教学过程，是所有语文老师都应该探索的。与此同时，很多有价值的思考，是基于对文字的咀嚼涵泳，谭洁老师如果不是从"硬汉"这一概念化的角度去切入文本，而是通过文本语言和未节选部分的学习让学生去揣摩经典文本寓言式的内在意蕴，去体认困境下精神存在的力量及来源，去消除学生对经典的隔阂，也许会走向更深层次的理解。当然，课堂的缺憾也正是最有价值之处，谨以此共勉。

(成都市教育科学研究院　袁文)

苏轼的"多情"
——《念奴娇·赤壁怀古》教学案例

成都市第十七中学校　何诗妮

【设计意图】

《念奴娇·赤壁怀古》作为苏轼的代表作，也是豪放词里的名篇。全词描绘了赤壁月夜之景，对三国风流人物进行了回顾，表达了词人对于主体存在价值的思考及超脱旷达的人生态度。新课标对于诗词学习的要求是需要重视诵读，学会鉴赏文学作品，能够感受和体验文学作品的语言、形象和情感之美，能欣赏、鉴别和评价不同时代、不同风格的作品，具有正确的价值观、高尚的审美情趣和审美品位。与此同时，要求学生能够进行美的表达与创造，能运用祖国语言文字表达自己的审美体验，表达自己的情感、态度和观念，具有创新意识。由此，可以明确本课的教学内容及重难点。本词丰厚的内蕴值得学生反复咀嚼和赏鉴，并从苏轼的人生态度中汲取精神力量。

整节课围绕苏轼的"多情"展开教学，作为一个立体多元的人物，学生对于赤壁时期的苏轼的认识应该是多样的。教学时，为帮助学生理解苏轼在赤壁时期旺盛的创作欲，我在前置思考中给予学生思考空间，让学生进行批判性思考，多元表达。在理解苏轼的精神世界时，又为学生提供文本、辅助背景资料，让学生去发现苏轼的怀才不遇、个体渺小的慨叹与苏轼超脱旷达、寄情山水的复杂精神世界。在学习全词之后，继续提供扩展阅读推荐书目，让学生批判思考当代如何看待东坡式"多情"。可以说，整节课力求让学生在批判思考中体会苏轼在逆境中对君子人格的坚持与追求，能够从苏轼的精神境界中有所获益，辩证地看待自己的生活。

【教学简案】

教学目标：

1. 能通过反复诵读，感受并体会《念奴娇·赤壁怀古》中苏轼的情感与哲思。

2. 能自主解读苏轼应对人生苦恼的方式，理解并表达苏轼人生境界的丰厚内蕴。

教学对象：

高二阶段的学生对于诗词具备一定的理解鉴赏能力，结合注释理解全词难度不大，但对于词中苏轼复杂的思想情感的理解存在困难。多数高二学生尚未经历人生大的起伏波折，对于人生的体悟不够，本教学设计的难度多体现在思想情感层面的理解体会上。因此，教师需要提供一定的背景材料，为学生理解苏轼搭建阶梯。

教学流程：

一、导入

由学生三苏祠游学经历导入，创设情境，拉近距离，激发兴趣。回顾学生前置思考，分享学生对于苏轼在赤壁的创作欲的理解。

二、一读诗歌，体会"多情之人物"

1. 学生结合配乐，诵读全词，思考苏轼对于人物的"多情"。

2. 引导学生从周瑜、豪杰两个角度理解苏轼的"多情"。

遥想公瑾当年，小乔初嫁了，雄姿英发。
羽扇纶巾，谈笑间，樯橹灰飞烟灭。

——艳羡周郎，怀才不遇

大江东去，浪淘尽，千古风流人物。
江山如画，一时多少豪杰。

——英雄易逝，生命渺小

3. 深化思考，体会苏轼的"多情"是其对于主体存在价值的苦恼。

存在主义哲学家海德格尔说："个人只有处于畏惧焦虑和死亡的状态时，才能真正体会到自己的存在，才能真正把自己与他人、社会、集体完全分离开来，懂得生（个人存在）的意义。"①

艳羡周郎，早生华发——个体价值难以实现
江河永恒，湮灭风流人物——个体的渺小
多情——对主体存在价值的苦恼

三、二读诗歌，探究"多情之江月"

1. 学生再次诵读全词，思考探究苏轼应对人生苦恼的方式。
2. 引导学生理解苏轼对江月的"多情"，寄情江月，自我超脱。

人生如梦，一尊还酹江月。

——将自身融于永恒江月，诗意栖居

3. 结合延伸材料，深化理解苏轼于超然旷达中对君子人格的坚持与追求。
延伸材料：苏轼《赤壁赋》《记承天寺夜游》、苏轼被贬各州时的政绩。
理解苏轼的人生境界是"超然旷达中对君子人格的坚持与追求"。

四、三读诗歌，自主表达"多情之感触"

1. 学生诵读全词，结合知识延伸，理解苏轼在赤壁的创作欲。
知识延伸：余秋雨《苏东坡突围》（节选）、祝勇《在故宫寻找苏东坡》节选。
2. 学生自主表达：当今时代是否需要"东坡式多情"？
3. 学生成果展示，教师总结。

【思辨镜头】

镜头一：多元理解苏轼的"多情"

苏轼作为一个立体多元的人物，学生对于赤壁时期的苏轼的认识应该是多样的。研读《念奴娇·赤壁怀古》一词，能够一窥赤壁时期苏轼丰富而矛盾的精神世界。

在课堂教学中，从文本切入，引导学生围绕苏轼的"多情"展开思考，从周瑜、豪杰的"多情"来剖析赤壁时期的苏轼的心灵世界，拉近学生与文本的距离，放手让学生去追因，由苏轼怀古所抒之情来探究内心世界的"多情"。

学生自主品读全词，在理解苏轼对于豪杰的"多情"时，学生有不一样的理解。

---

① 海德格尔. 存在与时间 [M]. 陈嘉映，王庆节，译. 北京：生活·读书·新知三联书店，2006.

大江东去，浪淘尽，千古风流人物。

江山如画，一时多少豪杰。

观点一：苏轼借写江山如画，豪杰辈出，而自己却被贬他乡，不能实现自己的抱负，抒发被贬赤壁，年老不得志的悲哀。

观点二：苏轼看到江山如画，千古风流人物却都被浪淘尽，在永恒的自然面前英雄消逝，抒发自己对于英雄易逝，生命短暂弱小的悲哀。

生生交流，相互质疑，细读文本，观点二取得一致性。

镜头二：深度体会苏轼的人生境界

学生从周瑜、豪杰两个角度自主理解苏轼的"多情"，在学生明确苏轼的"多情"是其对于主体存在价值的苦恼后，阅读全词，思考探究苏轼应对人生苦恼的方式。

人生如梦，一尊还酹江月。

学生再读文本，以文本为据，总结苏轼应对人生苦恼的方式为寄情江月，诗意栖居。

在此基础上，教师提供延伸材料，学生自由讨论，深化解读，体会苏轼的人生境界。

延伸材料：

苏轼《赤壁赋》《记承天寺夜游》，苏轼在杭州、徐州、湖州、登州、颖州、扬州、定州、惠州、儋州的政绩。

学生结合延伸材料，理解苏轼的"超脱旷达"。

师：如何理解苏轼对待人生的方式？

生1：将自身融于永恒自然，于山水中获得心灵的自由。

生2：虽寄情山水，但只要身在其位，仍然关心百姓、心系天下。

归纳观点："而我们还要分别一点，就是有些人，觉得自己是超旷了，于是就变成不分黑白，不关痛痒，变成心死。那不是超脱，那是麻木。苏东坡的两点做人的态度，他对于自己的苦难，是能够以这种超然的态度来处理的。但是，对于国家，对于人民的忠爱之心，则是始终执着没有改变的。"[①] 苏轼的人生境界是"超然旷达中对君子人格的坚持与追求"。

通过学生自主阅读探究，理解苏轼的人生境界。

---

① 叶嘉莹. 唐宋词十七讲［M］. 北京：北京大学出版社，2006.

镜头三：思辨认识苏轼在赤壁时期的创作欲及苏轼"多情"的当代价值

思辨性表达强调在口头表达和书面表达中做到观点正确而具有价值，阐述清晰而符合逻辑，语言严谨而简明流畅。通过思考与交流，基于事实与逻辑，形成合理的见解，通过后续思考修正、完善，使自己的表达走向深刻，更具创造性价值。

"三读诗歌，自主表达"环节既是促进学生对苏轼人生境界的理解，也是对学生思辨性表达能力的锻炼。

在前置思考中让学生借助对苏轼的既有认识来理解苏轼在赤壁时期的创作欲，这种理解是在课前开放性的语境下，学生基于对自己已有知识的回顾，理性审视下的思考结果，学生亦可在分享中互相参照，完善理解。但这种理解仍属于初步阶段的批判性思考，在对文本进行细读品味后，应当有更加成熟理性的认识。

在"三读诗歌，自主表达"环节中教师提供多角度的延伸材料，学生诵读全词，结合知识延伸，在初步认识的基础上再度理解苏轼在赤壁的创作欲。

延伸材料：余秋雨《苏东坡突围》（节选）、祝勇《在故宫寻找苏东坡》（节选）。

此时的理解属于深入阶段的批判性思考，正是需要学生在已知与他知、浅知与深知中建立联系，自主吸收观点、完善观点，改进已有的观点表达。这一阶段的思考并没有标准答案，更多的是让学生基于文本与材料去自主理解、大胆质疑。

在学生对苏轼赤壁时期的创作欲、苏轼的"多情"有了自己的认识后，教师抛出疑问：当今时代是否需要"东坡式多情"？联系现实，学生从自身角度出发，结合已有理解，去思考探究苏轼"多情"的当代价值，并书写表达。书写后学生交流观点，互质互补。

【教学反思】

1. 课堂设计。整堂课教学设计还是比较合理的，从前置思考到深化探究、自主表达等课堂环节，都突出了对学生批判性思维及读写能力的训练，力求让学生基于文本去探究问题，理性深入地认知苏轼的精神境界。但在自主表达的课堂环节还需要改进，此环节应是整个教学设计的一大重点，是学生整节课批判性思维成果的载体，还需要教师更细致的考虑和安排，思考如何充分发挥学生的主体性，让其思考表达走向深刻。

2. 落实的情况。整堂课致力于让学生去多元理解苏轼，给出了很多材料辅助学生的思考探究，学生的批判性思维能力在自主思考、小组讨论中得到了锻炼，学生在深入探究、读写结合的过程中对《念奴娇·赤壁怀古》有了自己独特的审美体验，能够更真实全面地了解苏轼，从他的人生境界中汲取精神力量。

但在课堂落实中，也出现了以下一些问题值得教师反思。

在学习理解词作后再度思考苏轼在赤壁的创作欲时，教师给出了相关材料让学生运用批判性思维，结合文本和材料理性思考，此时的学生已经沉浸于情境中，思考投入度极高，并且思维发展到此阶段，对于苏轼及其在赤壁时期的创作欲已有了充分且深入的个性化感受。但在实际授课中，教师并没有给学生留出足够的时间和空间来反思回顾自己的前置思考，更深入地去剖析问题。因此，教师应当把课堂交给学生，让他们完善思考，这既能将问题理解推进，又有益于提高学生的思维能力。

在思考苏轼对于豪杰的"多情"，品味"江山如画，一时多少豪杰"时，学生提出了教师在课堂预设外的理解，教师当时的处理更多的是将学生的思考引入自己的思考中，让学生接受教师的理解方式，但是对文本的理解并不是只有一种，对于词句不同的理解并不影响对词作情感的体会与感受，教师应该鼓励尊重学生的表达，从他们的表达出发去引导理解，多元化思考。

此外，教师在课堂组织的时间把握上也存在一定问题，课程环节有的部分还可以精简，对于学生能够迅速体会吸收的知识点，要敢于简略。课堂教学要力争让学生的主体作用发挥得更好，要将课堂时间更多地着力在学生的疑难处，敢于放手让学生去解决问题。在学生自我表达的环节给予更多的时间，让学生分享自己的想法，形成思辨性阅读及表达后的成果分享，在自我认识基础上吸收他人认识，让表达更具创造性价值。

【观课者说】

何诗妮老师整节课的教学设计紧扣新课标的要求，实现了文本解读与人文素养培养的结合，致力于让学生去解读苏轼，让苏轼去触动学生，教师成为学生批判性思维的培养者而不是牵引者。

亮点之一，教学环境情境化。教师合理利用前置学习，导入紧贴学生实际，突破了文学经典与生活的距离局限，实现共性、共情、共理，为学生创设了思考的最佳情境。

亮点之二，质疑性思考。立足于黄州时期的苏轼，以"多情"一词笼摄教学，多角度、多层面地发展学生的批判性思维，让学生去领略多情之人物，多情之江月，多情之感触。怀古词的魅力就在于赏那一处景之时，便思大江淘尽之人，便触自身之情思，一分不多，一分也不少。人的多面性、复杂性体现于一朝代、一时期、一瞬间，人的统一性、标识性却显现在每一分、每一秒。以《念奴娇·赤壁怀古》为切入口，多作品辅助，我们看到一个"多情却不被多情困"的超然君子苏东坡。教学不必拘泥于探究"问了多少，答了多少"，也无须过分计较"教与学"之间是如何分配的，我们要知道的是"谁在思？思什么？怎么思？"此乃语文教学亦是所有教学的重中之重。

亮点之三，文本的多义性解读。由于个体体验等差异，在学生参与作品的再创造过程中，必然会出现理解差异，教师承认并且肯定这样的差异化解读，是对学生课堂主体地位的最大认可。

亮点之四，以诵读走进诗词、感受诗词、领略诗词，品语言之美、韵律之动，很好地突出了古诗文教学的特质。

对于此次的课堂教学，还有以下几点想法和建议：

第一，现实价值层面，课堂是否实现学生对于苏轼的情感与哲思的体会和当下处世态度的结合？思与得、得与变之间的转换与生成实属困难，或许表面上的课堂"繁华"并不意味着哲思的实现，更建议教学者把时间交给学生，于适当的静默中等待花开的过程。

第二，还可以加强读与写的转换。在我个人的教学中，曾发现学生对苏轼的看法大都是"不能至，止于艳羡之"，部分同学甚至认为苏东坡被后人神化了，面对困境的他过于至善至达。于是我设计了"世上再无苏东坡"小练笔，让学生"自寻东坡，自解东坡"。后来发现学生在对苏轼广泛了解和深刻感知后，于平日里便能张口说出："吾乃黄州苏东坡，一次失势算什么"等语句。就此看来，读写共生，或许更能实现教学效能。

第三，读乃诗词品鉴之法宝，可行之始、之中、之尾。怎么读？读什么？在读的过程中要达到什么样的目标？需要教学者思考。在《念奴娇·赤壁怀古》的教学中，执教者意识到了诵读对于诗词品鉴的重要性，同时在读的过程中也需提供明确的思考方向。读而不思则无益，思而不读则无生气。拿捏之间，最见匠心。

（成都市第十七中学校　刘琴）

狂欢与悲凉
——《将进酒》教学案例

成都市第三中学校　蒋红云

【设计意图】

《普通高中语文课程标准（2017年版）》强调"思维与发展"是语文学科核心素养之一，其中提道："能运用批判性思维审视言语作品，探究和发现语言现象和文学现象，形成自己对语言和文学的认识。"在进行李白《将进酒》教学时，根据学生情况，我尝试运用批判性思维引导学生对诗人的情感世界和人生追求进行理性思辨，发展学生思辨能力，提升学生思维品质。

课前调查中，学生对李白的印象大多如下：李白终其一生蔑视权贵，视功名如粪土，追求的是自由不羁的庙堂之外的生活。但事实上，李白的一生对博取高官、建功立业都抱有极大的热情。对自由不羁的追求，是其本性，也是其政治失意下寻求的出口。因此，在进行教学设计时，拟通过对诗人生平的剖析及对诗歌的批判性解读，引导学生从固有认知中走出来，搭建起一个发现、质疑、批判的思维路径。

在历来评价李白的文章中，人们十分赞誉其对权贵的轻蔑态度。传统教学中，有不少通过"钟鼓馔玉不足贵，但愿长醉不愿醒"两句而得出上述结论的案例。在这样的传统认知下，学生常常会忽略《将进酒》中展现出来的李白豪放不羁的个性气质与强烈的从政志向之间的剧烈矛盾，从而无法理解李白在狂歌痛饮下悲凉愤激的底色。因此，在进行教学设计时，要引导学生借助相关研究资料，深入感悟诗文，辨别观点背后的视角与论据，发展学生的批判性思维。

【教学简案】

教学目标：

1. 了解诗人经历及诗歌常用意象，理解诗人豪放自信而又失落的矛盾。

2. 探析诗人丰富的内心世界，客观评价其狂歌痛饮下的悲凉愤激之情。

教学对象：

高中二年级学生。

教学流程：

一、知人

通过三组数据了解诗人。（课件展示与李白相关的三组数据）

1. 第一组数据：1166　503　107　240

数据说明：据不完全统计，现存李白诗歌1166首，其中三个高频意象是"月""剑""酒"。其中"月"字出现503次，"剑"字出现107次，含有"酒"的诗篇有240篇。

【引导】学生根据学过的李白的诗歌，自由谈这三个意象所承载的情感。教师引导学生理解三个意象中与《将进酒》相关联的情感，并提醒学生在意象解读时要注意在个性中归纳共性，但不能忽视共性中的个性。

2. 第二组数据：742　744　3

数据说明：李白终年62岁。742年，李白42岁时被玉真公主与贺知章举荐而进入朝廷，得以供奉翰林。744年被赐金还乡。曾无限接近的权力中心，仅仅3年便不得不远离。

【引导】通过在长安的经历理解李白壮志未酬、无奈去国的悲凉情感。点明《将进酒》写于赐金还乡八年之后。

3. 第三组数据：949　41

数据说明：李白20余岁时著有一首《大鹏赋》，洋洋洒洒949字。62岁临终时，最后一首《临路歌》中，仅仅41字。下面学生诵读两篇文章，自由谈其中的情感。教师引导学生理解诗人早年怀有的远大理想的豪情与晚期的壮志未酬的悲怆情感。

二、悟诗

1. 解题。

将，请。将进酒，意思为请饮酒。这是一首劝酒歌。

2. 读诗。

思考一： 诵读诗歌，思考诗人劝人喝酒的理由是什么？

理由1：人生得意。

理由2：能留其名。

理由3：销万古愁。

思考二： 古人说"诗者，志之所之也""情动于中而形于言，言之不足故嗟叹之，嗟叹之不足故永歌之"。诗人不会仅仅是劝人喝酒便写下这首诗。请再次阅读诗歌，找出直接写出情感的词语。诗人是因为什么情感动于中而歌咏之的呢？（悲—欢—愁）

思考三：结合表达情感词语所在的句子，初步感知诗人情感产生的原因。

"高堂明镜悲白发"——感叹时光流逝，韶华易老

"人生得意须尽欢""斗酒十千恣欢谑"——人生得意，酒宴欢愉

"与尔同销万古愁"——有延绵万古的愁绪

思考四：刚才的梳理其实遗漏了不少句子，下面分四组来思考遗漏句子与饮酒理由、本诗情感的逻辑关系。

问1：开篇两组"君不见"的"悲"与理由1的关联。

问2：有人认为"天生我材必有用"是诗人自信的表现，而这种自信只有开元时期的李白才能具有，所以这首诗不可能写于赐金还乡后，你认为呢？

问3：诗人藐视"钟鼓馔玉"并渴望以"饮者"之名而留名于世吗？

问4：面对岑夫子、丹丘生二人，诗人为何要销的是"万古愁"？

学生分组自由讨论、展示，教师点拨，不统一答案。

三、思己

"万古之愁"，李白以酒解之。杜甫以_____解之，王维以_____解之，陶渊明以_____解之，苏轼以_____解之……请结合所学的作品填写你的答案，并说明理由。

思考：你欣赏谁的方式？为什么？

【思辨镜头】

本课的批判性思维训练主要集中在"悟诗"的第四个环节，即学生结合推荐资料对《将进酒》的情感进行深度解读，理解李白狂放下的悲凉愤激。

教师在学生自由讨论时，适当抛出一些历朝历代对该诗的多面性解读，引导学生说出自己的理解，并不以此为标准答案。

镜头一：

师：开篇两组"君不见"的"悲"与理由1的关联是什么？

生："君不见"两句用比兴的手法写黄河不返、青丝成雪，正是写人生短促、不可逆转。诗人在这里选用了"黄河""天""海"等宏大的意境，犹如诗人高远的政治抱负，但空间上"不复回"和时间上朝暮的变化，犹如诗人短暂的政治生涯和不断流逝的青春。在失去的必然和现实的不可挽回的矛盾中，诗人自然而然发出趁"人生得意"的时候纵情欢乐的呼喊。（该观点取得一致性

认同）

镜头二：

师：有人认为"天生我材必有用"是诗人自信的表现，而这种自信只有开元时期的李白才能具有，所以这首诗不可能写于赐金还乡后，你认为呢？

生1：我认为是开元期间写的。李白在还没有进入长安时，虽然也会有壮志未酬的苦闷，但对前途仍抱有积极的态度。赐金还乡后，正如郁贤皓老师所言，他没有这种信心了。而"天生我材必有用"中近乎狂放的自信中的浪漫与理想，在后期是不具备的。后期更多的是《临路歌》中"中天摧兮力不济"的悲叹。

生2：我认为应该是赐金还乡后写的，因为这里面充满了失落后的自我宽慰。有三个关键词，一是"必"字，"一定"的意思，对"一定"的强调，正是因为当下是无用的，故其潜台词正是在此时他是"不被用"的。二是"且"字，"姑且""暂且"之意，有不管人生如何，"我"暂且尽情地饮酒，以酒为乐，从而超脱人生之悲。三是与上文"君不见"的逻辑关系来看，时间已经在无情地流逝了，对向着暮年而去的诗人而言，"人生得意"只能是一时之快的宽慰之词。

镜头三：

师：诗人藐视"钟鼓馔玉"并渴望以"饮者"之名而留名于世吗？

生1：这是诗人在被统治者拒绝后寻找的一条生存之路。在《梦游天姥吟留别》中李白吟唱出"安能摧眉折腰事权贵，使我不得开心颜"！当立功立名需要付出奴颜婢膝的代价时，诗人宁愿选择远离荣华富贵、功名利禄，从而获得人格上的完美。"饮者"只是一个代指，它或许是指其他实现抱负的路径。

生2：这是愤激之情。李白有强烈的用世之志。他虽然没有走科举考试的道路，但是在他的一生中也有通过与权贵阶层的应酬周旋而希望被举荐的举动，因此他并不是一个甘心远离政治，追求保全人格清高的人。曹植与诗人有相似之处，少年成名，满腔报国之志，但终究跌落失意的谷底。从历史上而言，曹植是以文成名，且以文不朽，但诗人偏偏说曹植是以"饮者"而留名的。为"抱利器而无所施"的曹植抱不平，这是诗人政治上的失落感和在怀才不遇的苦闷之下抒发的愤激之情。这和杜甫的"名岂文章著，官应老病休"的反语有异曲同工之妙。

镜头四：

师：面对岑夫子、丹丘生二人，诗人为何要销的是"万古愁"？

生1："万古愁"承接上文"古来圣贤皆寂寞"而来，古来圣贤或有作为，如今却已不在，他们的伟大功业沦为沉寂；有的空怀报国之志，却没有可以施展的机会，他们的满腔壮志沦为沉寂。犹如鲍照诗句"自古圣贤尽贫贱"，也如杜甫"千载琵琶作胡语，分明怨恨曲中论"一样。因此，现实不可挽回的无奈，随时间流逝而理想未成的恐惧与焦虑，人生价值的虚化、壮志难酬的失意之悲，不是诗人一人的，而是跨越时空，所有人共有的哀伤。

生2："万古愁"应该包含前文的很多内涵，时光一去不复返是万古愁，孔子也感叹"逝者如斯夫"；人生易老是万古愁，汉诗里也叹息"生年不满百"；古代贤士们不被明君所用，也是万古愁，初唐陈子昂就有"前不见古人，后不见来者"的悲叹。人生而在世，都有各种各样的愁苦，所以无论是李白自己还是朋友二人，都有愁要消解，且关于时光与年月、理想与抱负的愁苦，是所有人的愁苦。

【教学反思】

这一堂课从"知人"与"悟诗"入手，由词句到情感，由表层到深层，以激发学生的批判性思维能力为重心，引导学生跳出对李白和《将进酒》既有的定论，立体地、多角度地去了解诗人、感悟诗歌，在质疑中知人和悟诗。

"知人"部分通过数据展示，从李白诗歌"月""酒""剑"三大常见意象来了解李白诗歌中常见情感与其诗歌的成就，从其对长安的长久渴望与长安的短暂经历来感知李白短暂的仕途生涯，从早期《大鹏赋》的洋洋洒洒、意气风发与晚年《临路歌》的叹息中来了解李白豪放不羁与失落悲凉的巨大反差。数据的直观对比及数字后的丰富内涵，激发学生去解读一个更立体的李白。

"悟诗"部分通过一个个环环相扣的问题，循序渐进地引导学生从表层文字深入深沉情感。前3个思考是引导学生从字面直接理解诗歌中的情感。思辨部分4个讨论，是引导学生结合文本，再通过已有的、但观点不尽相同的鉴赏评论文章，透过字面去理解深层含意，以拓宽思维的深广度，激发质疑精神，将质疑、批判的意识潜移默化地植入学生的思维过程。同时，在推荐的文章中，有两篇涉及诗歌流传中不同的文字版本带来的诗境的不同，这也是提醒学生在欣赏古诗中始终要注意秉持质疑精神，"不可以不深思而慎取之也"（王安石语）。

本节课存在的不足：一是教师在无意识中仍然追求结论的统一性。因着重培养学生批判性思维的意识，因此对学生的观点，应鼓励其观点与理由的逻辑论证过程。二是课前对所给资料的引导阅读不够，使部分学生对资料的理解不透彻，为了质疑而质疑，生搬硬套，缺少自己的解析。三是忽略了朗读，仅在悟诗前朗诵一次，且没有从情感角度进行指导。这些都是需要反省的。

【观课者说】

单篇文本的"质疑型阅读"，属于批判型阅读，学生在教师的带领下，围绕一篇文本，发现和质疑，通过真实的阅读提出有价值的问题（这些问题可能是关于语言、思想、艺术等层面）；然后结合文本或与文本内容、创作背景等相关的一些资料寻找问题的根源；最后通过分析根源，进而找到解决问题的途径或方法。

传统的单篇文本教学，教师因过于追求"精雕细琢"，容易有"操盘手"之嫌。而蒋红云老师这篇《将进酒》教学设计，则跳出了固有的教学思维模式，提问题能抓住要点，突破重点；思考能发现常人所难见，增长学生的智慧，发展学生的语文综合素养，呈现出"感受—质疑—评估—推论"的"质疑型阅读"特质。

在"知人"部分，教师引导学生从李白诗歌"月""酒""剑"三大常见意象来了解李白诗歌中常见的情感与其诗歌的成就，激发学生兴趣；在"悟诗"部分，则通过环环相扣的问题，循序渐进地引导学生从表层文字深入深沉情感，激发学生质疑精神；在"思己"部分，则鼓励学生畅所欲言，力求观点与理由达成统一。蒋老师试图运用批判性思维引导学生对诗人情感世界和人生追求进行理性思辨，通过对诗人的生平的剖析及对诗歌的批判性解读，引导学生从固有认知中走出来，搭建起一个发现、质疑、创生的思维路径，从而发展学生的思辨能力，提升学生的思维品质，应该说，这个目的初步达成了。

值得学习的是，蒋老师的此篇教学设计，关注了作者李白的几组数据，透过这几组数据让学生感悟李白，随后引入大量的资料，激发学生思考。这些课堂教学设计都说明了执教者的用心和智慧，既激发了学生的学习兴趣，又注重学生学习能力的培养，落实了以学生为主体的课改理念，还教会学生如何归纳整理，拓展评价。

思辨性阅读教学的目的，就是在文本的阅读中，摒弃伪知，超越熟知，获取真知，由浅知走向深知，由局部知晓到融会贯通。本节课引导学生重视质疑与发现、对话与反思，在深度理解苏轼思想情感的同时训练思维，生成思想，促进学生走向成熟和理性，可谓别有价值。

（成都市第三中学校　李雪梅）

深思慎取，大胆质疑，分析求证
——《石钟山记》思辨阅读教学案例

成都七中嘉祥外国语学校　鄢娇媛

【设计意图】

王安石在《游褒禅山记》中提到了"志、力、物"作为"求思之深"的重要条件，同时也提出了一个非常重要的观点："此所以学者不可以不深思而慎取之也。"也正是"深思慎取"的学习态度，让学生对于王安石"志力物"的论断产生了新的思考与质疑。基于此情况，为了在比较阅读与深入思考中培养学生独立思考、质疑反思、分析求证、理性辨谬的精神，我选择了一篇与《游褒禅山记》既相似又不同的经典作品《石钟山记》，旨在通过比较阅读，进一步强化学生思辨阅读的意识及提升其分析论证的能力。

《石钟山记》写于宋神宗元丰七年（1084年）6月。当时苏轼从黄州调任汝州，任团练副使，顺道送其长子苏迈到江西饶州，途经江西湖口时，游览石钟山写下这篇游记。苏轼与其长子"乘小舟，至绝壁下"，亲身探访，夜游所见：大石侧立、栖鹘惊飞，所闻：鹳鹤怪叫、水声轰鸣，得出了石钟山命名的原因在于声音，但其声音的来源是"山下皆石穴罅""空中而多窍，与风水相吞吐"这一结论。"事不目见耳闻，而臆断其有无，可乎？"是苏轼游览后的哲思，这一论断也被后人广为传诵。但随着探访石钟山的人越来越多，对于石钟山名字由来的探究及作者结论的争议与质疑也越来越多。这是一篇可以启发学生思维，值得学生认真探究思考的好文章。

【教学简案】

教学目标：

审读《石钟山记》，辨析石钟山命名由来，领悟学者深思慎取的精神，发展思辨读写能力。

教学对象：
成都七中嘉祥外国语学校高一年级学生。

教学流程：
一、导入

在《游褒禅山记》中，王安石"深思慎取"的感慨是因何而引发的？

1. 第一自然段内容——距洞百余步，有碑仆道，其文漫灭，独其为文犹可识，曰"花山"。今言"华"如"华实"之"华"者，盖音谬也。

2. 由"华山"原为"花山"的音谬讹传而感慨古书弄错造成的影响，思考求学者应当"深思慎取"，以免以讹传讹。

二、文本质疑

"深入思考，谨慎采取"的求学精神不仅是王安石的追求，也是大文豪苏轼的亲身实践，在《石钟山记》中就有充分体现。

思考1： 在《石钟山记》中，苏轼是怎么得出石钟山命名原因的？

（1）实地考察，亲身探访。经过实地考察，作者认为石钟山得名由来："噌吰如钟鼓不绝、窾坎镗鞳"的声音。

（2）回溯史料，进行观点的辨析。质疑分析：援引郦道元和李渤的观点，并分别质疑他们的说法。

小结：苏轼的质疑体现了一个逻辑——只要有一个反例，就能让其观点不成立。

思考2： 苏轼对石钟山名字由来的探索是如何体现他"深思慎取"态度的？

（1）援引史料。（正视已有观点的态度）

（2）对已有观点质疑。（对大家习以为常甚至深信不疑的观点进行反思）

（3）亲自实地求证的严谨。

【板书：援引事实　质疑反思　实地求证】

思考3： 苏轼不仅对石钟山名字的由来进行了探索，还在这个过程中得出了哲理性的思考。

本段作者除了抒发哲思感慨，还特别写到，在他看来，世人为什么不能准确知道石钟山得名由来？

分析他人的谬误：

郦道元"言之不详"

士大夫"不肯以小舟夜泊绝壁之下"

渔工水师"虽知而不能言"
陋者"以斧斤考击而求之"

【板书：援引事实　质疑反思　实地求证　理性辨谬】

小结：像苏轼这样的学者，得出观点通过了一系列的方法，这正体现了一种"深入思考，谨慎采取"的精神。这种可贵的精神让我们明白：任何观点的得出，不应是盲从，而应是对已有文献事实等的辨析、质疑、求证，以及更全面地把握事实。

三、反思拓展

（一）石钟山命名原因再质疑

虽然我们看到了苏轼闪烁着光芒与智慧的求实探索精神，但后人对于他在《石钟山记》中关于石钟山名字由来的判断依旧存在着一些质疑声。如曾国藩的《石钟山名考异》与俞樾的《春在堂随笔》。

思考：苏轼对石钟山名字由来的判断，你认可吗？请表明你的观点，并依据文本或材料进行合理的阐释。（可以借鉴得出观点的方法进行思考、分析）

示例：

1. 苏轼对石钟山名字由来的判断是片面的。由于时间——晚上，季节——夏日，无法看见事实的全部，这是事实遮蔽。根据后人的考察与记录，苏轼虽然亲身实践探究，但也终究是只探得其中一方面的原因，而非窥见事实的全貌。（片面）

2. 郦道元和李渤均判断石钟山是以"声音"命名，与苏轼最后得出石钟山命名的原因是一致的，但苏轼却在文中否认李渤的判断。（矛盾）

3. 苏轼在实地考察更多时针对的是对石钟山产生"声音"原因的考证，是对声音本质的探寻，而非对石钟山名字由来的探寻。（概念改变）

4. 李渤与苏轼的分歧并不在"石钟山以声音命名"这个原因上，而在于声音由来的根本是"扣石而有声"还是"石穴罅、大石空中，水、石、风相击"。（本质差异）

（二）关于"深思慎取"的反思

思考：我们以"深思慎取"的态度再次审视苏轼在文中"事不目见耳闻，而臆断其有无，可乎？"这句话，你同意这个观点吗？为什么？请你结合文本和补充资料，写一段有观点、有依据的文字。

示例：

1. 有其合理性，强调实证、实践的精神。

2. 目见耳闻就一定是事情的真相吗？不一定。眼睛看到的、耳朵听到的并不一定全面（视野的局限），就像苏轼夜游石钟山，看到和听到的是视野范围内的景与声，却未看到石钟山整体的"像山一样"的外形特征。

3. 有一种情况，是先主观臆断猜测其有无，然后再去考证的。如苏轼在文中批驳质疑郦道元与李渤的观点，其实就是先主观判断他们的结论不正确，然后才有亲身到石钟山考证的经过。"盖叹郦元之简，而笑李渤之陋也。"苏轼在感慨郦道元、李渤考证功夫不够的时候，是否也存在"情绪遮蔽观点"的问题。（情绪大于理性）

4. 苏轼认为的"目见耳闻"是说亲身探求其本质与根源，郦道元与李渤都亲身考证、实践，但是他们却没有更深入地探求"声音"的根源，未能找到其本质所在。苏轼并非否定他们的实践，而是否定其深入程度，因此最后他说："而陋者乃以斧斤考击而求之，自以为得其实。"

5. 根据原文内容及补充材料，我们可以看到郦道元与李渤均"亲身到访石钟山"，并非没有"目见耳闻"，这就与作者最后得出的结论相悖。如果说苏轼是要通过批驳二者的观点与自身的亲自考察来佐证自己的"目见耳闻"的观点的话，则他的论证逻辑有问题。

小结：求学求知的过程是一个"深思慎取"的过程，是一个"祛蔽求真"的过程，是一个"符合逻辑"的过程，是一个"靠近真理"的过程。

补充材料：

材料一：郦道元与《水经注》

材料二：李渤《辨石钟山记》

材料三：曾国藩《石钟山名考异》

材料四：俞樾《春在堂随笔》

材料五：

石钟山现属江西湖口县，是两座低矮的石质小山。……构成石钟山的石灰岩，主要化学成分是碳酸钙（$CaCO_3$），长期受到含有二氧化碳（CO_2）的地表水及地下水的溶蚀，形成奇特的岩溶地貌。溶洞特别发育。《石钟山志》云：上钟崖与下钟崖其下皆有洞，可容数百人，深不可穷，形如覆钟。石钟洞系发育于石灰岩山体内的穹形溶洞，当江湖之水浸灌洞内，水位低于洞顶时，风兴浪作，冲击洞顶洞壁，轰然发声，回音激荡，这便是石钟山和石钟洞之所以具有钟之形与钟之声的原因。

——《地理知识》1979年第5期

【思辨镜头】

师：虽然我们看到了苏轼闪烁着光芒与智慧的求实探索精神，但后人对于他在《石钟山记》中关于石钟山名字由来的判断依旧存在着一些质疑声。苏轼对石钟山名字由来的判断，你认可吗？请表明你的观点，并依据文本或材料进行合理的阐释。

生1：我不认同苏轼对石钟山名字由来的判断。原因有以下两点。第一点是事实论据不够充分。苏轼对郦道元、李渤等人的否定所援引的事实依据太少，甚至对李渤观点的质疑，都未能完全引用李渤在《辨石钟山记》中的完整史实。论证一个观点是需要大量事实论据支撑的，很明显苏轼的论据并不够充分。第二点是实地求证不足。苏轼虽然进行了实地考察，但他也只看到了事实的一部分，如他只听到了石钟山的声音但是并没有看到石钟山的形状。通过课下注释我们可知，苏轼实地求证的环节是存在漏洞的。

生2：我想补充一下前面那个同学的看法。我也认为苏轼对石钟山名字由来的说法不太严谨，观点有片面性。首先是苏轼至石钟山考察，原文说"至莫夜月明，独与迈乘小舟，至绝壁下"，在晚上游览石钟山，他看到了大石侧立、栖鹘惊飞，听到了鹳鹤怪叫、水声轰鸣，可是在晚上那种特殊场景下，漆黑阴森，无法窥见石钟山立体多样的面貌也是可能的。第二点就是苏轼原文说"余方心动欲还""舟人大恐"，那么作为一个真实的考察者，他没有冷静的思考，而是带着这种惊心动魄的感觉去观察，难免会带上主观的因素。所以我个人认为，苏轼仅仅在一个晚上以一个"心惊"的状态去探访石钟山，并且也只是前往探访了一次，是不够的。我们知道，如果需要对一个东西进行科学验证的话，是要进行多次探访和验证的，所以不认可苏轼对石钟山名字由来的判断。

生3：我是认可苏轼的观点的。因为他去实地考察之前，受到了郦道元和李渤观点的影响，这两位都提到石钟山之名来自它的声音。从苏轼的观点来看，他质疑的其实是二位就石钟山声音来源本质的探寻。苏轼经过探访石钟山，发现石钟山发出声音的原因是"山下皆石穴罅""空中而多窍，与风水相吞吐"。苏轼质疑的不是石钟山因为声音而得名，而是质疑前人对于声音来源的分析。

生4：我觉得这是一个没有答案的问题。因为这个问题是关于石钟山名字的来源，由于这个名字并没有最初的史料，所以到底石钟山名字因何而来，这应该是一个没有标准答案的问题。对于这个问题，我认为只要有理有据，都是值得肯定的。对于石钟山名字的由来，有人认为因其形，有人认为因其声，这简直是盲人摸象的一个非常深刻的现实典故，因为人人都只是把自己看到的一点用来概括石钟山命名的全部。虽说这样可能并不完整，但我认为这就像盲人摸象，摸到的是大象的腿，虽说不是大象全貌，但你不能否定大象有这个特点。

【教学反思】

其实思辨阅读、批判性思维的培养在我们日常教学中早有渗透，最近几年随着对语文教学中批判性思维研究的了解越来越多，我也有意识地在自己的课堂中培养学生的批判性思维，《石钟山记》就是我在这方面的尝试。这堂课结束后，我有以下思考。

一、给学生思辨阅读思维的引领

《石钟山记》是优秀的古代游记散文，和《游褒禅山记》也颇有相似之处，我在设计本课时，由《游褒禅山记》引入，也是希望学生能以"深思慎取"的态度对待求知求学，因此在整个课堂中我注重引导学生对作品及观点"深入思考，谨慎采取"。

其中"苏轼对石钟山名字由来的探索如何体现他'深思慎取'态度的?"这个问题设置的目的，就是给学生一个思辨阅读的思维引领与范式。因为苏轼在石钟山名字由来的问题上，对已有的观点和事实持怀疑态度，并且对怀疑的内容进行信息搜集、内容分析、过程推理，打破的是惯性思维下的人云亦云，而这个过程也是作者有理有据论证自己观点的过程。可以说，这一环节的设置初步达成了我的第一个教学目标：辨析石钟山名字由来，并且是整堂课文意理解及思维引领的基础，目的是为后面学生打开思路，根据文本内容及参考资料有依据地质疑、有逻辑地实证。

二、设置合理的探究情境和问题

很多时候批判性思维的培养是隐藏在我们日常教学中的，是潜移默化对学生产生作用的。这就需要我们善于去发现学生阅读的兴趣点、争议点、遗漏点，通过设置合理的探究情境，从而促使学生对文本进行深度挖掘，积极分析，突破固定思维。比如，在我刚才的那堂课中设计的两个问题"苏轼对石钟山名字由来的判断，你认可吗？请表明你的观点，并依据文本或材料进行合理的阐释"和"再次审视苏轼在文中'事不目见耳闻，而臆断其有无，可乎?'的观点，你同意这个观点吗？为什么？请你结合文本和补充资料，写一段有观点、有依据的文字"就是通过开放性的问题引起学生的争论和展现他们的不同看法,并且通过深入阅读寻求足以支撑自己观点的材料。教材《赤壁赋》课后练习中有一个问题"中国古代有诗文'穷而后工'的说法,苏轼正是在贬谪黄州期间创作了大量名篇,如何看待'穷而后工'这种现象?"对"穷"和"工"之间是否存在必然联系的思考就是隐性地渗透批判性思维培养的过程。

三、激发学生的问题意识

问题是学生开始思考的表现,问题是学生质疑与批判的第一步,激发学生的问题意识,就是引导学生有独立思考与求证。刚参加工作时,我很怕学生提一些奇奇怪怪的问题,总觉得有的学生思维跟我们不一样,也会觉得有的学生阅读钻牛角尖,缺乏知人论世的基本理论常识等,但现在,当我们再来审视学生提出的问题的时候,我们会发现,他们有时会提出很多有价值的问题,我们要保护他们敢于提问的勇气。当今天我们发现很多学生不会提问题的时候,我们在阅读教学中就要引导学生对已知的结论展开不同维度的分析,每个人看待问题的角度和方式各不相同,那么在思维的交替碰撞中,学生互相启发,互相提问,能对知识的理解与掌握更加深入,并形成自己的看法。这也是培养学生独立思考的批判性思维的方式。

四、拓展学生的积累

就像在我的这堂课中,在最后我给学生提供现代科学资料,从地理学的角度去论证石钟山的形与声的特点时,其实是我获得了丰富的材料,有足够的论据支撑我对郦道元、李渤和苏轼的观点的批判。其实在我们的阅读教学中经常会遇到这种情况,对于一些问题,学生都有自己的看法,但缺乏材料佐证,很多时候只能通过各种假设,或者在文本的已有的内容基础上"脑补臆想"来作为论证自己观点的支撑,这样的论证,事实不足甚至脱离了已有的事实,又怎能让判断与结论正确?因此,在阅读教学中,我们不仅要重视学生问题意识的培养和引导,同时还要注重阅读资源的积累和拓展,让学生占有更多事实材料,才足以支撑自己的观点。

五、文言文教学与批判性思维培养

对于文言文,学生的问题大都围绕文言文字词及文意的理解提问和思考,而对于文言文中作者反映出的思想层面的东西思考较少。在初中阶段,古诗文阅读大多是以字词积累、文意理解、背诵记忆为主;但到了高中阶段,古诗文阅读的要求上升到运用逻辑思维的阶段,不能仅满足于读懂,还应对古人的思想有自己的认识与判断,甚至是反思。所以在文言文阅读教学中,我们不仅要注重对"言"的理解与掌握，更要注重对学生"文"的思维力的培养，因为那正是我们以现代新视角审视古人智慧，"深思慎取"，培养学生思辨思维的最好素材。

【观课者说】

在深思慎取中走向思维的深处

本节以批判性思维为主题的探究课，通过对问题的洞察、原因的探究和分析，在质疑、再质疑的过程中，一步步将学生的思维推向深处，既给予了学生如文章作者一样的深思慎取的态度，也通过层进的问题追踪，构建了学生的理性逻辑，更在对即使是深思慎取后形成的、貌似已经可以成为既定判断的结论不轻易附和的基础上，给予了学生更多更加多元的思考和提示，并创造性地提出了解决问题的思辨途径和方式。

在对作者"深思慎取"态度的学习过程中，教师从真实的文本阅读出发，引导学生提炼出了作者认为的石钟山命名的原因，并通过原因获得的过程追溯，发现了作者深思慎取态度彰显的途径，即"援引史料""质疑结论""实地求证"，应该说，这已经是学生习得的用于解决问题的很好的途径了，但教师没有停留于此，而是通过"差异质疑"，即引领学生去比较作者准确知道石钟山命名的由来与世人不能准确知道两者之间的不同，真正深入理解探究过程中作者的哲理性思考——"事不目见耳闻，而臆断其有无，可乎？"以上过程，已经从援引事实的浅表了解走向了比较深层次的理性辨谬。

在教学过程的后半段，对作者抛出的石钟山命名的既定判断，教师引导学生对之进行质疑，在对文本和提供的材料进行横向关注的过程中，师生对话、生生交流，层层深入，从分析到归纳，由现象到本质，对石钟山命名原因的多种可能性进行了合理的阐释，学生的思维翻新一层。对于作者本身就极具哲理性的"事不目见耳闻，而臆断其有无，可乎？"一语，教师以写作的方式，鼓励学生安静反思、沉淀思想，对文字本身的片面性、局限性进行求证，以严谨而科学的态度，以不迷信权威、名家的理性，以不浮躁、不盲从的行为途径，促成了学生思维的创生。如关于文本本身，找到了"苏轼夜游石钟山，看到听到的是视野范围内的景与声，却未看到石钟山整体的'像山一样'的外形特征"的依据，对"目见耳闻"进行了引之有据、言之有理的有力辩驳。

如教者所言，求学求知的过程是一个"深思慎取"的过程，是一个"祛蔽求真"的过程,是一个"符合逻辑"的过程,是一个"靠近真理"的过程,那么这一节环环相扣、层层推进的语文课,本身就在这一系列过程中,将学生的思维向更深处激荡,在引领、思考、创造的过程中,体现了语文应有的理性之美、思辨之美。

(成都七中嘉祥外国语学校　孙雪梅)

"王道"与"霸道"
——《寡人之于国也》教学案例

成都市第三中学　焦晓宇

【设计意图】

《寡人之于国也》选自《孟子》,是一篇古代议论性散文,通过孟子与梁惠王的对话,展示了孟子的治国策略与具体措施。《寡人之于国也》体现了孟子"民为贵,社稷次之,君为轻"的民本思想,他认为对待人民要行仁政,民心的向背是国家兴亡的原因。以孔孟为代表的儒家政治思想在春秋战国时期一直不被各国统治者接受,没有得到施行的机会,但从汉代开始,却被统治者接纳,甚至出现了"罢黜百家,独尊儒术"的局面。为什么同一种主张在不同时期所受的待遇这样不同呢?孟子的主张是否只是一种形而上的理论,无法付诸实践呢?孟子是否有其思维的局限性呢?这是我们需要去质疑、思考、求证的地方。为此,我选择了《孟子·梁惠王上》《荀子·强国篇》中的选段阅读比较,带领学生从不同角度辨析孟子"王道"思想的得失,引导学生对一些观点进行有依据的质疑,有分析的评判。在学习过程中,致力培养学生的批判性思维,鼓励学生多思考多质疑,从而提高自己的认知能力,发展不断反思的求真意识。

【教学简案】

教学目标:

1. 阅读比较,体会孟子"王道"这一仁政思想的价值性。
2. 质疑求证,分析孟子推崇"王道",反对"霸道"思想的得与失。
3. 拓展发现,思考如何继承、完善和发展孟子的"王道"思想。

教学对象:

成都市第三中学高二年级学生。

教学流程：

环节一："教化百姓是否必要"——质疑孟子推崇的"王道"思想，发现孟子仁政主张的成熟性。

1. 引发思考：孟子追求的"王道"的具体目标有哪些？为了达到这些目标，孟子认为需要采取的措施有哪些？请结合课文总结。

2. 提出质疑：其中教化百姓这一措施，似乎与他的"王道"目标无关，为什么孟子还要提出教化百姓呢？有何关联？

小结：这一环节设计是为了引导学生走进文本，分析文本，提出质疑。孟子的"王道"思想的具体目标是发展社会生产力，提高人民生活水平，但是教化百姓的这一措施却与发展生产的目标看似无关。在教师的引导下，学生主动寻找二者之间的关联，尝试着从孟子的角度看待"王道"思想。学生分析出教化百姓和发展生产之间看似无关，实则有关。学生从孟子将教化百姓与发展生产联系起来这一点，管中窥豹，评估出孟子的"王道"思想是经过深思熟虑的比较成熟的思想，而且孟子是尝试将其付诸实践的。

环节二："王道思想是否有局限"——质疑孟子反对"霸道"的思想，发现孟子"王道"思想的局限性。

1. 分析与判断：提出国君为何如此在意人口这个问题，引用《齐桓晋文之事》《孟子见梁襄王》中的内容，请学生分析"王道"和"霸道"两种治国方法的区别，并进一步判断孟子对霸道思想的态度是怎样的。

2. 质疑：分析所补充的《荀子》选段，评估荀子笔下施行"霸道"的秦国的治理效果，思考对"王道"和"霸道"是否有新看法。

小结：本环节旨在帮助学生通过对比综合分析文章，认识到当时的国君"兴甲兵""未有不嗜杀人者也"，他们希望通过战争来达到"欲辟土地，朝秦楚，莅中国而抚四夷也"的目的。学生总结出所谓"霸道"，就是"凭借武力，以力服人"，对内用法律震慑人民，对外用军事威慑他国，使他国臣服的治国道路；而"王道"，是孟子仁政思想的目标，讲究以仁政的方式，以德服人。而孟子是坚决反对"霸道"的，但这种反对"霸道"的态度也揭示了孟子"王道"思想的局限性。学生通过评估荀子眼中的秦国人民生活的种种情况，发现秦国百姓淳朴顺从，官员廉洁奉公，政府无为而治。秦国的治理效果与孟子"王道"思想的目标有不谋而合的地方，所以孟子全面否定"霸道"思想是片面的，对"霸道"的全盘否定正是孟子思想的局限性，而这也是孟子推行"王道"思想却不成功的原因。

环节三："宽严有度，王霸并举"——讨论秦国治理的得与失，思考如何继承和发展孟子的"王道"思想。

1. 质疑：你是否对荀子笔下的美好的秦国有所怀疑？
2. 分析：你认为秦国这样的治理效果是通过什么方法来实现的？
3. 思辨：我们应该怎么继承和完善孟子的"王道"思想？

小结：学生认为荀子笔下的秦国有可能只是表象而已，秦国有这样的治理效果是因为它采用严格的法律制度，但是过于严苛的法律制度是不对的，正是因为秦国法律严苛，百姓最终揭竿而起。但我们可以将"霸道"和"王道"的治国理念结合，用强大的军事实力保护国家和人民，用法律来规范百姓、官员和政府的行为；以民为本，提高人民道德和文化水平，发展生产，提高人民物质生活水平。这样"王道""霸道"之法并举，宽严有度，才是正确的治国方法。

【思辨镜头】

师：为什么梁惠王这么在意人口，有人能推测一下吗？

生：我觉得在冷兵器时期，人口就意味着一个国家是否强大，因为要发动战争，是要靠人口的；要国家强大，都要靠人口。

师：我们不能够肯定梁惠王是不是追求"霸道"，这篇文章没有明显地指出，所以我给大家找了孟子的其他文本，来探讨"霸道"的意义和孟子的态度。

文段一：

齐宣王问曰："齐桓、晋文之事，可得闻乎？"

孟子对曰："仲尼之徒，无道桓、文之事者，是以后世无传焉，臣未之闻也。无以，则王乎？"

……

曰："然则王之所大欲可知已：欲辟土地，朝秦楚，莅中国而抚四夷也。以若所为，求若所欲，犹缘木而求鱼也。"

王曰："若是其甚与？"

曰："殆有甚焉。缘木求鱼，虽不得鱼，无后灾；以若所为，求若所欲，尽心力而为之，后必有灾。"

（《齐桓晋文之事》，节选自《孟子·梁惠王上》）

文段二：

孟子见梁襄王。出，语人曰："望之不似人君，就之而不见所畏焉。卒然问曰：'天下恶乎定？'吾对曰：'定于一。''孰能一之？'对曰：'不嗜杀人者能一之。'"孰能与之?'对曰:'天下莫不与也。王知夫苗乎?七八月之间旱,则苗槁矣。天油然作云,沛然下雨,则苗浡然兴之矣。其如是,孰能御之?今夫天下之人牧,未有不嗜杀人者也。如有不嗜杀人者,则天下之民皆引领而望之矣。诚如是也,民归之,由水之就下,沛然谁能御之?'"

(《孟子见梁襄王》,节选自《孟子·梁惠王上》)

师:齐宣王的目标是什么?用自己的语言总结。

生:"欲辟土地,朝秦楚,莅中国而抚四夷也。"想要让附近的国度臣服。

师:为了实现这个目标,齐宣王希望采用哪种方法?

生:"霸道",因为他问的是齐桓晋文的事情,这两位是春秋五霸。

师:在你看来孟子的态度是怎样的呢?

生:反对"霸道"。他说"仲尼之徒,无道桓、文之事者",还说"以若所为,求若所欲"。不光是缘木求鱼,还可能有后灾。

师:那同学们想一想,只采用孟子推崇的"王道"的方法能不能"斯天下之民至焉"?

生:不能,当时统治者想要扩张自己的土地,这必然要损害别国的利益,占领别国的领土,而"王道"思想试图通过发展经济来提高人民生活水平,这可能会导致邻国的百姓心向往之,前来归顺,但是邻国的政府并不一定因此就会俯首称臣。

生:不能,如果只强调以民为本,没有强大的军事实力保证国家和人民的安全,抵御外侮,很有可能会成为别国眼中的鱼肉,招致别国的侵略。

师:所以孟子推崇"王道",反对"霸道"这个论点是有一定的局限的。施行"霸道"而强国的代表是战国时期的秦国,《过秦论》认为秦灭亡的原因是"仁义不施而攻守之势异也",但荀子曾在秦国游历一段时间,我们来看看他笔下的秦国是怎样的?

应侯问孙卿子曰:"入秦何见?"孙卿子曰:"其固塞险,形势便,山林川谷美,天材之利多,是形胜也。入境,观其风俗,其百姓朴,其声乐不流污,其服不挑,甚畏有司而顺,古之民也,及都邑官府,其百吏肃然,莫不恭俭敦敬忠信而不楛,古之吏也。入其国,观其士大夫,出于其门,入于公门,出于公门,归于其家,无有私事也。不比周,不朋党,倜然莫不明通而公也,古之士大夫也。观其朝廷,其闲听决百事不留,恬然如无治者,古之朝也。故四世有胜,非幸也,数也。是所见也。"

(选自《荀子·强国篇》)

师：给大家一点时间，总结荀子笔下的秦国在以下几个方面的特点。我们请几位同学来分别填空。

生1：自然环境——地势险要，风景优美，物产丰富。

生2：风俗民情——淳朴，穿的衣服很整洁。

师：抓住了"朴"这个字很准确，但是有一个要点没看见，我来指出（提示"顺"）。

生2：顺从。

师：很好。

生3：官员小吏——忠信，清廉，严肃认真。

师：说得很好，从"肃然"得出严肃认真，从"恭俭敦敬"得出忠信清廉，我补充一下这个"不楛"是"不粗劣"，就是说官员态度都很好，都有文化。

生4：士大夫——大公无私，不结党营私。

生5：朝廷——无为而治。

师：这位同学抓住了"无治"这个词，准确地翻译成了无为而治，很不错。

师：那么阅读了这部分资料，对于"王道"和"霸道"，你有何新的看法？

生：我觉得秦国实行的是"霸道"，历史上经常说秦的暴政，但是现在通过荀子的这段话，我有了不同的看法。比如，在秦国严格的法令下，老百姓顺从政府的管理，官员们忠信、不结党营私，朝廷是无为而治的，这些都与孟子的"王道"目标不谋而合。

师：所以孟子的问题在于他认为"王道"和"霸道"是两种完全不同的政治思想，他坚决反对"霸道"，没有看到二者之间其实是可以相互促进、相互结合的。我们回顾一下，在《寡人之于国也》中，孟子看到了教化百姓和提高人民生活之间看似无关实则相互联系的关系，这非常难能可贵，也对后世有很好的教育意义。但是在《齐桓晋文之事》中，孟子只推崇"王道"，坚决反对"霸道"，也是值得斟酌的。

学生通过阅读其他文本，进行比较分析，了解了孟子反对"霸道"的态度注定无法被统治者接受的原因。在分析了《荀子》的选段后，学生意识到长期以来对秦国统治的印象是刻板的。有部分学生提到他一直无法理解为什么荀子的学生却是法家思想的代表，现在能够理解了。通过分析综合，学生对孟子的反对"霸道"的思想进行了批判性的理解，了解了孟子思想进步的一面及它的局限性。在教学过程中，提升了学生分析、评估、归纳等思维能力。

【教学反思】

如果教师在教学过程中人云亦云，盲从权威，而不去转换思维提升自己，那么教出来的学生也将是盲从的人，这样如何保持思想的先进性呢？所以在语文教学中，我们也要有质疑精神，为此我设计了《寡人之于国也》这一课。

在教学过程中，我认为学生理解到了孟子思维的局限性：孟子发现了教化百姓和提高物质生活水平这两个看似无关事物的内在联系，是有其成熟性和先进性的；但是孟子在反对"霸道"的时候，又没有发现"霸道"的部分措施是可以促进"王道"目标实现的。孟子的"王道"思想是需要批判性接受的：一方面，"王道"思想是进步的，是有着比较成熟体系的思想；但同时又有着很大的局限性，而这种局限性使它过于理想化，最终不能实行。最终，学生认为孟子的"王道"思想是有利有弊的，是可以继承和完善的，"霸道"的部分主张也可以与"王道"相结合。这一教学过程帮助学生体会到批判性思维的方法和重要性。

但是在教学过程中我也发现了很多问题。首先，我在教学中忽略了提醒学生总结在此学习过程中对批判性思维的使用经验，舍本逐末。第二，在第三个教学环节，学生的思维过程并没有得到深入，其实应该继续走进孟子文本或者继续走进生活。第三，在批判性思维教学的时候，是不可以绝对化的，要"开放、包容、多元、互动、不断有新发现"，而我没有引导出学生的"新"发现。我在上课的时候引导学生太多，整个教学设计都建立在我对文本的理解和质疑的基础上，是我首先质疑，然后求证，再引导学生，这个过程是不是也是对学生思维的限制呢？学生似乎对我的观点本身也没有进行质疑，这是不是也弱化了学生的思维训练呢？我认为，这些是我接下来应该思考的方向。

【观课者说】

观焦晓宇老师这一堂课，体悟到的是在新课改背景下，一名青年教师的大胆尝试、小心实践，以更广阔的阅读视野、逐层深入的思维过程，带领着学生，通过文本与跨越千年的经典展开对话，在判断与质疑中走向深度阅读，培养学生的批判性思维。

我认为，这一堂课在批判性思维的培养方面有以下两个突破：

一是突破高中文言文传统教学的弊端。

选入教材中的文言文，或文辞优美，或意蕴隽永，它是中华民族悠长历史的深厚积淀，是几千年知识分子思想情感的重要载体，对其文学性的感悟与鉴赏，对其思想性的理解与评价，是高中文言文教学的目标所向。但传统的高中文言文教学多停留在文字疏通的层面。一篇文言文，无论教师与学生，都只将它作为一个通向古文阅读的疏通工具，而没有意识到，文言文阅读，其实是与一个个鲜活生命个体的精神对话。

焦老师的这堂课，解决文字障碍后，将孟子的思想亮出来，从对孟子"王道"内容的概括梳理，再到对孟子内容中"教化"措施的质疑，到对"王道"是否存在缺陷的深度思考，循序渐进，一步步引导学生去理解、去质疑思想存在的历史合理性，思想内部本身的逻辑合理性。这样的一堂课，学生收获的不再只是一篇包含文言实词、虚词、特殊句式的文言文，而有着对孟子主张、儒家思想的深入理解，以及理解后的质疑。

二是实现单篇教学走向专题研习的尝试。

回顾中国漫长的封建史，两千年的岁月中，儒家著述成为典籍，奉为"经"，儒家思想成为主流。但当我们回溯到近三千年前的那场思想盛宴时，儒家与墨家、道家、法家等的学者或思想家，对宇宙对社会万事万物做出解释、提出主张，各具光芒。"王道"与"霸道"的政见和实施，各有所长。即使是儒家自身，孟子的理想主义，荀子的现实主义，"性本善"与"性本恶"的辩论，德治与法治的对立与统一，也从未停止。如今，当我们再次通过文本了解儒家思想时，这些存在都是培养学生批判性思维的突破口。

这堂课中，围绕孟子"王道"这一主题词，焦老师将《孟子·梁惠王上》与《荀子·强国篇》纳入阅读中，使其"王道"思想的正反例证更为丰富。在更广阔的历史背景中去思考、辨析孟子的思想，引导学生懂得打破权威，结合社会现实，批判性地看待问题，促进其思维能力的提升。

如若在环节三能继续聚焦孟子的文本，将孟子思想与当今现实联系起来，引导学生思考如何在新的历史时期批判性地继承和发扬儒家思想中所蕴含的思想精髓，那么这一堂课的思想便多了一个现实的关注点与落脚点。

（成都市第三中学　蒋红云）

我该如何存在
——"从《人是一根能思想的苇草》读开去"教学案例

成都市盐道街中学　赵漫铃

【设计意图】

《人是一根能思想的苇草》节选自法国著名的数学家、物理学家、哲学家帕斯卡尔的《思想录》。作为一篇思想深度与逻辑理性兼具的经典篇目,其表现的"思想形成人的伟大"这一主题发人深省,思维逻辑性与辩证性令人叹服。高一学生正处于人生观、价值观形成的关键时期,以此文作为教学内容主体,进行适当的拓展和延伸,引导学生读深、读细、读开去,有助于学生思考人的存在价值与生命意义,获得精神品质和思维理性的发展。

我在进行教学设计时,仔细研读了《普通高中语文课程标准(2017年版)》中关于思辨性文章教学的要求,其中提到要"引导学生学习思辨性阅读与表达,发展实证、推理、批判与发现的能力,增强思维的逻辑性和深刻性",所以本堂课不仅力求体现思维的辩证性,还要追求思维的深刻性。于是我有意进行了关联文本开发,结合《人是一根能思想的苇草》文本内容特点,将帕斯卡尔在其《思想录》中的另外一段内容作为导思文本之一引入本课教学,能够更好地训练学生的思辨能力。另外,我还选用了周国平的《不满足的人比满足的猪幸福》一文,引导学生在深刻理解"思想"特性的同时,关注思想与人的关系,体会到人存在的意义在于做一个会思想的人。

这样,通过序列化的文本呈现,层层深入、循文探思,构成了议题引领下的由课内文本延伸至课外文本的群文思辨教学。我希望通过本课教学引导学生思考生命的意义、思想的意义,同时也培养学生对于文本的筛选整合能力、思辨探究能力与深度思考能力。

【教学简案】

教学目标：

1. 反复揣摩语句、读懂文本，深度理解帕斯卡尔"思想形成人的伟大"这一思想观点。

2. 通过文本比读，就思想的复杂性进行思辨探讨，促进学生对于人存在的意义的思考。

教学对象：

高中一年级学生。高中一年级的学生已经开始了对人生意义的思考，但还处于迷茫时期，他们需要通过教学的适当引导，通过阅读的间接经验来增强对自我的思考，因此本课教学对于他们是很必要的。

教学流程：

一、新课导入

播放歌曲，阅读名人名言，创设情境，激发兴趣。

二、披文入理：理解"思想形成人的伟大"的内涵与外延

1. 读标题，思考"人是一根能思想的苇草"写出了人怎样的特点？
2. 读课文，议观点，思考作者想表达的核心观点是什么？
3. 交流讨论，围绕这一核心观点，作者又得出了怎样的结论？
4. 请举例谈谈因思想而伟大的生命。

三、以文导思：探讨思想的伟大与卑贱

1. 读《思想录》选段，思辨探讨思想的伟大性与卑贱性。
2. 读《不满足的人比满足的猪幸福》，探寻思想对于人存在的价值所在。

四、书己所思：写出自己对人的存在的思考

结合本课所学，写出自己的感悟。

五、学生成果展示，全班交流

生生评价、师生评价，在分享中反思，在反思中加深感悟。

【思辨镜头】

镜头一：探究观点内涵与逻辑，梳理行文结构

师：作者想表达的核心观点是什么？围绕这一核心观点，作者又得出了怎样的结论？请结合文本加以分析探究。

生1："风一吹就倒，植物缺一滴水就死，人也经受不住大自然的灾难"，说明人和苇草一样脆弱。"然而，纵使宇宙毁灭了他，人却仍然要比致他于死

命的东西高贵得多",说明人又是高贵的。"思想形成人的伟大",说明人因能思想而有尊严,而伟大。

生2:"因而,我们全部的尊严就在于思想。"将人与宇宙作比较,人因有思想而高贵,即使是死,也有尊严。

生3:"因此,我们要努力好好地思想。这就是道德的原则。"我们要提高自己,要追求自己的尊严。

教师追问:如何理解"我们要努力好好地思想。这就是道德的原则"。注意结合关键词理解。

生1:"好好地"说明人应该向积极正面的、有利于人类社会发展的、符合社会道德要求的方向思考,"努力"说明人类要克服天生的惰性和思想困难去探索思想的边界,钻研出更多思想成果。

教师小结:通过同学们的探究思考,可以看出本文逻辑严密。文章先从生理层面提出人是脆弱的,接着从精神层面指出人因思想而伟大,最后提出人们应该好好努力地思考,获得人生的意义、做人的尊严。

镜头二:深入理解,举例谈谈因思想而伟大的生命

师:思想使人伟大,你知道哪些因思想而伟大的生命?

生1:霍金年轻时就患上了肌肉萎缩症,全身瘫痪,不能言语。但是生理上的痛苦没有使他停止思考,他研究宇宙论和黑洞,证明了广义相对论,为物理研究事业做出了卓越贡献。

生2:史铁生是我国作家,年轻时双腿瘫痪,年轻的生命没有被击溃,他反而从病痛当中获得思考,对生命的意义有了更多的理解,并创作了许多脍炙人口的作品。

师:其实《思想录》作者帕斯卡尔本身就是对"思想使人伟大"这一观点最好的诠释。结合预习,说说为什么?

生1:他的生命是脆弱的,从小身体不好,病痛始终折磨着他,但是我们初中学过的压强单位就是以他的名字命名的,而且他还做出了水银气压计。

生2:听了刚才同学的发言,我才明白了为何帕斯卡尔会提出"思想使人伟大"这一观点,因为他自己的人生经历就是对这句话最好的诠释!

教师小结:同学们说得非常好。有人评价帕斯卡尔之于法兰西,犹如柏拉图之于希腊,但丁之于意大利,塞万提斯之于西班牙,莎士比亚之于英格兰,可见其贡献巨大,地位崇高。

镜头三:思辨探讨,认识思想的伟大性与卑贱性

教师呈现《思想录》选段,学生阅读文本并思考。

师：思想形成人的伟大，那么思想本身就是伟大的吗？就是完美的吗？就是无所不能的吗？

生1：思想不是完美无缺的，如"人不为己，天诛地灭"的说法，表达的就是一种利己主义，这样的思想源于人的本能却并不伟大。

生2：我们在历史课上也学到法国国王路易十五说："我死后哪怕洪水滔天。"还有曹操说过："宁我负天下人，不可天下人负我。"这些都是一种以自我为中心的思想。

教师小结：同学们通过举例子对思想的卑贱性进行了说明，在了解了思想使人伟大之后，又辩证地理解了其卑贱性，可见思想是伟大的，同时也可能是卑贱的。所以帕斯卡尔才会要人们努力好好地思想，以理性克服生物本能，以道德指导思想方向，以实践验证思想成果，以行动推动人类社会进步，实现更高的人的价值和意义。

镜头四：意义探寻，思想对于人存在的价值所在

教师呈现《不满足的人比满足的猪幸福》内容，学生阅读文本并思考。

师：不思想也安稳度过一生的人比比皆是，况且思想的成果往往不易得来，那么我们为什么还要去思想呢？思想的意义到底在于何处呢？

生1：周国平告诉我们思想的意义在于使人获得精神上的满足与幸福，不满足的人比满足的猪幸福。

生2：历史上有许多哲人，如庄子说过"吾生也有涯，而知也无涯"，他不追求身外之物的富足，但是追求精神世界的自由豁达，思想对他来说是个艰难而又漫长的过程，但是思想的幸福也随之而来。

教师小结：我们能够通过思想实现作为人的尊严，形成独立的人格，这就是思想对于人的意义。

镜头五：学生书写，交流对人存在意义的思考

师：写出你对人的存在意义的思考。可结合本课所学，写出你的感悟。

生：这节课所学的帕斯卡尔的观点给我留下了非常深刻的印象。首先，帕斯卡尔的观点是深刻的；其次，他又不片面单一地看待问题，也不盲目崇尚自己的观点，而是不断批判质疑。我觉得自己以后在看待问题时也可以试着辩证性地去思考。

教师总结：思想的过程就是寻找生命意义的过程，就是实现存在价值的过程。我该如何存在？我通过思想对抗有限的生命，通过思想丰盈自己的人生。希望同学们努力好好地思想，去追求自己的人生价值。

【课后反思】

这是我作为青年教师的第一次公开授课。

1. 经验总结。一是融合思辨读写。高中语文新课标提倡教学活动的综合性、情境性与多样性，本课将阅读与鉴赏、表达与交流、梳理与探究等语文学习活动融为一体，通过情境创设、梳理文本观点结构、深入探究、书写表达等教学环节，引导学生对"人存在的意义和价值在于思想"这一观点进行思辨探讨。阅读是写作的基础，写作是阅读的延伸，而不管阅读还是写作都是基于有深度、有价值的思考，整个过程引导学生向内探索，向外发散，由内而外获得思辨能力的提升、人生意义的思考。

二是整合群文阅读。本堂课以《人是一根能思想的苇草》为主体文本，以其核心观点"思想使人伟大"作为根基，引入《思想录》中的其他文段及《不满足的人比满足的猪幸福》作为导思文本，引导学生辩证思考思想的伟大性与卑贱性，进而思考自己存在的价值与意义。三个文本求同比异，扩展理解，层层递进，逐渐深入，能够在扩展学生阅读的同时，启发学生的思维，帮助学生建立对于"思想"和"人存在的意义"的多元思考。

三是凸显人文意义。当人用理性来思考的时候，人才真正获得了存在的价值，因为理性的思考可以破除恶习、迷信及种种所谓的"已成观念"，让真正的思考渗透自己的人生，人的存在才是有价值的。所以本堂教学正是基于"思想"与"人存在的意义"，引导学生去思考和探索。

2. 改进措施。"思想"是一个宽泛而又复杂的概念，所以在理解"思想使人伟大"这一观点时学生就遇到了困难，这个困难不是指从文本提炼观点存在困难，而是接受和理解这一观点存在困难，因为高一的学生可能对"思想"并没有一个完整的认识。所以在此之前，应该充分进行前置学习，让学生具备一定的阅读储备，了解什么是"思想"、什么是"有价值的思想"、人常常"如何思想"等，接着再阅读帕斯卡尔的文章，就会带着自己的观点和思考去阅读。如果有了这一前置学习的环节，学生在阅读的过程中就会自然而然对"思想"这一话题产生多元思考，教师在学生出现疑问或者思维火花时适时地、结构化地呈现文本，帮助学生解决自己的思考难点。这样的操作方式不仅能凸显学生的主体地位，也能体现"思辨读写"这一主题。

群文阅读教学不同于传统的单篇教学，其综合性强、思维性强的特质有助于学生拓展审美视界，丰厚文化底蕴，整合立体信息，促进思维的聚合、发散，进而走向辩证、批判和迁移创造，并外显为语言建构和运用的能力，可以说，群文教学的优越性不言而喻。但是，运用群文教学模式，对于文章的选择与整合、问题的设置与安排、阅读与思考交流的时间分配等问题需要教师更加深入细致的研究。作为教师队伍里的一员新兵，在探索群文阅读教学的道路上，我将不懈努力，上下求索。

【观课者说】

高中语文新课标的必修课程里"思辨性阅读与表达"这一单元的教学要求是："阅读古今中外论说名篇，把握作者的观点、态度和语言特点，理解作者阐述观点的方法和逻辑。"

赵漫铃老师执教的《人是一根能思想的苇草》这堂课，在引导学生把握观点、理清思路、运用思辨性思维进行表达等方面进行了很好的探索，充分体现了新课标的精神。

亮点之一：凸显作品的人文性。《人是一根能思想的苇草》这篇文章节选自帕斯卡尔的《思想录》，对高一的学生来说，理解上虽有一定难度，但这个年龄段的学生对于思考生命的意义、人存在的价值颇有兴趣，文章的观点也能引发他们的共鸣或反思。赵漫铃老师在授课中，立足文本，对重点词句的点拨非常到位。如对"我们要努力好好地思想，这就是道德的原则"这句话的追问，让学生进一步思考该如何思想，加深了对观点的理解。在谈到"人因思想而伟大"时，让学生讨论交流历史上因思想而伟大的生命，当学生介绍帕斯卡尔的生平经历时，好多同学都不由发出赞叹，可见这些人物的事迹对他们的触动颇大。文本的人文价值在师生共读细品中不断彰显。

亮点之二：关注作品的思辨性。赵漫铃老师对文本进行了深入解读，充分挖掘整合教学资源，恰到好处的补充材料既帮助学生更好地理解文本，又使阅读更加深入。在学生找到文章观点理清行文思路之后，教师抛出第一则补充材料，同样来自《思想录》，"思想由于它的本性是何等的伟大，思想又由于它的缺点是何等的卑贱"。这里的观点明显和前文有矛盾，该如何理解呢？教师的质疑激发了学生的深度思考，也让学生认识到理性严密的表达往往具有辩证性。帕斯卡尔高度肯定思想这一行为的价值，但也认为思想的内容有高下之分、优劣之别，理解到这点，也巧妙地照应了教师前面强调的观点"我们要努力好好地思想"。

亮点之三：注重过程的实效性。阅读的本质要求是阅读者有自己的情感体验和思考。赵漫铃老师在引导学生细研文本和指导学生进行书面表达的环节都有很强的生本意识，让学生真实地阅读、真实地思考、真实地表达。整个教学过程中，教师运用师生互动、生生互动、学生展示等多种方式，鼓励学生发表见解，特别在学以致用这点上有很好的体现。比如对本文行文逻辑的严密性、观点的辩证性，教师都进行了强调，并提醒学生在书面表达中学习借鉴。

当然，本课也存在一些不足。介于此文的难度，学生的前置学习是非常必要的，可以先推荐阅读一些作品，让学生对思想的意义和价值、人该如何思想等问题有一定的了解后再进入此文的学习，效果会更好。在"以文导思"环节，学生在讨论中有疑惑有争论，正是思维碰撞的结果，是思维能力得到训练的表现，教师若能抓住这些契机，把讨论引向深入就更好了。

（成都市盐道街中学　王蓉）

纵横思悟看"侠义"
——"侠之大者"群文思辨阅读教学案例

成都七中嘉祥外国语学校　张　歆

【设计意图】

《普通高中语文课程标准（2017年版）》提出，要"以语文学科核心素养为纲，以学生的语文实践为主线，设计'语文学习任务群'"，以自主、合作、探究性学习为主要学习方式，追求语言、知识、技能和思想情感、文化修养等多方面、多层次目标发展的综合效应。群文阅读教学正是在课标理念下的一种积极探索，作为阅读教学的一种形态，群文阅读强调以议题统领下的学习任务为驱动，通过相互关联的多文本真实阅读和结构化建构，促使学生在阅读中比较、分析、整合与思辨，进而激发阅读兴趣，拓展阅读视野，激活阅读思维，发展阅读素养。深入研究和有效实践群文阅读教学，对于更好地拓展阅读资源，还原学生的阅读主体地位，实现有深度体验和发现的思辨阅读有积极的促进作用。本课例是群文教学实践中的一次尝试，希望能在多文本阅读的基础上，发展学生的批判性思维，提升思辨阅读能力，寻找更具建设性的高中语文阅读教学样态。

【教学简案】

教学目标：

1. 通过前置阅读，概括侠义行为和事件，初步感知不同文本中"侠"的人物形象。

2. 通过筛选与整合、评价与思辨，明确古代"侠义精神"的积极性和历史局限性。

3. 通过比较阅读，建立文本关联，审视现代武侠对"侠义精神"内涵的丰富与发扬。

教学对象：

成都七中嘉祥外国语学校高中二年级学生。

教学流程：

一、前置学习

1. 阅读《刺客列传（节选）》《游侠列传（节选）》《虬髯客传》，勾画表现众侠客形象的语句，完成下表。

人物	时代	侠义行为（事件）	侠义精神
豫让	春秋	为报智伯知遇之恩，漆身吞炭刺杀赵襄子	知恩图报、杀身成仁
荆轲			
朱家			
剧孟			
郭解			
李靖			
虬髯客			

2. 阅读《金庸古龙武侠小说比较论》，勾画出作者对金庸古龙笔下"侠义精神"的评价性语句，并批注你的看法。

二、课堂推进

环节一：回溯"侠之流"，导入议题"侠义精神"

资料呈现：汉代史书——《刺客列传》《游侠列传》、隋唐传奇——《虬髯客传》《聂隐娘》《红线》、明清小说——《儿女英雄传》《三侠五义》、民国武侠——《卧虎藏龙》《蜀山剑侠传》、现代武侠——《射雕英雄传》《天龙八部》《七剑下天山》《多情剑客无情剑》。

环节二：探寻"侠之源"，诠释古代"侠义精神"内涵

1. 前置学习反馈：修改完善学习单，初步把握不同侠客的侠义行为（事件）、侠义精神。

2. 思考并交流：如果你是一位小随从，你更愿意追随上述哪一位侠客？文中的哪些文字让你有了追随他的冲动？中国古代作品中的"侠义精神"有哪些可贵之处？

3. 反思并讨论：司马迁在《史记》中既有对人物事迹的记叙，也有对侠义精神的概括。正是这样的侠义精神感染、影响着我们，才让我们愿意去追随他们。时代在变，侠义精神的内核始终不变。不过，这些古代侠客身上也或多或少有一些你可能不认同之处。上述人物，你最不愿追随的又是哪一位呢？请结合文本说明原因。

环节三：思考"侠之承"，审视现代"侠义精神"的发展

1. 阅读与思考：阅读学术论文《金庸古龙武侠小说比较论》，思考：随着时代发展，后人对侠义精神有了新的突破，开创了属于武侠的新天地。其中成就最高的就是金庸和古龙。他们赋予了"侠"哪些新的意义？请快速阅读本文，勾画出相关语句。

2. 学生交流，突出关键：金庸赋予侠以"家国情怀"，古龙赋予侠以"尊重生命"的意义。

3. 感知与思考：朗读金庸、古龙小说选段，具体感知郭靖、李寻欢、萧峰三个极具代表性的大侠形象，思考：他们分别体现出怎样的侠义精神？在与古代侠士对比后，你会在横线处用什么词语来评价他们？

填空：郭靖为_____之侠；李寻欢为_____之侠；萧峰为_____之侠。

4. 重新诠释现代"侠义精神"：金庸、古龙丰富了侠的内涵，金庸写尽侠之大者，古龙写尽侠之性情，现在我们不妨在司马迁的基础上，再一次丰富侠义精神的内涵。请同学们根据刚才的探究，完善下面这段文字。

昔日之游侠，他们的行为虽不符合道德法律的准则，但是他们出言必定守信，做事必定果敢，已承诺的必定实现，敢于牺牲生命，救助他人危难。经历过生死考验，却不自我夸耀，也羞于夸耀。今日之大侠，_____，_____，大概这也是很值得赞美的地方吧！

环节四：追问"侠之思"，思考侠文化的发展

1. 追问质疑：侠之大者，传承千古。侠文化作为中华传统文化的一部分，至今仍在影响着我们。那么，如今的武侠文学又面临怎样的局面呢？

补充提问：当金庸写尽侠之大者，古龙写尽侠之性情后，武侠文学还可否进步？当网络、游戏风靡时，玄幻仙侠开始流行，武侠作品是否式微？

2. 课后探究：侠文化的式微是时代的进步还是遗憾？课后查找相关资料，并就"'侠'没落了吗？"展开讨论。

资料链接：

论文《江湖告急——论侠文化在当代中国的没落》（马榕）、论文《从武侠到仙侠：中国影视剧热门的转向》（曹银、顾翔）、知乎文章《〈灵飞经〉：凤歌的困境折射出武侠的困境》《从〈昆仑〉和〈斗破苍穹〉来分析武侠小说没落的原因》、知乎讨论"武侠小说为什么会没落?"

小结：文人千古侠客梦，大江淘尽豪情晚照，是非功过，自留待后人评说。本环节意在通过提供和查找多种形式的群文资料，生成新的议题，引发学生课后的延伸探究，使有限的课堂引发无限的思考，学生的阅读视域能因此洞开新的天地。

【思辨镜头】

镜头一：

师：如果你是一位小随从，你最愿意追随哪一位侠客？文中的哪些文字让你有了追随他的冲动？

生1：我愿追随豫让，因为他为报答智伯知遇之恩，漆身吞炭刺杀赵襄子，我欣赏他的视死如归。

生2：我愿追随朱家和剧孟，他们待人真诚，先人后己。如朱家救人于不赡，却从不自我夸耀。

生3：我愿追随郭解，他以仁爱对待不喜欢他的人，最终感化了对方。

生4：我愿追随虬髯客，他有志于天下，但当他发现李世民更有天子之相时，放弃得也非常果决。

（设置意图：在前置学习感知侠客形象的基础上，通过具体情境的创设，筛选、提炼出古代作品中"侠义精神"的内涵。）

镜头二：

师：司马迁在《史记》中有对人物事迹的记叙，也有对侠义精神的概括，让我们不仅从感性上认识侠，更从理性上理解侠。正是这样的侠义精神感染、影响着我们，才让我们愿意去追随他们。时代在变，侠义精神的内核始终不变。但是在这些侠客中，你最不愿追随的又是哪一位呢？请结合文本说说原因。

生1：我不愿追随豫让，身体发肤，受之父母，可是他视自己的生命为无物，漆身吞炭，这是对生命的不尊重。

生2：我不愿追随荆轲，我觉得他的眼界狭窄，以一己之私企图去阻碍秦国统一六国的大业，从今天的眼光来看，无疑是阻碍历史的进程。

生3：我不愿追随郭解，他推崇暴力，以致他的追随者们也目无法纪，视别人的生命如草芥。

生4：我不愿追随虬髯客，他过于信奉上天之命，不仅迷信，而且愚忠愚孝。

（设置意图：学生依据文本对人物进行个性化评价，实则是对古代作品中的"侠义精神"进行思辨，明确其历史局限性，理性看待侠义精神。）

镜头三：

师：同学们不愿追随的理由，其实就是站在当代的立场上，对"侠"进行了批判性的反思。我们可以看出，随着时代的发展，这些侠士的某些做法或思想已经不适合现代人的价值观，这正是古代侠客的历史局限性。正因如此，才有了后来的人们对侠义精神新的突破，开创了属于武侠的新天地。其中成就最高的就是金庸和古龙。他们二人对侠义精神又有什么新的理解呢？

师：请同学们阅读《金庸古龙武侠小说比较论》，金庸和古龙赋予了"侠"哪些新的意义？请快速阅读本文，勾画出相关语句。

生：文中用了两个词来表述，金庸赋予了侠以"家国情怀"的意义，而古龙赋予了侠以"尊重生命"的意义。

师：选文仅仅是理论的呈现，而侠义精神最终还是要通过具体的人物形象塑造来呈现，同学们想不想感受一下他们作品中的侠客形象？老师选取了三个最具代表性的大侠，我们一起来感受一下他们身上的侠义精神。下面我们来分角色朗读。

师：这就是金庸和古龙笔下的三位大侠，在与古代侠士对比后，你会在横线处用什么词来评价他们？

郭靖为_____之侠；李寻欢为_____之侠；萧峰为_____之侠。

生1：我评价郭靖为"家国之侠"。因为他说过"为国为民，侠之大者"，把家国放在个人私利之前，正是一种"苟利国家生死以，岂因祸福避趋之"的家国情怀。

生2：我评价李寻欢为"性情之侠"。从选文来看，他与高手对决，敢于坦然地认输，直面自己的怯懦，这种勇气是我们很多人所缺乏的。

生3：我评价萧峰为"天下之侠"。和古代的豫让、荆轲相比，萧峰超越了狭隘的国家与民族界限，他已经把对人、对生命的悲悯放在了一个更大的位置。

（设置意图：承接前面对古代作品中"侠义精神"的反思，引导学生从文本中寻找金庸和古龙两位现代武侠大家对侠义精神的新的理解，并通过引入新的群文文本中的具体人物形象，体会金庸和古龙作品中的侠义精神，再将现代武侠中的侠客与古代作品中的侠客进行对比，在思辨中形成自己的思考。）

【教学反思】

这是关于群文阅读课型的一次尝试，尽管课前阅读了一些关于群文阅读的论文，但在设计的过程中仍然难以脱开单篇阅读教学的束缚。我一次次地推翻、重构、再推翻、再重构，最终呈现了这一堂以"侠义精神"为议题的群文阅读课。过程虽是辛苦的，但也是收获颇丰的。

这堂课的群文议题是"侠义精神"，选文中有史传文学作品《刺客列传》《游侠列传》，有唐传奇《虬髯客传》，也有学术论文《金庸古龙武侠小说比较论》，如何将这些不同类型的群文串联起来？我选择了"侠义精神的传承"这一联结点，将《史记》和唐传奇中的"侠"列为"古代之侠"，通过群文共性和个性的比较阅读，找到古代之侠的精神内涵，再创设情境，通过理性思辨审视侠义精神的历史局限性，最后与金庸、古龙代表的现代武侠进行对比，丰富"侠义精神"在现代的意义。

从纷繁芜杂的群文到思路清晰的主题探寻，从感性的认知到理性的认识，学生的思维在这堂群文阅读课中得到了发展，群文阅读与深度阅读并不矛盾。不过在执教过程中，我还是感到有一些遗憾之处：首先，学生的一些回答并没有基于文本，而是基于自己的生活经验，因此产生了架空文本的问题；其次，学生在感悟侠义精神的时候，易停留在对单个侠士的解读上，而教师没有很好地抓住学生的散点思维，引导学生对这些侠士的精神进行求同存异的思辨，关联整合不足。如何在课堂上更好地关注学生真实阅读行为的发生，怎样防止群文阅读流于形式化的浅阅读，是我还需进一步思考的问题。

【观课者说】

在群文关联中走向有价值的思辨阅读

面对多个不同类型的文本资源，教学时必须思考的问题是：如何使这些文本资源多而不杂，充分彰显其价值与意义？如何使学生阅读的过程成为真正的学习过程，实现有价值的深度学习、思辨生长？

寻找多文本之间的内在关联，使多个文本能在结构化状态下有机呈现，是教学时必须解决的问题。从本堂课看，教师在教学之前显然经过了整体感知、关联寻找、结构化思考的准备过程。教学时围绕着"侠义精神"这一议题，呈现汉代史书、隋唐传奇、明清小说、民国武侠、现代武侠相关篇目，是对"侠之流"的回溯与课堂导入。对《刺客列传（节选）》《游侠列传（节选）》《虬髯客传》中所涉及的豫让、荆轲、朱家、剧孟、郭解、李靖、虬髯客等人物形象侠义行为、侠义精神的筛选和提炼，是在文本独特性感知基础上的共性比较，以使学生能探寻"侠之源"，对古代的"侠义精神"给出自己的理解和诠释。

而学习《金庸古龙武侠小说比较论》及有关郭靖、李寻欢、萧峰的作品选段，则是对"侠之承"的思考，理性审视与感性体验有机结合，不同的个性特质比较引发学生对现代"侠义精神"的新发现。最后有关侠文化的资料链接，则在更广阔的层面打开学生的阅读视野，引发学生对侠文化的进一步关注。由此可见，群文阅读教学文本的结构化呈现，涵盖着文本之间的精细化关联寻找，也意味着文本的有机选择与整合。"文"不仅指文章，也可以指文句、文段；不仅包含着同质文本的共性比较，也意味着异质文本之间的冲撞、补充、生发。依据文本之间的关联进行有层次的教学，是群文阅读教学的重要特质。

作为一种有价值的阅读形态，群文阅读关注的不仅是阅读资源的丰富、阅读行为的外显呈现，还有学生的内在思维发展。群文阅读要真正产生意义，必然要发生深度学习，在议题统领下促进学生的思辨读写，从而在问题解决的同时，衍生新的发现，获得新的生长。从本堂课看，教师紧扣"侠义精神"的传承，回溯"侠之流"，探寻"侠之源"，思考"侠之承"，追问"侠之思"。从多个古代侠客形象入手，引导学生提炼古代"侠义精神"，评价其积极性和局限性；结合学术论文和文学作品，感受并理解现代"侠义精神"，分析现代武侠小说的积极意义，进而形成思辨读写转化，在对郭靖、李寻欢、萧峰做出准确评价的同时，模仿司马迁对古代"游侠"的评论，对"今日之大侠"形成新的评价；最后联系现实不断追问，引发对"'侠'没落了吗？"的延伸探究。由此可以发现，在多篇文本结构化推进，学生个体学习、集体建构的外显样态的背后，实质上是思维的纵横关联，议题引发思考，任务驱动学习，比较与整合、评估与阐释、反思与调整等批判性思维方法自觉渗透其间，有效地形成感受理解、辨识分析、探究发现、生成表达的学习路径，深度学习因此得到体现。

以"侠义精神"为议题统领多文本教学，是阅读教学的有益探索。群文阅读教学不能取代单篇文本教学，但可以与之互补共生，共同促进阅读教学样态的多样化，阅读思维的精细化。从张歆老师的执教看，面对多篇文本的群文教学，教师更应该先下深水，在发现文本独特性，寻找文本联结点时和学生一起有深入的交流，进而实现共读共研、引领发现。关联、融通、发现，以群文阅读教学为路径走向通透与深刻，读更多有价值的书，思考更有启迪性的问题，不仅将有益于学生的发展，对于教师队伍的自我更新，也有着持久的积极的意义。

（成都市锦江区教育科学研究院　易晓）

谦狂有度，谦狂有道
——"谦冲与疏狂"群文阅读教学案例

成都七中嘉祥外国语学校　蔡丹梅

【设计意图】

本课例尝试以群文阅读教学方式展开，文本选择了"谦冲与疏狂"议题统领下的五篇文章，其中包含四篇记叙性文本《孔子问学老子》《韦玄成阳为病狂》《祢衡传》《阮籍传》，一篇论述性文本《从〈世说新语·任诞〉看魏晋风度》。

《孔子问学老子》记录了年逾五十的孔子以虚心谦恭之态问学于老子之事，表现了孔子为人为学之"谦"。《韦玄成阳为病狂》记录了韦玄成谦逊下士、谦敬贫贱、谦让兄长之事，其"谦"德令人称颂，其"谦"举却引人议论。《祢衡传》记载了"三国第一狂士"祢衡尚气刚傲，矫时慢物，招致杀身之祸之事，也表现其人格独立、精神自由的庄子遗风。《阮籍传》通过阮籍醉酒、阮籍三哭这些狂放之举，彰显了"竹林七贤"之首阮籍不制于礼、不羁于俗、随性洒脱的性情与敢于反抗的人格坚守。《从〈世说新语·任诞〉看魏晋风度》则以阮籍为例，分析了魏晋名士"狂"举产生的深层次原因。

四篇记叙性文本，记录了"谦狂"之人的言行举止，其人生态度呈矛盾对立又辩证统一的关系，其中孔子和阮籍多为人称道，而韦玄成、祢衡之举则引人争议。阅读文本可激活学生思维，在阅读交流中培养学生的批判性思维。论述性文本《从〈世说新语·任诞〉看魏晋风度》则从理性认知的角度引导学生思考人物言行举止产生的深层原因，引导学生透过现象分析本质。

【教学简案】

教学目标：

1. 通过阅读文本，体会中华文化中"谦""狂"的深刻内涵，培养学生思辨性阅读的能力，增进学生对中华传统文化的理解。

2. 通过比较整合、合作探究，思考"谦冲"与"疏狂"的对立统一中蕴含的价值追求，培养学生的批判性思维。

教学对象：

教学对象为高中学生。学生对"谦"文化较为熟悉，但并未深入理解"谦"文化的本质；对于"狂"，学生向往这样一种洒脱不羁、追求个性的生活方式，但对于"狂"产生的原因及"狂"的深刻内涵并未深思。同时，学生往往关注"谦"与"狂"的对立，对于两者的统一性缺乏辩证思考。因此，课堂着力将学生的思考引向深处，并引导学生批判性地思考"谦"与"狂"的对立统一。

教学流程：

一、准备环节

学生自行完成初次阅读及前置学习单填写。

二、导入

教师先给学生看两句名言：

"居处谦恭，修己以敬。"

"仰天大笑出门去，我辈岂是蓬蒿人。"

——李白《南陵别儿童入京》

如果选一句作为你的人生座右铭，你更喜欢哪一句？为什么？

小结：这两句话包含了中华传统文化的两大审美追求——"谦冲"与"疏狂"。所谓"谦冲"，即"谦虚"，"冲"，虚也；所谓"疏狂"，即"狂放不羁"，"疏"，不羁也。

三、茂林修竹寻长篁——体会"谦"之实

1. 设置情境：学校拟举行"中华文化周"活动，需要在孔子和韦玄成中挑选一位作为"中华谦文化代言人"，你们认为谁更合适呢？说说推选的理由。

2. 学生根据前置学习，结合文本，各抒己见。

代言人1：孔子

推选理由：儒学泰斗，年逾五十、门生众多仍见贤思齐、求学问道、谦恭有加。

代言人2：韦玄成

推选理由：礼贤下士，谦敬贫贱；不慕荣利，谦让兄长。

小结：孔子见贤思齐的谦恭、韦玄成不慕荣利的谦让、礼贤下士的谦和，共同丰富着"谦"的内涵。

四、高山流水觅知音——挖掘"狂"之质

1. 结合文本，评价人物。

自古以"疏狂"名载史册者不胜枚举，祢衡和阮籍就是其中的代表。学生结合文本评价祢衡、阮籍之狂。

祢衡：恃才傲物，却人格独立。

阮籍：不畏权贵，不慕荣利，不拘于俗，不制于礼。

2. 默读文本，深挖本质。

学生默读《从〈世说新语·任诞〉看魏晋风度》，勾出文中议论"狂"举可贵之处的语句，思考为人称道的"狂"，其本质究竟是什么？

小结：真正的疏狂是以外在的狂放不羁，坚守"独立之精神、自由之思想、人格之尊严、生命之价值"，这才是中华文化真正的疏狂狷介。

五、景行行止明前路——悟"谦狂"之融

1. 辩证思考。

我们读懂了何为"谦冲"、何为"疏狂"，那么"谦冲"与"疏狂"是什么关系呢？

明确：既对立又统一，着力促成学生的独特理解。

2. 合作探究。

在中华文化史册中，"谦狂"之人远不止于此。你是否还能找到这样的人呢？思考一下，为什么他们能将看似矛盾的谦狂融于一身？学生四人小组合作探究。

小结：这样的人，在中华文化史册中不胜枚举。正是这一个个谦狂之人，他们清醒自知、高洁自守、通透凛然，他们的"大生命""大格局"构筑起了中华"谦狂相融"的文化大观与文化品格。

六、课堂小结

最后，教师送给学生两句话。学生再次齐读。

君子为谦，若水处世，温润如玉，方成其大。
君子亦狂，放浪形骸，矗立如山，乃为之高。

谦亦狂来狂亦谦，无为有处有还无。谦狂有度，谦狂亦有道！

【思辨镜头】

镜头一：

师：对于孔子作为中华"谦"文化代言人，大家并无异议。而对于韦玄成，却颇有微词。请谈谈你的思考和质疑。

生1：我不赞成选韦玄成。韦玄成为拒绝袭爵装病、装疯，谦让的方式太过了，真的不敢苟同。

生2：我也不赞同这种装疯来谦让的行为，感觉有些虚假。

生3：虽然孔子之谦非常可贵，但我想选韦玄成作为"谦"文化的代言人。因为孔子之谦是对学问比自己高的老子，而韦玄成之谦是对不如自己的人。文中写到韦玄成"尤谦逊下士""与载送之""贫贱者益加敬"。所谓对上谦易，对下谦难。

生4：我也同意选韦玄成，因为他不慕荣利，谦让兄长。所谓谦让小利易，谦让大利难。

师：其实，对于"谁更适合做代言人？"这个问题的答案，不是非A即B的。孔子见贤思齐的谦逊、韦玄成不慕荣利的谦让、礼贤下士的谦和，共同丰富着"谦"的内涵。当然在大家对韦玄成的质疑中，我们也更明确，谦不是刻意而为的举动；真正的"谦"，是内心对自我的清醒认知、对名利的淡然态度、对他人的尊重敬服。唯有谦冲自牧，方能兼容万物。

镜头二：

师：人们对于祢衡和阮籍的评价，历来众口不一。正方认为祢衡"尚气刚傲，矫时慢物"，《颜氏家训》将阮籍作为"无礼败俗"的反面教材；反方则认为"若衡等辈，不可多得"，后人也将阮籍列为"竹林七贤"之首，称他为"命世大贤"。同学们，你怎样评价祢衡、阮籍之狂呢？

生1：我认为祢衡口无遮拦，孤芳自赏，狂得太过，招致杀身之祸实属活该。

生2：我很不能理解祢衡的行为，他所遇到的权贵都很赏识他，可以说祢衡前途一片光明，他为何要这样？

生3：我想说说我的不同意见。祢衡所遇的权贵确实都很赏识他的才华，然而"赏识"不等于"尊重"。我们从文中可以看到，曹操对待他的态度"欲见之""召为鼓史""令脱其故衣"，并且将其"送与"刘表、刘表又将其"送与"黄祖。可见，这些人虽赏识其才，却不尊重其人。祢衡所求的也许只是最基本的"尊重"而已。

师：若无尊重，安能摧眉折腰事权贵。

生4：我想评一评阮籍。我不认可阮籍的作为，因为他尸位素餐、仕不事事，整天饮酒、喝醉。

生5：我来替阮籍说句公道话吧。《阮籍传》中记载"籍本有济世志"，然而"魏晋之际，天下多故，名士少有全者，籍由是不与世事"。可见，阮籍不是不想济世，而是不能济世。

师："拟把疏狂图一醉"，阮籍的韬光养晦，实则是为避杀身之祸，苟全性命于乱世，这是一种痛苦的无奈之举。

师："他人笑我太疯癫，我笑他人看不穿。"当我们用思辨的眼光去审视，我们就能读懂这些狷狂名士独立的人格，我们也才能读懂何为"疏狂"。

镜头三：

师："谦冲"与"疏狂"是什么关系呢？

生1："谦冲"与"疏狂"是一组反义词。

生2："谦冲"与"疏狂"是矛盾对立的，但似乎也可以相融。

师：在我们的中华文化史册中，是否有这样能将"谦"与"狂"融于一身的人？他们为何能将看似矛盾的谦狂相融呢？

生1：鲁迅，"横眉冷对千夫指，俯首甘为孺子牛"。

生2：张居正曾言，"驭才自明，驭庸自谦"，这就是其谦狂相融的表现。

生3：钱钟书。夏志清曾评价钱钟书，说他"才气高，幽默，很会讽刺人。他什么人都看不起，当时联大的教授恨他的也不少。但他一方面仍很谦虚，敬佩他的也不少"。

生4：谦狂相融之人，往往都坚守独立的人格。

生5：能做到谦狂相融的人，都有一个特点——不失真性情而又拥有大格局。

师：究竟怎样的人才能融"谦""狂"于一身呢？《释私论》中的这句话也许能给我们一些启示。"夫气静神虚者，心不存于矜尚；体亮心达者，情不系于所欲。矜尚不存乎心，故能越名教而任自然；情不系于所欲，故能审贵贱而通物情。"

【教学反思】

本堂课为群文阅读教学，希望在选文、课型等方面有所突破。在选择文本和议题时，着力选择思辨性议题，以期在促进学生思维培养的思辨教学中做出尝试。"谦冲与疏狂"这一议题统领下的文本多为文言文。当文言遇上思辨性群文，这就给教学带来了更大的难度，教学设计时需要考虑学生文言阅读的水平，给学生充分的前置阅读时间及相应的指导。

课堂以名句导入，设置情境，让学生选择人生座右铭。课堂上多数学生选择了第二句。究其原因，"狂"当中蕴含着生命的气息，自由不拘的生命存在方式，呈现出青春年少该有的样态。但学生对"狂"的理解多流于表面，并且对"谦"的认识多停留于一种外在的礼仪规范。因此，课堂上着力引导学生深入体会"谦""狂"的文化内涵、精神品格，引导学生思考其对立统一，借此培养学生的思辨性思维能力，并深入理解"谦冲"与"疏狂"相对而又相融的深刻内涵。

课堂上，学生通过多文本的阅读，比较异同，辩证思考。学生对于韦玄成提出质疑，却能辩证理性地全面看待人物；对于颇受争议的祢衡，也能由表及里，挖掘其精神可贵之处；对于阮籍，学生也能结合时代背景，审视其独立人格及魏晋时人生命意识觉醒的可贵。事实证明，这一尝试虽难但值得，学生通过阅读文言群文，在"读、比、议、统"中增进对中华文化"谦""狂"的理解，强化了辩证思考、理性评价的思维习惯。

本堂课最大的遗憾是"谦冲"与"疏狂"作为中华文化品格的重要组成部分，涉及中国人代代相传的精神、风骨，用一节课的时间学习较为仓促，对于谦狂相融的文化品格、精神品格学生仍然没有理解得非常透彻。希望能在接下来的教学中继续给予学生文化的熏陶、生命的浸染，用更优化的教学设计与广大语文同仁一道传承、弘扬我们的传统文化、民族精神，进一步提升学生的思辨能力和思维品质。

【观课者说】

思维能力是学习能力的核心，它决定了一个人智力发展和行为能力的水平。思维品质则是思维在逻辑性、批判性和创新性等方面表现出的能力和水平，是个性思维活动中个人智力特征和水平的体现。

审视当下的阅读教学，课堂行为中明显体现出对思辨的理解和实践还不够，如何突破在传统语文阅读教学范围内谈论学生批判性思维能力培养的虚泛之谈，如何把思辨交织于阅读教学的过程中，真正架构起有深度、有厚度、有价值的课堂对话？蔡丹梅老师关于"谦冲与疏狂"的群文阅读教学案例，给我们提供了一种很好的践行思路和教学范式。敢于向"顽瘴痼疾开刀"、善于"啃硬骨头"的人，才能收获芬芳，获取内心的充盈。

本堂课最大的亮点——从群文入手建构阅读场，促进思辨的纵深化；建构文本内外阅读场，提升思辨的品质；打破教学思维封闭，激发思辨的内驱力。具体表现在如下方面：

以文为本，突出自我。蔡丹梅老师的课很注重学生对文本的个性体验，导入部分以名句引入，让学生从包含了中华传统文化两大审美追求的"谦冲"与"疏狂"的两句名句中选一句作为人生座右铭，巧妙的设计把学生自然引导到要探讨的问题上去。针对学生对"狂"的理解多流于表面，对"谦"的认识多停于外在礼仪规范等真实问题，带领学生在阅读困惑处质疑，在事物联系处思辨，深入体会"谦""狂"的文化内涵，思考"谦""狂"两者的对立统一。教学过程中，教师"扶""放"结合，消除学习主体的依附关系，交还思辨的话语权，使学生在发现、质疑、辨析文本的思辨过程中得出有效结论。

任务清晰，分层推进。蔡丹梅老师带领学生体会"谦"之实、挖掘"狂"之质、参悟"谦狂"之融，通过阅读期待、阅读反思和批判等环节，及时地追问、巧妙地发问，问出核心、问出焦点，步步推进，有条不紊，激起学生探究和体验的欲望，拓展学生的思维空间。在教学行为中有意识培养学生的批判意识和习惯，从"谦"之实、"狂"之质、"谦狂"之融入手建构阅读场，提高思辨的有效性，开拓思辨的广度。于课堂互动中有意无意地探索着培养学生批判性思维的资源、途径、教学方式和学习方式等的有效策略，这种带有探究意义的互动让课堂的生成充满思辨色彩。

整合建构，自主思辨。思辨性阅读教学的主要目的是鼓励学生主动运用批判性思维去加工信息，从而建构意义。这就需要我们有效整合相关资源，带领学生在"寻找"的思维过程中产生想法并提出见解，发现问题进而解决问题。在文本的选取上，蔡丹梅老师所选的五篇文章包含了四篇记叙性文本和一篇论述性文本。四篇记叙性文本中人物的人生态度呈矛盾对立又辩证统一的关系，一篇论述性文本从理性认知角度谈行为背后的深层原因。所选取的这些思辨阅读材料本身就能够对学生的思维构成冲击，学生在发现揣摩、思考辨析、判断推理的交流碰撞中，通过信息的整合建构起思辨的认知。

当然，本则教学案例也存在一些瑕疵。正如蔡丹梅老师所说，由于时间关系，在处理谦狂相融的文化和精神品格时显得很仓促。另需注意的是，学生在质疑问难、分析问题、求证观点时，教师除了对有见解、有深度、有新意的发言及时肯定与表扬外，还应及时指出学生回答中不严谨之处并加以修正，如教师在追问："在我们的中华文化史册中，是否有这样能将'谦'与'狂'融于一身的人？他们为何能将看似矛盾的谦狂相融呢？"学生回答此问有两个需注意的地方：一是学生 2 的回答（张居正曾言，"驭才自明，驭庸自谦"，这就是其谦狂相融的表现）不够精准。这句话出自张居正的《驭人经》，是针对"才"和"愚"两类不同的人所采取的不同的管理之道，主要讲驭人方法和驭人哲学，不是谦狂相融的表现。二是对于"他们为何能将看似矛盾的谦狂相融呢？"学生的回答和教师的总结中均未回应和关照。思辨性阅读倡导大胆质疑，小心求证。一方面我们要鼓励学生分析质疑、多元解读；另一方面也要引导学生发展实证，表达和阐发自己的观点时，力求立论正确，语言准确，论据恰当，讲究逻辑。善思则得，善辨则智，在思辨中对话，在对话中思辨，我们的课堂才会更有生命力，才能挖掘出语言深处的美和理性的力量。

（成都市玉林中学　冯小琼）

困境突围，生命超越
——群文思辨阅读教学案例

成都七中嘉祥外国语学校　张　雪

【设计意图】

本次教学选择了"困境突围，生命超越"议题下的三篇文章《成都草堂》《苏东坡传》《病隙碎笔》和部编版九年级上册课文《孤独之旅》。

首先，几篇选文从主题来说，都与人在困境中的品格、志趣、情怀有关，是对学生进行情感态度和价值观教育的优秀文本。其次，我校高一学生具备一定的群文阅读能力，本议题选文对我校高一学生而言，阅读难度适中。这些都是教授这组群文的有利因素。

但是，从学生的预习情况来看，也存在以下问题：首先，学生通过筛选整合文本信息，能够把握四位主人公面临的"困境"，但是主人公的"困境"与学生的生活存在距离感，很难引起情感共鸣。其次，学生对主人公"突围"过程的理解，大多停留在"突围"的表层方式上，缺少对"突围"这一行为背后的精神力量的认知，甚至对主人公是否实现了突围提出了质疑。

因此通过这一组群文教学，我们希望不仅能够培养学生整体感知和细读品鉴文本的能力，同时还要能做到任务设计情境化，让学生能与主人公产生情感共鸣。更重要的是能让学生的阅读思维过程化，用思维推进任务，通过学生的主动质疑，在立足文本核心价值的基础上，破除定势思维，在任务驱动下去探究"突围"的丰富含义，从而完成知识的建构和问题的解决，真正解放学生的思想，让学生获得一种理性的、反思性的阅读体验。

【教学简案】

教学目标：

1. 通过对文本主人公困境的归纳概括和比较感悟，感受理解"困境"的普遍性和困难性，提升学生整体感知文本的能力。

2. 通过研读与品析四篇文章主人公在突围过程中的相关语段，体会"困境突围"的精神力量，提升学生细读文本的能力。

3. 通过探究"突围"的内涵，辨析"超越"的实质，促成学生对议题的深度理解与自我发现，提升学生的思辨和探究能力。

教学对象：

高中一年级学生。

教学流程：

一、前置学习单

1. 你是否经历过或者正在经历着困境？　是（　）　否（　）

2. 通读本文，勾画圈点相关信息，梳理概括四篇文章中的主人公面临的困境。（教师示范"杜小康面临的困境"）

主人公	面对的困境
杜甫	
苏轼	
史铁生	
杜小康	家庭变故　辍学放鸭　内心孤独

3. 在书中勾画主人公积极应对困境的相关语句，选择触动你的语句进行批注赏析。

4. 预习了这组群文后，你还存在一些什么疑惑？

二、新课推进

1. 名言导入，引导学生了解困境的普遍性。

2. 山重水复疑无路——观"困境"之态。

教师展示并点评学生前置学习完成情况。

学生交流：以上四位主人公面临的困境中，哪一位主人公面临的困境是最让人感觉绝望的？

3. 咬定青山不放松——品"突围"之道。

自由朗读主人公积极应对困境过程中触动你的语句，全班分享交流。

4. 柳暗花明又一村——析"超越"之质。

质疑：然而，主人公真的实现"突围"了吗？学生回归文本，探究交流。

思考：带着对议题的理解，试为这组群文再添加一篇文本并给出理由。

下编
案例与分析

5. 学生成果展示，教师小结。

【思辨镜头】

镜头一：感悟主人公的困境之"困"

师：以上四位主人公面临的困境中，你认为哪一位主人公面临的困境是最让人感觉绝望的？请结合文本加以探究。

生1：我认为杜甫的困境最让人觉得绝望，因为文中写到杜甫的困难因素之繁多。

生2：我认为苏轼的困境让人感到绝望，因为文中第12自然段和第13自然段写到他不仅仅受到身体上的折磨，还受到了谣言这种精神上的折磨，可见他的困境之深沉。

生3：我认为是史铁生，因为文中第1自然段直接写到他"此病未去彼病又来"，可见他的困境无休止。

镜头二：理解"突围"的丰富内涵

师：文字的力量让我们体会到主人公在突围过程中的人格魅力，他们都在积极地改变着现状。然而，主人公真的实现"突围"了吗？在前置学习单中同学们提到了以下疑问。

生1：《苏东坡传》一文中并未用大量笔墨描写苏东坡的困境，反而让我们看见的是他乐观豁达的一面，那么《苏东坡传》一文能否紧扣这组群文所体现的"突围"二字？

生2：四组群文主人公的逆境是否真的有所改变呢？那他们突围的意义又是什么呢？

生3：文中四位主人公的困境都因环境改变而产生，而他们克服困境的方式却并未改变环境，这能否称作"突围"？

师：同学们我们再回到文本探究一下，主人公真的实现"突围"了吗？请结合文本加以探究。

生1：苏东坡可以称得上突围。文中第18自然段和第19自然段提到了，当苏东坡完全松弛下来而精神安然自在之时，他写了很多漫谈偶记，而第20自然段列举了一段他这一时期的文字内容，从这些文字内容中可以看出苏东坡的心态有了很大的变化，他认为困境与否是个人的主观意志，不管他人觉得自己是否处于困境，我自己觉得安然自乐就好，这种心态是一种突围。

教师补充：苏轼晚年诗歌《自题金山画像》，引导学生了解苏轼一生都处于不断被贬、不断漂泊的生活中，但是面对逆境，他总能用乐观豁达的心态克

219

服眼下的困难。

生2：我认为杜小康也称得上突围。《孤独之旅》中一开始杜小康不断说到"我要回家"，但后文第38自然段到第45自然段中面对父亲让自己休息，杜小康仍然坚持寻找鸭子，这能看出杜小康开始独当一面了，而第47自然段写到"他觉得自己突然长大了，坚强了"。这种突围是一种成长成熟。

生3：我认为史铁生也实现了突围。文章第2自然段写到"其实每时每刻我们都是幸运的，因为任何灾难的面前都可能再加一个'更'字"。从这里的文字我们可以看出史铁生的坚强乐观和成长成熟，他开始了解生命，感谢苦难了。

教师补充初中课文《秋天的怀念》片段，引导学生感知史铁生生命状态的突围。

生4：我认为杜甫没有突围。因为杜甫在茅屋破旧的时候没有想到去重修茅屋，任其破落。而文章第29自然段和30自然段也写到了杜甫的朋友给了杜甫不少安慰，但是这些都是外在因素给予杜甫的力量，并非杜甫自身的突围，杜甫的状态自始至终都没有发生改变，所以杜甫不能算是突围。

生5：我认为杜甫实现了突围。文章第29自然段写到杜甫面对战乱，离开了家乡和家人，在异地漂泊，面对困境，他调整心态主动找到快乐，甚至比之前更加快乐，这种心态是一种突围。

师：通过同学们的探究，我们发现：其实"突围"的含义是丰富的，它不仅仅指结果的打破困境，也可以是过程的突围，还可以是精神的突围，甚至是一种生命状态的突围，而这些改变就是"生命超越"。

镜头三：对议题的深度理解与自我发现

师：同学们，带着我们对议题的理解，试为这组群文再添加一篇文本。

生1：《钢铁是怎样炼成的》中的保尔去参军后受伤，但他没有放弃，用文字来对抗苦难，他没有自暴自弃而是勇于与生活作斗争，这就是一种"困境突围，生命超越"。

生2：《西行漫记》记录了中国老一辈革命家在困境中坚持自己的理想，为民族解放而艰苦奋斗和牺牲奉献的故事，这些老革命家也实现了"困境突围，生命超越"。

镜头四：思辨性表达理解"生命超越"的本质

师：同学们，我们再来看课前同学们的这个提问，"文中四位主人公为什么能够在困境中拥有这样高尚的价值观，从而实现'困境突围，生命超越'?"此时，你对这个议题有了怎样新的认识？

生1：通过这一组群文的添加，我发现这种生命超越的精神力量是有普适性的，它不分国界，不管是个人、国家甚至人类，都有这种"困境突围，生命超越"的力量。

【课后反思】

这是我第一次尝试群文阅读课，在先行课的过程中发现了一些问题：首先，学生的阅读速度比较慢，《成都草堂》和《苏东坡传》的文章篇幅较长，学生的充分预习与深入研读文本十分重要；其次，这几篇文章的主题学生比较容易挖掘出来，如何让学生在课内精读已有的能力水平基础之上，通过教师的方法引领，实现向课外多向度的有效迁移、拓展、整合，从而拓宽学生的知识视野，使语文能力得到提升，这是一个值得思考的问题。

这堂课经历了几次推翻，一直找不到学生思维提升的落脚点，直到我在学生的前置学习单中看到学生对《成都草堂》中杜甫的突围提出疑问："我觉得杜甫并没有在突围，他只是放下自尊，放下面子在困境中苟活，这让我对杜甫是否实现了突围产生了疑问。"这个预习提问让我开始关注这组群文文本中很多值得挖掘的地方。在对这组文本进行深入、全方位的解读后，我决定将这堂课的落脚点定为回归文本，大胆质疑，用分析论证来解读文本，用学生的问题点燃学生的探究热情，先达到对"困境突围"忠实的理解，再由此发问、审视、评估，让学生在课堂中有更多的体验、探究和感悟，进而达到对"困境突围"的深层理解，由此培养学生的思辨能力，达到提升学生语文能力的目标。

为了解决第一个问题，在执教"困境突围，生命超越"时，我有意识地运用一些语文教学策略和方法，如重点阅读、比较阅读、勾连统整等，培养学生跳读、浏览、略读文本的能力，提高学生有针对性地获取并概括信息的能力，涵养人文情怀的目的。

在解决第二个问题时，我利用学生的疑问："四位主人公真的实现突围了吗？"将探究的落脚点放在了关键词"突围"的多元解读上，通过学生的分析论证让学生真正理解"突围"的内涵。教师鼓励学生利用个性化的阅读方法，立足文本，从不同角度表述自己的观点，提出自己的问题，与作者、文本、教师、同伴对话，并通过添加文本的方式，引导学生从不同角度理解议题，实现更可靠的确证与确信，让学生理解"生命超越"的内涵，最终达到提升学生语文能力的目的。

但是在课堂实施的过程中也存在一些遗憾，比如，在展示学生前置预习成果时浅尝辄止，没有真正教会学生如何概括梳理主人公面临的困境，如果能调动学生的思维，甚至质疑教师的示范，师生、生生共同探究什么是规范的梳理方法，课堂上也许会有新的生成和发现，这将会促进学生思维依循认知规律逐步走向高阶。

群文阅读能让学生掌握更高效的阅读方法，从而让阅读成为学生的一种习惯，一种愉悦，一种享受，一种境界。在这个过程中，教师如何激发学生的阅读兴趣，让思维推进课堂，唤醒学生"立言"的内动力，让学生在阅读过程中达到精神和能力的结合，是我们思考的重点，也是批判性思维的精髓，期待在这一方面我们能走得更远。

【观课者说】

立足群文关联，着眼思辨突围

群文阅读，即师生根据议题选择一组呈结构化的文本，在单位时间的课堂中围绕一个或多个议题展开阅读和集体建构，在比较、质疑、论证、整合等思维的碰撞中，达成共识，深化议题。如张雪老师选择《成都草堂》《苏东坡传》《病隙碎笔》《孤独之旅》四篇文本，以"困境突围，生命超越"为议题，通过比、对、读、议等方式，完成对"突围"的多元解读，认知"生命超越"的本质。

张雪老师执教的这堂群文阅读课，有怎样的特色呢？一言以蔽之，即"立足关联，着眼思辨"，从群文阅读之初到课堂教学之末，可以说"思辨突围"贯穿始终。

一、群文初读，质疑"突围"

张雪老师所选四篇文章，从选文上来说具有关联性，即分别记叙了杜甫、苏东坡、史铁生、杜小康四位主人公在面临人生失意、生活困窘时的抉择。因为时代不同，经历不同，所以抉择不同，但他们都在努力与生活的不幸抗争，然而抗争的结局并不理想。杜甫依然流亡，他改变不了唐王朝衰败的历史；苏东坡被贬依然，他再难回曾经的仕途巅峰；史铁生病痛依然，他终将难以摆脱可怕的尿毒症；杜小康贫苦依然，他被迫与父亲离家去遥远的地方牧鸭。呈现在我们眼前的是主人公的抗争并没有赢得生活的眷顾，困境依然。这样的抉择怎么能算"突围"呢？这是一个非常犀利而又深刻的提问，可喜的是它来自学生初读的质疑，可贵的是张雪老师抓住学生之疑，师生再读文本，开启一场"突围"之辩的群文共读之旅。

二、群文比读，探究"突围"

在群文初读时，学生质疑：既然四篇文本的主人公都没有"困境突围"，那么为什么我们还要说他们是"困境突围"呢？显然，解惑的关键就是如何理解"突围"？张雪老师是如何引导学生多元深刻地理解"突围"的含义呢？她首先展示了学生在前置学习单中的疑问，接着引导学生再次回到文本，探究主人公是否实现了"突围"，通过师生、生生、文本互动，学生实现自我发现，最后教师再补充苏轼晚年诗歌《自题金山画像》和《秋天的怀念》，深化对"困境突围"内涵的认识。整个探究过程师生咬住文本不放，在比读文段、咀嚼文意中，学生始终处于积极的状态，去发现、论证、解惑和创设，从而完成对"困境突围"全新而深刻的理解：它不仅仅指结果的困境突围，也是人生过程的精神突围和人生状态的生命突围。

三、群文议读，深化"突围"

引导学生辩证分析，全面深刻地认识"困境突围"的含义，张雪老师较为成功地实现了教学目标，那么教学是否就此而终呢？显然，张雪老师还有着更加深刻的思考，而这个思考与个别学生的课前质疑不谋而合，那就是阅读经典的意义和价值是什么？恰如这一组群文，我们仅仅只是了解了主人公不幸的遭遇，从而去探究"困境突围"的内涵吗？这样的探究和我们当下的人生又有着怎样的关联？我们还可以有怎样的追问和思考？如何激发学生情感的共鸣，达成更高的认知上的共识，这是张雪老师需要面临的一次"突围"。所幸张雪老师依然用到了群文关联的方式，再次出示一组学生熟悉的文本，即《钢铁是怎样炼成的》《西行漫记》等，引导学生从中再选一篇文本或自行补充文本，丰富议题内涵。这是一个非常用心而又巧妙的教学设计。在这独具匠心的文本关联背后，我们看到了张雪老师在有意识地拓宽选文范围，丰富选文类型，引导学生的认知突围。学生的发言很精彩，如"我发现这种生命超越的精神力量是有普适性的，它不分国界，不管是个人、国家甚至人类，都有这种困境突围，生命超越的力量"。至此我们发现学生的认知从文学到哲学，思维从感性到理性，正逐步扩大和加深。伴随着推石头上山的西西弗斯的画面的出现，张雪老师平静温和地诵读加缪的名言"重要的不是治愈，而是勇敢地活下去"，没有煽情的语言，也没有激昂的情绪，却留给我们关于"生命超越"更深层的思考。

（成都七中嘉祥外国语学校　杜红梅）

一种乡思，别样情语
——"现代人的精神安放"群文思辨阅读教学案例

成都七中嘉祥外国语学校　孙雪梅

【设计意图】

本次群文阅读教学以"现代人的精神安放"为议题，择取四篇文章《乡土情结》《乡愁的滋味》《"迷失"在故乡》《暮雨乡愁》进行教学。

《乡土情结》是柯灵为纪念《香港文学》创刊七周年而作的散文，作品以故园之思为线索，由"小家"到"大家"，由"离家"到"归家"，将乡土情结升华为爱国主义的思想感情。文本以当代视角对乡土情结进行新的阐释：人已不为家所累，但人又应该永远拥有自己的家园，既走向开放，又会有心灵的归宿。姚嘉为的《乡愁的滋味》是作为两代漂泊的海外游子，对故乡"滋味"的守护与传承。父辈以隆重的盛宴来表达对故园的思念，用一种神圣的仪式来坚持文化心理的传承的行为，铸就了"我"对故乡最初的记忆，而这又成了"我"漂泊海外后，新的乡愁的缘起。梁鸿的《"迷失"在故乡》通过对当下乡村变化的反复渲染，表现了作者对此的焦虑与担忧。如何面对现代化进程对田园牧歌生活的入侵，这是一个带有普世性的追问。张清华的《暮雨乡愁》更具哲学性的理性思考："乡愁不是空间的，而是时间的，它的方向是遥远的过去；乡愁不是恋物，而是自恋，它所牵挂的不是那片事实上常常显得很抽象的祖居之地，而是悲悼自己的生命与韶光。"

综观几篇文章，都以"乡愁"为抒情的出发点。其中，《乡土情结》显然有更宏观的视角，所以最终落脚到了"我""家""国"三者的同构性上；《乡愁的滋味》以特殊的身份进行两代人乡愁的回溯，既从情感层面抒发因回不去的故土、回不去的岁月而引发的伤感，又从传承的角度发出了淡淡的叹息与忧思，是传统与传承的矛盾；《"迷失"在故乡》是现代进程与田园牧歌生活的对抗，所有的乡愁都不只是建立在单一的对某个地方或者某个人事的情感抒发上，其中都有冲突，有矛盾，有叹惋，也不乏理性。《暮雨乡愁》是对精神乡愁的哲学思考，阅读此文有助于学生更好地理解前面几篇文章，能引发读者对乡土情结新的思考。

《普通高中语文课程标准（2017年版）》明确提出了18个学习任务群，开创性地拓展了学习领域；强调加强实践性，促进学生语文学习方式的转变。群文阅读作为一种以议题引领、多文本交互作用的学习方式，有助于在学生更加宽广的学习场域中实现问题的解决和意义的建构。"乡愁"话题对于当代高中生而言是陌生的，在单篇阅读中获得的认知又比较单一和固化，因而学生对乡愁的理解停留在浅表和感性的层面。通过对几篇层次丰富、角度多元的文本的真实阅读、理性反思，可以引导学生更深刻、更辩证地理解乡愁的内涵，让作为读者的他们获得更深刻的生命感受，突破认知浅表和感性的束缚，进而建构乡愁之于他们生命的意义。

【教学简案】

教学目标：

1. 通过一线串珠、品味情语的阅读交流，体悟不同文本中"乡愁"的不同内涵，养护学生优质的母语语感。

2. 通过聚焦题旨、前后勾连的整合理解，提炼"乡愁"丰富深沉的内涵，提升学生全面、准确理解文本的能力。

3. 通过对不同乡愁内涵的恰切评价，唤起学生生命体验，促成学生对"现代人精神安放"议题的思辨与领悟。

教学对象：

高中一年级学生。

教学流程：

一、前置学习

1. 细读《乡土情结》《乡愁的滋味》《"迷失"在故乡》三篇文章，完成以下预习任务：

（1）用红笔标出三篇文章的段落序号，并勾出每篇文章的点题句。

（2）用你喜欢的颜色勾画三篇文章中最触动你的语句，并批注触动你的理由。

（3）比较三篇文章中关于"乡愁"情感内涵的异同，填写以下表格。

篇目	情感内涵	
	异	同
《乡土情结》		
《乡愁的滋味》		
《"迷失"在故乡》		

2. 略读《暮雨乡愁》一文，勾画对你有所启发的语句。

学习单重在了解本次群文的主要内容"别样情语"，即对乡愁内涵的理解。学生完成学习单后，教师搜集整理，找到学生阅读的共性和难点。对已经理解的共性问题，教学时点到即止；对于众识纷纭的难点，则重点突破。

预习反馈：对于《"迷失"在故乡》，学生能够比较准确地概括乡愁的内涵；而对于前两篇文章，则明显流于肤浅，了解片面，这也意味着教学时不能忽略对群文本身的理解。

二、课堂推进

环节一：关注题目，明确学习重点

本次议题围绕"乡愁"展开。乡，古代指相互亲近、彼此宴请的氏族聚落。故乡不仅是一个具体的地方，还是一种情感的寄托。今天我们就一起回到故乡，去领略乡愁细腻深沉的丰富内涵，并深入探究：故乡，是否还能成为现代人精神的安放之所？

幻灯片展示题目，搜寻关键词：

《乡土情结》——情结

《乡愁的滋味》——滋味

《"迷失"在故乡》——迷失

小结：在同学们完成的预习学习单中，我发现大家对《"迷失"在故乡》有比较统一的看法。而对《乡土情结》和《乡愁的滋味》则有许多不同的解读。接下来我们重点解读《乡土情结》和《乡愁的滋味》，以《"迷失"在故乡》和《暮雨乡愁》为辅助，来展开今天的学习。

环节二：一线串珠，体悟个体情感

"情结"是第一篇文章的内核，"滋味"是第二篇文章的载体。以"情结"和"滋味"为主线，捡拾两篇文章中语言的珍珠，体悟两位作者不同的情感体验。

1. 根据学习任务，安静阅读思考。

任务1：《乡土情结》中，关于"情结"的描述，最触动你的是哪一处？为什么？

任务2：《乡愁的滋味》中，写了年菜的哪些滋味？这些滋味与哪些乡愁的滋味契合？

2. 交流阅读心得，深入文本内涵。

环节三：聚焦题旨，互文探究内涵

1. 筛选整合，理解题旨。

（1）辨识点题句。

提示：

《乡土情结》：辽阔的空间，悠邈的时间都不会使这种感情褪色，这就是乡土情结。

《乡愁的滋味》：年菜的滋味，是乡愁的滋味。

《"迷失"在故乡》：走在路上，我总是有"迷失"的感觉，没有归属感。

《暮雨乡愁》：乡愁是一种真正的绝望……乡愁不是空间的，而是时间的；乡愁不是恋物，而是自恋，是悲悼自己的生命与韶光。

（2）一句话精练概括乡愁的不同内涵。

提示：

《乡土情结》：既不为家累，亦心怀家国。

《乡愁的滋味》：远去的传统温暖美好，当下的传承难续伤感苍凉。

《"迷失"在故乡》：现代化发展给故乡带来巨变，故乡的意义被消解。

《暮雨乡愁》：永远回不去的韶光，永世追念的方向。

小结：本环节通过辨识与提取，引导学生发现点题句、卒章显志句，为学生把握文章主题提供借鉴，同时又以此为基础，促进学生对不同文章内涵的整合理解，体现对群文本身的关注。

2. 评价思辨，议题探究。

思考：基于以上对于乡愁内涵的丰富理解，你认为故乡能否成为现代人的精神安放之所？

【思辨镜头】

镜头一：思辨性选择《乡土情结》中最触动你的"情结"

生1：以春蚕作茧自缚，写乡土情结缠绕之紧密、人之无悔。

生2："人一离开乡土，就成了失根的兰花，逐浪的浮萍，飞舞的秋蓬，因风四散的蒲公英"以多样化的意象作喻体，写个体生命离开乡土后的漂泊无根、无依无靠、孤苦伶仃，但乡土之梦永远追随的情感体验。从个体生命与家乡的关系解读。

生3：林则徐赴戍登程口占的诗让我看到故园不再简单地指向生活过的家园，而是我为之奋斗过的家国（朝廷）。故乡的概念范围扩大，情感程度在增厚，这种虽贬谪依然无怨无悔的家国情怀，更加感人至深，引人共鸣。

生4："鸟恋旧林，鱼思故渊……"一处从鸟兽、万物角度，推而广之，扩大乡土情结的对象范围，从本能角度入手，写出其情深远的源头性。

生5："我们第一代的华侨"一处，乡土范围进一步扩大，变成更大意义上的血脉相连的祖国。祖国就是我们共同的故乡。虽地理距离遥远，却永远是心之所向，情之所系。乡土情结至此完成从个体到民族的升华。

（本处学生的发言，体现出了强烈的语言敏感度。对如此多的语言信息，学生往往只看到支离破碎的某一处，教师要迅速地抓出其内在联系，即以上交流关注到了乡愁在个体出生、离乡、归乡等不同生命阶段的意义，这是时间的维度；推而广之，乡愁在本文中也是一切动物的本能，是有生命的万物对家园的留恋，乡愁呈现出愈加厚重的一面；而随着乡土不再只是生我养我的那片土地，更是战争和贬谪都不能让我忘却的家国、是血脉相连的祖国，范围扩大，乡愁的内涵完成了层级递增，变得博大宽阔而丰盈。）

镜头二：思辨性理解《乡愁的滋味》的"滋味"与"乡愁"的内在联系

1. 年菜的滋味，如辛辣味、酸味、红烧鸡、酒味、酸软不油腻、爽脆、甜滋滋、甜腻、太咸了。

2. 你读出了哪些乡愁的滋味？

生1：从"辛辣、红烧鸡、酥软不油腻、爽脆、甜滋滋"等年菜的滋味中，我读出了回忆中往事温暖、热闹、甜美的滋味。

教师追问：为何能酝酿出这般滋味？

生1：因为父母将之作为"天地间最重要的一场盛宴"来准备，更是把年夜饭的团圆当作"一个神圣仪式的最后坚持"。

生2：从"甜腻、太咸了"中，我读出了文中的"我"漂泊更远，找不到、也无心做出故乡纯正滋味的惆怅失落;也许也有漂泊太久,后辈对故乡的概念愈加模糊,我的勉力维持不过是一种悲伤凄凉。

3. 根据学生的回答,梳理滋味与情感的分类:

(1) 温暖热烈;(2) 辛酸委屈;(3) 惆怅失落

(本处由年菜的滋味而品出乡愁的滋味,是对学生语感的呵护。在学生发言的基础上,教师引导整合出关于乡愁的具体分类,再根据分类提炼,深入文本的乡愁内涵,即不同的人、不同的经历、不同的时代,对乡愁都有自己独特的情感体验。本处的教学,注重积累和习得"言语经验",也是群文阅读要进一步比读对议的着力点。)

以上两个任务,完成了对乡愁内涵理解过于肤浅的难点突破,为下一环节的方法指导和提升反思打下基础。

镜头三:思辨性探究,你认为故乡能否成为现代人的精神安放之所?

观点1:能成为现代人的精神安放之所。

生1:故乡美好的记忆、人情的温暖,能使现代人精神疲累时找到情感的寄托。(观点源自《暮雨乡愁》和《乡愁的滋味》)

生2:把个体家乡升华到更大范围的家国,我当下生活之所,即是我的故乡,"此心安处是吾乡"的豁达,会给现代人更多的精神安慰。(观点源自《乡土情结》)

观点2:不能成为现代人的精神安放之所。

生1:故乡的人事物都发生了巨变,即使能回到那片地理概念的土地上,也回不到曾经的人情里。(观点源自《"迷失"在故乡》)

生2:故乡是永远回不去的岁月,既然回不去,又如何安放?(观点源自《暮雨乡愁》)

教师总结:"乡愁"滋味丰富多样,乡愁的内涵厚重丰盈。在对乡愁内涵有了辩证理解的背景下,如何更好地认识个体生命必将面对的精神乡愁,需要长期而深入的思索。海德格尔说"我们怀着永世的乡愁寻找心灵的故乡,而故乡却永远在大陆的中央",川端康成说"美是邂逅所得,是亲近所得,是需要反复陶冶的"。愿我们在语文的世界里,像追寻永世的乡愁一样,不断地邂逅美、亲近美、陶冶美,最终抵达自己心灵的故乡!

(此处的探究,是群文阅读过程中言语智慧生成的高阶思维阶段。阅读主体需要站在当下、时代、国家和族群的角度,理解、诠释、评判甚或批判多个文本的内容或形式,以期在问题解决的过程中达成语文素养生成的终极目标。教师在此环节中,要充分起到引导者的作用,帮助学生实现在理解、分析基础上的评价与反思,将学生带到更高的思维原野。)

【教学反思】

作为高中群文阅读教学的首次尝试,我对"一种乡思,别样情语"的课例探索是忐忑的,我奉献了自己作为一个语文人的真诚,也暴露了在经年累月单篇阅读教学下形成的思维短板。

本次设计经历了几次推翻,最终落脚点为回归语言以求取思想的丰厚与深化。在对这组文本进行了深入、全方位的解读后,我将联结点定位在乡愁内涵的多元解读、情感表达的语言寄托、卒章显志的文本旨归。基于此,四篇文章的教学就有了依托,即以题目中的关键词为线,串起一颗颗语言的珍珠,去体会乡愁多元内涵的细腻表达,始终不离开语文最根本、最核心的"语言";在有了感性的认知后,通过寻找四个文本中都共同具备的点题句、卒章显志句,将感性的认知进行理性的提炼。这样的过程,因为有了议题的统领,遵循了阅读的规律,所以不管是怎样庞杂的文字海洋,学生依然能遨游在语言汇聚的浪花里,汲取成长所需的营养。

不过必须承认的是,在文本组合的顺序、阅读的顺序、阅读时候的精确指向、任务完成的预见等方面,我还缺乏更成熟的思考,教学过程中呈现出的设计方式和阅读形式都还带有很浓烈的单篇阅读的特点。希望后来者能以此为鉴,在群文阅读的文本组合、议题选择、学习方式等方面有新的尝试。

【观课者说】

寻找多文本之间的关联

孙雪梅老师执教"现代人的精神安放"议题统领下的群文阅读教学,是一次积极尝试,对于在高中阶段如何开展群文阅读提供了借鉴和思考的样本。

从本次教学设计及执行看,呈现出如下群文阅读教学的基本特质:

1. 建立了多文本之间的联系。顾名思义,群文阅读首先是多文本的阅读。文本之间由议题统领,存在同质、异构、互补等关系。要实现有价值的群文阅读,教师应该深入研究这些文本,寻找文本之间的共性、差异,从而恰当地建立联结点。从本课看,孙雪梅老师以"现代人的精神安放"为议题,统领四篇文章的阅读。"一种乡思,别样情语",是在同中求异,深入理解不同背景、不同时代、不同人群的乡愁内涵,引发读者共鸣。而"一线串珠",紧扣题目关键词理解文章内涵;聚焦点题句、卒章显志句,概括乡愁内涵,又是在异中求同,试图以一定的阅读策略串联起学生对文本的理解与发现。最后的"现代人的精神安放"的探究,则在具体理解四篇文本基础上,实现了议题整合,呈现了学生有价值的思考。

2. 体现了有序推进的思维递进规律。孙老师关于教学重难点的确定,建立在充分了解学情的基础上。紧扣"情结""滋味",深入文本,这是"感受与理解"的过程;聚焦内涵,分别提炼不同文本的"乡愁"内涵,这是多文本之间的"比较与鉴别";就"现代人的精神安放"展开探究,这是更高层次的"评价与反思"。如此建构教学的逻辑顺序,体现了教师对阅读教学规律的认同与维护。就当前的群文阅读教学看,比较容易出现的一种弊病就是群而不透,忽略阅读教学本身的特质。由于在一节课中要阅读和展示多篇文本的教学,往往出现浅尝辄止、文本架空的问题,表面上看阅读了多篇文章,实则没有一篇在学生心中留下印痕。缺乏真实阅读,也谈不上从感受理解、比较鉴别到评价反思的思维递进。而纵观本堂课的教学设计和师生表现,可以看到教师和学生对《乡土情结》《乡愁的滋味》较为深入的体悟。坚持语言品悟,坚持文本理解,坚持文化浸润,这是孙老师教学中的可贵之处。

不过,如果从优化群文阅读教学,使这种阅读教学形态发挥更大价值的角度出发,孙老师的设计与教学还有很多值得商榷之处。

其一,阅读主体的自主性彰显不足。群文阅读教学主张议题引领,问题驱动,互动探究,进而生成学生发现。从本节课看,教师对于教学的程序推进了然在心,但学生相对处于被动状态,原初问题由教师发现,问题解决路径由教师主导,探究问题由教师提出。学生始终处于配合者的角色,没有呈现自主阅读发现问题,问题驱动自我探索,解决问题实现生长的自我阅读、自主进阶状态。因此,如何引导学生发现真问题、聚焦核心议题,如何通过议题驱动学生自我探索,是群文阅读教学必须关注的问题。

其二,文本之间的结构化思考待完善。就本课所选的几篇文章而言,《乡土情结》具有丰富的张力,文中的乡愁关乎个人、家国,在历史与现实、安土重迁与行走天涯之间寻觅、思考。《乡愁的滋味》是两代人的思乡情,文中的"我"以一个观察者和亲历者的身份,精心描绘着家里的年菜。离散的苦痛、人生的苍凉之感浸润字里行间。《迷失在故乡》是现代化进程中的反思,现代中国的乡村应该以怎样的方式和城市发生关联?文章带给人的思考是疼痛的,又是必需的。《暮雨乡愁》纵论古今,关于"乡愁"的理解带有哲学意义,可以启发读者重新审视"乡愁"的内涵及意义。怎样才能更好地彰显四篇文本的价值呢?从孙老师的教学看,四篇文本基本处在并行位置,文本结构化安排意识还不足。教学时，可否由《乡土情结》进入，进而展开《乡愁的滋味》《"迷失"在故乡》的主题比较，最后由《暮雨乡愁》而引发哲学的思悟呢？故园不再，家山万里，人生是一条不能回头的路，乡愁是每一个人永恒的牵挂。我们应该如何看待传统的乡土情结？不同背景的人的乡土之思有着怎样复杂的情愫？时代在变，记忆中的原乡已经改变，现代人应该如何看待这种变化，从传统与现代中寻找心灵的安放？倘能这样思考，文本的文化价值或许能得到更大程度的实现。

关于群文阅读教学的研究与实践体现了语文人对阅读教学量与质的更高追求，群文文本的思辨探究，对于丰富学生阅读量、提升阅读思维品质、促进阅读主体的自我生长有着积极的意蕴。教学行为的改变建立在理念的更新基础上，我们对此充满期待。

(成都市锦江区教育科学研究院　易晓)

鲁迅笔下的国民性
——鲁迅作品群文阅读教学案例

四川师范大学附属中学 章 松

【设计意图】

《普通高中语文课程标准（2017年版2020年修订）》提出"要注重对学生思维过程和思维方法的引导，注意发展学生的辩证思维和批判性思维，注重学生思维的逻辑性"。进入高中阶段的学生，思维呈现出由感性明悟逐步向理性思辨上升的特征。围绕课程标准，结合学生的思维特征，高中语文教学应引领学生深度理解文本，剖析文本背后折射的思想，联系生活多维思考，从而增强其语言表达的深刻性、丰富性和批判性，增长智慧，培养学生的思辨能力。

鲁迅先生作为对国民性进行批判和反思的代表，体现了求真思辨的批判思维特质。中学教材对鲁迅文章的编排序列体现了由叙事感悟到议论思辨的转变，其中特别突出对国民性的揭示。但多数学生对鲁迅文本的认识还停留在符号化的程度，对国民性的思考还较为粗浅。因此，我以"鲁迅笔下的国民性"为议题设计了群文专题阅读教学，以议题为核心，进行多文本的重建和整合，在整合中发展"比较异同"的思维品质，提升思辨阅读的能力。

【教学简案】

教学目标：
1. 阅读鲁迅的相关作品，认识鲁迅笔下的国民性。
2. 深度研读文本，探索国民性形成的根源及价值。

教学对象：
四川师范大学附属中学高2018级5班学生。

教学流程：
一、学习材料的选定
1. 泛读：钱理群《鲁迅作品十五讲》，张宏杰《中国国民性演变历程》，鲁迅作品（与国民性相关）及相关赏析文章。

2. 精读：《灯下漫笔》《中国人失掉自信力了吗》《漫与（节选）》。

二、群文学习的过程

（一）自主学习

1. 泛读相关资料。印发初高中教材中鲁迅的相关篇目，其他资料上传到班级线上分享群，供学生下载阅读。

2. 精读典范文本，自主剖析。

阅读提示：勾画文本中体现国民性的地方，剖析其表现、特点及危害，并进一步挖掘其产生的根源，思考变革的方法。

此环节从两方面着手：

（1）学生早读课上诵读精读篇目及泛读篇目的重点片段。

（2）利用阅读课阅读钱理群对鲁迅作品的评论文章，借助评论启迪思维。

（二）师生研讨

1. 以《灯下漫笔》为例，示范剖析，引领深度阅读，为学生自主思辨研究提供导向。

2. 重点思考：鲁迅抨击国民性的同时，为何要剖析自己？

（三）专题研究

分小组进行专题研讨，包括选题、写作、修改（或重写）。教师对小组进行个性化指导，帮助学生走出思想认识的泥沼或误区，明晰自己思考和思维的路径。从定向到习作上交，拟定两周时间（中间会开设定向、定题、写作等的分析课、讨论课）。

定题	
鲁迅笔下国民性表现及其特点	
鲁迅笔下国民性产生的根源及思考	
鲁迅笔下国民性的价值反思	

（四）成果交流

组织"鲁迅笔下的国民性之我见"学习成果展示会。

1. 小组代表进行成果展示与交流，其他同学点评。

（1）鲁迅笔下国民性的表现及其特点。

①安于命运和现状的驯良。

②愚昧、怯弱和依附。

③麻木、冷漠和自私。

④自卑、自欺和巧滑。

⑤主性和奴性的纠结。

(2) 鲁迅笔下国民性产生的根源及思考。

①从历史文化本质来看。

②从时代特征来看。

③从人性心理来看。

(3) 鲁迅笔下国民性的价值反思。

①《南腔北调集·我怎么做起小说来》:"所以我的取材,多采自病态社会的不幸的人们中,意思是在揭出病苦,引起疗救的注意。"

②激发人的斗志和勇气,增强改变的信心。

③指明疗救的方法。

2. 教师总结。

【思辨镜头】

师:鲁迅对国民性的揭示对当时的社会和今天的我们有何价值呢?

生:鲁迅对国民性的揭示首先是着眼于当时,他在《南腔北调集·我怎么做起小说来》中说:"所以我的取材,多采自病态社会的不幸的人们中,意思是在揭出病苦,引起疗救的注意。"

生:同时也是为了激发人的斗志和勇气,增强改变的信心。他在《记念刘和珍君》中说:"真的猛士,敢于直面惨淡的人生,敢于正视淋漓的鲜血。""苟活者在淡红的血色中,会依稀看见微茫的希望;真的猛士,将更奋然而前行。"

生:《中国人失掉自信力了吗》也在用历史证明"从古以来,就有埋头苦干的人,有拼命硬干的人,有为民请命的人,有舍身求法的人,……虽是等于为帝王将相作家谱的所谓'正史',也往往掩不住他们的光耀,这就是中国的脊梁"。

师:鲁迅对当时社会的意义仅仅停留在揭示和激励方面吗?

生:不,鲁迅先生还为我们指明了疗救的方法。《论睁了眼看》中:"世界日日改变,我们的作家取下假面,真诚地,深入地,大胆地看取人生并且写出他的血和肉来的时候早到了;早就应该有一片崭新的文场,早就应该有几个凶猛的闯将!"他引导文人用文笔开拓道路,为文艺界带来了切实可行的方向。

【教学反思】

本课以鲁迅笔下的国民性为专题进行群文关联建构，体现了深度学习，培养批判性思维的特点。

批判性思维培养强调发展理性精神品质和思维能力，提高学生的洞察力、分析力、判断力、反省力等，本课对此有明确的突破。在"师生研讨"部分，学生走进文本，透过重点语句，力图读懂作者的意图。教师则采用问题解决教学策略，以连续的"问"引发思考，并对原有的思考和结论产生新的质疑，使学生对国民性的挖掘向纵深层次延伸。最后一个子问题"鲁迅抨击国民性的同时，为何要剖析自己？"引导学生由文本走向作者，再走向自我，进而反省自己，完善自我。"成果交流"部分，当研究"鲁迅笔下国民性的表现及其特点"的小组交流分享后，教师就此发问："这种国民心理的根源在哪里？"促进学生由果溯因，探究历史渊源，从社会、制度、时代、人性等多角度剖析。当学生对国民性深刻反思后，追问"鲁迅对国民性的揭示对当时的社会和今天的我们有何价值呢？"引导学生反思现实，自我改进，这些都有助于理性思辨品质和能力的发展。

此外，本课还强调在专题学习的过程中真实阅读，沉浸式阅读。给予学生两周的阅读时间，让阅读从容展开，学生得以静心阅读，原初体验，涵泳沉思。与此同时，贯穿自主阅读，从围绕议题自主选择学习材料，到分小组集体研究，独立选题、写作和修改，并用研究结果反观社会和人生，体现了阅读的自主性。学生能从社会、制度等角度探索国民性的根源，思考国民性的价值和意义，实现对国民性存在价值的深度思考。从真实阅读者、自主阅读者，到成熟阅读者，阅读品质呈阶梯式上升，这正是深度阅读的培育目标。

作为一次群文关联、专题突破的尝试，我还有意突出了学习资源的开发、学习样态的创新。以国民性的剖析为议题，对鲁迅先生的相关文本进行了重构，并丰富了一些研究著作，以此实现学习内容的开发与整合，帮助学生由课内走向课外，在多文本关联建构中实现思辨创生。从自主阅读、师生研讨、专题探究到成果交流，有意建立了学生自主探究、师生互动生成的学习路径，从问题驱动、问题解决到意义创生，学习样态的改变和学生内在思维品质的生长有机融合。

【观课者说】

章松老师执教的群文阅读课例，以"鲁迅笔下的国民性"这一议题为内核，通过对钱理群《鲁迅作品十五讲》，张宏杰《中国国民性演变历程》，鲁迅作品（与国民性相关）及相关赏析文章的泛读，以及《灯下漫笔》《中国人失掉自信力了吗》《漫与（节选）》的精读，借助自主学习、师生研讨、专题研究、成果交流等形式进行了思辨性阅读和集体构建。

在本次阅读活动中，章老师的设计以鲁迅作品中比较有代表性的议题国民性为线索，把对鲁迅多篇文本的理解融贯成一个有机的整体，带领学生进行专题探讨，围绕"鲁迅笔下国民性的表现及其特点""鲁迅笔下国民性产生的根源及思考""鲁迅笔下国民性的价值反思"几个问题进行思考和创作，并且组织学生进行了展示与交流。学生在阅读和探讨的过程中逐渐深入地开展理性对话，在交流中多层面多视角地读、思、议结合，获得了创造性的互动阅读体验，阅读力和思考力也得到很大的提升。

教学中有很多值得学习的细节。比如，当教师抛出"鲁迅对国民性的揭示对当时的社会和今天的我们有何价值呢？"这一问题时，学生结合课内文章《记念刘和珍君》《中国人失掉自信力了吗》及课外文本《南腔北调集·我怎么做起小说来》《论睁了眼看》发表自己的见解，以文解问，显示出专题阅读的价值。鲁迅先生曾言："无穷的远方，无数的人们，都和我有关。"对于国民性的思考和改进，应该是对鲁迅文章进行专题探究的最大意义。

不过，多文本专题阅读如何才能更好地发挥价值呢？我以为在文本的结构化学习方面还可以做些思考。比如，先自主阅读《灯下漫笔》《中国人失掉自信力了吗》《漫与（节选）》等作品，在充分的原初阅读和讨论后再学习相关评论性文章、学术性讲座（如《鲁迅作品十五讲》《中国国民性演变历程》）等阅读推荐资料。这样，或许可以更好地建立从原初认知到理性审视的思辨桥梁，有助于学生独立思考能力的发展。

（四川省天府新区华阳中学附属小学　白兰）

聚焦思维，多元互动
——"剪不断的生命脐带"教学案例

成都市玉林中学　冯小琼

【设计意图】

阅读是一种心智锻炼。批判性思维作为一种创新型、反思性的思维模式，是一种基于逻辑和事实证据的评价方式。从语文课程主要目标与内容来看，打通思维的"任督二脉"，有意识地加强批判性思维的训练，有助于提高学生的信息甄别与认知能力，有助于培养学生的说理和科学论证能力，有助于培养学生的独立思考和创新能力。

阅读教学的本质是体验，是教师带着学生一起阅读文本，在思维的互相激活、互相丰富中让学生在阅读过程中学会阅读，在自我体验、印证和由此而生的触发中形成自己的感受和体验，形成自己的思考和见解，构建行之有效的语文阅读能力层级教学体系。除此之外，语文阅读教学在育人方面是有特殊的功能和意义的，文学作品中积淀着丰富的文化内涵与人文精神，阅读教学的精神贯注、文化熏陶是影响终身的。"剪不断的生命脐带"这个议题，带有极强的思辨性和启发性，如果能带领学生亲自参与"发现的行动"，从中进行"以发现为重点的学习"，注重学习过程与实践、体验的结合，把握好三个核心环节：质疑与探究、激疑与论证、评估与判断，将是一场有意义的深度阅读之旅。

【教学简案】

教学目标：

比较阅读胡适《我的母亲》、刘心武《谢幕的教养》、汪曾祺《多年父子成兄弟》、《触龙说赵太后》、埃里希·弗罗姆《父母与孩子之间的爱》五篇文章，围绕"剪不断的生命脐带"议题展开思考，发展学生感受力、思辨力、表达力。

教学对象：
甘肃省嘉峪关市酒钢三中高中一年级学生。
教学流程：
1. 课前预习：学生借助批注式阅读通读文本，圈点勾画相关信息，独立完成学习单。
2. 课堂推进：创建学习任务群，设计学习体验活动。

任务1：寻求共性。

前三篇文章的作者分别是胡适、刘心武、汪曾祺，他们的成长和父母之间有怎样的关联？概括并梳理文中父母的特点，寻找并感受父母给予孩子的精神滋养。

群文文本	父母特征	精神滋养	教育方式	共性启迪
《我的母亲》				
《谢幕的教养》				
《多年父子成兄弟》				

任务2：思考冲突。

《触龙说赵太后》中的母亲和前面三篇文章中的父母有何不同？勾画文中最触动你的语句，用一句话写下你的感悟。

群文文本	父母对待子女的行为差异	触动你的语句及感悟
《我的母亲》《谢幕的教养》《多年父子成兄弟》		
《触龙说赵太后》		

任务3：理性审视。

阅读《父母与孩子之间的爱》，勾画并摘录至少三处最触动你的语句，说说你从中得到了怎样的启迪？

239

摘　录	启　迪
1.	
2.	
3.	

任务 4：议题重建。

弗罗姆强调"脱离"，议题却说"剪不断的生命脐带"。"脱离"与"剪不断"矛盾吗？你对此有怎样的感悟？

【思辨镜头】

镜头一：

师：编者给这组文章加了一个题目——"剪不断的生命脐带"。读完《我的母亲》《谢幕的教养》《多年父子成兄弟》这三篇文章后，你如何理解"剪不断""生命脐带"这两组词的内涵及内在关联？

生：脐带是胎儿在母亲体内与母亲之间生命的连接，胎儿靠脐带来获得生命所需的营养。之所以说"剪不断"，是因为父母除了生育和养育之恩外，还有意识或无意间给孩子铺上了一层或深或浅、或明或暗的生命底色和灵魂底色。

生："生命脐带"的"剪不断"，主要体现在父母不仅赋予了孩子以生命，还在生命与生命的交融互动中，赋予了生命以新的闪念、发现、觉悟与启示，是孩子精神、个性、人格等的引领者和塑造者。正如胡适的母亲刚柔相济，引导他懂得容忍、宽容、体谅，有好脾气；刘心武的母亲言传身教，以教养、艺术熏陶出他的文明习惯及对艺术的"沉浸"；汪曾祺的父亲友善陪伴、尊重孩子。

师：成人心中有馨香，让儿童亦有了宜人的熏陶。胡适、刘心武、汪曾祺汲取父母的精神滋养，沿着文本所述，成为像父母那样的人——胡适性格温和，刘心武艺术感知好，汪曾祺会生活、有生活情趣……成为在属于他们各自的领域中有所成就的人。

镜头二：

师：对比阅读《触龙说赵太后》与前面三篇文章，你觉得赵太后是否真爱长安君？你认为什么样的爱才是父母对孩子真正的爱？

生：毫无疑问，赵太后非常爱小儿子长安君，可谓情之深、意之笃。护犊心切本无错，然而一切生命，都生于磨炼，毁于溺爱。"父母之爱子，则为之计深远。"春雨只在四月天，不能四季润泽滋养，树苗成为参天巨树，还需己身坚韧，奋力而上。真正的雄鹰，往往诞生于悬崖峭壁中，一味庇护，如同牢笼，终难高飞！

生：我觉得从某种意义上来说，赵太后算不上真正爱长安君，硬要算爱，也只是一种浅薄的爱。父母真爱子，则应有致千里的眼光、放手一搏的勇气、吞吐智慧的大爱。

师：有能才有位，只有自建功业，未来才有所依托。

生：爱有"和风细雨"，兼有"狂风暴雨"，真正的爱就应当处理好"爱"与"碍"之间的关系，为长安君长远的地位、长久的安全和荣华考虑，这才是一个母亲对孩子该有的理性深沉的爱。

镜头三：

师：弗罗姆强调"脱离"，议题却说"剪不断的生命脐带"。"脱离"与"剪不断"矛盾吗？你对此有怎样的感悟？

儿女是属于他们自己的。他们的现在，和他们的未来，都应由他们自己来设计。一个想用自己理想的模式塑造自己的孩子的父亲是愚蠢的，而且，可恶！

——汪曾祺《多年父子成兄弟》

家乡的山山水水，不曾在我的记忆中模糊，母亲那日渐佝偻的背影，踽踽独行在每一个角落，虚拟在我的想象中。叠印于家乡山水的这个背影，这样的一个背影，母亲的背影，传递给我一种力量——母亲的力量，生命的力量，活着的力量。

——孟鸿《母亲的力量》

生：不矛盾。脐带是温暖的血缘"纽带"，是永远"剪不断"的。孩子与父母脱离的过程就是子女慢慢走向独立、步入成熟的过程。

生：我也想起了英国著名心理学家西尔维亚说"世上所有的爱都以聚合为最终目的，只有一种爱以分离为目的，那就是父母对孩子的爱。父母真正成功的爱，就是让孩子尽早作为一个独立的个体从你的生命中分离出去，这种分离越早，你就越成功"。可见，父母对孩子的爱本就是一种"脱离"和放手的过程，真正理智地爱孩子，父母就应该学会脱离，让孩子得到锻炼，并逐步独立起来。

生：任何一个孩子的成长，都与自己的父母有剪不断的联系。父母是孩子精神、个性、人格等的引领者和塑造者，父母潜移默化地给孩子注入的生命和灵魂的底色，能使孩子更好地"脱离"、更好地独立，在走向社会的历练中成为更好的自己。

师：是的，脐带是胎儿与母体之间生命联系的纽带，孩子从父母的一言一行里，构建着一个成长的模型。从我们成人的角度看，我们要尝试着走出父母的世界，"脱离"成一个理性与感性并存的独立个体。从父母的角度看，要学会理性地爱，走出爱的误区，短视地溺爱、过度地保护、一味地顺从和无条件地满足，都不是真正的爱。剪断生理的脐带一下即可完成，而完成精神上的"断脐"，才算是一个真正独立、健全的人。

我们每一个人除了身体发肤，受之父母，我们的精神也总是烙上了父母的印痕，对于抚育我们、关心我们的父母，我们应保持沟通、心存感激。

【教学反思】

阅读是一种智力技能，它包括理解能力、综合分析能力、鉴赏评价能力等。新高考对学生的阅读品质和阅读水平有更高的要求，除了通过增加阅读量考查阅读速度，还通过文本的选择和问题的设置考查学生的阅读深度。然而，当前学生的阅读更多的是慢速、浅层的阅读。《普通高中语文课程标准（2017年版）》阅读教学部分"要求学生要具有独立的阅读能力，能根据不同的阅读目的或阅读材料，灵活运用精读、略读、浏览等阅读方法，能够在文章中尽快地判断和选择出重点词句、语段和全文的内容要点"。如何改善学生的这类阅读现状，一直是教师的困扰。群文阅读有利于培养学生的批判性思维的阅读能力，特别是"概括、比较和评价观点"的能力，可以成为解决这一困扰的有效途径之一。

基于上述思考，这节课我以"寻求共性—思考冲突—理性审视—议题重建"为教学思路，让学生真实阅读，感受和体悟父母对孩子的爱与滋养；比较鉴别，领悟"爱"与"碍"的冲突与意义；定点探究，理性审视父母与孩子"剪不断的生命脐带"的关联。鉴于目前高中语文阅读教学中对发展学生的深层次思维关注不够的现状，本堂课在尊重文本自身的要素、结构与逻辑的基础上，聚焦批判性思维，寻找契机，挖掘文本有利于展开其思维训练的如下要素点：

（1）编者给这组文章加了一个题目——"剪不断的生命脐带"，如何理解"剪不断""生命脐带"这两组词的内涵及内在关联？

（2）对比阅读《触龙说赵太后》与前面三篇文章，你觉得赵太后是否真爱长安君？什么样的爱才是父母对孩子真正的爱？

(3) 弗罗姆强调"脱离",议题却说"剪不断的生命脐带"。"脱离"与"剪不断"是否矛盾?

借助问题的驱动,教师引导学生对任何可能形成结论的陈述提出合理的质疑,寻找有力的证据,要求学生基于客观的文本说话,基于文本的事实说话,基于文本的逻辑说话。促使学生合理质疑,合理求证,不断从文本出发推理分析,找出关系,明确要点,得出结论,综合评估各种解释的关系与合理性。在这一系列的质疑、碰撞、调整的互动中,进一步引领学生在认知、感受、体验文本的基础上实现再创造,从而帮助学生形成独立思考能力和批判性思维。

阅读教学的重要意义旨在培养学生的阅读能力,透过文字引导学生建构认知阅读的技巧和能力,使学生通过自主阅读了解文本背后所赋予的意义世界,达到吸收知识、交流思想、促进成长、提高语文综合素养的目的。而批判性阅读的价值则在于引领学生统整作者生平、创作背景以及具体的语言环境等诸多元素,借助恰切的方式触发学生进行合理的质疑、合理的求证,在对文本进行深度解读与反思的体验中,习得深度理解和建构的经验。执教过程中应注意,批判性阅读的实施应基于学生前期的质疑理解、重构反思,真正促进学生批判性思维能力的发展。

【观课者说】

阅读教学,特别是群文阅读教学,最能彰显一位执教者的新课标意识和生本思想。优质的阅读教学,一般都是在教师的引领下,帮助学生自我构建起阅读文本的方法,进而促进学生思维的发展与提升。

目前,中学语文课堂阅读教学,一定程度上存在着"教师讲得多,学生习得少;教师代读多,学生真读少;教师包办多,学生质疑少;教师炫技多,学生知之少"等现象。而冯小琼老师在"剪不断的生命脐带"这则教学案例中,一扫阅读教学的"死气",释放出批判、质疑、思辨、共生的"生气"。

学生"真读"成为阅读教学的起点。在本则教学案例中,我们能看到,冯小琼老师始终保持生本意识,把学生真正阅读文本放置于阅读教学的起点之上。她在"课前预习"这个环节中明确了学生的阅读任务——借助批注式阅读,通读文本,圈点勾画相关信息,独立完成学习单。同时,借助师生问答的方式,检测学生"真读"的阅读效果,于问答中体现出学生的"三力":感受力、思辨力、表达力。

重视学习任务群的创建,落实学生批判性思维培养的任务。在课堂推进的过程中,冯小琼老师给学生创建了一个学习任务群,四个任务各有其承载的价值和意义。任务1是整个教学活动的基础，相当于思维的求同，旨在引领学生探寻不同文本的共性，为后面的三个任务张本。任务2和任务3，执教者巧妙地利用文本，实施对学生思维的训练，引导学生基于文本的事实和文本的逻辑说话。特别是任务4的设计，让读者眼前一亮，"议题重建"不是简单地引导学生回溯文本，而是引导学生对原有想法的突破，然后打碎重组，有效地培养学生养成批判性思维的习惯。

"思辨镜头"真实地呈现了执教者的教学思路。在本则教学案例中，执教者按照"寻求共性—思考冲突—理性审视—议题重建"的教学思路，以构建学习任务群为抓手，逐步达成课堂教学目标。执教者提供的三个"思辨镜头"与教学思路高度吻合，学生在文本的梳理与师生的问答中，批判性思维能力得以提升。

当然，本则教学案例也存在着一些瑕疵，冯小琼老师谈到"带领学生亲自参与'发现的行动'，从中进行'以发现为重点的学习'"，从教学案例展示的镜头来看，我们很难发现学生"以发现为重点的学习"，或者说"以发现为重点的学习"学生表现不充分。此外，在冯小琼老师的"教学反思"中，执教者缺少对本堂课本身授课不足的反思，而更多地指向对阅读教学的反思。实际上，教学反思，更多地要指向真实的课堂，对我们熟悉的课堂设计再次陌生化，重新加以反思，唯有这样，我们的课堂才会更有生命力、革新力、生长力。

（四川省新津中学　王贞鹏）

爱在山河书海间
——"家国情怀"群文阅读教学案例

成都七中嘉祥外国语学校　廖　翊

【设计意图】

从古至今，家国情怀宛若生生不息的精神血脉，滋润着每个人的生命家园。本课例试图通过群文文本的结构化学习和有价值的问题引导学生感知并理性审视家国情怀，实现对家国情怀的深度理解与发现。

《蒿里行》《病起书怀》是古代诗歌。《蒿里行》真实展现百姓在战乱中遭受的苦难，表现了作者对人民的悲悯和同情。《病起书怀》则在全诗贯穿了诗人忧国忧民的爱国情怀。《指南录后序》是文言散文，该文简略叙述了文天祥出使元营、万死南归的冒险经历，反映了他忠贞不屈的民族气节和至死不渝的爱国豪情。《长岛读海》是游记。作者的记游并不仅限于游览记录，而是在表达对祖国大好山河风光喜爱的同时，挖掘其文化内涵，让客观的自然物象承载了深厚的民族文化积淀。《关山难越》是现代散文，体现了作者对母亲的思念、对故乡的眷恋，概括了一代中国台湾地区人民的文化观，文章也表明乡愁不仅是一种私密的个人情感，更是一种家国情怀。

家国情怀对于当代高中生而言是熟悉而又陌生的，虽然在大量的文学作品中积累了相关的阅读体验，但由于缺乏有效的提炼和深入的思考，学生对家国情怀的理解停留在模糊浅表的层面。本课将引导学生由浅入深理解"家国情怀"的内涵，思考"小家"与"大国"间的联系，理性认知家国情怀几个内涵之间的联系，提升学生思维品质，涵养学生家国情怀。

【教学简案】

教学目标：

1. 通过批注练笔，概括"家国情怀"的外在表现，训练学生的筛选、概括与表达能力。

2. 通过整合理解，提炼"家国情怀"的丰厚内涵，提升学生全面准确理解文本的能力。

3. 通过思辨审视，思考"家国情怀"的内涵关联，提升学生思辨力，涵养家国情怀。

教学对象：

成都七中嘉祥外国语学校高中二年级学生。

教学流程：

一、创设情境，引入议题

展示《苏武传》读书笔记，新旧文本链接，创设情境，明确议题：家国情怀。

二、走进文本，品读思考

展示学生前置作业：请根据你的阅读、勾画和理解，参照例句格式，补写下面句子。

《别父母书》的家国情怀，表现为<u>民族危难，请缨报国，蹈火而行，生死不念</u>。

《蒿里行》的家国情怀，表现为_____。

《病起书怀》的家国情怀，表现为_____。

《指南录后序》的家国情怀，表现为_____。

《长岛读海》的家国情怀，表现为_____。

《关山难越》的家国情怀，表现为_____。

1. 通过诵读前三篇作业成果，唤起学生的责任感和使命感。

2. 展示学生对《长岛读海》的阅读困惑，思考《长岛读海》与家国情怀的关联。

3. 展示学生对《关山难越》的理解困难，思考《关山难越》与家国情怀的关联。

4. 教师展示作业成果与阅读困惑，引领学生思考交流，补充文本，适时点拨。学生注意品读、诵读、发言、思考、交流。

设计意图：以学生为主体，从学生真实的困惑和问题出发组织课堂流程；训练学生概括能力；引导学生深入思考文本，提升文本理解能力。

三、逻辑分析，思辨提升

"家国情怀"一词内涵丰富，极具厚重感，你对各篇文中不同的家国情怀内涵有怎样的思考？他们彼此是孤立的吗？如果不是，那么他们之间有着怎样的关联？

四、反思探究，学以致用

1. 家国情怀以一种特有的信仰魅力，成为中华民族深层次的文化心理密码。在世界变成地球村的今天，你认为家国情怀具有怎样的现代价值？

2. 课堂练笔：根据本堂课的学习和思考，针对网上的一些言论写简单的回复。

3. 教师提出疑问，引导学生思考交流，补充文本，明确"以天下为家"的价值观念。抛出材料，为练笔创设情境。学生思考，交流，诵读，练笔。

设计意图：激发学生家国情怀，提升学生思维品质，训练学生动笔能力。

五、课堂总结，课后探究

1. 课堂小结。

2. 根据学生问题，生成新的议题，推荐阅读资料，鼓励课外探究。

六、推荐阅读

1. 老舍《四世同堂》，东方出版中心，2017年9月。

2. 齐邦媛《巨流河》，生活·读书·新知三联书店，2010年10月。

3. 许纪霖《家国天下：现代中国的个人、国家与世界认同》，上海人民出版社，2017年2月。

4. 季羡林《我们这一代读书人》，湖南人民出版社，2013年1月。

【思辨镜头】

师：如果说前三篇文本中传递出来的家国情怀，是我们所熟悉的"天下兴亡，匹夫有责"的责任感，是"隐忍以行，将以有为"的使命感，那么第四篇《长岛读海》就不免让许多同学困惑了，这篇游记与家国情怀有什么关系呢？

生1：我在读《长岛读海》时，觉得这就是一篇文笔很优美的游记，感受到了作者对祖国大好河山的热爱，但是热爱与家国情怀似乎不太一样，所以这一篇的家国情怀概括我没写。

师：咱们班近一半的同学都对这篇文章被选入"家国情怀"群文篇目感到困惑，它好像和我们印象中的家国情怀不太一样。但我们也有同学品读出了其中的家国情怀，我们一起来看看。

出航观海，忆古思今，俯察宇宙，赞颂河山。（课件展示）

生2：我在文中很多地方都感受到了作者强烈的家国情怀，如第2自然段的最后从"我手抚大锚,远眺山门之外,水天一色,烟波浩淼……"开始,一直到段末"这庙和海真是古往今来一部书,天上人间一池墨"。我觉得梁衡先生在此处就是在忆古思今,赞颂山河。这种热爱我认为就是一种家国情怀。爱祖国,爱大好河山。

生1:我不太认可,我认为家国情怀应该不仅是游山玩水的热爱,它应该是更深层次的情感。

师:好的,看来我们现在有了一点争议。两位同学都很棒,都抓住了这篇文章文体上的特点,这是一篇游记。其争论点在于,爱祖国的大好河山,到底算不算家国情怀。其实梁衡先生写了很多类似的游记,不如我们再来看一个小片段。

黄河于斯于此,聚九天雷霆,凝江海之威,水借裂石之力,轰然辟开大道坦途;沙借波旋之势,细细磨出深沟浅穴。放眼两岸,鬼斧神工,脚下这数里之阔的磐石,经黄河涛头这么轻轻一钻一旋,就路从地下出,水从天上来。她顺势一跃,排山推岳,挟一川豪情,裹两岸清风,潇洒而去,又再现她的沉静,她的温柔,她的悲壮,她的大度。去路千里缓缓入海。

呜呼,蕴伟力而静持,遇强阻而必摧,绕山岳而顺柔,坦荡荡而存天地。美哉,壮哉,我的黄河。

——梁衡《壶口瀑布》(课件展示)

师:美哉,壮哉,我的黄河!读得真好,充满了感情和力量!相信大家此刻的心情和我一样,胸腔中洋溢着一种民族自豪感,美哉,壮哉,我们的母亲河!那么到底这样一种热爱和自豪是不是家国情怀呢?世界上有那么多辽阔的海域,有那么多美丽的河流,为什么长岛的海,黄河的瀑布,能激起作者、激起我们对祖国的热爱呢?密西西比河能激起我们这样的情感吗?(生纷纷摇头)

师:是的,显然不能。我们看到作者在《长岛读海》中写到"物我两忘,神人不分"时,会联想到庄周"至人无己,神人无功,圣人无名";读到作者笔下的黄河时,会想到五千年灿烂的中华文明起源于此,更是感慨万千。这些激荡的心神来源于一种什么样的情绪基础呢?前面我们说,家国情怀的内涵有使命感和责任感,如果这里我们也用三个字,一个"感"来概括的话,你们认为是什么?

生3:老师,我觉得可以用"认同感"。密西西比河不能激起我们这样的情绪,是因为我们没有生于彼处,长于彼处。我们生于斯,长于斯,从小接受的都是民族文化的浸润。正是因为对于民族文化的认同,所以才会在读到长岛的海、黄河的瀑布时，和作者产生同样的情感共鸣。

师：说得好！我们在梁衡先生的笔下，不仅读到了山的伟大，海的壮美，瀑布的温柔悲壮，更读到了我们的悠久历史、灿烂文明。所以作者的游记并不仅限于游览记录，而是在表达对祖国大好山河风光喜爱的同时，挖掘其文化内涵，让客观的自然物象承载了深厚的民族文化积淀。

【教学反思】

本堂群文阅读思辨课，以"家国情怀"内涵为核心，以学生对文本真实的阅读困惑为任务，驱动学生参与课堂，使阅读真实发生。

在一开始的教学设计中，我精心设计了很多环节，但实际操作时，却发现学生极为被动，思维受限，只能跟着教师设计好的教学路径去走，课堂设计面面俱到，课堂却索然无味。于是我和备课组的教师商议以后，在学案上添加了这样一个开放式问题："读了以上文章，对于家国情怀，你有什么疑问吗？请说说你的疑问和你对疑问的思考。"

没想到这个开放式问题成了激活整个课堂的关键。在反馈回来的学案中，我发现学生对于我想传递的家国情怀的四种内涵：责任感、使命感、认同感和归属感，掌握情况是很相似的。对于责任感和使命感，学生普遍都掌握较好，这就是他们熟悉的家国情怀。问题主要集中在后两篇选文传递的情感到底符不符合家国情怀？家国情怀的内涵到底是什么？

基于此，我迅速对教学设计做了调整，运用任务策略，将原本平均用力的文本解读，变为重点突破，已经掌握的部分通过学案学习成果呈现的形式迅速带过，将学生的真实阅读疑问作为课堂主要任务，带领学生真正走到文本深处，思辨审视家国情怀的丰厚内涵；活用对话策略和文本结构化策略，从生本对话，到生生对话，再到师生对话，最后抛出补充阅读资料，重回师本、生本对话，由浅入深，带领学生由质疑出发走向思维深处。在这个教学片段中，师生以问答为主线，围绕学生在文本阅读中的真实困惑，理性质疑，碰撞交流，很好地发展了思辨阅读能力，从熟知走向新知、浅知走向深知。

思辨镜头截取的正是这堂课思辨旅程的开端。在接下来的教学中，我还带领着学生思考了"乡愁"与"家国情怀"之间的联系，审视了家国情怀内涵间的逻辑关系，进而在课堂的结尾部分进一步抛出疑问：家国情怀曾经以一种特有的信仰魅力成为中华民族深层次的文化心理密码，而在世界变成地球村的今天，我们应该为家国情怀赋予怎样的现代价值呢？

总而言之，在准备和打磨的过程中，课堂主体由教师实实在在地转变成了学生，所有的教学流程都是围绕学生在课前学案反馈回来的真实问题在设计。这再次提醒我，在阅读课堂中学生的主体地位不可动摇，只有真正尊重学生的阅读和思考，生发出的才是思辨的、有效的精彩课堂。

【观课者说】

谷振诣、刘壮虎在《批判性思维教程》一书中指出："好的思考者至少应该具备以下五项品质：清晰性、相关性、一致性、正当性和预见性。"[①] 面对一个抽象概念，经验主义或是认知不足常会导致我们无法厘清概念的内涵与外延。面对熟知的概念，学生也往往限于已知，将浅知作真知，影响思维水平的提升。廖翃老师以"家国情怀的表现—家国情怀内涵间的关联—家国情怀的现代价值"为逻辑主线构课，努力培养好的思考者，是一次提升学生思维水平的积极尝试。本节课有如下一些亮点：

基于真实阅读，用真实问题驱动课堂。课堂之美，在于生成。这节群文阅读课，涉及篇目多，阅读量大，若无真实问题驱动，课堂节奏容易凝滞，教学效益也很难凸显。廖翃老师从展示学生读书笔记入手，在概括"家国情怀"的表现这个环节中，由学生的疑问自然生发出《长岛读海》的"家国情怀"如何表现这个问题，进而对这篇文章进行重点解读。以一名学生的疑惑和另一名学生的预习答案撬动课堂，让真实的讨论和对话发生，让判断、建构发生。此处，学生问得真切，辨得明了。

聚焦核心概念，真实提高学生思维水平。廖翃老师立足"清晰性"这一思维品质，真真实实教语文，明明白白识概念，扎扎实实培养好的思考者。预习中，有同学对《长岛读海》的家国情怀表现提出诸多异议，甚至认为无法将《长岛读海》纳入"家国情怀"这一议题。这是"清晰性"这一思维品质不足的体现，学生明显没有清楚、准确地理解"家国情怀"这一概念。廖翃老师巧妙地以此为突破口，打通文本与学生之间的障碍，较好地实现了学生、文本、教师之间的对话，进而消弭了已知和未知的差异，抽象出"认同感"这一关键内涵。这就使得学生厘清了"热爱祖国山河"和"家国情怀"之间的关系，改变了原有的思维结构，澄清了混乱的思维。而后又借助文本《关山难越》厘清了"乡愁"与"家国情怀"间的关联，进一步明晰了"家国情怀"这一概念的内涵。

由浅入深设任务，层层推进练思维。教老师立足"相关性"，将教学内容

[①] 谷振诣，刘壮虎. 批判性思维教程［M］. 北京：北京大学出版社，2006.

诉诸逻辑推理而非简单的情感。家国情怀的表现、家国情怀的内涵、家国情怀内涵之间的联系、赋予家国情怀现代价值这几个主要环节，问题设置清晰，教学推进逻辑清晰。以最后一个环节为例，学生思考地球村时代"家国情怀"的现代价值，这个问题正是立足五项思维品质中的"预见性"来培养学生的批判性思维。这个环节看似开放，实则创造了一个多元思考的环境，需要学生辨别合理与更合理的差别。多元思考、理性求索，思维改变在悄然发生，思维水平也在悄然提升。

当然，本课例也有一些值得推敲的地方。例如，文本的沉潜细读还有待加强。综观课例，对于学习成果的展示较多，对文本的细读稍显不足。如研读《长岛读海》部分，对于祖国山河壮美的认同感是否可以直接从文本得来？若《壶口瀑布》片段的引入，仅仅只是让我们感受祖国山河的壮美，那么为何不基于《长岛读海》本身获得这一体验呢？群文阅读中被引入的材料通常会和议题包含的文本相互印证，或者形成对比、总结提升，进而引起更深的思考。这个文段和《长岛读海》是同质印证的关系，解读重心放在《长岛读海》似乎更为妥当。又比如，思辨镜头中一名同学对于《长岛读海》的质疑，虽然廖翃老师用学生和学生的争议很好地解决了疑问，但是如果让言语运用在课堂真实发生，请有疑惑的同学模仿格式当场生成对家国情怀的新认知会不会更好呢？这样既有思维的提升，也有言语的真实实践，也是教学的现场生成。如此，提高思想文化修养，促进自身精神成长才能落到实处，学生的精神世界和思维方式才会被言语实践活动所"塑造"。

（成都七中嘉祥外国语学校　母红梅）

直面《活着》的意义
——《活着》整本书阅读教学案例

四川省天府新区华阳中学附属小学　白　兰
四川省天府新区华阳中学　熊　梅

【设计意图】

《活着》讲述了一个平凡而深刻的故事，福贵和他的命运之间相互感激，相互仇视；无法割离，也毫无理由去抱怨。《活着》写一个人对苦难的承受能力，对世界葆有的乐观精神，写人是为了活着本身而活着，而不是为了活着以外的其他事物所活着。巧妙变化的叙述视角和独特的叙事风格是《活着》极大的亮点，赏析作品艺术特色，有助于提升学生的文学鉴赏与创作能力。作为先锋文学作品的优秀代表，其独到的叙述既能引发对传统文化精神的思考，又能引起当今读者内心的触动，进而激起关于人性的共鸣。

在前期问卷调查中，《活着》是学生反馈的比较喜欢阅读的文本。全书总字数为13.6万字，既具有长篇小说的一般特征，也有作家余华的独特文学个性，对高中二年级的同学来说在阅读上也不会占用他们过多的课余时间，可操作性强。因此，选择《活着》这本书来进行整本书阅读，是想以点带面通过这本书让学生了解并思考现实人生，并以《活着》中习得的阅读方法来指导学生进行余华其他作品的整本书阅读，进而实现对一个作家的通透思悟。希望高中阶段的孩子能够通过阅读《活着》，从福贵苦难的一生中引起对生命的哲学追问，观照自己的人生，影响自己的人生态度，透过泪水去观察微笑，通过苦难来体会生活的乐趣。

【教学简案】

教学目标：

1. 真实阅读，任务驱动，能习得整本书阅读的基本方法和路径，提高自主学习能力、阅读理解与表达交流能力。

2. 理性思辨，能在把握小说主要内容和人物形象基础上，对小说的主题及艺术特色进行探究与发现，实现创造性转换。

教学对象：

高中二年级学生。

教学流程：

一、第一阶段：原初阅读

阅读时间：一星期。

阅读形式：自由阅读。

阅读内容：《活着》整本书。

阅读目标：了解故事情节。

读写任务：①用思维导图方式列出本部小说的情节；②列出小说阅读目录；③提出原创问题（在阅读中不理解或者疑惑之处）。

上交结构梳理作业。

教师进行批阅并对学生提出的问题进行汇总和分类。

二、第二阶段：以写促读

阅读时间：一星期。

阅读形式：精细阅读。

阅读内容：《活着》整本书。

阅读目标：把握人物形象。

资料补充：《活着》整本书阅读资料助读"作家介绍"。

读写任务：学生再次阅读小说《活着》，在下面三个题目中任选一个并写一篇不少于800字的文章。

1. 请以《活着》中某个人的身份给另一个《活着》中的人物写一封信。

2. 以人物访谈的形式，写一个人物采访稿。

3. 如果凤喜、有庆、二喜、苦根中的某一个没有死，福贵的生活会是什么样的？

上交人物形象分析作业。

教师对学生上交的人物形象作业进行批阅，并从学生作业中归结学生眼中人物形象的特点。

三、第三阶段：讨论交流

阅读形式：小组讨论。

阅读内容：《活着》整本书。

阅读目标：把握人物形象。

小组集中讨论时间：1~2节课。

小组讨论内容及主题：推选出最能代表本组水平的一篇文章，并说明理由。

小组展示分享：利用1~2节课进行小组讨论并在全班分享。每小组分享时间不超过8分钟。教师相机进行点评。

四、第四阶段：话剧创编及表演

阅读形式：读后创编。

阅读内容：挑选《活着》中的精彩情节进行再现或创编。

阅读目标：以话剧剧本的形式，创编再现故事情节（或合理加工故事），还原场景，把握人物形象，进一步理解小说深刻的主题。

场景布置：小剧场。

表演时间：2节课。

任务备注：学生需要利用课余时间，结合自身体验，深入理解作品，用自己的语言创作一个剧本，然后小组推选出比较好的剧本，在小组长带领下集体打磨（也可以请语文老师指导），编排并演出话剧。

五、第五阶段：思辨（批判性）专题创作

阅读形式：以写促读。

阅读内容：《活着》整本书。

助读方式：在语文教师的引导下，借助图书馆资源、网络资源查找相关文献。

阅读目标：对小说中的环境、人物形象、主题、艺术特色等进行思辨性思维下的个性化解读，以达到更加深入理解文本的目的。通过文献查找，初步培养高二学生的学术意识与精神。

阅读任务：就自己最感兴趣或有最深感受的一个方面，写一篇评论性文章。

【思辨镜头】

师：上周末，同学们都按照要求从三个题目中任选一个写了文章，各小组对每位同学的作品进行初评，并推荐出了各小组的最佳作文，下面我们就来看第一小组推荐的作文《福贵写给春生的信》（学生展示作文），其他小组同学看完后请发表你们的意见，可以点评、可以质疑，也可以肯定，但都要有依据、有理由。

一个人命再大，要是自己想死，那就怎么也活不了。其实这个混乱的社会才是罪魁祸首，它有太多的艰苦和磨难需要我们去承受。但，我希望，你能兑现你活下去的承诺。不为别人，而是为了你自己。

春生，一路走好！

生：老师，我认为这一段话有点生硬。

师：为什么有这种感觉呢？你能说说理由吗？

生：我也说不出具体的理由，但读着感觉有一点别扭。（生笑）

师：其他同学呢？对这一段话感觉如何？

生：我也认为不太恰当，感觉以福贵的文化素养应该说不出这样的话。

师：你的这种认识是比较准确的，我们在以某个人的身份写给另一个人时，除了要特别注意人称的相应变化之外，还应该思考这个人本身的身份地位、性格特征、文化修养等，他的话要符合他这个人。看来同学们还是能认识到作文语言要得体，只是还停留在一些感性的认识上，还没有总结成规律。

师：下面我们来看第二组同学的作品，他们的文章标题是《致家珍》。

还记得我第一次见你时，你一身月白色的旗袍，提着一盏小煤油灯，你一扭一扭地走过来，高跟鞋踩在石板路上，滴滴答答，像是走进了我的心……

你头发白了，眼睛也变得浑浊了，腿脚也不利索了，你也开始犯糊涂，但你在我心中依旧那么美丽，大方，可爱。家珍，遇见你是我人生最大的幸福。

但是家珍，如果这辈子能够重来，我希望你从未遇见过我。

生：我觉得他们的作品也存在刚才的问题，福贵没有这么文艺吧。我认为最后一段写得不对，福贵应该很喜欢家珍才对。他怎么会后悔认识她呢？

师：其他同学呢，有什么想说的？

生：我的感觉与前面这位同学刚好相反，我觉得最后一句写得最好、最深情，因为这样写，正是说明福贵对家珍的爱太深了，他觉得这一辈子他带给家珍的全是不幸，与其这样，还不如当初没有认识她，也不会害她这么惨，我认为这是很真实的。

师：说得真好，都说刻骨铭心的爱是渴望生生世世在一起。而这个小组的同学却突破这种常规，告诉我们，最好的爱其实是成全！福贵觉得是自己误了家珍一生，因此他反而希望从未遇见过家珍，来成全她更美好幸福的人生。记得我曾经给你们讲过欣赏文学作品时，要特别关注这些不合常理的地方，有些时候有些文字看似反逻辑，其实最有情味，最值得我们品味。

师：下面我们请第三组同学展示他们的作品。

读完整部小说，我发现，小说里描写最多的恐怕就是死亡了，福贵爹、妈，有庆，凤霞，家珍，二喜，苦根，家人接连不断地离世。而且作家把小说里人物的死大多写成非正常死亡，除了福贵的父亲、母亲、妻子家珍的死存在合理的因素，其他人物的死亡无不出于偶然：儿子有庆死于抽血过多，女儿凤霞死于生孩子，女婿二喜死于建筑事故，这些既给人物带来巨大打击，也给读者出乎意料的震撼。余华把死亡事件镶嵌在日常琐碎的生活里，放大了"苦难"的广度和深度，同时也放大了人物身上所具有的闪光的精神力量。

　　师：看来第三组同学主要想探讨作品的主题，同学们读完后有什么感想呢？

　　生：余华在自序中谈到"人是为活着本身而活着的，而不是为了活着之外的任何事物所活着"，我认为他想通过这部小说来写"人对苦难的承受能力，对世界的乐观态度"。

　　生：我查过资料，评论家邓晓芒说他历来把这篇小说看作对人生残酷现实的深沉的反思，以及对福贵式的人生态度的悲悯和无奈，他认为这部小说写我们友善地对待世界，没有一句抱怨的话，不是由于我们的乐观态度，而是因为我们对世界的抱怨在这种生命之大悲悯面前太微不足道、太渺小了。

　　生：我不同意前面两个同学的观点，我从作品中读出来的更多的是一种爱，是爱让福贵面对每位亲人的离去还能够坚持活下去，他觉得只有自己好好地活下去才是对家人最好的报答。

　　师：同学们的理解各有道理，虽然我个人更赞同关于"爱"的理解。我们在读文章时一定要"会质疑、重实证、讲逻辑"，我们阅读文学作品时一定要问自己"我读出了什么？是不是这样？""还有没有更好的理解？这样的理解在文本里有没有依据？""作者是不是想表达这样的观点？他是如何表达的？"等，唯有经过这样的理解、比较、辨析、考证、取舍和重新建构的思考过程，我们才能从感性上升到理性，才能合理地解读文本的意义。

【教学反思】

　　此次《活着》整本书阅读，我们根据不同的阅读目的设计不同的阅读方式和方法。第一遍综合原始阅读、略读与浏览的方法阅读整本书，梳理故事情节；第二遍采用以写促读的方法帮助学生精读、深读，把握故事中几位典型人物形象；第三次细读，让学生从印象最深的故事情节、人物、场景、语言等方面入手，反复阅读品味，深入探究，进一步感受、欣赏人物形象，探究人物的精神世界，体会小说的主旨。学生在阅读的同时，教师相继补充关于余华其人、其他名家对《活着》的赏析性作品，阅读与《活着》相关的资料，了解《活着》的学术思想及学术价值。通过对文本的反复精读和思考，探究《活着》的语言和叙事风格。此外，我们希望学生能结合自身体验，深入理解作品；从作品中汲取营养，丰富自己的精神世界，逐步形成正确的世界观、人生观和价值观。用自己的语言创作一个剧本，然后小组推选出比较好的剧本，集体打磨、编排并演出话剧。其中有好几个小组选择了矛盾集中的"有庆之死"这一段来集中展现人物形象。多文体、多形式的综合，进一步通过写、演的方式来促进学生对文本的深入思考。

最后，我们鼓励学生自主搜集关于《活着》的相关文献资料，完成专题评论。在整本书阅读教学中，批判性思维的运用显得尤其重要，而学术性写作就是常用的教学检测手段，特别是阶段性检测和终结性检测，能在总体上反映出学生真实的阅读与理解状况。我们在学生作业中看见有论时代环境的，有论语言特色的，有对死亡进行分析的，有对女性形象、男性形象进行分析的。不过这些文章大都还比较粗浅，搜索资料的途径更多来自网络。在下一步研究中，我们打算教学生一些搜集与梳理文献资料的方法，并给学生提供一些参考资料，这对高二学生的学术意识与精神培养很有必要。

通过本次的阅读指导，不仅促进了学生的阅读习惯优化，同时也深感教师在批判性思维培养和整本书阅读中起着重要作用。第一，教师对于文本的选择要综合各种因素充分考虑，既要考虑学生喜欢的文体样式又要选择可读性强、艺术价值高的作品，还要根据学生的阅读时间来选择适宜的文本。第二，教师首先要成为文本阅读的精读者、细读者，熟悉故事情节，深挖人物形象，对书本的叙事艺术、语言特点等进行广泛深入的解读。只有教师对文本及文本背后的东西进行更多的挖掘和理解，才能给予学生恰切的指导和启发。第三，对学生进行批判性思维培养和整本书阅读指导的关键在于如何引导学生进行阅读，巧妙设置思考题，创设有价值的学习任务来激发学生的阅读欲望和参与热情。有价值的教学实践活动能够调动学生的情绪、保证思维效率、提高整本书教学效果。同时，学习任务的设置要基于学生已有的阅读实际和经验，问题设置要有思维梯度，能培养和提升学生的思辨能力、创新能力。在教学中要鼓励学生主动质疑，让学生学会发现问题，并在同学和教师的帮助下积极进行问题分析，最终实现问题的解决。总之，整本书的阅读应在教师的引导下，以提高学生语文核心素养为要，充分发挥学生主体作用。

【观课者说】

"以笑的方式哭，在死亡的伴随下活着"，是余华《活着》给我们的重要体认。"活着"，仅仅因为活着，用"活着"对抗死亡，笑对苦难，福贵精神给人以顽强、隐忍的审美体验，让读者唏嘘嗟叹，甚至拥有一种"沉默地流泪"的魅力。

理解是人存在的家园，一个人的精神发育史就是他的阅读史，甚至有"一个民族的精神境界取决于这个民族的阅读水平"的阅读观点。在 1941 年，叶圣陶先生在《论中学国文课程标准的修订》一书中提出了整本书阅读的观点，后也因其能为学生提供更加广阔的思维"疆域"，让学生的阅读有了更加完整的生命意义而被尊崇和效法。在《普通高中语文课程标准（2017 年版）》中，也将整本书阅读作为学习任务群单独列出，让阅读教学从说教、灌输向启发、引导、体验、感悟转化，让阅读成为注重互动，注重对话，注重生命轨迹相交的生命历程，借以培养学生"多维思考"和"融通世界"的能力。

这篇白兰老师和熊梅老师的有关《活着》的教学案例，将充满思想内涵、人生意义的经典名著和整本书阅读有机地结合了起来。教学目的高瞻，教学思路清晰，教学内容澄澈充盈，用语文人特有的眼光去审视和考量小说，对其进行解构、重构、加工和改造，巧妙的任务设计助推了生本"共同体"的交流分享和质疑探究，既有语言建构，也有思维提升，案例根植于小说特有的情节趣味和独特的人物形象，情节领读、方法引读、活动促读，最后实现多维对话。在巧妙而又到位的阅读指导下，创设阅读情境，将课堂的主体交给学生，指向学生的语文核心素养的培养，很好地解决了浅与深的矛盾，消解了阅读教学功利化、肤浅化、碎片化的问题。

阅读是读者对文本的理解过程，充分挖掘"潜文本"的涵养意义，在同化和顺应中，不断地改变和构建自我独特的思维方式和意义世界。在这个案例中，我认为做得最好的，一是"整本书"，二是"阅读"，三是学生高阶思维品质的培养。

案例牢牢抓住整本书，着眼整体，高屋建瓴，加强语言建构，在"读、写、议、演、批"中挖掘文本的意义，与文本多重多次对话，厘清情节，咀嚼人物形象，在有语文味的动态过程中开阔视野，触摸人性，构建阅读意义，涵养学生的精神品质。我们知道，阅读素养的提升，阅读思维的培养，阅读自我意义的完成，都需要读。教学中，两位老师很好地做到了让学生在阅读中阅读方法，发展阅读能力；后面的提升思维，挖掘认知深度，又使文本意义在学生阅读交流和有深度的思考中生长和成长，探究创新和批判性阅读都指向了学生高阶思维的培养。

　　语文阅读文本中有较多的缄默知识，这是阅读的难点，也因为这样，文本也就能对学生个性化和创造性等素质的提升提供语言支撑。整本书阅读更能在多样化、个性化的意义生成和意义创造中进行语言的精神建构。如果能让学生通过小说在生命的真实体验过程中去寻求更有意义的"为尘沙打磨的灵魂"，去领悟"鲜活生命在死亡重击下的残酷承担和温情救赎"，去领悟不可抗拒的苦难里有着荒诞和冷酷，更有着顽强和高尚，对绝望和卑微却有着"笑着活下去"的生存意识，关照自身，领悟尊严、磨砺和超越后拥有意气风发的、别样的生命样态，或许，学生在《活着》的整本书阅读中会有不一样的惊喜和感动。

（成都市新都第一中学校　刘海波）

开启理性探索之旅
——《乡土中国》整本书阅读指导起始课教学案例

四川师范大学附属中学　罗　俊

【设计意图】

本校高一学生参与的一项阅读现状问卷调查显示：阅读内容方面，学生有一定的阅读量，但文体多集中在散文、小说等文学类文本，论述类文本、学术类文本很少涉猎；阅读状态方面，碎片式阅读、肤浅阅读较多，整本书阅读、深度阅读相对较少；思维能力方面，感受能力强，理性思考能力较弱，尤其是批判性思维能力不足。教育要培养全面发展的人，需要提升学生的形象思维能力，也需要发展逻辑思维能力，增强思维的深刻性、敏捷性、灵活性、批判性和独创性。作为语文教师，有责任在高一起始年级加强阅读教学，帮助学生提升阅读质量，逐渐建立理性思维模式，发展深度阅读能力。因此，在充分考虑学生阅读能力和思维能力现状的前提下，我决定通过《乡土中国》的整本书阅读指导实现对学生阅读内容的选择和方法的指导。

《乡土中国》是费孝通先生撰写的一部研究中国农村的学术著作，由14篇文章组成，涉及乡土社会人文环境、传统社会结构、权力分配、道德体系、法礼、血缘地缘等方面。全书篇幅较短，语言流畅，浅显易懂，阅读难度较小，内容较有趣味。作为统编版教材规定的整本书阅读文本，以此为依托给予学生有效的阅读指导，有助于引导学生认识中国基层社会，增强理性思辨精神，实现阅读品质的提升。本节课是《乡土中国》整本书阅读系列指导课的第一节，其教学目的是通过对关键概念的理解、写作思路的梳理等阅读指导，打消学生对学术类文本的畏难情绪，激发学生阅读的兴趣，掌握阅读的有效方法，促进良好阅读习惯的养成和理性思辨意识的提升。

【教学简案】

教学目标：
1. 感受文本魅力，总结基本的阅读方法。
2. 批判接受观点，养成独立思考的习惯。

教学对象：

四川师范大学附属中学高一七班学生。

教学过程：

一、导入新课，鼓励发言

教师导入新课，鼓励学生积极踊跃发言。

二、讨论交流，激发兴趣

活动：师生分享阅读体会，重点在阅读本书时的兴趣点。

总结：保持对生活的好奇心，涉猎各式文本、内容的阅读材料，如此方能收获更多。

三、问卷调查，总结阅读障碍

呈现学生问卷调查结果，阅读难点：一是概念难懂，二是逻辑复杂。

四、寻求突破，解决问题

1. 击破"概念"，获取阅读工具。

以《差序格局》为例，读懂"差序格局"和"自我主义"两个概念。

活动：用简要的语言陈述"差序格局"的概念，并总结能理解该概念的原因。

总结：与作者对话，感受作者用心。使用比喻、对比等多种手法，降低理解难度。

2. 圈点勾画，梳理《差序格局》写作思路。

活动一：梳理文章脉络，理清文章逻辑结构。

活动二：总结方法，掌握阅读学术类文本的基本方法。

总结：勾画关键词句、制作思维导图、辨析核心概念与次要概念等都是阅读学术类文本的方法。

五、收获感悟，批判接受文本思想

1. 总结收获，明确阅读的价值。

活动：学生畅谈阅读本书的收获。

总结：有助于理解生活中的现象，了解乡土文化的内涵；有助于建立严密的逻辑思维能力，辩证分析问题；有助于学习写作的方法，更加注重结构和思路的清晰等。

2. 批判质疑，体会思维的乐趣。

活动：拓展阅读沈从文先生的散文《中国人的病》，从社会学以外的角度解释乡土现象。

总结：阅读的价值绝不仅在接受，更在于思考和质疑。文本提供的不仅是信息，更是一种思维角度和思考方向。文本只是阅读的起点，理性地思考才是阅读的终点。

六、后期安排：问题聚焦，深度阅读

1. 再读文本，绘制思维导图。
2. 问题切入，再次深度阅读。

【思辨镜头】

镜头一：交流互动，激发学生阅读兴趣

师：我统计了同学们在"初读《乡土中国》，你是否有阅读兴趣？"这个问题的选项，绝大多数同学选择了"有点兴趣"这个选项，现在请大家来分享这个"点"具体指什么？

生A：因为我对政治和历史方面的内容比较感兴趣。

生B：因为看到"乡土"这两个字，我平时比较喜欢阅读关于乡土人情的散文。我就想知道这种论述类文本对"乡土"的解读。

生C：我看过《狼图腾》，里面比较过中国文化和蒙古文化，说蒙古文化和中国乡土文化有一些区别，我就一直很好奇什么是中国乡土文化。

师：刚刚几位同学的"点"虽然都不一样，但是都源于一种相同的情绪，那就是好奇。而好奇正是我们通向未知领域的非常重要的一种情绪。希望同学们能在生活中，在学习中，在阅读的当下，保持好奇心，保持旺盛的求知欲，保持开放的心态，保持独立的思考，在阅读中拓展自己的认知。

总结：这个交流的过程，既肯定了学生的充分表达，也是对学生的激励和引导。阅读兴趣的培养，是阅读教学的基础。

镜头二：畅谈阅读收获，实现班级阅读效益最大化

师：刚刚我们解决了阅读本书的两个难点，接下来我想请同学们交流一下你的阅读收获。读完《乡土中国》，你最大的收获是什么呢？

生A：塑造了我的部分价值观，读完这本书可以让我认识到哪些行为是正确的，哪些行为是错误的。

生B：丰富了我的认知内容，比如，我觉得最后一篇《从欲望到需要》就

是对叔本华哲学的一种补充，加深了我对哲学思想的认知。

生C：我觉得我可以借鉴他的写作方法，学到了要怎样把一个道理讲清楚，或者是去分析一个现象产生的原因。

师：同学们都谈到了读完本书的一些收获，或是有助于学习，或是有助于生活，或是有助于认知。那我想请同学们继续思考，我们阅读的最终目的就是接受吗？

生D：我觉得我们应该辩证地看待这本书，如《男女有别》这篇文章提到的某些观点我就不太认同。

师：我们不仅应该抱着一种接受新知的心态来阅读，我们更应该具有质疑和思考的习惯。我们读它不仅是获得新知，更应该收获的是一种思维方式。现在大家补充阅读沈从文的《中国人的病》，思考作者是从哪个角度分析中国人"私"的原因的？它和《差序格局》的内容有何异同？

总结：抓住学生批判性思维的闪光点，补充拓展，有助于在比较中养成并强化批判性思维习惯。

镜头三：后期安排，再次深度阅读，感受思维的乐趣

时间	阅读内容	问题聚焦
12月2日— 12月8日	《重刊序言》—— 《系维着私人的道德》	(1)为什么要用"土气"形容乡下人？ (2)我们应该如何衡量"聪明"和"愚笨"？ (3)《文字下乡》和《再论文字下乡》分别是从哪两个维度探讨文字下乡的？ (4)《差序格局》一文里，作者是怎么阐释中国人"私"的原因的？
12月9日— 12月15日	《家族》——《无为政治》	(1)"春运"是中国特有的现象，请在《家族》一文中找出产生这种现象的文化原因。 (2)"礼治"和"法治"的区别是什么？ (3)当我们在生活中与他人有纠纷时，一般会通过什么方式来解决？《无讼》中，作者是怎么讲的？ (4)"权力之所以诱人，最主要是经济利益。"你是否同意？

续表

时间	阅读内容	问题聚焦
12月16日— 12月22日	《长老统治》—— 《后记》	(1) 你是否困惑过，在英语中 sister、brother 是分不出年龄大小的，《长老统治》一文，是如何分析这种中英文差异的文化原因的？ (2)《血缘和地缘》一文中说，商业是在血缘之外发展的。你有没有观察到这种现象？看看本文是如何解释这一现象的。 (3) 你在选择食物时，是因为好吃而选择，还是因为营养、健康而选择？《从欲望到需要》告诉你这个看似不起眼的选择，与整个社会秩序还存在着关系。

总结：通过示范引领，使学生带着问题阅读，带着质疑再读，整本书阅读成为走向深度阅读、提升理性思辨能力的有效路径。

【教学反思】

《乡土中国》整本书阅读指导是一次尝试。教学内容的选择和过程同等重要。教学是一门双向艺术，学生的主体地位决定了教师的教学内容和过程必须考虑受众的特点，而教学目标的实现在很大程度上取决于学生的已有状态。教学时，我以课前的"学生阅读情况"为设计依据，教学内容和设计充分考虑学生的阅读思维现状，真实的学情让这一节阅读指导起始课能有的放矢。

如何充分体现教学的过程性，使教学呈现问题现场生成、现场解决的特点？本次授课我有两点经验的总结：一是突出学生在课堂的主体地位，以学生的困惑、感悟、收获、思考作为教学核心内容。本堂课中，我有意给予学生更多的鼓励、引导、总结，给学生问题生成的时间，也给学生思考解决问题的空间，教师的问题预设，促进了教学过程的有序推进。二是要尊重思维层次的逻辑顺序和能力顺序，批判性思维能力的培养不是凭空而造，更不应该是空中楼阁，批判质疑的前提是真实的阅读和准确的理解。课堂中我也正是这样安排的，读懂文本，思考文本，质疑文本，聚焦学生真实的问题，以问题为核心，设置情境引导学生积极思考，并在表达的过程中自我完善，循序渐进，学生的信息筛选能力、理解能力、分析能力、评价能力、探究能力都能得到相应的提高。

总体而言，本节课学生反馈及时踊跃，教师尊重学生的思考，带动了全班学生思维的发展。不过，教学始终是一门遗憾的艺术，个人以为这节课最大的遗憾有两点：一是课堂重心后移和课堂时长的矛盾。因为课堂时间限制的问题，有些思考只能浅尝辄止。如在本节课中，当学生提及文本内容与叔本华哲学的区别，提到乡土社会和浮士德社会的选择时，若能就此再深入探讨，想必学生的收获将会更丰富。二是课堂中学生探究活动偏少。语文学习的过程应该成为积极主动探索未知领域的过程，本节课可能存在部分学生没有投入积极的思考中的问题。

批判性思维能力在语文课堂中已是一个屡见不鲜的概念，如何去践行这个概念，将批判性思维的品质和能力根植于学生的内心，是我们语文教师应该思考的问题。整本书阅读教学的尝试无法改变课堂的时间，但可以增加课堂的深度。如此，便有积极的意义。

【观课者说】

整本书阅读教学内容复杂，常见的课型有起始课、梳理课、思辨课、分享课等，罗俊老师这堂整本书阅读指导起始课，精心的设计，巧妙的问答，活跃的氛围，点亮了学生心中阅读的那盏灯，灯火荧荧，润泽心灵。这节整本书阅读起始课在以下几个方面可圈可点。

一、尊重学生原始阅读体验，突破整本书阅读难点

从阅读现状的问卷调查反馈来看，大部分学生表示对《乡土中国》这本书"有点兴趣"，教师尊重学生最初的阅读感受，让学生说出"有点兴趣"的"点"具体指什么，风趣幽默，拉近了与学生的距离，也激发了学生的阅读兴趣。接着教师从学生的阅读难点出发，一是概念难懂，二是逻辑复杂。重点解决"差序格局"和"自我主义"两个概念后，指导学生梳理文章脉络，厘清文章逻辑结构，同时总结方法，掌握阅读学术类文本的基本方法。从学生的需求出发，将阅读落实到了实处，学生收获了相应的阅读知识，同时也突破了阅读障碍，从"有点兴趣"到愿意"深入阅读"，这些改变都是有意义的，也是整本书阅读起始课的收获。

二、讲求整本书阅读效益，局部点拨带动整体阅读

《乡土中国》全书由14篇文章组成，起始课不可能一一讲解到位。罗俊老师采用了以点带面的方法，以《差序格局》一章为例，破解难懂的概念，厘清文章叙述思路，然后比较阅读沈从文的《中国人的病》，思考作者是从哪个角度分析中国人"私"的原因的？它和《差序格局》的内容有何异同？在师生共同探讨的过程中，总结阅读学术类文本的方法，如勾画关键词句，制作思维导图，辨析核心概念与次要概念等，以局部点拨带动整体阅读，用阅读《差序格

局》一章的方法阅读其他篇章。接着教师用表格的形式为学生提供了深度阅读的后期安排，并用"问题聚焦"引导学生阅读思考，培养学生的批判思维，实现阅读效益的最大化。

三、遵循学生思维发展规律，培养学生批判思维习惯

真正的课堂一定是能够看到学生思维变化的课堂，充满惊喜的课堂。这节课根据学生的思维层级的发展特点，由浅入深地设计了"读懂文本，思考文本，质疑文本"三个层级，着力培养学生的批判思辨习惯。这节课的两个闪光点：一个是学生学会用辩证的角度去接受和质疑《乡土中国》的其他篇章内容，如《男女有别》一章；另一个是学生能跳出《乡土中国》的范畴，从社会学以外的角度解释乡土现象，并能结合"叔本华哲学""浮士德社会"等进行思考。整节课的容量很大，在教学过程中教师有意识地培养学生信息筛选能力、理解能力、分析能力、评价能力、探究能力等，这也有助于学生的批判性思维习惯的养成。

当然这节课亦存在有待完善之处。起始课如果仅定位在激发兴趣，那么对于整本书阅读的指导意义就减弱了。起始课解决了阅读兴趣和阅读规划的问题，还应该思考如何将阅读引向深入的问题，为未来的专题阅读交流、有价值的思辨探究指明方向。另外，教学过程中有几处学生批判性思维闪光点未能很好地利用，如学生提及"叔本华哲学""浮士德社会"时，教师用没有追问学生为什么会有此想法，未能引导学生深入探讨。真实的课堂一定会有遗憾，这种遗憾也为我们未来的努力提供了方向。

（四川师范大学附属中学　张　俐）

品《论语》,说"孝道"
——"《论语》之孝"教学案例

成都市田家炳中学 孙阳菊

【设计意图】

《普通高中语文课程标准(2017年版2020年修订)》指出,"整本书阅读与研讨"要通过整本书的阅读,拓展阅读视野,建构阅读整本书的经验,形成适合自己的读书方法,促进学生对中华优秀传统文化的深入学习和思考;而"中华传统文化经典研习"则需要引导学生通过阅读中华传统文化经典作品,增进对中华优秀传统文化的理解,提升对中华民族文化的认同感、自豪感,增强文化自信,更好地继承和弘扬中华优秀传统文化。《论语》作为儒家经典、高一学生的必读名著,可以说是通过整本书阅读实施传统文化教育的最好载体之一。

《论语》全书共20篇492章,较为集中地体现了孔子及儒家学派的政治主张、伦理思想、道德观念及教育原则等。孔子的思想已沉淀为中国人的一种深层文化心理,但作为语录体散文,《论语》客观上呈现出思想与内容较为分散的特点,学生阅读有一定的难度。如何实现《论语》整本书阅读呢?分类梳理,集中研讨,不失为一种有效路径。为此,我们从孝敬之道、仁爱之道、治世之道、忠恕之道、中庸之道、教育之道、学习之道、交友之道8个维度展开学习,以此走进孔子的哲学思想。

本节课即以"孝敬之道"为主题的《论语》专题学习。"孝"在中华文化中具有重要地位,"孝"向内求就是内心的敬,向外求就是责任与担当,不仅体现在父母与子女关系上,还表现在为政实践、秩序建构中。《论语》中的"孝"既呈现出中国文化的恒久魅力,也有着一定的历史局限性和片面性。因此,我们需要用一种辩证的思维来审视《论语》中的"孝",批判继承"孝"之精华,从而使中华优秀传统文化得到更好的弘扬。以上,即为本节课的根本出发点。

【教学简案】

教学目标：
思辨领悟《论语》中"孝"的内涵，能批判性审视和传承"孝"文化。

教学对象：
成都市田家炳中学高中一年级学生

教学流程：

一、课前预习，提出"孝"之问题

任务： 学生自主阅读，摘抄理解《论语》中关于"孝"的章节，教师根据摘抄，梳理典型篇章并印发给学生，供学生阅读。同时，观看关于"孝"的微课，就材料关于"孝"的论述，提出2~3个问题。

学生问题： ①什么是孝？为什么要行孝？②和颜悦色就一定是孝吗？孝是不是就是绝不能违背父母？侍奉父母只要做到礼数上的事就可以了吗？③怎样才可以做到真正的孝？

二、新课导入，探究"孝"之本真

教师在课件上展示"孝"字图形。

任务： 请猜猜这是什么字？这是哪种造字方法？本义是什么？

提示： 《说文解字》中指出，"孝，善事父母者。从老省，从子，子承老也"。

明确： 孝，会意字，"孝"由省略的"老"字和"子"字构成，本义为"善事父母者"。当父母年老体衰，行动不便，需要子女背着代步，表达子女的感恩、关怀之意，因此本义为孝顺。

三、读经悟道，领悟"孝"之内涵

任务： 自由诵读《论语》之"孝"学案，思考可以从哪些角度来思考"孝"的内涵，"孝"的内涵是什么？小组讨论交流展示，教师点拨。

下 编
案例与分析

1. 爱己。

子曰:"父母唯其疾之忧。"

小结:我们的身体、毛发、皮肤皆是源于父母,健康的身心是做人做事最基本的前提,我们必须珍惜与爱护。

2. 敬亲。

(1) 爱与顺。

子曰:"父在,观其志;父没,观其行,三年无改于父之道,可谓孝矣。"
子曰:"父母在,不远游,游必有方。"
子曰:"父母之年,不可不知也。一则以喜,一则以惧。"

小结:爱父母,就要顺父母之志,时常牵挂父母,及时行孝。

(2) 养与敬。

子游问孝。子曰:"今之孝者,是谓能养。至于犬马皆能有养;不敬,何以别乎?"

子曰:"色难。有事,弟子服其劳;有酒食,先生馔,曾是以为孝乎?"

子曰:"予之不仁也!子生三年,然后免于父母之怀。夫三年之丧,天下之通丧也。予也有三年之爱于其父母乎?"

小结:对父母要有尊敬的心。首先要有物质上的赡养,但这并不是真正的孝。孝是一种发自内心的真情流露,要对父母和颜悦色,父母去世后要守丧三年,追思怀念。父母的养育之恩深似海,子女应当以终生之爱、终生之敬来报答。

3. 利国。

(1) 爱众。

子曰:"弟子,入则孝,出则弟,谨而信,泛爱众,而亲仁。行有余力,则以学文。"

小结:孝顺爹娘,敬爱兄长,爱所有人,才是为仁之本、立德之基。只有做到仁者爱人,才能真正实现儒家所构想的"老者安之,朋友信之,少者怀之"的理想世界。

(2) 治国。

季康子问:"使民敬、忠以劝,如之何?"子曰:"临之以庄,则敬;孝慈,则忠;举善而教不能,则劝。"

明确：孔子认为，治国和治家是一个道理，以孝慈引导老百姓，老百姓就会忠于国君，因而主张"忠孝合一，移孝忠君"。

曾子曰："慎终，追远，民德归厚矣。"

明确：丧礼能慎重，祭祀能虔诚，社会风气就会趋于淳朴，老百姓品行趋于善良，形成忠厚的民德民风，社会就会稳定和谐。

有子曰："其为人也孝弟，而好犯上者，鲜矣；不好犯上，而好作乱者，未之有也。君子务本，本立而道生。孝弟也者，其为仁之本与？"

明确：孝顺父母，友爱兄弟，再推广到政治上去，国家政治要以孝为本，在家能尽孝道，当官也会对国君忠诚。士子行孝道，内合家族，外忠国君；国君行孝道，能给天下树立楷模，使万民臣服。

或谓孔子曰："子奚不为政？"子曰："《书》云：'孝乎惟孝，友于兄弟，施于有政。'是亦为政，奚其为为政？"

明确：孔子认为在家行孝即是为政，"齐家"即可"治国，平天下"。

小结：孔子主张孝悌治国，孝是立国之基，由爱亲到爱众，将孝由家庭推向社会，扩大为整个社会的道德规范，即孝道。孝道思想具体到国家层面就是"忠"。在中国历史上，许多封建统治者推崇"以孝治天下"，倡导家庭团结，社会和谐，这是利国利民的。

四、质疑反思，思辨"孝"之传承

讨论：在当今社会，我们学习《论语》之孝道，应该以怎样的态度来传承？请举例说明。

小结：对于传统文化中的"孝"，结合新时代特点，应取其精华，去其糟粕，有理性地弘扬孝道。

五、方法总结，归纳"孝"之文化

阅读方法：①梳理文本，质疑问难，求解求真；②读经悟道，理性分析，领悟内涵；③质疑反思，思辨明道，批判传承。

孝道传承：从小事做起，爱父母，爱国家，孝老爱亲，向上向善，用善言良行影响身边人，形成良好社会新风。

六、课后练习，表达"孝"之认识

任务：课后请针对《论语》里关于"孝"的论述，任选一个角度，运用批判性思维，展开探究，撰写一篇小论文。

参考资料：张无尽《〈论语〉孝内涵考释》、赵长河《名著阅读课的应然、实然和将然——张聪艺老师〈论语·孝〉阅读指导课感悟》、何宜蔚《浅谈〈论语〉之"孝"及其当代价值》。

【思辨镜头】

师：在当今社会，我们学习《论语》之孝道，应该以怎样的态度来传承？请举例说明。

生：身体发肤，受之父母。父母爱我们，养我们，我们要继承《论语》之孝道，爱父母，敬父母。但其中的坚守父母的遗志要一分为二地看。子曰："父在，观其志；父没，观其行；三年无改于父之道，可谓孝矣。"意思是说当父亲活着时，要看他本人的志向；父亲去世以后，就要考察他本人的具体行为了。如果长期坚持父亲生前那些正确的原则，就可以说是尽孝了。对于合理的部分，是值得坚守的，反之，则应该改变。一代更比一代强，这也是父亲和家族所希望的。

师：在孔子生活的那个时代，是家族治理，当父亲去世后，三年不改变，有利于家族的稳定，在今天要辩证地继承。对于其中不合理的部分，我们不必愚孝，只要我们的方向是符合孝道的、正确的，也就不一定要走父亲的路。

生：父母健在时，我们在物质上要赡养，精神上要敬重。父母不在时，要怀念父母。子曰："予之不仁也！子生三年，然后免于父母之怀。夫三年之丧，天下之通丧也。予也有三年之爱于其父母乎？"孔子认为要为父母守丧三年，这在当今快节奏的社会是行不通的，但他所提倡的对父母的养育之恩要常怀感恩之心，则是我们必须坚守的。

师：对父母的怀念最重要的是内化于心。

生：是的，我们敬父母，爱父母要内化于心，对于父母不正确的原则也要敢于指出来。子曰："事父母几谏，见志不从，又敬不违，劳而不怨。"当我们发现父母有不对的地方，要委婉地劝说他们，他们如果不接受提出的观点，也不能再冒犯了。我赞同孔子肯定长辈的权威，即使父母有不对，要委婉地劝说。但是，如果父母明明不正确，也不指出来，这是不对的。这种"欺瞒"的表现也谈不上"孝"。

师：对的，我赞同，要尊重父母，不违背父母的意志，但是要以事实为原则。其他同学怎么看呢？

生：人无完人，父母不对时，坚持指出来，事物就能朝着好的方向发展。叶公语孔子曰："吾党有直躬者，其父攘羊，而子证之。"孔子曰："吾党之直者异于是：父为子隐，子为父隐——直在其中矣。"当叶公与孔子谈论儿子告发父亲偷羊的事是正直的表现,孔子认为父亲为儿子隐瞒,儿子为父亲隐瞒,才是正直。这种无论谁做了坏事,都应该为彼此隐瞒,这是不对的。"孝"应以守法为前提。

师:是的,这一则就是崇尚所谓的"隐孝",是不可取的。当父母做错事时,我们应该大胆地指出来,这样正直、诚信、文明,良好的家风才会代代传,这才是真正的孝。同学们,用简单的语言总结一下,在新时代,我们应该如何传承《论语》之孝道?

生:取其精华,去其糟粕。

生:传承好的,完善不好的。

生:考虑其时代性,传承其精华。

师:是的,《论语》所反映的时代,孔子面临礼崩乐坏的混乱局面,伦理秩序和社会秩序都遭到了严重破坏,他要重建孝德,恢复传统的道德权威和秩序,有其特殊的时代性。我们对待传统孝道的传承需要辩证对待,爱自己,敬父母,感恩父母,但不唯父母,不唯教导,唯真理,唯理性,唯独立思考,让优良孝道代代传,"老吾老,以及人之老;幼吾幼,以及人之幼",共建和谐社会。

【教学反思】

该节课充分利用高中语文必修一必读经典《论语》,培养学生的批判性思维,以此丰厚学生的人文底蕴,培养科学精神。正如香港中文大学政治与行政学系教授周保松说:"没有这种独立的批判精神,学生就只会因循守旧,缺乏创造力和想象力,怯于挑战权威,更不会自我期许要承担起改革社会的重任。只有保守官僚的大学,才会害怕多元,并千方百计地将校园变成鸦雀无声一池死水。一所真正伟大的大学,不在于高楼,不在于大师,而在于学生,在于是否有能力培养出具独立精神和自由意识的知识人。"[①] 他道出了学校在学生批判精神培养中的重要价值。我从《论语》之孝为切入点,通过梳理文本,质疑问难,求解求真;读经悟道,理性分析,领悟内涵;质疑反思,思辨明道,批判传承等环节,开展阅读与表达,提升学生的理性思维水平,本节课体现了新课标理念,较好地完成了教学目标。

该课的教学立足于高中新课标中通过开展传统文化经典的整本书阅读,培养学生批判性思维这一理念,开展文本通读、主题阅读。

---

① 周保松. 走进生命的学问 [M]. 北京:生活·读书·新知三联书店,2017.

首先，课前通读，摘抄积累，初步感知；根据主题，重点阅读，质疑问难。学生自主阅读，摘抄理解《论语》中关于"孝"的章节，教师根据摘抄，梳理典型篇章并印发给学生，供学生重点阅读，提出问题。

其次，课堂开展以问题为导向的任务驱动教学，引导学生了解阅读主题的本真与内涵，培养洞察力。引导学生基于问题，从"孝"的内涵的不同维度总结出"孝"的思想核心，从爱己、敬亲、利国的维度紧扣文本，层层深入地挖掘"孝"的深刻内涵，让学生从感性到理性体悟"孝"的思想。

再次，课堂通过质疑反思，引导学生对阅读主题理性思辨，培养判断力与反省力。引导学生讨论，在当今社会，我们学习《论语》之孝道，应该以怎样的态度传承？对于传统文化中的"孝"，结合新时代特点，应取其精华——自爱、爱老、敬老；去其糟粕——愚孝、隐孝。引导学生不唯父母，不唯教导，唯真理，唯理性，唯独立思考，有理性地弘扬孝道。

最后，课后开展拓展阅读，通过研究，撰写小论文，培养创生力。让学生阅读关于"孝"的研究文章，撰写"孝"的小论文，形成关于"孝"的独特认识。

但是，本节课教学容量太大，诵读还不够，对"孝"含义的深度理解、对"行孝"社会价值的深度挖掘还不够。同时，因为使用新技术，构建交互式课堂，技术运用的娴熟程度、学生讨论的充分度也还需要改进。

【观课者说】

"夫孝，德之本也。""孝"在中国文化中源远流长，《诗经》里有"哀哀父母，生我劬劳"，唐诗里写"慈母手中线，游子身上衣"，著名哲学家黑格尔曾这样评价中国："中国纯粹建筑在这样一种道德的结合上，国家的特性便是客观的家庭孝敬。"[①] "百善孝为先"，孝文化作为中国传统伦理道德的重要组成部分，在中国社会有着不可取代的意义。批判地继承和弘扬孝文化，对培育当代中学生优秀的道德品质、增强社会责任感和思辨意识有着重要的作用。

"思接千载，视通万里。"阅读有助于关照自我内心，加强对世界的感知与体悟，如灯塔般提醒人在可能的危险面前及时转舵；整本书阅读更是扩展人生边界与思想领地，传承优秀文化、提升文明素养的重要途径。《论语》作为儒家文化的重要典籍，关于中国传统孝文化的论述早已融进中华民族的文化血脉。探究《论语》中的"孝"之道，对在现代社会冲击下的年轻一代有着重要

---

① 黑格尔. 历史哲学 [M]. 王造时，译. 上海：上海人民出版社，1990.

的启迪意义。然而，语录体的文本特质又让《论语》中的思想呈现碎片化特点，从散见各处的言行记录片段里搜寻、整理、探究关于"孝"的内容，让整本书阅读真正落地，无疑是一次有价值的尝试。

总体来看，本节课是以"孝敬之道"为主题的《论语》专题学习，孙阳菊老师化零为整，整合文本，以群文形式重新整合教学资源，以问题为先导，引导学生运用批判性思维，聚焦文本，联系现实，在课堂上高效展开师生对话、生生对话、生本对话，对《论语》中有关"孝"的内容进行了辩证地解读。为我们一线教师在课堂上如何进行专题教学，落实整本书阅读，弘扬中华优秀传统文化提供了很好的实操借鉴。

一、聚焦议题，提升思维

课堂以"孝"为议题，以核心问题"如何行孝"贯穿始终，课堂主要是通过"梳理文本—质疑问难—读经悟道—质疑反思—自省行道—批判表达"六个环节，引导学生在文本阅读与比对中辨明"孝"之内涵、探究"行孝"之因、研讨"行孝"之法、反省"行孝"之为、思辨"行孝"之道等，层层深入地引导学生学习"孝"、探究"孝"，学会行"孝"，推己及人。在整个教学中，对待中华传统文化的传承，教师有针对性地训练学生的批判性思维。

二、注重引导，以文化人

在教学中，执教者注意把对文字的领会、问题的探究与教师的点拨、追问融合起来，引导学生一步步地亲近文本，深入文本，达到以文化人的效果。例如，教师带领学生梳理《论语》中关于"孝"的论述，这是关于"孝"知识的积累；在阅读时引导学生对"孝"古汉语字词、文义进行梳理，这是对"孝"本真的溯源；组织学生探讨"孝"的内涵，这是对"孝"文化的思辨……通过课堂中的读、思、说、论、写等活动，有效引导学生感悟"孝"文化的精髓，也强调了对传统文化中的"孝"要结合新时代特点，去粗取精，理性地弘扬。

三、立足现实，内化意义

课堂要立足于真实的学情，注重学生的真实体验，本节课教师引导学生提出真实的问题，让学生在真实的问题情境中领会《论语》之"孝道"，并能联系现实，内化"孝道"之意义。教师引导学生从小我之"孝"，到大我之"孝"，联系生活体会、感受"孝"之美，行"孝"之美，让学生以此审视自我，反思自我，将孝行传递下去……教师进一步引导学生总结在现实生活中如何传承孝道：从小事做起，爱父母，爱国家，孝老爱亲，向上向善，用善言良行影响身边人，形成良好社会新风。

宋代杨万里《过松源晨炊漆公店》"政入万山围子里，一山放出一山拦"，是我观罢本课的一种感受。孙阳菊老师以核心问题"如何行孝"贯穿本课始终，议题聚焦，抽丝剥茧，层层深入，如车行万里，不离初衷。课堂教学中"生本"主体地位凸显，去粗取精，客观审视"孝"文化的传统价值和历史局限性，引导学生结合时代特点，厚植家国情怀，将传统经典作为化育天下之文化阵地，可谓用意深远。当然，"文似看山不喜平""于无声处有惊雷"，行云流水般的流畅背后，是否还应该有适当的滞涩甚至卡顿呢？如果能再多生成一些更有难度的提问，或许我们更能收获"行到水穷处，坐看云起时"的惊喜。

（四川省简阳中学　彭建）

"钗黛合一"话《红楼》
——《红楼梦》中钗黛形象对比探究教学案例

成都市田家炳中学　何佳忆

【设计意图】

经典的魅力是无穷的,《红楼梦》犹如一个巨大的谜语,百年难解,多少人为之殚精竭虑,苦乐其中。教师应该如何引导学生深入阅读,体味其中的妙处呢?怎样在阅读过程中发掘小说文本的隐喻性和开放性呢?我们决定以宝钗和黛玉二人形象为突破口,通过对比分析、赏析评价,管中窥豹而见一斑,将学生带入《红楼梦》中,让学生情不自禁地去思索,去挖掘,去探求。在思维方法层面,则考虑以"批判性思维"为指导,对《红楼梦》的内蕴进行深度探寻。

就当前国内外的研究看,众多专家学者都关注到学生批判性思维的培养。《礼记·中庸》云:"博学之,审问之,慎思之,明辨之,笃行之。"慎思明辨,是中国古人探寻真知的必经之途。这和当代运用解释、分析、评估、推论、说明、自我调控等能力的批判性思维在内涵上是相通的。批判性思维的培养,既有中国传统文化的渊源,也与现代社会培养具有理性精神、推断探究能力的公民素养契合。在学习经典作品的过程中渗透批判性思维,对于培养现代中学生的科学理性精神、质疑探究能力具有积极的意义。

基于此,我在本校高二年级进行了传统经典作品的再解读,开启了一场运用批判性思维的发现之旅。

【教学简案】

教学目标:
1. 尝试概括并初步评价钗黛形象,质疑反思,使学生生成有意义的发现。
2. 讨论"钗黛合一"之谜,探讨小说主旨,发展批判性思维品质和能力。

教学对象：
成都市田家炳中学高中二年级学生。

教学流程：

一、准备环节

1. 学生暑假通读《红楼梦》，制作阅读小报；开学利用语文课和自习时间，聚焦钗黛形象，在教师指导下重点细读小说第 3、5、8、23、26、27、34、37、38、42、45、97 回。

2. 组织学生观看相关影像视频资料，阅读相关评论文章，如刘心武《"红楼"金陵十二钗之薛宝钗指婚谜》、周汝昌《黛玉之死》、张爱玲《红楼梦魇（节选）》等。

3. 整理归纳宝钗、黛玉二人形象，形成文字资料，并填写表格。

			宝钗	黛玉
形象概括	优点	外貌		
		性格		
		才华		
	缺点			
我更喜欢＿＿	理由			
	依据			

二、歌曲导入——营造氛围

以歌曲《枉凝眉》的音乐短片导入课程内容，营造气氛，引起学生兴趣。

三、形象回顾——概括评价

1. 请黛玉组和宝钗组的学生上台，在黑板上分别用一些关键词概括两个人物的形象。

2. 十分钟自由发言环节。分成宝钗组、黛玉组、中立组，围绕"宝钗和黛玉，你更喜欢谁？"进行自由辩论，双方轮流发表意见，可丰富己方观点，也可驳斥对方观点。在这一环节中，教师要注意在黑板上记录下学生观点的关键词语。

四、比较分析——质疑反思

以几个问题，引导学生思考"钗黛合一"之谜的内容和意义。

1. 黛玉组讨论回答：第 3 回写到黛玉从小便有不足之症，三岁时有一个癞头和尚要化她出家，黛玉父母不从，和尚又提出若要黛玉病好，需得不许见哭声，不许见外姓亲友。那么假设黛玉听从了和尚的建议，后来的她会长成什么性子？

2. 宝钗组讨论回答：第7回中写到宝钗因从胎里带来一股热毒，后来吃了一种叫"冷香丸"的药才好了。请讨论回答，如果宝钗当初没有吃"冷香丸"，后来的她会长成什么性子？

3. 思考分析"钗黛合一"之谜：

（1）作者在《红楼梦》第5回写到书中众多女子的判词时，大多都为一人一首，但是作为主角的宝钗和黛玉却合用一首判词。

（2）脂砚斋评语：钗、玉名虽二个，人却一身，此幻笔也。

明确观点："钗黛合一"论：黛玉也许是没有吃过冷香丸的宝钗，宝钗也可能是听从了和尚建议的黛玉。黛玉和宝钗，她们是两个同样美好，同样真挚，同样聪慧的生命。之所以这两个人会在一首判词里，正是因为她们是一种美丽的两个角度，是一颗多慧的心灵开出的两朵花。

五、主题探究——推论阐释

1. 质疑：宝钗和黛玉在人生的转折点做出不同的选择，但是她们命运的结局又如何呢？

2. 研读材料，探究《红楼梦》主旨。

明确观点：洋洋洒洒一部《红楼梦》，就是为这一群美丽鲜活地生活过的女子谱的一曲悲歌，悲叹她们"千红一哭，万艳同悲"的命运，更是为她们唱的一曲赞歌，赞叹她们的美丽、才华、个性和如水一般纯净的灵魂。

【思辨镜头】

镜头一：辩论质疑

全班同学自由分成宝钗组、黛玉组、中立组，围绕"宝钗和黛玉，你更喜欢谁？"进行自由辩论。以下是几位同学的回答片段：

生1：我更喜欢宝钗，因为宝钗待人大度有礼，跟周围的人都能处好关系，大观园里的姐姐妹妹都很喜欢她，但黛玉说话不留情。

生2：我不赞同他的观点，他只看到黛玉性格中的缺陷，而忽略了造成黛玉这种性格的是父母双亡、寄人篱下的孤独感，当然也就看不到黛玉身上可贵的真性情了。

小结：这个环节学生发言热烈，有一些独到的见解，但个别学生的发言内容有些空洞，缺乏小说具体内容的支撑，教师应及时加以指导点拨，这一环节着重锻炼学生思考质疑的能力，但是一定要贯彻"不惮质疑、质疑有据"的原则。此外,大部分学生对钗黛形象的认识还停留在感性认识的阶段,是从自我的认知情感出发,选择符合自己认知模式与能引起自己情感共鸣的人物作为自己的维护对象,还不能运用理性的分析去认知这两个女性人物的形象特征。但是少部分学生在活动之初便显示出了比较明显的理性思维,比如,选择中立组的几位同学,就是觉得宝钗和黛玉都非常优秀,也都有缺点。这些都是学生个体差异性的体现,教师在引导的时候应给予充分的尊重,尊重学生的不同意见。鼓励学生表达自己的不同意见,也是培养学生批判性思维重要的一环。

镜头二:反思发现

学生在讨论"如果宝钗当初没有吃'冷香丸',后来的她会长成什么性子?"问题时反应热烈,部分片段记录如下:

生1:我觉得宝钗要是没有吃"冷香丸",估计就变成另一个黛玉了,像黛玉一样娇弱,一样多愁善感。

生2:我的看法不一样,我觉得宝钗即使不吃"冷香丸",除了身体会差一些之外,其余不会有太大变化,因为"冷香丸"改变的只是她的身体。

师:两位同学对同一个问题得出了完全不同的看法,分歧的关键在哪里?不吃"冷香丸"是不是受影响的只有身体呢?

生3:我曾经看过刘心武先生写的文章,里面提到作者之所以花了大量笔墨来写"冷香丸"的来历奇特和制作不易,主要是因为"冷香丸"不光是一种药,而是一种象征,宝钗从"胎里带来的一股热毒"实际也并不是什么病,而是人天生的对生命、对情感的一种热情,宝钗的这种热情被"冷香丸"压制了,她就变成了一个"任是无情也动人"的形象。因此,我觉得宝钗要是不吃"冷香丸"的话,受影响的绝对不只是她的身体,包括她的性格、情绪,甚至爱好都会发生变化。

师:那你觉得会发生什么变化呢?

生3:我也觉得可能会变得比较像黛玉,不过也说不准,宝钗比黛玉在人情世故上更为通透,也更有追求,她写过一句诗"好风凭借力,送我上青云",所以也许她会变得像王熙凤也说不定。

师:感谢这位同学,为我们提供了宝钗命运的另一种可能性,拓宽了我们的思路,而且她的观点能够从书中内容而来,这点非常可贵。

小结:该环节建立在上一环节学生对两位人物形象的感性认识基础上,旨在通过探讨"钗黛合一"之谜,让学生的认识从感性上升到理性,能更深层次地探寻《红楼梦》的主要人物形象特质及其内在的创作意图。学生既是在反思自己之前对钗黛形象认识的不足之处,同时通过思考"钗黛合一"的观点是否合理，能体现更具开放性和包容性、不懈质疑并理性求证的批判性思维品质。

【教学反思】

当传统经典文本碰撞上批判性思维，迸发出的火花便有了绚烂的光芒。这光芒里有同学们对于生命独特个性的追求。比如，在讨论完"钗黛合一"之谜后，有学生发出疑惑，我们对人的看法和评价是不是一定要上升到理性阶段，认为停留在感性阶段也很好，我们喜欢一个人、讨厌一个人，本来就是一种感觉。

学生提出了很多问题，有些问题我当时能给出合适的答案，有些问题我也无法完全解答，因为关于《红楼梦》，关于美，关于生命，永远也解答不完，有些问题更需要学生自己在生命的成长中慢慢去领悟。但是我知道，提出问题、思考问题，这本身便是批判性思维的种子在萌芽、在生长，正如这次课例，也是我有意识地利用课程素材培养学生的批判性思维，在这条路上，希望我和我的孩子们能够共同成长，成为具有求真意识、反思品质和开放精神的人。

【观课者说】

一、小角度切入读大名著，构思巧妙

《红楼梦》博大精深，何佳忆老师通过钗黛人物形象分析，引导学生理解小说的情感和主旨，小角度切入读名著，设计精巧。钗黛二人有不同的人生经历，同样的命运悲剧，洋洋洒洒一部《红楼梦》，就是为这一群美丽鲜活地生活过的女子谱的一曲悲歌，悲叹她们"千红一哭，万艳同悲"的命运；更是为她们唱的一曲赞歌，赞叹她们的美丽、才华、个性和如水一般纯净的灵魂。这一解读视角能使学生体会曹雪芹寄寓的真正情感。

二、真实的阅读、丰富的活动是思维发展的起点

研讨课之前，何佳忆老师设计了一系列《红楼梦》专题活动。首先阅读原著，制作阅读小报并交流展示。然后是聚焦钗黛形象，阅读重点章节，收集整理资料，撰写读书笔记。还有阅读相关评论文章，观看相关视频和电视剧节选等。正是这种舍得花时间和力气的真实阅读和丰富的活动，才有了课堂上思维火花的闪现。真实的阅读、丰富的活动是思维发展的起点。学生在与文本的遇合、交融中获取了关于人物的深刻印象，在分析评判人物形象、发表见解的过程中，便能用丰富的资料作为分析、辩论、推断的依据。背景材料丰富，逻辑推断才更有力量。

三、提供思维策略，贯穿思维训练

本课学生的思维活动比较充分，"形象回顾"把握钗黛形象，比较分析思考"钗黛合一"之谜的内容和意义，进而深入主旨探究，每个教学环节始终关注学生思维品质的训练和养成。如"形象回顾"，学生课前分别对宝钗、黛玉形象进行概括，在课堂上呈现结论，继而进行辩论：你更喜欢宝钗还是黛玉？这一环节体现出批判思维能力的综合运用，首先是分析概括形成自己的观点，并选择合理的论据支撑自己的观点。其次还要质疑评价别人的观点，包括对方的观点、论据、论证。最后反思修正自己的观点，生成新的认识。

四、搭建思维阶梯，启迪思维深入

从教师教学活动的角度观察，整堂课能通过有层次的问题设计，组成一个完整的、有思维梯度的课堂，引发学生更加深入地思考。何佳忆老师善于抓住作品的关键，激发学生深入探究的兴趣。例如，"形象回顾"环节，教师适时抛出一个问题"为何宝钗和黛玉要共用一首判词？"这个问题一下子抓住了学生的兴趣，启发学生深入思考。第二个环节探讨"钗黛合一"之谜，用意是指向最终的主旨探究，这个问题很有难度。为此，教师设计了两个小问题作为桥梁："假设黛玉听从了和尚的建议，后来的她会长成什么性子？""如果宝钗当初没有吃'冷香丸'，后来的她会长成什么性子？"问题的设计对后面的主旨探究起到了架桥搭梯子的作用，自然地完成了从人物形象到主题探究的过渡。

五、问题和建议

课堂中有基础思维能力素养的训练，但质疑、推论、求证等高阶思维训练有待进一步加强。如"形象回顾"环节，学生更多是关注自己的观点陈述，很少审视其他同学的观点与结论、论据及论证过程是否合理，所以课堂尚未形成更有价值的观点争鸣。对学生问题意识、质疑精神的培养还应加强。

（成都市田家炳中学　刘君梅）

读红楼，悟宝玉
——《红楼梦》整本书思辨阅读教学案例

成都七中嘉祥外国语学校 张 歆

【设计意图】

《普通高中语文课程标准（2017版）》在"发展逻辑思维"课程目标中提到，"运用批判性思维审视语言文字作品，探究和发现语言现象和文学现象，形成自己对语言和文学的认识"。《红楼梦》以其叙事之宏大、思想之深刻、人物之众多、谶语之丰富等因素，常令学生望而却步。

本课例尝试从主人公贾宝玉出发，梳理跟宝玉有关的主要故事情节，从不同角度批判性地审视众人对宝玉的不同评价，进而探究宝玉的人生追求和精神价值所在，为深度把握《红楼梦》的思想内容，提供一条有效路径。在实际的阅读中，许多学生在初读《红楼梦》后，对宝玉的认识是不够深刻的，要么肤浅地认为宝玉就是一个"花花公子""纨绔子弟"，要么人云亦云，认为宝玉是一个"具有叛逆、反封建精神"的人，而宝玉的"叛逆""反封建"精神从何体现，就不得而知了。整本书的思辨阅读，需要引导学生真实阅读、定点探寻，从熟知走向真知，从浅知走向深知，从局部的、片面的知晓走向辩证的、通透的理解和发现。本课例正是基于学生相对浅层、片面的前认知状态，通过引导学生回到书中进一步关联与整合阅读，帮助他们用发现、质疑和思辨的眼光再度审视众人对宝玉的评价，在真实的阅读中形成自己对宝玉其人和《红楼梦》主题的深刻认识与发现。

【教学简案】

教学目标：

1. 通过前置学习单的梳理，初步感知宝玉的人物形象。
2. 辨析书中众人及作者对宝玉的评价，多角度认识、理解宝玉形象。
3. 通过对宝玉人物形象的综合分析，理解《红楼梦》的主题。

教学对象：
成都七中嘉祥外国语学校高 2019 级学生。
教学流程：
一、环节一：前置学习

1. 通读阶段：学生通读《红楼梦》整本书，了解《红楼梦》的故事梗概，初步感知书中的人物形象，完成第一份前置学习单（通读版）。

2. 精读阶段：学生在任务引导下，精读有关宝玉的相关回目，对宝玉人物形象进行相关梳理，完成第二份前置学习单（精读版）。

二、环节二：课堂推进

1. 初读识宝玉。

在初步通读了《红楼梦》之后，请学生结合文本说说宝玉留给自己印象最深的一点。

点拨：其实对于宝玉，书中也有很多人对他做出了不同的评价，那么宝玉是否真是这些人评价中的样子呢？作者曹雪芹塑造宝玉形象的意图是什么？今天我们就走进《红楼梦》，走近贾宝玉。

2. 众人看宝玉。

（1）梳理书中众人对宝玉的评价内容，你有何质疑发现？

发现：众人对宝玉的评价分为褒贬两面。一方面，王夫人、贾敏、冷子兴、傅秋芳家的婆子等人用"疯""呆""傻"等词形容宝玉；另一方面，冷子兴、荣宁二公之魂、警幻仙子等人又用"天性聪慧""天分高明"等词形容宝玉。

（附前置学习单）

回目	评价人物	评价内容（关键词句）
第二回	冷子兴	淘气异常，但聪明乖觉，百个不及他一个
第三回	黛玉之母	顽劣异常，极恶读书，最喜在内帏厮混
第三回	王夫人	孽根祸胎，家里的"混世魔王"；疯疯傻傻
第五回	荣宁二公之魂	禀性乖张，生情怪谲，虽聪明灵慧，略可望成
第五回	警幻仙子	天分高明，性情颖慧
第三十五回	傅秋芳家婆子	外像好里头糊涂，中看不中吃的，果然竟有些呆气；千真万真的有些呆气
第六十六回	兴儿	成天家疯疯癫癫的，说的话人也不懂，干的事人也不知；外清而内浊

（2）结合文本，对宝玉的褒贬两种评价进行交流探讨：通过对文本的辨析，判断宝玉是否真的是众人口中的"疯""呆""傻"的形象？通过对评价人身份的辨析，思考为何众人对宝玉形成了褒贬两种评价？

3. 作者评宝玉。

从书中众人的评价、宝玉的言行可见宝玉的形象，那么作者曹雪芹如何评价宝玉呢？在第三回，宝玉第一次出场时，曹雪芹借"后人"之口，用两首《西江月》点出自己对宝玉的评价。

其一

无故寻愁觅恨，有时似傻如狂。纵然生得好皮囊，腹内原来草莽。
潦倒不通世务，愚顽怕读文章。行为偏僻性乖张，那管世人诽谤。

其二

富贵不知乐业，贫穷难耐凄凉。可怜辜负好韶光，于国于家无望。
天下无能第一，古今不肖无双。寄言纨绔与膏粱，莫效此儿形状。

对于这两首《西江月》到底是赞美宝玉还是批评宝玉，历来有不同的理解。你认为这两首《西江月》对宝玉是褒还是贬？这两首《西江月》寄寓了作者怎样的感情？

4. 课堂小结。

假作真时真亦假，我们从"贾宝玉"的形象出发，可窥探曹雪芹在书中表达的"真"的思想——宝玉对平等、自由、真善美的追求，以及自己对过去人生的反省与忏悔。关于《红楼梦》的人物形象和议题探究，还有很多值得我们辨析研讨的地方，让我们继续走进《红楼梦》整本书，用一生去阅读它吧。

【思辨镜头】

镜头一：宝玉是否真的是众人口中的"疯""呆""傻"的形象？

师：首先我们要明确，"疯""呆""傻"是别人对宝玉的主观评论。那么，他们评论的依据是什么？我们就以"傅秋芳家婆子"的评论为例。

这一个笑道："怪道有人说他们家宝玉是外像好里头糊涂，中看不中吃的，果然竟有些呆气。他自己烫了手，倒问人疼不疼，这可不是个呆子？"那一个又笑道："我前一回来，听见他家里许多人抱怨，千真万真的有些呆气。大雨淋得水鸡似的，他反告诉别人'下雨了，快避雨去罢。'你说可笑不可笑？时常没人在跟前，就自哭自笑的；看见燕子，就和燕子说话；河里看见了鱼，就和鱼说话；见了星星月亮，不是长吁短叹，就是咕咕哝哝的。且是连一点刚性

也没有，连那些毛丫头的气都受得。爱惜东西，连个线头儿都是好的；糟蹋起来，哪怕值千值万的都不管了。"（第三十五回）

结合书中情节，有同学知道这段话中提到的事件是什么吗？

生1：宝玉关怀玉钏儿是否被烫。（第三十五回）

生2：宝玉关心龄官画"蔷"时是否被雨淋（第三十回）

师：这就是被婆子评价为体现宝玉"呆气"的两件事。你从这两件事中看到一个怎样的宝玉形象？

生1：在宝玉关怀玉钏儿是否被烫一事中，书中是这样写的：

宝玉自己烫了手倒不觉得，却只管问玉钏儿："烫了哪里了？疼不疼？"玉钏儿和众人都笑了。玉钏儿道："你自己烫了，只管问我。"宝玉听说，方觉自己烫了。（第三十五回）

这里"只管"一词写出了宝玉对玉钏儿的关心和爱护，"方觉"写出宝玉关心玉钏儿甚于自己，待到玉钏儿无碍以后，才发现原来是自己受伤了。

生2：在宝玉关心龄官是否被雨淋一事中，书中是这样描写宝玉的心理的：

（1）心里却想："这女孩子一定有什么说不出来的大心事，才这么个形景。外面既是这个形景，心里不知怎么熬煎。看他的模样儿这般单薄，心里哪里还搁得住熬煎。可恨我不能替你分些过来。"

（2）宝玉想道："这时下雨。他这个身子，如何禁得骤雨一激！"

（3）（龄官）因笑道："多谢姐姐提醒了我！难道姐姐在外头有什么遮雨的？"一句提醒了宝玉，"嗳哟"了一声，才觉得浑身冰凉。低头一看，自己身上也都湿了。（第三十回）

宝玉看龄官反复画蔷，心疼她心里受着煎熬，想为她分担痛苦。这次作者用心理描写直接点出宝玉对龄官的关切之情。同玉钏儿一样，宝玉先关心龄官有无淋雨，经提醒才想到自己被淋湿了，然而心里却还记挂着龄官。

生3：宝玉希望能为她们分担痛苦，他爱护、怜惜她们，甚于爱惜自己。这是一种无私的关爱。而这种不顾自己的无私在婆子眼中，便成了傻、呆的表现。

生4：我看出，宝玉被众人看作"呆""疯""傻"的地方，恰好是他对青春、自由、平等、真爱、美好的追求。所以曹雪芹在第十二回中提到"风月宝鉴"这面神镜时说，"千万不可照正面，只照它的背面"，脂砚斋在此有批云

"观者记之,不要看这书正面,方是会看"。

镜头二:众人对宝玉为何会有褒贬两种评价?

师:我们再回到最初这张众人看宝玉的评价表。可以看出,还有人对宝玉的评价是"天性聪慧",为何众人对宝玉形成了"呆傻"和"聪慧"两种截然不同的评价?对于别人的评论,我们除了依据事实,分析他的评价是否正确以外,还要关注评论人的身份与立场。

生1:做出"呆傻"评价的人有贾敏、王夫人、婆子、兴儿等人。做出"聪慧"评价的人有冷子兴、荣宁二公、警幻仙子。

生2:世俗之人,用世俗的价值观(读圣贤书、走功名仕途路、封建礼教)来评价宝玉,他们不理解宝玉,他们做出的"呆傻"的评价恰好从反面表现了宝玉不喜读圣贤书,否定功名仕途,批判封建礼教的特点。

生3:做出"聪明"评价的人,实际上是世外之人的代表。冷子兴演说荣国府的时候,作者借冷子兴的身份,实际上是运用上帝视角对荣国府做出的评价。

生4:我觉得作者在暗示跳出俗世现实,站在超越时代的角度,方能看到宝玉思想的超越性价值,如追求自由平等、追求爱与美等,这些思想即使放到今天也是非常具有价值的。

【教学反思】

宝玉是《红楼梦》的主人公,他既是荣国府的嫡孙,又是下凡历世的顽石;他既真心爱慕林妹妹、怜惜底层女性,也踢伤袭人、连累金钏儿跳井而死;他厌恶与贾雨村等官场中人交际,又喜与秦钟、蒋玉菡等人结交……宝玉的形象是复杂的,书中不同人物对他的评价是复杂的,而作者曹雪芹对宝玉的情感也是复杂的。认识宝玉形象的多样性与复杂性,有助于帮助学生理解《红楼梦》的主旨。

本课例从书中众人对宝玉的不同评价切入,学生通过对不同人物眼中宝玉的评价进行归类梳理,发现评价的褒贬两面,进而去探究众人产生这些评价的原因,在探究与思辨的过程中深入理解宝玉其人。再结合全书对两首《西江月》进行品析探讨,体悟曹雪芹在宝玉这个人物身上寄寓的情感,探究其写作意图。应该说,本课教学有比较好的切入,有较为深入的顺藤摸瓜、不断走向内里的探寻与攀登。

不过回顾本课教学,比较遗憾之处在于:第一,课堂上依然有以教师的讲解代替学生思考的情况发生;第二,学生在课堂上的阅读不够充分,导致一些观点不是基于文本，而是架空而来。新课标提出，整本书阅读教学应以学生的自主阅读、交流讨论为主，教师的主要任务是提出专题学习目标，组织学习活动，引导学生深入思考、讨论与交流，这些都对传统的语文课堂提出了挑战。冰冻三尺，非一日之寒，教学要基于学生的真实问题而出发，要在学生的思维跳跃间不断放开又收回，实在不是一件容易的事，却也是自我突破必须为之的努力。

【观课者说】

《红楼梦》是一部说不尽的经典，关于宝玉形象的认知也历来是动态的、多元的。张歆老师执教的这一课，既是重读《红楼梦》的发现之旅，也是一次有意运用批判性思维，促使学生由浅表的认知体验向有一定深度的感悟和思考迈进的积极尝试，宝玉形象的认知突围是师生的共同期待。

以下几点尤其印象深刻：

聚焦思考，脉络清晰。张歆老师紧紧围绕"质疑、求证、评判"三大批判性思维的核心词层层推进，利用启发、对比等手段，通过不断问答，使学生对宝玉褒贬不一的讨论从具体事例到逐层深入，对宝玉形象进行真实性、准确性及其价值的个人判断，从而达到对人物形象或是文中观点都可以接受质疑和评判的基本预设，是学生批判性思维品质的真实实践。

对立互补，质疑生慧。庄子和惠子关于"大葫芦之用"的辩驳引人深思，如果说惠子代表了社会实用思想，那么庄子便跳出了这个社会圈子，能够在更广阔的空间看待问题。这种"实用"强调社会地位的成功，注重实体成果，注重人情上的面子。所以，当贾宝玉越对日月星辰悲悯或是对儿女情长钟情时，就越注定其不受周遭的人的喜爱，人间世中的种种成功无法套用在贾宝玉身上。因此，当教师将学生的思考聚焦于此的时候，不同价值观碰撞引发的智慧火花也就应运而生，学生的批判性思维能力也自然逐步提升。

剥丝求证，以"人"为基。《红楼梦》以宝玉为主线，"敷演出一段故事"，讲述了四大家族由盛及衰的悲壮历程。张歆老师节选了"玉钏儿是否被烫""龄官画'蔷'时是否被雨淋"这两个片段，既显示出教师细读文本的功底，也是对学生批判性思维能力的深度构建。语文教学易走入单纯的为文本而教、为内容而设的尴尬境地，张歆老师却给大家提供了一堂"生命觉醒"的范例课。"世事洞明皆学问，人情练达即文章"，节选文段的有机组合、对比，展现了宝玉由"情悟"到"世悟"的生命大觉醒。面对一部让人"梦尽芳华故里、看尽繁华落幕"的作品，我相信，张歆老师的指导能够让学生记住：所谓积极的人生态度，就是哪怕知道生命本相的虚无荒诞，也需要而且能够深情地活着。

　　思维饱满，超越局限。张歆老师对文中第三十回、三十五回的节选就是在引导学生关注宝玉对女性的认知，由此表现他对女性尊重、体贴、关爱、平等相待的新的感情境界。具有人道精神的新内容，吹拂着人性觉醒的青春气息。而在学生的回答中，我们也不难看到学生的一些初具规模、超越历史局限的思维闪光点。这也可以说是本课的重要意义。

　　整体来讲，张歆老师从整体出发，细处着眼，甄选对比，既实现了整本书阅读教学资源的重组，又有意识地对学生批判性思维的培养做出了积极努力。正如张歆老师自己所说，《红楼梦》这部作品需要我们用一生去读，而学生的体悟也因人而异，如何走向更有见识的发现，需要我们漫漫求索。

（成都市中和中学　戬雁）

荒唐言中寻真味
——整本书阅读之《红楼梦》导读教学案例

成都七中嘉祥外国语学校　龙　尧

【设计意图】

《红楼梦》作为中国古典文学的巅峰，其内容博大精深，文化内蕴极其丰厚。近百年来，围绕该书的研究，成果斐然，流派众多。作为高中的语文学习任务之一，如何引导学生更好地走进本书，笔者以为应该考虑中学生的认知水平、研究条件和学习实际，有别于学界的阅读与研究。

引导高中生走进《红楼梦》，完成对本书的"整本书阅读"，其目的不在于求新求异，也不在于成其大者，而在于立足文学基本要求的"读懂"。中学生要读懂本书，就必须透过作者在叙事上所设置的重重障碍，抵达作者的表达核心，明白小说在叙事上的独特构思与艺术匠心，进而理解本书所包含的对人生真谛、生命哲学的深沉思考及对人世悲剧的深刻体认。

《红楼梦》书中情节的框架和主要人物的命运结局在前五回都基本已经讲完，全书的主题在这五回中，也进行了充分的隐喻与暗示。前五回之外的大部分篇幅，不以波澜壮阔的场面或曲折离奇的情节取胜，重在日常生活的细腻叙写，并在其中寄寓作者对社会、人生的透彻观察和深刻思索。因此，开展《红楼梦》的整本书阅读，有必要从对前五回内容的梳理整合入手，帮助学生先建立对本书内容和主题的基本认识，再进一步推进对全书的阅读。

在这前五回中，又以第一回和第五回尤为重要，其中第一回通过虚置时代背景，创设神话语境，把读者带入虚虚实实的叙事框架中，让作品获得了更永恒的文学价值和艺术魅力。第五回主要是通过贾宝玉梦游太虚幻境，由相关判词暗示了本书"千红一哭""万艳同悲"的悲剧文学主题。

基于以上思考，笔者在安排学生初读《红楼梦》前五回的基础上设计了本导读。导读试图围绕"荒唐言"和"其中味"两个关键词展开，挖掘这种艺术匠心与作者的表达主题之间的深层关联，提升学生对本书的文学性价值的认知，提示学生阅读本书的一些基本阅读方法，进而更好地推动学生完成本书的整本书阅读。

【教学简案】

教学目标：

1. 感受小说叙述体式的基本特征，理解整本书以"顽石"为起点的叙事架构，引发学生对《红楼梦》阅读的兴趣。

2. 体会开篇几处神话故事的艺术匠心，能从隐喻入手认知《红楼梦》的深刻性，形成阅读《红楼梦》的基本策略。

教学对象：

高中二年级学生。

教学流程：

一、初见红楼

调查一：学生阅读《红楼梦》的情况。

A. 通读过原著全书　　　B. 没有读过原著

C. 看过部分节选　　　　D. 看过相关影视剧

调查二：《红楼梦》是一本什么样的书？它讲了一个什么故事？

明确：就体例而言，《红楼梦》为传统章回体小说。所谓章回体，是我国古代长篇小说的一种外在叙述体式，其特点是将全书分为前后相连的若干章节，每一章节就称为"回"。每一回都有回目，用以概括章节主要内容。如选入高中语文课本的《林黛玉进贾府》一文，就选自全书第三回，其回目为："贾雨村夤缘复旧职，林黛玉抛父进京都"。

《红楼梦》是我国古典小说的巅峰之作。其规模宏大，人物众多，情节复杂，思想博大精深，内涵极其丰厚。《红楼梦》讲了一个以宝黛钗为核心的爱情悲剧，以及以贾府为代表的封建家族的衰亡史。

二、初识荒唐言

思考一：本课题为"荒唐言中寻真味"，请思考该题目的出处和用意。

提示：该题目出处为曹雪芹在《红楼梦》开篇的自题一绝——"满纸荒唐言，一把辛酸泪。都云作者痴，谁解其中味？"本课题为"荒唐言中寻真味"，意在提醒学生读《红楼梦》要透过看似荒唐的语言形式去探寻作者真实的表达内核。

思考二：作者为何自称自己耗尽心血写就的《红楼梦》是"荒唐言"？

提示：作者称《红楼梦》为"荒唐言",一方面是为了表明这是一个虚构的,看似不合常理,且与时代毫无关涉的故事,另一方面是作者的愤激之言,透露出作者创作不易和知音难寻的慨叹。

任务：阅读预习资料"重点阅读"部分文段一和文段二,指出文段中哪些地方体现了所谓的"荒唐"?

提示：文段中的"荒唐"体现在以下几处。

其一,来历荒唐。按这里的叙述,《红楼梦》是一本天然自成之书,曹雪芹并不是原作者,只是整理者。

(小说读法提示一:《红楼梦》是一本真假并存的书,需要由假入真,去假存真)

其二,无材补天。这个故事是对"女娲补天"这个传统神话的再加工。这里的"补天",可以理解为"安邦治国""兼济天下""澄清宇内"这一类宏大的理想。"无材可补"表达的是英雄无用武之地的悲哀。

(小说读法提示二:需从故事出发去探究其背后的文化内涵,由神到人,由仙到凡)

其三,石头思凡。石头为何明知乐极悲生,到头一梦,万境归空,依然执意下凡。此处也表现了世间的人过于贪恋尘世间的功名富贵。既缺乏对生命真正的了悟,也缺乏对生命本质的叩问,更缺乏对生命悲剧性的深刻体认。

(小说读法提示三:读《红楼梦》需要时时叩问生命本质,体察贯穿其中的悲剧意识)

三、初解其中味

任务一：阅读预习资料"重点阅读"部分文段三到文段五。然后小组讨论文段中提到的"顽石""通灵宝玉""神瑛侍者"和"贾宝玉",这四者在《红楼梦》中的关系是怎样的?

提示："顽石"和"通灵宝玉"是本相和幻相的关系。青埂峰下,僧道大施法力,将"顽石"幻化为"通灵宝玉",即为贾宝玉衔玉而生时带到世间的那块美玉。"神瑛侍者"和"贾宝玉"是前世和今生的关系。赤瑕宫中,"神瑛侍者"因凡心偶炽而欲下凡造历幻缘,于是化而为世间之"贾宝玉"。在这组关系中,还有一个重要的关联者,就是灵河岸边的"绛珠仙子",即世间之"林黛玉"。因此,这四者的关系实为同质异构、同源异体、同而见异、多位一体的关系。这"顽石"既是这一段人世传奇的见证者,同时也是经历者。

任务二：阅读预习资料"重点阅读"部分文段六,探究"宝玉摔玉"背后的文学内涵。

291

提示："宝玉摔玉"的表面原因是"姐妹们没有玉，林妹妹也没有"。从更深层的原因看，"摔玉"其实是一种反抗，是一种拒绝。反抗众人眼中他应有的命运设定——于国于家有望。但同时，这个命运的设定，他既无法抗拒，也无法承担。因为他不过是下凡历劫的神瑛侍者、无材补天的粗蠢顽石。从这里也可以看到作者关于宝玉最终悲剧命运的暗示与隐喻。"宝玉摔玉"的背后，同时包含了对自己遭遇的痛悔。他经历家族的繁华，也见证了家族的败落，在忽喇喇如大厦倾的时刻，他无力无助，因此《红楼梦》的底色是悲剧性的。

四、小结

作者笔下的"荒唐"只是本书最外在的面貌，看似荒唐的背后，包含了作者对人生真谛、生命哲学的深沉思考及对人世悲剧的深刻体认，这三者共同构成了《红楼梦》这本书最大的艺术特色，同时也是我们走进本书的主要路径。

推荐阅读：

余英时《〈红楼梦〉中的两个世界》、白先勇《白先勇细说〈红楼梦〉》、欧丽娟《大观红楼——欧丽娟讲〈红楼梦〉》、詹丹《重读〈红楼梦〉》。

【思辨镜头】

镜头一：

师：《红楼梦》是曹雪芹的一部呕心沥血之作，也是一部用尽生命写就的书，甚至有"披阅十载，增删五次"的说法。那作者为何自称自己写就的是"荒唐言"？什么叫"荒唐"？

生："荒唐"的意思是奇怪，荒谬。"荒唐言"也就是不合常理人情，离奇怪诞的话。

师：你认为文段中哪些地方体现了所谓的"荒唐"？

生：从文段一可以看出这本书的来历很荒唐，按这里的叙述，《红楼梦》是一本天然之书，曹雪芹并不是原作者，只是整理者。

师：你认为这是真的吗？

生：我认为这是假的，这是作者的托言借口。

师：曹雪芹为什么这么做？

生：我想这是作者独特的艺术构思，想用去掉故事本身现实性的方式，让故事获得超越故事本身的表达目的。

师：是的，《红楼梦》从叙事上来说是一本真假并存的书，因此我们如果要读懂它，需要由假入真，去假存真。

镜头二：

师：我们习惯称这个故事为"无材补天"，其实不准确。严格来说，石头有补天之材，只是无补天之用。这个故事是对"女娲补天"这个传统神话的加工，请问作者为什么要这样加工？

生：虽然这是一个来自神话仙界的故事，但从中可以看到人世的某种无奈。这里的"补天"，或许可以理解为安邦治国，兼济天下，澄清宇内这一类宏大的理想；而"无天可补"则是英雄无用武之地的悲哀。

镜头三：

师：文段中提到的"顽石""通灵宝玉""神瑛侍者"和"贾宝玉"，这四者在《红楼梦》中的关系是怎样的？

生：我认为顽石和通灵宝玉是本相和幻相的关系。

师：有文本依据吗？

生：文段三提到，僧道大施法力将石头变成一块美玉，这就是所谓的"通灵宝玉"。

师：这块玉后来又成了贾宝玉衔玉而生时带到人间的那块玉，这在文段五中有提到。文段四中还提到了神瑛侍者，他和贾宝玉是什么关系？

生：是前世和今生的关系。正是因为神瑛侍者想要下凡历劫，所以才有了大观园中的贾宝玉。神瑛侍者是前世，贾宝玉是今生。

师：在这组关系中，还有一个重要的关联者，就是绛珠仙子。绛珠仙子为了报答神瑛侍者的灌溉之恩，也请求下世为人，这就是世间的林黛玉。所以我们认为这二人的关系是前世的缘定，称为"木石前盟"。对此，《红楼梦》中其他地方有没有照应的证据？

生：有，在第三回"宝黛初会"时，黛玉心中暗想"倒像在哪里见过一般，何等眼熟到如此"。当时宝玉也说"这个妹妹我曾见过的"。

师：综上而言，这四者的关系是同质异构、同源异体、同而见异、多位一体的关系。顽石既是这一段人世传奇的见证者，同时也是经历者。四者的内在精神是一致性的，这也是我们理解贾宝玉这个形象时需要特别关注的。

【教学反思】

当下的中学生处于互联网时代，思想开放，信息多元，其阅读往往具有碎片化、浅表化的特征，这严重阻碍了学生"归纳""整合""审辨""批判"等思维能力的发展。因此，从进一步提升中学生的阅读能力，培养独立阅读习惯，促进语文核心素养形成的角度来看，开展《红楼梦》的整本书阅读是当前高中语文教学的必然应然之事。

当然，《红楼梦》整本书阅读的难度也是显而易见的。本书篇幅较长，人物众多，叙事结构精巧，大多数同学既无法准确领略其文学价值，也缺少阅读的耐心。另外，对于小说中"草蛇灰线，伏脉千里"这一类的结构安排，学生也由于阅读习惯的粗疏，无法感知作者的匠心，从而造成文本理解的阻隔与肤浅。

因此，笔者认为开展整本书阅读的要义在于教师以何种恰当的方式推动学生完成对整本书的持续阅读，并让学生立足批判性思维，从"浅读"到"深读"，从"读过"向"读懂"迈进。对于《红楼梦》这样的复杂的文学作品，单一的、机械的解读往往会造成对文本文学性理解的偏差，从而带来文学价值的流失。而批判性思维方式，恰好有助于从多元的角度，披文入里，透过语言和故事的表象进入文本的内在，带来阅读水平和思维水平的提升，达成整本书阅读课程设置的目的。

《红楼梦》的整本书阅读应该是一个系统的工程，要更好地完成这个任务，还需要师生持续的努力与跟进。本课所呈现的只是《红楼梦》整本书阅读的导读部分。对于这一部分，笔者最为看重的是如何通过对开篇部分叙事特点的分析，通过泛读与精读的结合，帮助学生建立起阅读本书的方法体系。文学类文本既具有特殊性，也具有共同性。笔者希望通过对这一本书的阅读方法的建构，让学生拥有读懂一类书的能力。

【观课者说】

龙尧老师设计的《红楼梦》导读体现了执教者对整本书阅读的理解和认识。具体而言，该课例有以下几个特点值得关注。

一是十分注重从学生实际出发。教师如何设计好整本书阅读，涉及的方面众多，但万变不离其宗。首先要做的就是选取符合学生学情、有价值的话题作为主任务来引领学生深入阅读，这一点是应该有别于学界的争鸣与研究的，高中生阅读《红楼梦》力求让学生读懂是关键。教师在其中扮演的角色应该是学生与文本之间的摆渡者，以某种恰当的方式推动学生从浅读到深读，从读过向读懂迈进。在这一点上，龙尧老师的认识是准确而深刻的。

二是教学目标设置清晰而明确，教学方法丰富而有效。陈兴才老师曾说："我们在确定学习目标和内容时，既要有上位统领，这是由课标决定的；又要有中位描述，不能过于笼统抽象""设计和实施课堂教学要基于文本解读'三维'，从'文本之意''文本之效''文本之法'三个紧密相连的层次挖掘和把握文本的核心教学价值"[①]。本课例中，龙尧老师就是深层次地挖掘了"文本之意""文本之效""文本之法"后确定了核心的教学价值。具体实施时既有讨论、交流，又有思考探究，可谓角度多样化，能力层级化，全面而扎实地培养学生的阅读能力。

三是课堂教学切入点小而巧妙。对于《红楼梦》这样的大书，要整体把握小说的思想内容和艺术特点，要建构阅读长篇小说方法和经验可谓困难重重，往往牵一发而动全身。如何避免学生架空分析和贴标签式的刻板理解，如何真正做到贴近文本，如何让提升阅读能力和发展学生批判性思维相互促进，这些都需要教师课堂内外适时和恰当的示范与引导。本课例中龙尧老师引导学生自"荒唐言"中去"寻真味"可谓恰当的示范与引导，十分巧妙，反映出教师在文字罅隙处探寻文本内在逻辑的高妙。另外，龙尧老师一边引导学生梳理"荒唐言"，一边引导学生总结阅读《红楼梦》的阅读方法，也体现了"导读"的应有之义。

本课例也有一些地方值得进一步探讨。例如，教学目标中有"体会开篇几处神话的艺术匠心"，是否可以考虑让学生对前五回相关神话故事进行一个梳理呢？梳理其实也是鉴赏、探究、表达、交流等活动的重要基础。通过梳理，可以引导学生在丰富复杂的语文材料中进行有序的学习，进而以简驭繁。另外，中学生阅读《红楼梦》还是应回归文本、回归语言，导读也可以在这方面有进一步的体现。

（四川省天府新区华阳中学　熊梅）

[①] 王元华. 聚焦文本的核心教学价值设计和教学实施［J］. 中学语文教学，2020（9）：24—31.

分析角度明论点，质疑反思强论证
——新闻短评写作教学案例

四川师范大学附属中学　雷婷婷

【设计意图】

信息技术的发展促成了自媒体的勃兴，在这个网络时代，人人都可以成为信息的发布者、传播者、评论者。然而随之产生的问题也困扰着我们：虚假消息掩盖真相，评论区的情绪发泄、贴标签往往淹没理性讨论的声音；新闻的不断反转，舆论的风向变化，让人们应接不暇。引导学生独立辨识信息真伪，发掘新闻价值，理性表达观点，是一个语文教师的责任。

《普通高中语文课程标准（2017年版2020年修订）》明确提出"关注语文课程在社会信息化过程中新的内涵变化"，养成"现代社会所需要的思想品质、精神面貌和行为方式"。而"跨媒介阅读与交流"任务群需要"引导学生学习跨媒介的信息获取、呈现与表达，观察、思考不同媒介语言文字运用的现象，梳理、探究其特点和规律，提高跨媒介分享与交流的能力，提高理解、辨析、评判媒介传播内容的水平，以正确的价值观审视信息的思想内涵，培养求真求实的态度"。

充满争议的社会热点事件，既具有跨媒介阅读交流的任务群特质，又是练习运用批判性思维框架的好素材，提供了运用语文能力的真实情境，是日常教学中培养批判性思维的重要载体。以此为素材，教给学生思考的方法、策略、步骤，帮助学生构建阅读和写作的思维框架，有助于"发展实证、推理、批判与发现的能力，增强思维的逻辑性和深刻性"，议论文写作教学因之可以成为充满理性魅力的沃土。

本课选择《群文阅读高中读本》高一（下）"新闻鉴别"议题中的部分文章为学生的读写范本，又选择2020年发生的热点事件作为课堂讨论与写作的素材，希望能在完整的信息接收与表达过程中帮助学生认清事件的真相，辨别是非、善恶、美丑，提升学生的批判性思维品质。

【教学简案】

教学目标：

分析恰当的立论角度，通过质疑反思对事件进行客观、理性的评价。

教学对象：

高中二年级学生。

教学流程：

一、前置学习

1. 学生阅读教材，学习案例，填写表格。

2. 阅读《群文阅读高中读本》高一（下）第二课《新闻鉴别——辨识媒体立场》"重庆公交坠江事件"相关文本，填写表格。

题目	核心观点	立论角度
①我们是否需要一场文明革命		
②怎样让事故悲剧不再重演		
③面对15条人命，仅在朋友圈表达愤怒是不够的		
④在悲剧面前，真的还要指责乘客是麻木的围观者吗		
⑤重庆公交坠江事件真相出炉，该好好反思谣言之祸了		

二、课堂教学

环节一：明确学习目标，确定分析角度

1. 明确学习目标：今天这节课，我们借鉴案例阅读的思路，一起关注发生在我们身边的热点新闻，学习怎样明确立论角度，增强论证思维含量。

2. 前置学习反馈：师生交流表格内容，明确事件中的常见分析角度。

示例：

题目	核心观点	立论角度
①我们是否需要一场文明革命	一方面，我们需要制度规范以促进规则意识与法治思维的提升；另一方面，我们依然需要不断唤醒我们的善意与良知	当事人（乘客与司机）

续表

题目	核心观点	立论角度
②怎样让事故悲剧不再重演	谨持法律、秩序、公德之戒，于己加强修养、慎微慎独，对人宽厚包容、尊重礼让，遇事克制冲动、理性平和，人人如斯，痛心悲剧方能不再重演	当事人（乘客与司机）
③面对15条人命，仅在朋友圈表达愤怒是不够的	一味在道德上呼吁并不足够引起社会对规则的普遍尊重，对规则和文明的守护更需要法律的保驾护航	当事人（乘客与司机）
④在悲剧面前，真的还要指责乘客是麻木的围观者吗	我们对当事者的判断，不能跳脱出特定的环境	当事人（乘客）、评论者
⑤重庆公交坠江事件真相出炉，该好好反思谣言之祸了	在事实真相发布之前，我们应该再多些耐心，多些冷静，多些定力，别让谣言替代事实，别让主观影响客观	传播者

3. 小结：常见的立论角度——当事人、见证者、传播者、评论者。

环节二：全面审视信息，初步表达观点

1. 资料呈现。

资料一：2020年12月7日，某地报告两起新冠肺炎本土确诊病例，一对夫妻被确诊。12月8日，夫妻俩的孙女赵某被诊断为新冠肺炎确诊病例。随后，网上流传出含赵某个人信息的行动轨迹，包括曾到过酒吧等信息。网友在社交媒体大量转发据称是赵某的照片并评头论足。有网友认为赵某是故意为之，有网友对其相貌大肆评论，有网友甚至把赵某编成搞笑段子在社交媒体转发。

资料二：12月9日，当地公安局官方微博发布警情通告：2020年12月7日23时许，王某（男，24岁）将一张内容涉及"某市疫情及赵某身份信息、活动轨迹"的图片在自己的微博转发，严重侵犯他人隐私，造成不良社会影响。经公安机关调查，王某对散布泄露赵某个人隐私的行为供认不讳，并深刻认识到自己的错误。目前，王某因违反《中华人民共和国治安管理处罚法》相关规定已被我局依法予以行政处罚。

资料三：12月9日，赵某发表声明："……我只是一个确诊患者，发现确诊后第一时间配合防疫部门做了流调工作，把自己的行踪如实上报给防疫部门，以免疫情扩散。目前我正在医院治疗。隔离期间，我看到网络上有关于我的流言蜚语，很多是对我和家人的诽谤和谩骂，我实在不理解为什么会有那么多人攻击我，我只是不小心感染了新冠，我也是一个受害者。"

2. 思考与表达：选择赵某事件中的某个角度，写一段话（140字以内）表明你的观点。

3. 交流与反思。

（1）小组内交流各自的立论角度，记录组内同学选择的角度，比较与自己选择相同角度的同学的观点。

记录与评价表

角度	观点	评价（准确度、深刻度）

（2）小组推选一位同学发言，推荐组内最佳观点，进行点评。

环节三：质疑反思，强化论证

1. 权衡最优角度，确定论证"锚点"。

思考：哪个角度是最适合高中生论证的？请陈述你的理由。

明确：评论者、传播者（网友）角度。这是我们最熟悉的参与热点事件的方式，因为每个人都能动手转发自己关注的消息，也能以评论者的身份参与热点事件的讨论。

2. 质疑反思：提供思维框架，引导学生深入思考，加强论证。

以下三个问题可以帮助我们深化思考，请写下你的答案。

（1）你认为这一行为的实质是什么？（思考辨别）

（2）试分析这些行为的成因，审视原因的合理性。（分析验证）

（3）针对这一行为，你能提出什么建议吗？（改善行为）

3. 交流与反馈：学生交流自己写的答案，教师进行反馈，帮助学生进行更清晰的表达。

4. 小结：希望同学们能够反复练习今天课堂上提供给大家的这一套思考的步骤，让它内化为我们分析现象的思维过程，让我们的批判性思维能力提升，议论文写作发生质变。

5. 课后练习：浏览新闻网站，选择一个最近的热点事件进行新闻短评写作。要求：选择恰当角度，按照"提出假设—因果分析—逻辑验证"的思路论证观点。

【思辨镜头】

镜头一：观点交流环节的课堂争论

经过小组讨论、汇总，学生从以下几个角度提出观点：

当事人角度——赵某在不知感染新冠肺炎的情况下出入多个公共场所，并没有错；但是不注意个人防护，在人员聚集场所没有佩戴口罩，带来传播疾病的风险，这是赵某的失责。

传播者角度——转发个人信息是侵犯他人隐私的行为，有的网友在不明真相情况下的转载，实际也散布了谣言，掩盖了真相。

评论者角度——网友对赵某进行人身攻击是不理智的行为。站在道德高地任意批评别人甚至消费他人的痛苦是冷漠的。

在学生发言的过程中，聆听的同学也不断补充，或者质疑一些观点，在课堂形成了争论，让课堂出现争鸣。

生1：赵某作为无症状感染者，首先她并不知情，在不知情的情况下在外活动情有可原。其次，她是在酒吧工作，所以才会一晚上出现在多个娱乐场所。最后，在家人确诊之后，她第一时间配合检查，并没有推卸、逃避责任，将她的个人信息暴露出来的人不是更加可恶吗？一味攻击赵某大可不必。

生2：我认为我们没必要过度同情，更没必要过度美化赵某。因为赵某在酒吧工作还是娱乐不太好说，因为她发布的声明也只是一面之词，也大可不必一味为她推脱责任。同情她，不如同情可能被她传染的其他不知情人士。

生1：你这样说赵某，完全就是预设立场。如果赵某确实是在酒吧工作，那么你的言论，感觉就是戴着有色眼镜看待娱乐场所从业者。

师：请注意我们讨论的焦点，我们选择赵某这个角度立论，应该关注当事人的什么行为可能造成不良后果，而不是她的职业性质。请两位同学再各自用一句话明确表达自己的观点。

生1：作为评论者，不应该一味攻击赵某，而应该批评泄露个人信息的人。

生2：网络上这两天出现了美化赵某的言论，把她说成完全无辜的受害者，我觉得这种过度同情也是不可取的。

师：看来你也在关注这个新闻，发现了舆论风向的变化。我们评价一件事，首先应该持中立态度，充分了解事实，再进行进一步的判断。

镜头二：质疑反思环节的理性表达

在我们对事件形成基本的判断之后，需要对这一判断进行质疑反思，确保它的合理性，因此我们需要借助一定的思维框架来帮助我们审视自己的观点。

这是批判性思维最重要的作用，也是批判性思维写作教学区别于其他写作教学的关键步骤。

以下是这一环节的课堂讨论片段。

片段一：思考辨别

生1：我确定的论证角度是网友行为，这些行为实际就是对当事人实施的网络暴力。

师：你怎么理解网络暴力？

生1：就是在网络上用言语、图片、视频等形式攻击他人，对他人造成伤害。

师：你的概括很扼要。网络暴力会造成哪些伤害？

生1：有的是诽谤、诬蔑。

师：造成的是什么危害？

生1：让人心里委屈、难受。

师：还有更严重的伤害吗？

生2：还有的损害别人权益。

师：很好，还有的侵犯别人名誉。

生3：还有的网络言论让许多网友对当事人进行不必要的攻击。

师：被非理性言论煽动起来的网友造成的破坏也是很可怕的，比如，有的人去诋毁当事人的家人或是工作，甚至引发当事人的抑郁情绪。所以当我们面对一个热点事件时，需要什么样的态度？

生4：就事论事，不对当事人进行人身攻击。

生5：不要急着下判断，关注事件各方面的声音。

生6：我们还要辨别那些明显的谣言，不要被误导。

师：我们以前上过辨析新闻真假的课，还记得怎么辨别吗？

生齐：看信源，分辨立场，看是否符合事理逻辑，看媒体信度。

片段二：分析验证

生1：网络门槛低，为很多人提供了自由发表言论的平台，但是有的人随意发言，发泄不满情绪也不负责任。

师：这样的不负责任发布言论又是由什么决定的呢？

生2：不用实名。

师：对，网络的匿名性特征让网友可以随意发言，但也让有的人忽视所应承担的责任，因此很多负面情绪裹挟下的言论出现了。

生3：疫情的压力让部分网友迫不及待地想要发泄消极情绪。

师：疫情放大了人们的焦虑，而这些焦虑情绪往往会通过寻找一个"替罪羊"来发泄。

生4：有的网友站在道德制高点，不明真相就对事情妄加评论。

师：网络的开放性，让许多人有了"我的认识便是世界的共识"这一错觉，认为自己在执行某种正义的审判。从同学们分析出的原因来看，网络暴力的成因可以概括为哪些方面？

生5：可以从网络空间的特性和网友自身素质两方面来分析。

师：也就是内因和外因共同的作用。

【教学反思】

1. 选材依据。

本课没有选择材料作文题目作为训练素材，因为考试材料作文是压缩、提纯后的语言素材，命题人意图或隐或现体现其中。如果只以作文题作为写作教学的素材，脱离现实生活语境，议论文写作的现实针对性难以体现，课标所要求的"审视信息的思想内涵"能力、"求真求实的态度"也不易培养。因此，在高一、高二阶段的写作训练中，教师不妨引入真实的新闻事件，尽量完整地呈现各方言论，减少转述、概括，避免主观情意渗入材料，有助于学生思维能力的发展。

选择新闻材料时，我们首先应考虑是否有充足的可议论空间：多方参与、事件过程出现不同视角和言论，这一过程本身包含理性的声音和非理性的声音，值得学生辨别取舍。其次，我们选择的事件既要反映社会现实，又要符合学生的认知水平，让学生有话可说，最好能激发其思考讨论的兴趣。

2. 教学形式。

批判性思维指导下的写作课，适合组织小组活动来促进学生在写作过程中的批判性思维发展。通过小组活动，学生可以在商议、讨论、对话中审视自己的思考，引发比较、辨析、质疑、反思，让思维水平得到提升。但是我们要让小组活动有效促进学生思维发展，就必须加强活动的指导，不能一句"小组交流"之后就坐等学生的精彩发言。因此，我们设计了记录表格，引导学生在小组讨论中更有效地聆听、辨别、比较。

3. 思维框架。

保罗在《批判性思维工具》中认为，批判性思维包含三个紧密联系的阶段：分析思维方式—评估思维方式—提高思维方式。[①] 布鲁克菲尔德在《批判

[①] 保罗，埃尔德. 批判性思维工具［M］. 侯玉波，姜佟琳，等译，北京：机械工业出版社，2013.

性思维教与学》一书中，将批判性思维归纳为四步：①辨识左右我们思维和决定我们行动的假设；②查验假设的准确性和可靠性程度；③从多个角度审视我们的观念和决定（知识的、组织的、私人的）；④在以上三步的基础上，采取明智的行动。[①]

在写作教学中，我们借鉴了以上两种理论，形成了三步骤的思维框架：思考辨别—分析验证—改善行为。这一框架能够帮助学生审视自己提出的论点，让观点更加明确、深刻，同时让论证过程更加严谨、有效。虽然思维框架是有效教学的抓手，但是学生思维能力的提升并非一蹴而就，而是需要我们长期的训练、引导，逐步发展思维品质，从而实现较高水平的批判性思维。在实际教学中，应该给学生充分的练习时间，在每个环节让学生充分思考、表达、讨论，教师给予及时的反馈、引导。

4. 教师能力。

批判性思维教学中的教师本人也应该在整个教学环节运用批判性思维：既能审视教学设计的合理性，辨析学生的表达与交流准确度，通过质疑与追问帮助学生深入思考，又能引导讨论的方向，防止学生把抬杠当作批判性思维，或者讨论焦点发生偏移。

【观课者说】

"我们听到的一切都只是一个观点，不是事实。我们看见的一切都只是一个视角，不是真相。"信息爆炸、人人皆可转发评论的自媒体时代，理性审慎地表达观点、严谨周密地论证观点显得尤为可贵，也尤为必要。具备批判性思维、思辨能力，形成相应习惯乃至人格，正是实现理性表达、严密论证的前提和关键。雷婷婷老师的这堂课，无论是课题的选择、教学过程的推进，还是对学生思维的引导，无不体现着对学生批判性思维、思辨能力的培养。

一、目标导向，紧扣思维品质

《普通高中语文课程标准（2017年版2020年修订）》中明确提出，"发展学生实证、推理、批判与发现的能力，引导学生增强思维的逻辑性和深刻性"。该课例将教学目标设定为分析恰当的立论角度、通过质疑反思对事件进行客观理性的评价，旨在引导学生通过多角度观察全方位还原事实、通过多立场评价理性思考事件、通过多方位质疑审慎表达观点。这一目标的设定，紧扣提升学生思维品质这一目标。

---

① 布鲁克菲尔德. 批判性思维教与学 [M]. 钮跃增, 译. 北京：中国人民大学出版社, 2017.

同时，如何认清事物的本质，辨别是非、善恶、美丑，提升理性思维水平，也是信息时代对当代中学生提出的要求。就这一意义来讲，该课例旨在引导学生理性评论新闻热点事件。这一目标的设定，应紧扣时代发展需要、学生核心素养发展要求，具有重要的价值导向功能。

二、设计清晰，搭建思维支架

本课教学设计分为三大环节，从引导学生发现分析角度，到初步表达观点，再到强化论证。三个环节，由浅入深，环环相扣。环节的设定符合学生思维发展规律。其中，初步表达观点后通过质疑、反思，论证的过程即自我审视的过程。这一过程又是引导学生修正先见、完善观点的过程，对学生的思维提升起到了积极作用。

此外，方法清晰，搭建支架也是一大亮点。思维培养之大忌，是只教给学生理念，而缺少有效的方法训练。而该课例利用记录与评价表将思维可视化、利用归因法将学生思维引向深刻化、利用"思考辨别—分析验证—改善行为"思维框架让学生思维清晰化。清晰的路径与思维支架，为如何实现学生的思维发展提供了有效的示范。

三、教师导航，引领思维方向

要培养具有批判性思维的学生，教师必须是具有批判性思维的"思考者"和"引领者"。从雷婷婷老师的教学设计和执教镜头看，无论是选材时抛开传统材料，选择时事热点的创新精神，还是课堂上引导学生厘清概念、未知全貌不予置评的理性导航，都体现着教师的思考力和引领力。"己欲立而立人，己欲达而达人。"雷婷婷老师的严谨与自我更新精神，值得我们学习。

四、学生碰撞，激活思维火花

学生在课堂上展现出的思维火花，同样是该堂课的亮点。我们欣喜地看到，在雷婷婷老师的引导下，学生能对新闻事件中的赵某给出自己的评价，产生"不应该一味攻击""过度同情也是不可取的"等不同的观点，进而获得"不要急着下判断，关注事件各方面的声音""辨别那些明显的谣言，不要被误导"等理性认知。教学相长，相互生发，这些思考与表达中蕴含着可贵的思辨意识与能力，也是教育者最大的喜悦与收获。

诚如雷婷婷老师所言，学生思维能力的提升不可能一蹴而就，关于思维的思考、关于思维品质提升的教学研究，将是我们长期笃定前行和追求的方向。

（成都锦江嘉祥外国语高中　蔡丹梅）

观点的辨识与表达
——"如何写好议论文的中心论点"教学案例

四川师范大学附属中学　陈　露

【设计意图】

思辨性表达是近年来作文命题改革的趋势，而学会在多元分析中提出合理的观点并清晰地表达观点，是学生写作议论文的重要能力，也是考生作文时的难点。《普通高中语文课程标准（2017年版2020年修订）》中"学习任务群6"明确指出："学习思辨性阅读和表达，发展实证、推理、批判与发现的能力，增强思维的逻辑性和深刻性。"其中，"思辨性表达"即要求学生能合理地表达和阐发自己的观点，力求立论正确、语言准确、论据恰当、讲究逻辑。

笔者从一次考场作文中发现，学生在议论文中心论点的提出与表达上存在较大问题，如观点偏离材料核心，立场不鲜明、不准确、不深刻等。本设计聚焦"中心论点"进行教学活动，意在帮助学生学会如何提出合理的中心论点，如何清晰表达有价值的中心论点。在教学过程中，有意识地设计了基于理解与质疑、比较与整合、评价与反思、修正与提升等思维能力的几个思辨教学环节来具体实施，同时突出学生的任务驱动、情境创设，力求在对问题的思考与解读中培养批判性思维方法，进而提升学生的分析力和表达力。

【教学简案】

教学目标：

1. 能准确理解和审视作文题目，并对材料观点进行思考质疑，得出准确、清晰、有价值的观点。

2. 能在比较中进行讨论、评价和校正，通过有针对性的训练进行表达，提升思辨分析力和表达力。

教学对象：

四川师范大学附属中学高中二年级 9 班学生。

教学流程：

一、前置学习

1. 阅读四篇作文示例片段，圈点、勾画相关信息，找出中心论点。

2. 初步完成学习任务单。

序号	中心论点	点评星级	理由	修改
①				
②				
③				
④				

二、课堂推进

环节一：破岩——思辨审题

1. 明确概念。

中心论点：议论文中作者"最核心的思想观点"，是"对某件事情的独立判断"[①]。

常见位置：标题、首段、中间段、尾段。

2. 回顾作文题目，导入新课。

阅读下面的材料，根据要求写作。

由"李子柒现象"引发的三种典型的观点。

观点一：称赞李子柒精心呈现的文化传统，肯定她向世界传播中国传统文化所做的贡献。

观点二：质疑李子柒能否代表中国文化，认为其视频"太假了"，展示的是一种粉饰后的假生活，满足了那些不懂中国的外国人一厢情愿的想象。

观点三：对视频博主个人化、商业化等展示方式，不必以"传播文化"之类的宏大主题将其"神圣化"，也不能盲目"棒杀"。

针对如"李子柒现象"的基于互联网发展背景之下的传统文化传播方式，你有什么看法？请就此完成作文。要求：观点自定，题目自拟，文体自选；不少于 800 字。

[①] 余党绪. 议论文写作新战略［M］. 上海：上海文艺出版集团，2009.

3. 问题导引，纠正思维误区。

(1) 材料中反映了什么社会现象？为什么会产生这一社会现象？

提示：可从信息时代背景、社会经济发展、国际文化交流、个人价值追求等角度思考。

(2) 三种观点分别站在何种立场？争议的焦点是什么？

提示：肯定、质疑、中立。焦点：互联网时代"李子柒现象"一类的传统文化传播现象。

(3) 你是否有从个体到普遍的思维迁移？

提示：李子柒是个体，基于互联网传播传统文化这一类社会现象是普遍现象。

(4) 你认为这一类利用互联网进行文化传播的方式可取吗？

提示：可从大众需要、文化传播、国际交流等角度思考。

环节二：寻根——明确论点

小组讨论，探寻四篇考场示例片段的中心论点，并比较哪个观点更准确清晰、更有价值？请完善学习任务单。

片段一：

然而对于互联网传播文化过程中的一些粉饰是不可避免的。但是粉饰并不意味着完全表示虚伪，它只是表明人不愿把不好的一面给展示出来。互联网传播文化是一个顺应时代潮流的产物，任何事物都会优劣兼具，当优大于劣时我们就可以将其归结为优。我们需要带动传统文化与这个时代共同前进，故而将其个人化、商业化也不失为一种好的做法。正如李子柒，她将中国传统文化带给了世界，尽管其中可能会有"粉饰"，会有"神圣化"，但是她毕竟是为传统文化的发扬做了贡献。

文化网络化正如一艘无动力的小船，时代便是水流，文化以互联网传播的方式便是顺着时代而流向远方。（摘自《文化"网络化"是时代的产物》，有删改）

片段二：

一旦文学去迎合大众，是怎样的千篇一律、毫无色彩、"瑜"不及"瑕"；一旦传统服饰开始放下尊严，攀比成风的所谓"汉服圈"便令人叹惋！在这一地的膝盖中，那些真正热爱文学、热爱传统服饰的"圈内人"，反而像是异类，无所适从。可笑吗？可悲吗？

反观，亦有将"迎合大众"与"保持自我"结合得好的例子，比如故宫、国家博物馆等推出了各种包含中国传统文化元素的文创产品，拍摄了纪录片《我在故宫修文物》，深得年轻观众喜爱。

李子柒是文化"糟粕"吗？当然不是，她的视频确实起到了传播文化的作用，但我更希望的是，我们的传统文化能以一个自信、开放的姿态，站着走出去，"走红"而非"跪红"。"仰天大笑出门去，我辈岂是蓬蒿人"？（摘自《"走红"而非"跪红"》，有删改）

片段三：

山中何事？送花酿酒，春水煎茶。春听鸟声，夏听雨声，秋听虫声，冬听雪声，白昼听棋声，月下听箫声。如此闲宁恬淡的田园生活在如今喧嚣的世上已难以觅得，有人没有机会，有人缺乏勇气，喊着返璞归真、回归田园的口号却无所作为。但李子柒却做到了，用最古老的方式过最朴素的生活。可正是这样一位身体力行回归本真，传承古法技艺的人却遭到许多人口诛笔伐，着实令人费解……

最后，我想说，别抬高了文化传播的门槛，也别神化文化本身。文化的传播也许就在于你我，就像手中的花籽，随时播种，随时开花。（摘自《文化的门槛》，有删改）

片段四：

信息随着时代的发展而发展。从仓颉造字到烽火狼烟，从竹文书简到报纸杂志，信息的载体也随信息的发展越来越先进。到了互联网时代的今天，传统文化也乘上了传播的快车道，走得更快、更远。

互联网是一种即时的通信工具，它的方便、快捷，为传统文化的传播安上时代的马达。同时，互联网的广泛普及，延伸到我们每个人生活的点点滴滴，为传统文化的传播提供了更为宽广的平台。互联网的种种优势，只要加以合理应用，便能更好地传播传统文化。李子柒利用家乡的原始材料与工具，制作传统美食与工艺品，除了让人大饱眼福、口福外，也让传统文化深入人心。在这个忙碌的世界上，让人眼前一亮。咦？原来传统文化就在我们身边。同时，传统文化也在视频中走出国门，映入世界的眼帘，让其成为人类瑰宝中一颗闪耀的明珠。且不必说大火的故宫网店、汉服走秀直播、镜头下的大唐不夜城……无数的事例都充分证明互联网已成为传统文化传播的快车道。（摘自《互联网——传统文化传播的快车道》，有删改）

环节三：反思——思维提升

1. 师生对四篇选文的观点进行多角度辨析，得出准确、清晰地表达有价值的中心论点的方法。

2. 比较前置学习与讨论点评后自己的观点，如果对某个中心论点的看法发生改变，请说明理由。

环节四：修改——能力提升

运用课上总结得出的方法修改中心论点及其表达。

三、课后迁移活动

教师给出一则思辨性较强的作文题目，学生撰写中心论点并进行自评。

【思辨镜头】

镜头一：层层追问，纠正误区

师："李子柒现象"引发的三种典型观点分别站在什么立场？

生1：肯定、质疑、中立。

师：三种观点争议的焦点是什么？

生2：李子柒。

师：仅仅是李子柒这一个人吗？

生2：不是，是"李子柒现象"。

师：再仔细阅读作文题目，是只谈"李子柒现象"吗？

生2：不是，是谈"李子柒现象"一类的基于互联网发展背景之下的传统文化传播方式。

师：李子柒是个体，网络文化传播这一类社会现象是普遍现象。审题时需注意由个体到普遍的思维迁移。

师：请简要概括这一社会现象。

生3：借助网络自媒体来传播传统文化。

师：为什么会产生这一社会现象？

生4：我认为是信息时代社会发展的产物，互联网的发展，让文化传播也时尚快捷起来。

生5：我认为社会经济发展了，人们对传统文化的需求产生了变化，从而影响了传播方式的改变。

生6：我认为是个人的选择，涉足传统文化，品味高雅独特，容易引人关注。

师：产生这一现象的原因是多方面的，写作时应比较分析多方观点后选择某一角度谈看法。有些同学为了肯定自己的看法，未经分析全盘否定其他角度的看法，是不妥当的。

师：你们认为这一类利用互联网进行文化传播的方式可取吗？

生7：我认为可取，网络开放、多元，可以加强国际文化交流，让全世界的人们都能了解中国传统文化。

生8：我认为不可取，自媒体博主靠自身才华或新颖内容博取眼球、赚取流量，但传统文化是中华民族的精华，大部分博主没有能力承担重任。李子柒还算做得比较好的，如果人们都走这样的路子，恐怕会出现戏谑文化的怪象。

生9：我认为可取，这种方式时尚新颖、传播迅速、受大众欢迎并且可以获得不菲的收入，多方共赢。

师：对待新事物的态度，我们不能一概论之，可不可取，需具体情况具体分析后再进行判断。总的来说，我认为不妨给新生事物足够的发展空间，边发展边调整。

镜头二：辨析观点，寻找方法

师：明确示例片段的中心论点后，辨析讨论：哪一个中心论点较为准确、清晰、有价值？

生1：我觉得片段四的中心论点更符合。首先，它开门见山，标题即点明观点；其次，它态度坚定，语句结构上，是肯定判断句式；再次，语言表述上，巧妙设喻且清晰明确；最后，它表明互联网对传统文化传播符合时代背景、具有积极影响，比较有价值。

生2：我觉得片段一的中心论点更符合。它跟片段四一样，标题即点明中心论点，也使用比喻。另外，它透过现象看到了社会大背景，视野比片段四更高远。

生3：最开始我也是在片段一和片段四之间徘徊，因为它们很相似。但最后还是选择了片段四，是因为片段一的中心论点更偏向于简单陈述"文化是时代的产物"这一客观事实，虽然放眼于时代，但大而空。片段四说互联网是快车道，就旗帜鲜明地表达了作者的支持态度。

生4：我认为片段三的中心论点更符合。虽然这个论点使用的是否定表达，没有片段一和片段四的中心论点清晰明确，但它更有价值，因为它巧妙抓住了材料的核心，多角度思辨审题，挖掘到了这一现象背后的深层原因——人们过分拔高了传统文化及其传播方式。

师：从刚才同学们精彩的争论中，细心的你有没有发现，一个好的中心论点应具备什么特点呢？

生5：我觉得一个好的中心论点，首先要符合材料核心和题目要求，准确客观；然后是表达要清晰明确，简洁有力；最后是要多角度思考、巧妙抓住问题的本质，有价值、有意义。但是同时具备这三个要点是很难的，能做到一两个就已经很不错了。

师：刚才同学们都没有提到片段二的中心论点，这是为什么呢？

生6：其实片段二的中心论点思考角度新颖、思辨性强、表达形象巧妙，但由于语言表述与观点意图存在较大差距，没有体现这个优势。它最大的问题是论述过程较主观、片面和偏激。

镜头三：明晰方法，修改论点

师：比较前置学习与讨论点评前后，如果你对某个中心论点的看法发生改变，请说明理由。

生1：前置学习时，我认为片段三的中心论点——"别抬高了文化传播的门槛，也别神化文化本身"很好，但经过学习、讨论和思考，我现在看法改变了。片段三连用两个否定句式，看似是在支持网络传播文化，但是网络传播门槛就一定比以前的传播方式低吗？观点存在一定的片面性，虽新颖巧妙，但不够客观和深刻。片段四更鲜明、客观，虽较通俗，但相较而言，最后我认为片段四比片段三更好。

师：很有道理。请大家运用课上所学，尝试修改中心论点。

生2：我修改的是片段三。"文化来自民间，可适当降低文化传播的门槛。"这是一个肯定句式，且态度坚定，表述清晰得体，明确了文化的本质及我们应持的态度。

师：作者本意是"别抬高"，是否就是"适当降低"呢？

生3：我改为"文化是一个民族的精粹，文化传播可'雅俗皆宜'"。这个表达清晰明确，且针对文化传播的问题发表了"雅俗皆宜"这一有价值的观点。

生4：我改为"文化的门槛可高可低，雅俗共赏"。这个中心论点简洁、明了，且直接点明文化的门槛"可高可低"，与文章内容更为吻合。

师：我们应仔细辨析材料信息，得出更加准确清晰的观点，同时要提升思维能力，得出更有价值的观点，刚才这几位同学的尝试，就是非常有意义、有价值的！

【教学反思】

思辨性作文是近年来高考命题的趋势，需要学生学会在多角度的思考中大胆质疑、分析评价、选择驳斥、确立观点。月考中学生在确立并表达中心观点方面存在的作文问题，促使笔者开始思考运用批判性思维来帮助学生解决问题。本堂课后，笔者有如下几点思考：

1. 课堂设计。运用批判性思维进行作文教学，对于笔者来说，既是一次大胆的尝试，也是一次艰难的尝试。本堂课笔者设计了如下教学环节：首先对论题进行思辨分析，通过问题导引、层层追问，纠正学生审题思维误区；再对示例片段的中心论点进行比较讨论，通过思辨问答厘清思路，讨论得出准确、清晰地表达有价值的中心论点的方法；最后关注自我思维变化，修正论点，提升撰写中心论点的能力。教学设计各环节基本体现了思辨性，但也存在环节与环节之间不够连贯的问题。

2. 课堂实施。本课中，笔者力求以学生为主体，让学生积极参与课堂。课堂上时不时会出现师生辩论、生生互驳的场景，课堂具有不可预知性，但也充满思考与生成的活力。课堂目标达成方面，学生质疑与分析能力得到了较大提升，也基本明晰了议论文中心论点的撰写方法，但整合反思能力、迁移运用能力还没有达到理想状态。

3. 师生表现。课堂上，笔者各环节均设计有思辨性问题，教师对问题的思考与分析较以往课堂而言更深入。教师尊重学生的思考与观点，课堂氛围平等和谐。但本堂课对某些问题的探讨还存在流于表面的问题；另外，本堂课还存在语言不够精练之嫌，无形中降低了课堂效率。

无论如何，笔者认为这种教学尝试非常有价值。思辨性的教学对话让课堂自由生成，师生共思的教学形式让思想欢畅流淌。笔者感受到了这种作文教学方式的强大生命力，我们应继续坚持探索，让批判性思维的火花点亮高中议论文写作教学。

【观课者说】

陈露老师以学生考场作文问题为示例，从论点的准确性、客观性和深刻性三方面进行了思辨性的教学活动。于平淡处听细响，整个教学活动一线贯之，脉络清晰，始终扣住问题，严谨深刻。

一是教学内容上的真实——关注了学生真实发生的语文问题，所教即所需。根据教学实践中学生存在的中心论点撰写问题，精心设计教学活动。从对材料的三种观点分析，到对考场作文论点优劣的评价质疑，到议论文中最佳论点所具有文本特质的总结归纳，再到对考场示例作文的反思修改，本案例始终围绕议论文如何准确、清晰地表达有价值的中心论点的方法这一问题，层层递进,步步追问,问题的产生和解决都真正落实在学生从学到用的思维过程。

二是教学理念上的转变——教师的目光是真诚关注在学生身上,用尊重和平等架起课堂里的对话与争论,课堂上的生生对话、师生对话思维碰撞使得课堂成为学生思维成长的舞台,也真正成为教师演绎风采的舞台。教师的生命姿态是什么样,她的教学镜头就有什么。尽管是语文教师都觉得头疼的作文教学,但是陈露老师仍然大胆尝试着对学生进行批判性思维活动训练,通过多篇考场作文进行理解与质疑、比较与整合、交流与反思、评价与修正的能力训练,以期实现学生的内在思维和语言表达的提升。

三是教学路径上的有效——采用了学习任务单式的教学路径。陈露老师以学习任务单的设计渗透批判性思维的训练,让学生根据学习任务单上提供的各个环节任务,对多篇示例作文片段进行讨论、质疑、评价、修改,进而将批判性思维培养的路径显性化、可视化。尤其是课前自主阅读的结论和课中研讨后的结论对比,呈现了明显的差异化结果。教学的美好就在于学生能够主动挖掘,自我成长,教学的成功则在于教师能够搭建桥梁帮助学生实现成长。

启之以智,授之以法,真实有效地进行学生的思维能力训练,不追求形式和热闹,真诚理性地引导学生探讨教育本来的模样,这是本堂课最大的价值。当然,镜头中学生的参与度和思辨性还不够,有待陈露老师在日后的教学实践中完善。

(成都市第三中学　李秦)

聚焦因果思维，矫治议论弊病
——"论证过程中的因果思维"教学案例

成都市田家炳中学 刘君梅

【设计意图】

议论文的写作过程大体可以归结为提炼论点、分解论点、论证论点等几个基本环节。从思维的角度看，这些环节都离不开各种思维方法、思维策略的运用。学生在议论文写作中一些常见的弊病，如不善于提炼论点，不善于展开说理论证等，其实质还是没有综合运用各种思维方法，缺乏良好的思维品质。

因此，以序列化逻辑思维训练为主线，通过"思维导图"呈现"思维深化"的具体过程，可为学生深化思维提供理论支架，提高议论文写作训练的效度，也契合新课标要求的思辨性表达要"论据恰当，逻辑严谨"的要求。

本堂课的设计着力点为逻辑思维中的因果思维。世界上的一切事物都是普遍联系的有机整体，因果联系则是事物普遍联系中的一种联系。因果分析在每一篇议论文中都有用武之地。恰当地运用因果分析说理，能够增强议论文的说服力，提高论点的可信度。在高考作文"发展等级"的表述中，也明确指出要"透过现象深入本质，揭示事物内在的因果关系"。可见，要使议论文写作从肤浅走向深刻，因果分析是有效的思维方法。

【教学案例】

教学目标：
通过思维导图与语段写作训练，提高运用"因果思维"优化论证的能力。
教学对象：
成都市田家炳中学高中三年级8班学生。

教学过程：

一、原题回放

根据社会热点问题，笔者设计了一个作文题，材料如下：

前两年，"月薪三万却撑不起孩子的一个暑假"引发舆论热议。2019年，"暑假不自由"又成为新热词。网上频频爆出家长为孩子报名参加各种培训的高额消费账单——每小时收费几百元的英语课，3万多元的游学夏令营，数千元的绘画辅导班。调查显示，北京地区近七成的家长对孩子的假期消费感到有经济压力或心理压力。家长"暑假不自由"，孩子们也觉得"暑假不自由"，有孩子说，每天参加培训、补习，连出去"放风"的时间都没有，感觉暑假变成了"第三学期"。

你是否也有过这种经历或感受？你由此引发了怎样的思考？阅读材料，谈谈这一现象背后的原因，完成300字左右的因果论证片段。

二、问题分析

1. 原因分析角度不全。大部分学生只能从家长这一角度出发，做单一因果分析。

2. 原因分析不透彻。因果之间缺少严密的逻辑链条，以及完整的逻辑分析。

3. 原因分析错误或不合理，即归因不当。将导致这一现象的原因归结于一些次要的、外部因素，甚至是没有任何关联的因素。比如，将暑假不自由归因于培训机构的营销宣传，归因分析不够理性。

总体而言，学生的思维平面化，对问题的思考论述单一化，不能全面辩证地思考问题；逻辑混乱，表现在语言表达上就是言语混乱。

三、矫正突破

活动一：深化思维的可视化训练

在课堂教学中，笔者引入了思辨思维导图——鱼骨图，直观地呈现学生片段写作中的原因分析，并示范如何使用"思辨思维导图"显示思维由浅入深的具体过程，从而确立正确合理的观点。如下图：

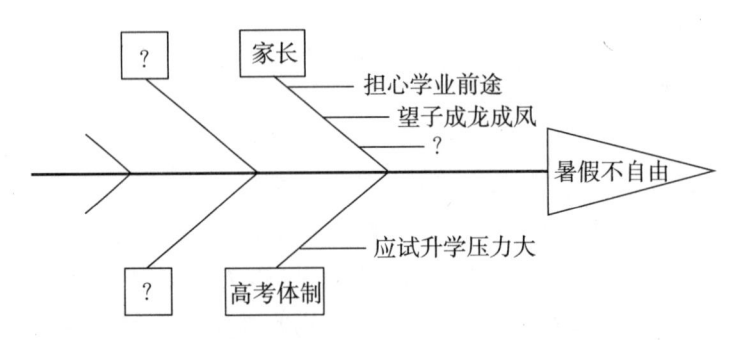

```
        [?]   [家长]
                  ── 担心学业前途
                  ── 望子成龙成凤
                  ── ?
    ═══════════════════════════▶ [暑假不自由]
                  ── 应试升学压力大
        [?]   [高考体制]
```

小结:"鱼骨图"绘制方法——鱼头表示问题或现象,大鱼骨表示原因类别(原因关联的具体对象),鱼刺表示对原因的细化,最后针对提出的问题,进行修改和调整。采用头脑风暴的方式,借助鱼骨图可以帮助我们对问题的原因进行归类,使其逻辑化、条理化。

活动二:建立有效思维范式,提供理论支架

进行因果分析时,我们该如何发现或尽力穷尽现象中所包含的原因?又该如何进行因果追问和原因分析?在教学过程中,我们需要为学生提供思维支架,或者与学生一同归纳出可供依循的程序性知识和思维策略。本堂课在因果思维的指导训练中,给学生引入了因果思维的基本类型和操作模型。因果思维的形式和技术,按事物存在的三种时间状态——过去时、现在时、未来时,可以分为三种基本的类型和操作模型:原因分析、背景分析、功能分析。此外,还包括由这三种因果分析而产生的措施分析。如下表:

因果思维的操作模型

基本类型和操作模型	内容建议
原因分析和原因综合	原因分析:对事物或事件存在的结果、现象、状态产生的先在性、环节性、过程性原因的追问、探究、追溯。 原因综合:对原因进行多层次、多角度的分析之后,对其进行的整体概括性的认识,从而得出最系统、最关键的原因的过程
背景分析和背景综合	背景分析:对产生事物或事件存在的结果、现象、状态所依存的大背景、大气候进行的感受、探究和追问。 背景综合:对导致某种存在现象产生的背景、气候进行多层次、多角度的分析之后,对其背景进行整体概括性的认识,从而得出最系统、最关键的原因的认识的思维过程

续表

基本类型和 操作模型	内容建议
功能分析和功能综合	功能分析：对某种事物或事件存在的结果、现象、状态将会产生的直接或间接的功能、作用、影响、意义进行的推断、预见、前瞻。 功能综合：对某种存在现象产生之后将会产生的直接或间接作用、功能、影响、意义做出分析之后，对其进行整体概括性的认识，从而得出最系统、最关键的功能、作用、意义的认识的思维过程
整体综合	将各种原因、背景、功能的分析和综合的认识成果，再次进行最后的全面综合的思维操作过程

小结（板书）：因果分析可以从以下几个方面追问——问原因、问背景、问结果、问对象（利益相关者）。对于一些复杂的问题，原因通常是多方面的（多维追因）。因果关系很少是单向性的，往往相互关联，互为因果（循环追因）。

活动三：范例展示，修改提升

通过范例引导学生，注意因果思维的外在语言表达。通过一些标志性的语言，让表达言之有理，言之有序，并进行作文修改。

标示性语言：之所以……是因为/原因在于/究其原因/源于/反映了/折射出/导致了……

直接原因/根本原因/重要原因/根源于/深层原因是/

……固然有（原因）……，但更重要的原因是……

表面看是……，实质上……

四、巩固延伸

材料：近年来国产电影票房屡创新高，这些数字和现象背后的原因值得深思。

请阅读印发的相关材料，完成300字左右的因果分析议论片段。行文前先画思维导图，理清思路。

【思辨镜头】

镜头一：层层追问，深化思维

师：我用思维导图，将大家的原因分析做了一个简单的梳理。这是一个鱼骨图，特别适合用来做因果分析。我们看到绝大多数同学都只从"家长"的角度或者升学压力的角度进行原因分析。大家谈得最多的原因就是家长对孩子的

学业和前途的焦虑，家长望子成龙成凤的期待，以及升学压力过大。（PPT投影出示鱼骨图）

师：除了家长和升学压力这两个方面，还可以从哪些角度探寻原因？还有哪些因素导致了这种现象？从家长的角度，大家已经找到两点原因，除此之外，还有没有其他原因？请大家展开讨论交流。

生1：参加培训的学生希望能取得好的学习成绩。

生2：学生对学业成绩很焦虑。

师：不管是家长还是学生都存在对学业的过度焦虑，所以催生了暑假不自由现象。那么他们的焦虑又是源于什么？

生3：高考竞争压力大，升学压力大。

生4：社会竞争大，就业竞争激烈等。（板书）

师：也就是说，过度焦虑背后，还有社会因素。比如，社会竞争加剧，人才需求变化等，这导致了家长和孩子对学业和教育的焦虑。这些原因之间互为因果关系。暑假不自由除了涉及家长、孩子，还涉及了哪些对象？

生5：培训机构。

师：那么培训机构有没有责任？他们在暑假不自由现象中扮演了怎样的角色？起到了怎样的作用？

生6：培训机构营销宣传，推波助澜，让学生和家长更加焦虑。

师：非常棒，大家探究原因的角度更加的多维了。那么我们回到家长这个角度，每个家长都望子成龙成凤，这个期许有没有问题？这反映出了什么问题？

生7：不是每个孩子都能成龙成凤成才，大家都想成龙成凤考高分，这肯定不现实。

生8：成才成人的道路和方式应该是多样化的。

师：确实，这表明了部分家长对孩子培养目标的单一化和功利化。（板书）

小结点拨：在众多因素中，哪些是主要的，最本质、最核心的原因？写作表达时，大家是否注意到了主次、详略、先后的安排？学生讨论归纳，教师完善思维导图。如下图：

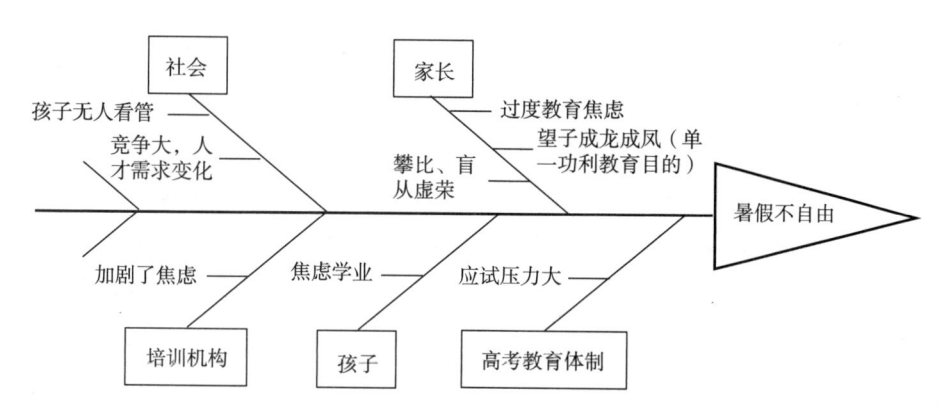

```
        社会                    家长
   孩子无人看管 ─────    过度教育焦虑 ─────
      竞争大，人          望子成龙成凤（单
      才需求变化          攀比、盲  一功利教育目的）
                         从虚荣
  ─────────────────────────────────────────▷  暑假不自由
      加剧了焦虑      焦虑学业      应试压力大
        培训机构         孩子        高考教育体制
```

针对某种现象或行为进行因果推理分析，我们要避免单一因果分析，学会多维分析，全面思考。针对特定的现象，我们可以尝试从个体对象、群体对象、社会背景（包括经济、政治、体制、文化等）、民族心理、历史沿革、文化因素、审美因素等角度进行解读。避免浅表的思维分析，学习由表及里，追问深究，透过现象看本质。同时要辨析主次，积极归因，不能夸大外部次要因素的作用，而忽视内因的主导作用。

镜头二：反思问题，片段升格

师：下面请大家运用因果思维模型，结合课堂讨论，反思自己的片段存在的问题，并尝试修改。

生1：我课前的因果论证片段，原因分析单一，都是从培训机构的角度分析。还有个别观点句的表达比较绝对化。

生2：我的片段写了三个原因，家长、孩子、培训机构都写到了，但是思维表达很混乱。有些角度的原因没分析透彻。

师：自我评价很客观。但还有一个问题，多维因果分析，还要注意主次、详略、先后的安排。接下来，请大家针对自身存在的问题，进行修改，力求多向追因，思辨表达，并通过一些标志性语言，让表达言之有理，言之有序。

升格片段1：

感慨"暑假不自由"的多是家长，真正"不自由"的却是孩子，略显荒诞的错位感恰恰折射出当下家庭教育中存在的诸多问题，而究其根本，无非还是"起跑线"思维以及"剧场效应"作祟。（结论）中国家长望子成龙、成凤，生怕输在起跑线上的思维定式深入骨髓，这种单一而功利的教育目的，违背教育的基本规律。很多家长内心没有笃定而正确的教育价值观，而总是跟随着社会的浪潮随波逐流。长此以往，不仅"暑假不自由"，整个教育的过程中家长和孩子都将深陷"不自由"的泥潭。（因果分析）

升格片段2：

暑假不自由，究其根本，不只是家庭教育问题，更是一个社会问题。（结论）家长们其实也希望孩子们都能有一个愉快充实的暑假。一个完美的暑假不仅意味着金钱花费，还有大量的时间精力付出，大多数家长暑假还要忙于工作，孩子无人监管，往往容易沉迷网络、电视、游戏，为了避免虚度暑假，很多家长也只能无奈地用各种培训班兴趣班托管班，把孩子的暑假填得满满当当。（因果分析）

【教学反思】

关于本次授课笔者有以下几点思考：

1. 精选训练材料，提升训练效度。

写作教学材料选择的重要性是不言而喻的。材料恰当与否，直接影响着课堂的气氛、教学的有效性。在这个教学案例中笔者编写了两则写作材料，话题分别是"暑假不自由现象""国产电影的票房屡攀新高"，都来自社会生活实际，学生都有切实的生活体验感受。在写作训练中，极大地激发了学生的写作、讨论的热情和表达欲望。由此可见，写作训练，精选素材是第一步，不容忽视。我们选择的训练材料应当满足贴近学生的现实生活，拉近课堂教学与学生的心理距离，为课堂思考、讨论奠定良好的基础，增加趣味性，冲淡议论文写作容易发生的枯燥乏味问题，营造良好的课堂氛围。同时，这些写作材料也要具有一定的思想深度，能够引起学生和原有认知之间的冲突、震动与更新，有助于学生深刻地理解相关知识并反思自我。

2. 建构思维模型，提供思维范式，思维训练的可视化。

写作指导课，通常情况下教师要么放任学生"自生自灭"，要么大谈自己的思考结果，针对学生思维平面化、浅表化的问题，难以显性地呈现出写作指导时思维流动由浅入深的具体路径和过程。学生的思维路径往往是凭借感性的经验，而缺乏理性思维的引导，这就容易导致逻辑混乱。如何破除这个困境？笔者借助了思维导图中的"鱼骨图"，以此作为学生思维深化训练可视化的支架，引导学生思维逐步走向深入，从而确立正确的、有价值的观点。

思维导图作为思维训练工具，以可视化的表达呈现有序的信息，操作方便，运用到教学中能帮助学生快速梳理思维路径，从而提高学生发散思维、整合思维的能力。鱼骨图针对因果思维是非常具有实效性的，针对初始观点，通过质疑、修正、再质疑、再修正来不断深化思维，完善观点。完成思维导图的过程，也就是构思行文逻辑化的过程。

此外，教学中还可适当地给学生引入程序性知识——因果思维的基本类型和操作模型，帮助学生归纳出可供依循的知识。提供思维的理论支架是必要的，通过对路径思维操作模型的学习与训练，学生能在写作过程中将因果（原因、背景、功能）思维的原理转化为内在的写作思维模型，学习多角度、多时机地进行路径思维分析与综合思维操作，提高写作思维的品质和能力。当然，这些程序性知识的内化依靠一次课堂教学是远远不够的，还应当在后续教学中回应、巩固。

【观课者说】

《普通高中语文课程标准（2017 版 2020 年修订）》在"思辨性阅读与表达"这一学习任务群中指出："教学过程要注重对学生思维过程和思维方法的引导，注意发展学生的辩证思维和批判性思维，注重培养学生思维的逻辑性。结合学生阅读和表达中遇到的实际问题，适时适度地引导学生学习必要的逻辑知识。"刘老师的本次作文课可以说很好地体现了新课标的这一要求。具体表现在：

借助思维导图，呈现思维过程。高中生已经具有一定的逻辑思维能力，但由于思维浅表化并且缺乏系统性的思维训练，在寻找"暑假不自由"现象产生的原因时出现了单一因果、强加因果等问题。在矫正突破环节活动一中，刘君梅老师非常巧妙地引入了思维导图——"鱼骨图"，通过追问"除了家长和教育体制这两个方面，还可以从哪些角度探寻原因"，促使学生一果溯多因，总结了"家长、社会、高考教育体制、孩子、培训机构"多个角度的原因，并且通过"鱼骨图"清晰明了地呈现了这一思维过程，为活动二"建立有效思维范式，提供理论支架"奠定了质疑、修正、深化的基础。

引导思维方法，理性思考归因。在矫正突破环节活动二中，刘君梅老师搭建阶梯，提供支架，引入了因果思维的基本类型和操作模型——原因分析与综合、背景分析与综合、功能分析与综合、整体综合。原因分析指向的是事物产生前的原因追溯，背景分析聚焦的是事物当下、大背景下的原因探究，功能分析着眼于事物未来作用、意义的推断。这三种分析路径让学生有方向可寻、有路子可走、有角度可探，让学生思考问题更为全面。在这一模型运用中更为可贵的是跟三类分析相对应的原因综合、背景综合、功能综合的过程，它们呈现的是相应分析下最关键原因的认识思维过程。特别是最后一步整体综合，它展现的是系统的宏观综合思维过程，是对事物和现象最本质原因的认识与思考，最为艰难也最能见出理性思维的闪光。

可以说，刘君梅老师引入思维导图和因果思维操作模型，通过理解与分析、比较与整合，让学生尝试去认清事物的本质，进一步提高了学生实证、推理、批判与发现的能力，增强了学生思维的逻辑性和深刻性，这是在新课标指导下的具体、有力实践。

不过，本案例中也有一些地方值得我们思考。比如，活动一第二次完善后的"鱼骨图"的归因是略显凌乱的，社会原因这一点的归因范围过广，与其他归因并列不当；活动二因果思维操作模型理论引入后学生的思维活动结果呈现不够，紧接着的是教师的言语指导。如果在理论引入后，在第二张"鱼骨图"的基础上，以操作模型中的"原因""背景""功能"三种分析尝试再次归因，综合归纳出最关键原因，最后再整体综合，绘制出第三张"鱼骨图"，学生再表达，也许学生就不会将"暑假不自由"的原因归于"大多数家长暑假还要忙于工作"上，本堂课的思辨含量也会相应丰厚。

（成都高新实验中学　童珺）

深思·明辨·慎取
——"'丁真现象'评与写"教学案例

成都市锦江区嘉祥外国语高级中学　张黎

【设计意图】

本课例是高中议论文教学写作课，尝试以时事评论的方式展开，具体情境的设置是指导学生"论坛本"的评论及写作，教学内容为"丁真引发关注事件"。该事件内容贴合当下热点和学生兴趣，本课希望在对时事的思考、评论写作中，培养学生关注社会生活，理性分析事件，深入思考，逻辑说理的思辨表达能力。

"论坛本"是我校高一下期开始组织的时事评论写作活动，以学习小组为单位展开，每周自选新闻事件，自定论题，学生自由发表书面评论。虽然内容形式新颖活泼，学生参与度很高，但是也存在一些问题，例如，选取的事件不够客观真实，选取的议题不具备思辨的空间，评论写作口语化严重，评论内容多为主观情绪的抒发而非对事件深入理性的思考等。这样的习作不管是对于议论文素材积累，还是对书面表达和逻辑思维的训练都难以达到预期的效果。因此，本次课堂上以文旅宣传片《丁真的世界》导入，期望从轻松愉悦的氛围中进入课堂学习。接下来问题的设置由浅入深，从对丁真引发关注的事件分析到对相关、相似现象的思考，由就事论事点评到探究事件背后深层次的原因，从现象的分析、认知到思考"怎么办"的问题，尝试在课堂引导中共同评论新闻事实，从具体学习行为上规范"论坛本"写作，为学生的新闻评论指引方向。从深层次追求看，这也有助于学生从零散的思维火花的记录，到富有逻辑、清晰流畅的思辨表达能力的提升。

【教学简案】

教学目标：

1. 通过对"丁真现象"的梳理，分析和评论丁真引发大众关注的原因，从而提升学生深入思考问题，通过现象体察本质的能力。

2. 通过拓展、比较不同的类似现象，合作探究，引导学生从"是什么"到"为什么"再到思考"怎么办"，发展学生的思辨力。

教学对象：

教学对象为成都市锦江区嘉祥外国语高级中学高二年级学生。

教学流程：

一、准备环节

学生课前阅读时事热点"丁真现象"内容梳理，并完成前置学习单。

"丁真现象"内容梳理由教师从网上选择权威新闻网站关于该事件的报道，力求客观真实地反映丁真引发大众关注的过程。前置学习单主要任务是梳理事件并简要说明个中原因。

二、导入激趣

播放视频《丁真的世界》。

思考：请问看完宣传片之后，给你留下印象最深的地方是什么？

小结：《丁真的世界》是以丁真为视角拍摄的甘孜藏族自治州的旅游宣传片。11月11日丁真意外引发大众关注后，11月18日丁真故乡理塘县文旅体投资发展有限公司即签约丁真，11月25日在全网推出旅游宣传片《丁真的世界》。以该宣传片导入，紧扣当下热点。片中优美的风景，丁真纯美的笑容，以及他愿坚守故土、为家乡文旅做贡献的愿望深深地感染着大家。学生在讨论中进入事件，并意兴盎然。

三、深思现象，探寻原因

（一）聚焦事件核心，深入探究原因

1. 回顾事件，聚焦核心"走红"——藏族小伙丁真在网络上意外引发关注。

2. 深入思考，探究原因——你认为丁真引发大众关注的原因是什么？

3. 紧扣主要原因，从现象追溯本质——请小组合作，找一个依据为原因分类。

小结：探究原因体现了思考问题的纵向深度，很大程度上就是在揭示和阐释事物内在的因果联系。学生通过合作探究，寻找丁真引发关注的原因，也就从现象走向本质。

（二）尝试由点到面，拓展思考现象

1. 除了丁真，你还了解哪些通过网络平台引发关注的人或事？原因是什么？

2. 此类现象的共性——通过网络引发关注，瞬间占据流量，接下来的发展有可能大相径庭。这种引发大众关注的现象是弊大于利还是利大于弊？我们应该如何理性看待？

小结：引导学生由对丁真这一"现象"的思考到对这一类现象的思考。第一，由点到面，培养学生横向思考的思维习惯；第二，找到这一类现象的共通性，整合思维有助于学生理性而全面地看待周围的社会生活。

四、理性反思，发表创见

（一）明辨

前置学习单要求对丁真相关新闻事件发表评论，大多数同学对主人公及事件的发展持肯定态度，但也有与众不同的思考。有学生提出："对于丁真，我们喜欢的是他不同于城市人的淳朴自然，但是随着曝光度的增高，他还能不能保持他的淳朴自然？"教师抓住这个教学契机，让学生就此观点进行讨论，并自然过渡到下一教学环节。

小结：思辨包含着"开放理性"的精神和"论证与探究"的能力，而思考最终走向写作实践。对"丁真现象"，我们既要纵向深入思考，又要将其纳入横向的社会生活中，鼓励学生以全面的、动态的、发展的、综合的眼光去思考现实问题。

（二）慎取

请你给丁真或理塘县未来的发展提建议，来体现你的思考与权衡。

小结：任何事情都是对立统一的，网络流量也不例外。引发大众关注只是丁真人生的一个点，他与理塘县接下来将如何发展？怎样利用好当下的契机？这是大家都应该理性思考的问题。从客观现实中思考和认识事情的本质，抓住本质去解决问题，思考来路，这个过程对学生的写作、思维乃至人生都有重要意义。

五、展示交流，自我调整

学生相互交流，展示自己的微写作内容并进行调整和修改。

小结：强调论坛写作的注意事项，指导如何实现有效的素材积累，指出论坛本即微型写作积累活动，要有意识地精选社会时事热点，由表及里地进行评论。

【思辨镜头】

镜头一：

师：你认为丁真引发大众关注的原因是什么？

生1：我认为是他长相出众。他的视频发布到网上后立刻引发了关注。

生2：我认为长相出众并不是决定性因素。我觉得是他展现出来的内在的特色。

师：什么内在的特色呢？具体说说。

生2：我觉得他展现了一种原生态的美，不是美颜，没有整容，是一种自然的美。

师：在这位同学的引领下，我们一下子意识到我们的生活中并不缺少美。相反，不但不缺少，我们还拥有众多类型的美。其实我们还可以思考一下，为什么是这种美，而不是其他类型的美打动了网友们呢？

生3：我们看丁真和《丁真的世界》宣传片，都可以感受原生态的自然的美，这种美是现代城市生活中所缺乏的，正是我们所向往的。所以，丁真的"火"其实是契合当下民众的审美需求。

生4：让我们回归事件。其实丁真引发关注始于他的长相，但原因不仅仅局限于此。后面有《丁真的世界》宣传片，有各地文旅部门跟丁真的"网上对话"，还有央视的报道。

师：你紧密关注事实，能在尽量多地把握事实的基础上做出自己的分析，非常值得大家学习。那我们就一起来思考这个问题——随着事件的发展，我们的关注点逐渐发生了哪些转变？

生5：我认为转变就是，我们逐渐从关注一个人，到关注他的故乡，到关注全网旅游业与主人公的"喊话邀请"。

生6：我看《丁真的世界》印象最深的是丁真表达他愿意留在自己的家乡，为故乡的旅游业做出自己的贡献。我觉得这是非常正能量的事情，我的关注也从一个人到一个地方。

生7：我特别有感于我们的关注点从一个人到一个地方。虽然同在四川，但我是这个事件之后才知道四川有个这么美的地方叫理塘。丁真让我对理塘和理塘的生活、风土人情有了更多的好奇。助推丁真也是在助推理塘县的发展。我认为这都应该归为丁真引发关注的原因。

思考：当下是网络自媒体的时代，在大量的信息流面前，浅阅读、碎片化阅读成为常态。教师要引导学生从表面的、浅层次的次要原因，通过追问"逼着"学生思考，走向深层次的本质原因。丁真引发关注，背后是大众对自然的原生态美、对自由慢节奏生活的呼唤，也是广大民众对旅游业的助推、对社会现实的关注。

镜头二：

师：在大众传媒时代，在网络上引发关注，瞬间占据流量，变得越来越容易。但接下来的发展有的却大相径庭，你们认为这种现象是弊大于利还是利大于弊呢？

生1：我还没想好。只能说，我觉得对于丁真和李子柒来说，肯定是利大于弊。对于有些人来说，只是风靡一时，没什么影响。而对于有的人来说，我觉得是弊大于利。

生2：我觉得什么情况都有。所以，引发关注应该只是个机会吧，这个机会是客观的，无所谓利弊，看你如何把握了。

生3：我觉得有利有弊。比如，我看到丁真引发关注之后，马上有流言产生，只是出于上述我们分析过的种种原因，大家一起推动事情往好的方向发展了。

师：所以，其实大家都有点"羡慕"的网红也好，明星也罢，占据流量其实是一件利弊皆在的事情，对吗？

生3：我认为引发关注是一个机会，有机会总是好的。只是说最终发展如何就要看个人了。把握好了就有利，把握不好就有害。

师：这位同学的观点我也赞同。所谓利弊，仁者见仁智者见智，虽然结论不同，但思考远比结论本身更有价值。因为思考才是源头活水，它为我们带来了更大的收获。

思考：其实任何事情都有两面性，利弊共存。能够从丁真个例思考一类事件，进而冷静理性地去分析利弊，最终的结论虽不统一，但是思考分析的过程远比结论可贵。

镜头三：

师：请你给丁真或理塘未来的发展提建议，来体现你的思考与权衡。

习作1：

我深感丁真是幸运的，当下的平台为他提供了很明确的职业方向，我期望他能够把握现在的机会，进一步提升自己，从而更好地完成当下的任务。而对理塘的发展，我认为现在是个"开门红"，有这样的"东风"，又有丁真这样一张旅游名片。接下来，我希望当地能够利用好眼下的网络资源，并能保持自己的特色旅游文化。

习作2:

我给丁真的建议是:第一,提升自己的能力。第二,保持正能量。比如,积极为家乡做贡献。第三,我觉得任何一个人都有自由,我们只是从网络上认识丁真的一面,但是真实的丁真是什么样子?他希望过怎样的人生?我希望丁真能够在保证前两条的情况下,也活出自己喜欢的样子。

思考:这是在分析事情本质、思考其中的缘由之后,接下来引导学生思考"怎么办"的问题。从分析问题,到尝试给出措施、解决问题,这是学生理性精神品质和思维能力发展的外在表现。

【教学反思】

本次课例为新闻时评写作课,尝试在写作教学中规范学生的习作范式,更重要的是提升学生的思辨品质和能力。

首先,评论的基础是阅读,从阅读的角度来说,学生习惯于信息筛选式阅读,难以一下子进入思考式阅读,对事件深入思考,批判认识的能力不够,由此课堂在批判思考的环节推进困难。

其次,本课例的问题设置虽尽力做到由浅入深,但是在实施过程中,有些学生反应快,思维清晰,能很快参与讨论,得出结论并表达自己的看法。从有利的一方面讲,这些学生的回答激发了同学们的思考,推进了课堂的深度。然而沉默的大多数呢?这部分学生是否被别的同学"牵着"走了呢?他们的思维得到训练了吗?着眼于培养学生思维的写作指导课,有一大难点就是教学效果很难量化。从课后整体看学生的习作,真知灼见者和独具特色者较少,这反映出教学中问题设计的漏洞。在学习和训练中,我是不是给了学生足够的思辨空间?写作任务指向是否明确?我将进一步反思。

最后,我深感体现逻辑思维训练的课型对教师的思辨水平要求极高。从2017年批判性思维的培养纳入高中语文新课标到现在,自己做好了迎接新课改新要求的准备了吗?事实上,本次授课恰恰暴露出自己理论水平和实践经验的不足,因而深感教师的自我更新之迫切。教师首先要具备良好的思维能力,才能在自由评写的课堂上设置出逻辑严密的教学问题,才能在自然生成的课堂上抓住教育契机,达成教学效果。路漫漫其修远兮,自当勉励奋进。

【观课者说】

写作是认知活动、精神活动、创造活动。高考写作侧重考查思维能力与表达素养，尤其注重议论文写作的说理能力。面对公共价值追求和思辨意识不足的中学作文教学现状，尤其需要唤起议论文文体价值意识的自觉，以批判性思维培养为切入点，发展学生的理性精神品质和思维能力，提高学生的洞察力、分析力、判断力、创生力。

本课例是高中议论文写作教学，以"论坛本"时事评论的方式展开。教学资源为时事热点"丁真引发关注事件"，丁真凭借帅气的外表、质朴的笑容、清澈的眼神意外走红网络。有人说他的眼睛里有星星，也有人说他的眼睛里有遥远的野性。这堂课我们透过这双"眼睛"看到了什么呢？

这是一个求真开放、质疑求证的过程，我们看到了思辨精神在流淌。教学中，张黎老师首先问道："丁真引发大众关注的原因是什么？"学生从丁真的外貌、淳朴的气质、当下民众的审美需求、背后的推手等方面思考，从点到面，由浅入深，由表及里，在开放的情境中自由地讨论，找寻真实的认知。教师在肯定中又理性地引导，在师生、生生之间的思维碰撞中，求真开放的思维品质得到了发展。在讨论"你们认为这种现象是弊大于利还是利大于弊呢"时，学生横向对比，各有理据。"博学之，审问之，慎思之，明辨之"，执教者在讨论中从容引导，思辨的火花点亮整个课堂。

这是一个反思发现、积极建言的过程，我们看到了公民意识在闪光。写作归根到底是在培养公民表达的意识与素养，使学生能"以公民的姿态，就公共事务，做理性表达"。教师提出问题："请你给丁真或理塘未来的发展提建议，来体现你的思考与权衡。"学生在分析事情缘由后有了新的思考和建议。从"保持自己的初心梦想"到"利用好眼下的网络资源""保持自己的特色旅游文化""活出自己喜欢的样子"，这些建议体现了他们以公民姿态对这件事给予的理性关注。从发现到分析到反思，再到新发现，这个过程既强调了学生的公民意识，也提高了他们的洞察力和创生力。

但作为一堂议论文写作课，如何在热烈的讨论和分享后有顺势而为的写作，使理性的表达变得更深入和深刻，思考的火花能燃烧成熊熊的火炬呢？本堂课固然是以真诚的态度在求真开放、质疑求证、反思发现中帮助学生运用批判性思维做出真实而理性的分析和判断，提高公民意识，但表达的不足也是客观存在的遗憾。如何在求真开放、质疑求证、反思发现中帮助学生做出真实而理性的分析和判断，正确建构知识和意义，从而更好地成长，这条道路，相信会在真诚思考、不断努力的张黎教师的寻找中越来越清晰。

（成都市锦江区嘉祥外国语高级中学　朱虹）

磨砺思维，锤炼语言
——聚焦批判性思维培养的作文评改教学案例

成都市树德中学　王华美

【设计意图】

批判性思维在写作教学中既体现在写前构思、写中思考和行文，也体现在写后反思、交流、修改。如何评价他人的文章，如何评价自己的文章，如何看待他人评价并吸收他人评价中的合理成分，如何通过修改实现作文升格，都离不开批判性思维的参与。在学生完成作文后，引导学生开展有效的反思、交流、修改，不但有利于文章的不断完善，也有助于写作能力和批判性思维能力的提升。作文评改教学，尤其是议论文，应当聚焦批判性思维，通过一系列言语实践活动落实思维训练，促进学生思维品质的优化。

我所执教的班级学生已经具备议论文写作的基本知识和技能，议论文写作升格的瓶颈主要在于思维和语言，而思维和语言紧密相连。因此，我在课堂上以一篇有代表性的作文为样本，引导学生共评共改，课后再请学生在此基础上精心修改自己的作文，意图通过深度评改有效地培养学生的批判性思维能力。

【教学简案】

教学目标：

通过反思、交流和修改，发展学生的议论文写作能力，使学生思维更严谨、语言表达更准确。

教学对象：

成都市树德中学外国语校区高2017级3班学生。

教学流程：

一、导入

欧阳修指出，作文"无它术，惟勤读书而多为之，自工"。多为，也包括多修改。

艾芜说:"写作还有一个过程,就是修改过程。修改时,把作品当成不是自己的,从别人的角度上去吹毛求疵,冷静地修改。"

二、明确任务和目标

1. 介绍本次作文整体情况。(学生基本能紧扣材料来写,作文整体结构较为清晰,能围绕论点举例子、讲道理,但思维不够严谨,说服力不够。)

2. 明确本次反思、交流和修改重点:思维严谨、语言准确。即:论断要有根据,不能想当然;关注论点与论据的一致性;表达要有分寸。

三、点评与修改

阅读印发的例文初稿,围绕思维和语言进行点评,并尝试修改。(教师意见:整体而言,本文扣合题目要求,观点明确,思路清晰,三个分论点层层深入,内容丰富,语言较有文采。问题主要在于思维不够严谨,有的语言不准确。)

四、课堂交流

1. 师生交流点评和修改意见。倡导独立思考,鼓励生生互动,包容不同意见。

2. 例文作者谈交流心得和修改计划。

五、课堂小结

古人说:"文章不厌百回改。"作文一定要重视修改。只写不改,相当于只完成了一半任务。甚者可以说,好文章不是写出来的,而是改出来的。

写好作文以后,主动和同学交流,听听他人意见,然后审视自己的文章,适当吸收他人意见进行修改、升格。

六、课后作业

1. 结合课堂学习收获,认真修改自己的作文。在改前、改后与同学交流。

2. 教师将例文修改稿印发给全班学生,让学生直观感受修改的效果,明确努力方向。

附录一:作文题目

阅读下列材料,根据要求作文。

随着新冠肺炎疫情蔓延,网络上出现了许多谣言,比如"饮用高度酒能抵抗新型冠状病毒""钟南山院士建议盐水漱口防病毒"等,不一而足。

对于这些谣言,某微信群展开了激烈的争论。

贵州敏敏:我觉得,只要是谣言就一定要封杀,要追究发布者的责任。

河北锋哥:但是,人家的初心还是好的,还不是为了生命健康。

重庆明亮：辨别谣言需要专业知识，不容易分辨。

河南丽姐：老人家最爱转发这些链接，我告诉他们是谣言，但他们都不听的。

湖北小强：封杀谣言肯定是对的，初衷良好也需要方式正确。

……

以上材料引发了你怎样的思考？请据此写一篇文章，谈谈你的看法和理由。要求：选好角度，确定立意，明确文体，自拟标题；不要套作，不得抄袭；不得泄露个人信息；不少于800字。

附录二：例文初稿

明辨是非，抗击谣言

新冠肺炎疫情来势汹汹，波及全国，但比病毒更能摧毁人心的便是网络谣言，一传十，十传百，谣言变"真言"。谣言所带来的伤害是致命的，它直击每个人的心灵，让我们感到恐慌，失去从容。面对谣言，我们应明辨是非，保持理智，不信谣、不传谣，共同维护和谐的网络环境。

实事求是，不做谣言制造人。今之社会，夸大事实吹毛求疵者众，遵循客观谨慎发言者寡。有不良媒体为博取眼球，甘当"标题党"，"震惊""不看不是中国人"等词频繁出现，吸引了大量网友的眼球，但在这样的"震惊"背后，往往为了给人留下深刻印象，不免掺杂谣言。也有商家为从中谋利，哄抬物价。犹记众人囤积加碘食盐，导致超市货架空空，形成盲目囤盐风气。而战疫之时，众人哄抢双黄连口服液，一夜之间全网断货。如此种种，皆为媒体盲目引导舆论，令人啼笑皆非。在人人都是自媒体的时代之下，做到绝不造谣，方能从源头上遏制谣言的产生。

明辨是非，不做谣言传播人。荀子有言："流丸止于瓯臾。流言止于知者。"因此，我们应当运用智慧和科学的眼光，明察谣言。博学之，明辨之，笃行之。一犬吠形，百犬吠声，谣言比病毒的传播更快，比流氓更有恶意。古有三人成虎的故事，让人感到谣言之怖；在当今网络一线牵的时代下，随手转发是否真的恰当？这需要我们以广博的知识去明辨。自言羊可种，不信茧成丝，智者善于思考，而庸者盲目跟从。在谣言遍地之时，我们应做一位智者，减少谣言的传播。

以法为基，做好谣言破除人。"不要问丧钟为谁而鸣，它就是为你而鸣。"约翰·多恩如是言。新冠肺炎疫情当前，网络谣言最容易激发群众的不安与恐慌，这场心理战，每个人都不是看客。我们应该拿起法律的武器，举报造谣者，让造谣者承担应有的后果。然知之非难，行知惟艰，在用法律破谣之前，明辨是关键。"造谣一张嘴，辟谣跑断腿"，言论自由固然有利于思维碰撞，但自由本就存在于束缚之中，没有堤岸，哪来江河？

全民抗疫，不仅仅是宅家隔离，更要我们明辨是非，用好手中的键盘，抗击谣言，营造和谐网络环境，建设理性社会。

附录三：例文修改稿

<h3 style="text-align:center">遏制谣言，我的责任</h3>

新冠肺炎疫情来势汹汹，一时间与疫情有关的海量信息席卷网络，不少谣言掺杂其中，真假难辨，成为抗疫的"拦路虎"。大疫当前，我们应秉持求真之心，积极遏制谣言，共同维护良好的网络环境和社会秩序。

实事求是，不做谣言制造人。犹记当年有人盲目囤积碘盐，导致超市货架空空，而日前众人哄抢双黄连，一夜之间全网断货，与多年前如出一辙。鞭炮可防疫，烟酒可杀毒，诸如此类的言论，甚嚣尘上。"造谣一张嘴，辟谣跑断腿。"谣言背后的始作俑者，或因利益驱动，或为吸引眼球，或是道听途说，也可能别有用心。林林总总、层出不穷的谣言，加重人们的恐慌心理，误导人们的抗疫行动。媒体从业者当坚守职业道德，握好求真之舵，引领正确舆论；普通群众也应遵纪守法，谨思慎言，不给社会添乱。

明辨是非，不做谣言传播人。荀子有言："流丸止于瓯臾。流言止于知者。"智者善思，愚者盲从。谣言传来，有的人不加思索急忙转发，一传十，十传百，"自言羊可种，不信茧成丝"，是非混乱，黑白颠倒。古代三人成虎的故事，足可见群口传谣之可怖。我们怎么才能避免成为谣言的传播者呢？首先，辨明真假。一则信息，可能为真，可能是假，可能真假参半。对此，我们应当仔细查证消息来源，根据常识和理性做出判断，多问几个为什么。其次，谨慎转发。转发是一把双刃剑，它可为真信息的传播推波助澜，但也能让谣言的散布如虎添翼。轻轻一按"转发"，也许会酿成严重后果。

众志成城，做好谣言破除人。"不要问丧钟为谁而鸣，它就是为你而鸣！"约翰·多恩如是言。对于谣言，我们要主动出击，做"剑客"而不做"看客"。政府职能部门要认真履责，公开信息，加强网络监管，及时有效辟谣。普通民众也应拿起法律武器，举报不良信息，避免谣言危害到更多人。同时，积极向自己的家人、朋友传递真相，让谣言在真相面前无处遁形。在一次次与谣言"战斗"的过程中，我们的"免疫力"将不断增强，也就从根本上铲除了谣言滋生和蔓延的土壤。

伏尔泰曾说："雪崩之时，没有一片雪花觉得自己有责任。"遏制谣言，是你，是我，是我们大家的责任。众人拾柴火焰高，希望越来越多的人能自觉做到不信谣，不传谣，不造谣。

疫情终将过去，而独立思考的理性精神、力行担责的公民姿态，永不过时！

【思辨镜头】

生：文章的标题是"明辨是非，抗击谣言"，而文章中间部分是从"实事求是，不做谣言制造人""明辨是非，不做谣言传播人""以法为基，做好谣言破除人"三个方面来写的，标题和第二个分论点比较接近，但不能涵盖另外两个分论点。

师：这个问题有点严重。怎么修改呢？

生：我觉得可以改一改标题，如改为"不惧谣言扰，秉持求真心"。

生：我认为这样修改以后没解决问题。因为文章并没有突出惧怕的意思，"求真"仍然难以统领全文。

生：我的修改是"粉碎谣言，你我有责"。

师：落脚点在每个人的责任，我们面对谣言应当做什么，比较贴合全文内容。但"粉碎"不够准确。

生："遏制谣言，我的责任"呢？

师："遏制"比"粉碎"更恰当，"我的责任"更突出每一个体。这个标题能做到文题一致了。拟标题是很多同学的弱项，这里面有一些方法，但最根本的还是思维严谨，表述准确。

生：第一段有一些语句不准确，如"比病毒更能摧毁人心的便是网络谣言"。病毒怎样摧毁人心？网络谣言怎样摧毁人心？"摧毁"一词，是不是太夸大了？网络谣言真的比病毒更严重吗？

生：我们不能因为自己要写谣言，就无限夸大它的危害，说"谣言所带来的伤害是致命的""它直击每个人的心灵"，有点绝对化了。

师：随意下论断，用语缺分寸，是很多同学写作的通病。大家下来可以看看自己的作文里面有没有类似的问题。

生：第二段"今之社会，夸大事实吹毛求疵者众，遵循客观谨慎发言者寡"，现实果真这样吗？

师：是的，论述必须符合事实。

生：我认为"标题党"和造谣不是一回事。"标题党"不一定会造谣，它

下 编
案例与分析

主要是为了吸引眼球。

生：这篇作文里面说的是"标题党""不免掺杂谣言"，应该没问题。很多谣言就是以"标题党"的形式出现的。

生："如此种种，皆为媒体盲目引导舆论"，这里有问题。前面还写了商家，怎么成了都是媒体惹的祸呢？

生：作者的意思是不是责任主要在于媒体？如果是这样，可以将"皆为"改成"主要是"。

生："令人啼笑皆非"，没有指出谣言的严重危害，可以改为"轻则令人啼笑皆非，重则引发社会危机"。

生：媒体多数是个人通过微博、微信、朋友圈等渠道造谣、传谣。这里的媒体，可以强调是"自媒体"。

生：没有必要。作者说的是不良媒体，没问题。

师：可以再思考，造谣者为什么要造谣？其实，造谣者也是分为不同情况的，有恶意的，无恶意的。

生：第三段引用荀子的话以后，就来个"因此……"二者之间好像没有因果关系。

生："流言止于知者"，因此我们要做明智的人，也就是要"运用智慧和科学的眼光，明察谣言"，没问题。

师：建议去掉"因此"，这里理由还是不够充分。不是因为荀子说了这句话，我们就必须怎么样做。我们写完作文后，可以自己读一读，发现问题及时改正，这样更严谨、更准确。

生："在谣言遍地之时"，同样犯了过分夸大的毛病。哪里有这么严重？

师：第二段还可以说一下，不传谣，不等于不发声，而是强调理性发声。我们要为自己的言论担责。

【教学反思】

此次训练，学生的作文整体情况不错，但是优秀之作较少。在批阅过程中，我发现有同学的文章比较典型：乍一看，文章紧扣题目材料，观点明确，思路清晰，内容比较丰富，语言干净有力，但仔细推敲，问题不少，主要是思维不严谨、语言不准确。选择这一篇作文作为样本进行点评和修改，课堂上学生活动就有了依托，避免泛泛而谈。

课前我也征求了该同学的意见，这位同学很乐意让大家来点评和修改。我提醒这位同学认真倾听他人意见，汲取其中的合理成分，最后根据自己的思考

335

来修改,别人的意见仅供参考,修改可以通过多次完成。

课堂教学的重点是由学生点评和修改。合理评价是修改的基础。学生平常的作文互评,以肯定为主,向他人学习是好事,但发现问题同样重要。不仅要发现问题,还要分析问题、解决问题。我希望学生既要畅所欲言,又要有理有据,既要耐心倾听,又要质疑辩驳。不盲从,敢质疑,讲依据是批判性思维的重要特征。教师根据学生发言,适时做了一些点拨和强调、补充,引导学生由评价他人的作文,进而反思和修改自己的作文。

课后修改,主要从思维缜密和语言精准两个方面着手。从修改稿来看,这一次评改教学是有效的。当然,思维和语言的问题,不可能毕其功于一役,从增强意识、培养习惯到提升能力,是一个反复强化、螺旋上升的过程。

我认为,聚焦批判性思维,重视作文评改,确为议论文写作教学的改革方向。作文,要有起码的理性态度。深入思考,准确表达,重视交流与反思,对于学生成长有着重要意义。就教学实施的角度而言,今后还可以有更多尝试,多管齐下,实现作文与做人互促,思维与表达共生。

【观课者说】

写作教学,离不开从阅读"输入"到写作"输出"的转换。从审读材料、明确任务、建构文章的逻辑框架,到运筹具有个性特色的语言文字,字里行间都吞吐着学生看待世界、分析问题的价值观和方法论。"口乃心之门户""我手写我心",口头表达与作文创作,不仅展示出个体积累的厚度,还显示出思维的深度与广度。

议论文写作要求观点明确,论证有层次,分析有理有据,论述言之有物。形体具备像模像样者多,斐然文采与思想格局相得益彰者少。习得文采可以靠借鉴优秀的文学作品,靠技法的点拨,但思想格局的形成,则需要开放、理性、温和、多元的思辨品质,分析、综合、判断、抉择等思维活动的磨砺。因此,高中作文教学需要有意识加强批判性思维的培养,并渗透在写作教学的序列运作之中。本节课作为一节作文评改课,很好地体现了以语言实践活动为基础,在反思、调控与表达过程中发展理性思辨能力的特点,值得我们学习和借鉴。

一、紧扣训练要领,字斟句酌,强化思维活动

批判性思维的主要特征包含两方面:第一,如何质疑。即"会提问",这是批判性思维的起点。第二,如何判断。即"会解答",用有说服力的论证和推理给出解释和判断,包括新的、与众不同的解释和判断。把这两个特征结合在一起,批判性思维就是以提出疑问为起点,以获取证据、分析推理为过程,

以提出有说服力的解答为结果。

从这个意义而言，王华美老师执教的这堂作文课彰显了培养学生批判性思维的教学追求。在写作文、改作文的全部过程中，师生的互动与交流始终沉浸在"质疑、提问—判断、解答"的思维活动里。从标题"明辨是非，抗击谣言"是否涵盖三个分论点的提问，再到拟标题遵循"思维严谨，表述准确"的原则。从点拨学生常常浑然不觉的"随意下论断"之误，再到"标题党"与"谣言"的区别之辩，师生谨慎地推敲着议论文主体段的句间逻辑，不断提出更理性、合理的表述。课堂中渗透着教师看似无意的引导，而学生在一次又一次启发后，思维活动渐入佳境。学生在修改作文的过程中，重新区分词语的边界，明确语言表达有必要的分寸，更明白了如何让观点客观而不失公允，作文能力获得明显提升。

二、明确修改要旨，读写结合，提升思维理性

当前的作文课多写少改，多从审题立意的修改"说开去"，从已经成型的优秀例文中找出可圈可点之处以供借鉴，却少有落实作文的升格，不能从问题找对策。作文评改能否体现修改的真实过程？如何在教学的单位时间内收获更优化的评改效果？这堂课给我们做出了有价值的讲、评、改的示范。

教学设计始终紧扣学生主体，修改例文自学生中来，修改范文从课堂中去，调动学生积极运用批判性思维解决问题的积极性；教学过程注重细读、精读，贯穿对概念、逻辑等知识的运用，读写结合，提升运用批判性思维解决问题的有效性；尊重学生已有知识水平，以点带面，解决典型问题，重视强化批判性思维意识，重视思维习惯的培养。"授人以鱼不如授人以渔"，教师亲力修改作文一篇，不如教会学生改好一篇作文。修改作文的宗旨在于提升思维与认知，本节作文课以行之有效的指导，从看似优秀的作文中发现问题，理性审视并加以修订，写作思维的提升是显性可见的。

要提升学生的思辨表达能力，还需要建设循序渐进的序列课程。在作文教学中渗透批判性思维，需要关注写作储备、写作过程、写作评改等不同环节，我们不妨进一步拓宽思路，以培养具有思辨意识的现代公民为追求，引导学生关注社会、思考人生。因此，更具思辨色彩的作文题、着眼时事的深刻评论、写作过程中观点的准确表达，都是我们需要建设的。以常态的有针对性的作文教学提升写作能力，在作文材料中寻找自我与时代相辅相成的关联，使写作者的内心能一次次漫溯迂回地沉潜，写作的笔尖能在思维的深水中轻舞飞扬，需要我们的不懈努力。

（成都七中嘉祥外国语学校　蒲静雯）

后记　培育理性而温暖的现代青年

这不是一本个人的书，而是易晓名师工作室各位同仁和志同道合的朋友们共同努力的成果。从开始筹划到结集出版，一晃好些年已经过去了，其间经历的甘苦，已然成为大家难以忘怀的共同记忆。

易晓名师工作室成立于2014年，从四川省"国培计划"名师工作坊到锦江区名师工作室、成都市名师工作室，人员几经更迭，名称或有微调，却始终以"享受语文，建设语文；自度度人，成己成人"为宗旨，追求教育的诗与思，行走在语文教学的研究与实践之路上。

我们主张教育的全部出发点和归宿都是人。教育要关怀心灵，促进健康的人性发展。每一个生命个体都如同一颗晶莹的钻石，从不同的侧面折射出耀眼的光华。面对具有无限可能的学子，我们要尊重人、爱护人，还要懂得人、发现人、成全人，更要致力于人的精神世界的成长。因为思想是人的全部尊严，教育无处不在，却又无声无息。为此，我们坚守语文世界的诗意，坚持语文课堂的美感，希望辛勤的老师们和学子们都能有温润的心灵成为自己的精神底色，诗意的旗帜可以高高飘扬。王栋生老师的《不跪着教书》成为我们的必读书目，我们以公众号的形式推出了系列阅读推荐，包括不得不说的木心、面对困境如何突围、乡村哲学家、自我的生命样态等主题，和学生一起思考如何看待我们的故乡，珍爱生命的家园。爱、生命、思想、启蒙，是我们的坚守与追求。

我们以培育理性的现代青年为己任，希望未来的青年学子可以成为负责任的现代公民，因而聚焦批判性思维的内涵及特质、学科化培养策略和路径、区域思辨读写课程系统研究与建设，以实际行动促进批判性思维的培养。2017年，在完成中国教育学会"高中生深度阅读能力培养"课题研究的基础上，我们又申报了四川省普教科研资助金课题"基于批判性思维培养的区域读写课程建设"，以此为依托，邀请国内知名专家指导，融合高校教师、省市区语文教研员、名师工作室成员、区域骨干教师的力量集中突破难点，区域、学校与班级三级联动，并通过教师个人行动研究、区域整体设计与推进、省市区教研平台及学术推广活动等多种途径落实，形成区域探索、省域推广的格局。构建高中语文思辨读写课程体系，分类研究案例并实现类型化突破：建立单篇质疑精读、群文关联阅读和整本书思辨递阶阅读多种课型。着力课程协同，完善思辨性阅读与写作教学序列，形成以学生为本的思辨读写能力发展评价机制；区域特色课程建设点面结合、分层推进，开发了系列云课程，并通过线上线下多途径广泛推广。

感谢上海师范大学附属中学特级教师、基础教育领域批判性思维研究专家余党绪老师，他多次莅临指导工作室的活动并对我们的研究提出了许多宝贵意见；感谢上海《语文学习》杂志社的支持，因为《语文学习》的平台搭建，我们的一些课例研究得以凝练并公开发表；感谢四川省教育科学研究院段增勇老师、四川师范大学文学院教授张伟老师的付出，他们和我们一路同行，为课题研究贡献了许多精彩的智慧，并通过不同的平台为工作室老师们的研究与实践提供了实质性帮助。2021年，相关研究形成的课题成果《高中语文思辨读写课程高质量建设的区域实践》获得了四川省教学成果一等奖，他们的指导使我们重新审视这几年的研究得失，思考如何更好地实现培育理性的现代青年这一价值追求。"教育，既是对于受教育者的一种责任，也是对于教育者自身的一种责任，教育的生长意义和成长意义，对于师生是一种相互性的成就，致力于教育研究的一切努力，同样是对于教师自身的一种完成。"多年来，段增勇老师一直给予我们鼓励和支持，阅读他撰写的序言《批判性思维培养：洞开进步与发展的文明之门》，感受字里行间的珍贵情谊和殷殷期待，我们为有这样一位引路人感到幸运，也深感批判性思维研究的价值和意义。感谢四川省教育科学研究院王真东主任、四川师范大学李松林教授、成都市教育科学研究院岳刚德老师及锦江区教育科学研究院蒋晓明院长、贺慧副院长、张莉副院长等人的支持，课题开题、实践与成果报告撰写过程中，他们给出了许多值得借鉴的建议。

感谢为这本书付出辛劳的各位老师和朋友。成都市暨锦江区易晓名师工作室主持人易晓老师、成都市教育科学研究院王秉蓉老师担任本书的主编，成都市教育科学研究院袁文老师、成都树德中学王华美老师、锦江区教育科学研究院凌虹老师担任本书的副主编，他们参与了本书的策划与撰写，并分别承担了"理论与实践"及"案例与分析"部分的审稿工作。作为成都市高中语文教研员，王秉蓉老师和袁文老师亲自执教、撰写课例分析，和包括工作室在内的锦江区及区外骨干教师一起，共同以教研推广、课题分享、沙龙研究等方式，使工作室的研究实现了从自发到自觉、从理论学习到实践转换的过程，更多的老师因此而受益。王华美老师勤恳负责，许多时候，我们常常就文本中的措辞与表达深夜商讨，现代化的通信手段使沟通更为便捷，也见证了普通教师不断追求的身影。还有凌虹工作室的支持，龙尧、杜红梅、孙阳菊、赵琳、焦晓宇等老师的反复校对……每一个个体的无私付出，才使这本书逐渐成形。

本书是一本理论与实践结合的书籍。上编"理论与实践"部分，回溯了批判性思维的研究历程，探寻了批判性思维的具体内涵、培养关键与价值追求，并深耕语文课堂教学，深研着眼批判性思维培养的阅读教学、写作教学，对区域高中语文思辨读写课程建设、特色课程开发等领域进行了系统回顾，同时对如何通过评价与反思促进批判性思维培养进行了思考。并不那么擅长理论研究的老师们为此付出了艰苦的劳动，也尝试着发现了新的自己。下编"案例与分析"是基于实践的研究成果，涉及成员涵盖成都市暨锦江区易晓名师工作室全体骨干教师，也有区内外个别其他骨干教师。案例均来自老师们的实践教学，包括"设计意图""教学简案""思辨镜头""教学反思""观课者说"几个版块，从执教者和观课者角度分别对语文思辨读写教学中的单篇阅读、群文阅读、整本书阅读及写作教学等进行了细致的案例分析与评价，每一份案例都至少包含两位老师的劳动成果。这些案例的形成和完善历时较长，从教学实践到形成案例分析，每一篇文章背后都有着老师们的切实努力和不避艰难、不断探索的精神沉淀，师生之间的精彩问答、凸显批判性思维的许多透彻之思可以从这些文字中有所发现。老师们在培养批判性思维方面的躬行实践，学生们思维的闪光与发现的火花，使批判性思维的培养更加具体可感，有路可寻。所有的经历都是财富，那些研究和探索的课堂时光，对每一位执教老师而言，都吉光片羽般珍贵。

回首来时路，我们教学相长，团队同行，走出了一条积极参与、理性而温暖的建设之路。美好的生活离不开诗意的栖居，理性的追寻使我们更具备面向未来的勇气、智慧与魄力。我们始终在教育这条道路上前行，希望如蒲公英的种子，年轻时黄色的花朵开遍山野，老了的时候，白色的种子在天空中飘散，在不知名的土地上，开始新的生根发芽……感谢一起携手前行的工作室的老师们，为我们的教学与研究付出辛劳的专家们，我们为教学而研磨的那些日与夜，为研究而奔波的千万尘与土，都将在我们的生命里沉淀。感谢四川大学出版社和我工作的锦江区教育科学研究院同事们的大力协助，他们的鼓励和等待使这一本书终于能够奉献在各位读者的面前。

谨以此作为后记，表达我们的衷心感谢之情吧。希望这一本大家共同完成的书籍，有待各位读者批评指正并不断完善的书，可以成为我们追寻教育的诗与思的永远的见证。

成都市锦江区教育科学研究院　易晓
2022.10.9